049 4022x
28.000

D0843333

"MANUAL DEL TEMPERAMENTO"

Descubra su Potencial

TIM LaHAYE

Editorial
UNILIT

Publicado por
Editorial **UNILIT**
Miami, FL
Todos los derechos reservados

ISBN-0-8423-6322-X
Producto No. 490214

Primera edición 1987

Traducido al castellano por:
Santiago Escuain

Original en inglés titulado
"Your Temperament: Discover it's Potential
publicado por
Tyndale House Publishers
all right reserved ®

Citas Bíblicas tomadas de
Santa Biblia, Revisión 1977
Editorial CLIE
Derechos Reservados

Copyright © 1984 por Tim LaHaye
All rights reserved

Tipografía (Typesetting):
HECSI International, Corp.
Miami, Florida

ISBN 0-8423-6322-X
Producto No. 490214

Printed in Colombia.
Impreso en Colombia.

CONTENIDO

SECCION PRIMERA:
EL PODER
DEL TEMPERAMENTO

1. El temperamento influencia todo lo que haces 9

SECCION SEGUNDA:
¿QUE
TEMPERAMENTO
TIENES TU?

2. Las doce combinaciones temperamentales 27
3. Evaluando tus fuerzas y debilidades 41
4. Fortaleciendo tus debilidades 55
5. Hazte un análisis de tu temperamento 81

SECCION TERCERA:
EL TEMPERAMENTO
Y TU VOCACION

6. Descubriendo tus aptitudes vocacionales 93
7. Usos del temperamento en el lugar de trabajo 107
8. Otras maneras de usar la teoría de los cuatro temperamentos 117

SECCION CUARTA:
EL TEMPERAMENTO
Y TUS EMOCIONES

9. Cómo tratar con el temor y la ira 129
10. Afrontando las presiones 149
11. Temperamento y depresión 161
12. Cómo contrarrestar la ira y la hostilidad 171

SECCION QUINTA:
EL TEMPERAMENTO
EN EL AMOR Y
EN EL MATRIMONIO

13. ¿Se atraen de verdad los opuestos? 185
14. Temperamento y sexualidad 193

SECCION SEXTA:
EL TEMPERAMENTO
Y TU VIDA
ESPIRITUAL

15. El temperamento y los dones espirituales 213
16. El temperamento y tu relación con Dios 221

SECCION SEPTIMA:
LOS MINISTROS
TAMBIEN TIENEN
TEMPERAMENTOS

17. La influencia del temperamento en la predicación *239*
18. Temperamento y estilo pastoral *263*
19. Los recursos del ministro *291*

SECCION OCTAVA:
LA HISTORIA
DE LOS CUATRO
TEMPERAMENTOS

20. La herencia del temperamento *303*

SECCION
Primera

EL PODER DEL TEMPERAMENTO

CAPITULO
UNO

El temperamento
influencia todo
lo que haces

Cuando estudiaba en el Instituto, había en mi clase un par de gemelos idénticos. Apenas si podíamos distinguir entre los dos. En sus pruebas de Cociente de Inteligencia tuvieron la misma puntuación (128). Pero allí era donde acababan sus similitudes. Uno era sociable; el otro se apartaba de la gente. A uno le encantaban los deportes, la historia y la literatura; el otro prefería las matemáticas, la física y la gramática. Lo que atrajo mi interés era que al final de sus cuatro años en el Instituto, sus notas medias fueron casi idénticas. Ello a pesar de que no consiguieron las mismas notas en la mayor parte de las asignaturas. ¿Qué era lo causante de la diferencia entre estos dos jóvenes? ¡Sus temperamentos!

El temperamento influencia todo lo que haces. Desde los hábitos de dormir a la manera de comer y la forma en que tratas con otras personas. Humanamente hablando, no hay en tu vida una influencia más poderosa que la de tu temperamento o combinación de temperamentos. Esta es la razón de que sea tan esencial que conozcas tu temperamento y que puedas analizar el temperamento de otras personas, no para condenarlas, sino para poder optimizar tu potencial y capacitarlos a ellos a optimizar el suyo.

Siéntate conmigo en la oficina de orientación y verás qué es lo que quiero decir. El sanguíneo habla acerca del tiempo, de los amigos, y de un centenar de cosas antes de afrontar el verdadero problema. El colérico va directo al grano. El (o ella) quiere que tú corrijas a su cónyuge a fin de poder tener una plácida vida hogareña. La melancólica suspira profundamente al sentarse con su depresión, autocompasión e infelicidad grabados en su rostro. La flemática pocas veces llega a concertar una cita, y cuando lo hace necesita la mayor parte de su primera media hora para cebar su bomba de conversación.

Estas personas no tienen el temperamento que tienen debido a que actúen así. Al contrario, actúan de la forma en que lo hacen debido a sus temperamentos. Algunos de nuestros actos son sutiles, como gustos o preferencias, en tanto que otros involucran perspectivas y actitudes, e incluso maneras de pensar. Apenas si hay una función en la vida que no esté influenciada por el temperamento. Así, será mejor que determines tu temperamento y que lo dirijas coherentemente hacia el mejor estilo de vida para ti y tu familia. De otra manera, tu temperamento te dirigirá a ti de una manera subconsciente.

**EL TEMPERAMENTO
Y LOS HÁBITOS
DE COMER**
Casi puedo juzgar el temperamento de una persona por sus hábitos de comida. Los sanguíneos comen todo lo que tengan a la vista... y por lo general, se le nota. En un restaurante, disfrutan tanto hablando que casi nunca miran la carta hasta que llega la camarera. Los coléricos, que son comedores muy estereotipados, apenas si varían su menú de un día al siguiente; y, cuando llega la comida, la devoran en grandes bocados, hablando muchas veces mientras mastican la comida. Los melancólicos son comensales muy meticulosos para escoger. Necesitan una eternidad para decidirse acerca de qué pedir, pero cuando llega la comida, saborean cada bocado. Los flemáticos son los comedores más deliberados de todos y son invariablemente los últimos en acabar. Esta es la razón principal de que raramente aumentan de peso. (Todos los especialistas en dietética advierten a los pacientes obesos que coman lentamente, porque se necesitan veinte minutos para que la comida que entra por la boca apague la sensación de hambre).

**EL TEMPERAMENTO
Y LA CONDUCCION**
Los sanguíneos son conductores erráticos. Algunas veces rebasan el límite de velocidad, y después, sin razón aparente, pierden interés en conducir rápido y disminuyen la marcha. Están tan orientados hacia el trato con las personas, que quieren mirar a la cara de sus interlocutores al hablar, incluso cuando están conduciendo.

Los coléricos son conductores temerarios que se lanzan a toda velocidad, adelantando y rebasando el tráfico una y otra vez. Siempre tratan de conseguir más en un período determinado de tiempo de lo que es humanamente posible y tratan de ganar tiempo conduciendo desenfrenadamente entre citas.

Los conductores melancólicos nunca salen de casa sin preparar bien el viaje por adelantado. Estudian el mapa y saben la mejor ruta de la A a la Z. De todos los temperamentos, son los que con mayor probabilidad mantendrán un registro completo de su historia de conducción, incluyendo el consumo de gas y aceite y las reparaciones del coche. Siendo legalistas por naturaleza, raras veces se saltan el límite de velocidad.

El flemático es el más lento de los conductores. El último en salir de una intersección, pocas veces cambia de carril y constituye un peligro por su indecisión al unirse al tráfico de una autopista entrando por una rampa. Es un mísero "dominguero" los siete días de la semana. Recibirá pocas multas y raramente tendrá accidentes, pero puede ser un peligro en la carretera.

**EL TEMPERAMENTO
Y LA MANERA
DE COMPRAR**
Los sanguíneos no tienen conciencia de los precios, sino que seleccionan para su satisfacción visual. Les atrae el embalaje y la publicidad llena de colores. En la tienda de comestibles, el suyo es el carro más lleno.

Los coléricos, especialmente los hombres, no disfrutan haciendo compras. Sólo van a la tienda cuando necesitan algo y quieren comprarlo y llevárselo. Como los sanguíneos, por lo general compran en exceso, pero no tanto.

Los melancólicos son compradores deliberados y decididos que comparan los precios y la calidad con bastante cuidado. Pasan sus manos sobre el artículo, lo aprueban dos o tres veces, se van una vez de la tienda, o dos, y si no está vendido cuando vuelven, lo compran. Provocan embotellamientos de tráfico al esperar para decidirse. En la tienda de comestibles saben donde está cada cosa y guardan todos los cupones de cada fabricante.

A los flemáticos, especialmente a las mujeres, les encanta comprar. Dedican más tiempo, y son probablemente más frugales que los demás tipos. Son casi tan indecisos como los melancólicos. Tienen que comprar más frecuentemente que los otros tipos porque no han comprado lo suficiente en su primer viaje.

EL TEMPERAMENTO Y EL CUIDADO DEL JARDIN Aunque parezca increíble, es casi posible descifrar el temperamento de alguien por la forma en que hace el trabajo de jardinería alrededor de su casa. Chispeante Sanguíneo se levanta temprano el domingo por la mañana para arreglar su jardín. Con gran energía alinea todas sus herramientas (posee todos los instrumentos habidos y por haber debido a su total ausencia de resistencia a las compras) y se dispone a cortar, igualar, segar y podar. Sin embargo, treinta minutos más tarde está en animada conversación con un vecino. Antes de acabar el día, manda a su hijo que le guarde las herramientas, y se decide a arreglar el jardín la semana que viene. Chispeante es evidentemente uno de los más grandes morosos del mundo.

El señor Colérico aborrece el trabajo del jardín y por ello cuando lo hace, lo hace enconadamente. Trabaja con un ritmo frenético a fin de terminar pronto con el trabajo, y no es precisamente el primor lo que lo caracteriza. Se puede señalar el jardín del colérico al conducir a través del vecindario, con sólo buscar setos miniatura y árboles enanos.

El señor Melancólico tiene una aptitud natural para crear cosas y por lo general mantiene el mejor jardín del vecindario. Es el que habla a sus plantas y las mima, y casi todos los fines de semana lo encontraremos a gatas en su jardín cuidando de su césped y setos.

El césped del flemático sugiere por lo general que su dueño está aún en la casa tarde el sábado por la mañana, sorbiendo su tercera taza de café, y seguro que es así. Capaz de dar un cuidado superior a su césped, el señor Flemático se cuidará escrupulosamente de "la vieja plantación", sin embargo, debido a su deseo de descansar quedará vencido por su impulso a hacer lo que está aceptado.

EL TEMPERAMENTO Y LOS HABITOS DE ESTUDIO Los melancólicos son por lo general buenos estudiantes que disfrutan el aprendizaje. Tienen mentes inquisitivas y si se les enseña a leer bien tendrán un feroz apetito por los libros. Tienen la bendición de poseer unas mentes agudas y retentivas que los hacen capaces de recordar una multitud de detalles. Como regla general, tendrán una buena ortografía porque tienden a tomar fotografías mentales de cada palabra. Aunque tengan unos archivos desorganizados y una mesa de despacho que sea imposible de organizar, tienen una asombrosa concentración a pesar de líos, interrupciones o ruido que pueda haber a su alrededor.

Los flemáticos pueden ser buenos estudiantes si su morosidad no los atrapa. Necesitan una serie de trabajos a corto plazo más que proyectos a largo plazo. Trabajan mejor bajo presión, aunque afirman que no les gusta. Tienen mentes ordenadas capaces de análisis y deducciones. Son propensos a enterarse de las noticias más mediante la TV que con revistas y diarios. Tienen buenas memorias

y pueden ser personas inteligentes si de alguna manera u otra se les puede
motivar a que aprendan.

Los coléricos son inteligentes como norma, pero no brillantes. Les gustan los
temas orientados a las personas, como historia, geografía, literatura y psicología.
Puede que no tengan muy buena ortografía, porque van saltando de una cosa a
otra. Son adeptos a la lectura veloz y tienen mentes curiosas. Se preguntan
constantemente "¿por qué?" A los coléricos les encantan las gráficas, los
diagramas y las representaciones; les encanta ver donde todo cuadra en el
esquema general de las cosas. Pueden tener dificultades en concentrarse en algo
que les recuerde de otras metas o proyectos, lo que hace que sus mentes se
salgan por la tangente y puedan encontrar difícil volver a centrarse en el tema
concreto de estudio.

Los sanguíneos, a no ser que estén dotados de un elevado cociente de
inteligencia, no son por lo general buenos estudiantes. Pueden serlo si están
motivados, porque con frecuencia son lo suficientemente brillantes para ello, pero
son muy inquietos y faltos de disciplina. Tienen un corto intervalo de interés y
cualquier cosa puede distraerlos, desde un pájaro volando encima de sus cabezas
a un cuadro en la pared. Estas personas tienen un potencial increíble, pero lo
malgastan al no disciplinarse. Les es difícil concentrarse por largos períodos de
tiempo.

LA CALIGRAFIA Y TU TEMPERAMENTO

No soy una autoridad en la escritura a mano, pero he
observado que el temperamento y el análisis de la
escritura autógrafa son muy similares. Por lo general,
nuestra caligrafía sigue a nuestro temperamento. Todo
lo que un sanguíneo hace es expresivo y extravagante, y es de esta manera que
escribe. El colérico tiene por lo general una mala caligrafía. Todo lo que hace lo
hace rápido; por ello, no se toma tiempo en escribir de una manera legible. El
flemático tiene por lo general una escritura pequeña pero limpia. Los
melancólicos tienen la caligrafía más impredecible de todos. Son personas
extremadamente complejas, y escriben de esa manera.

LAS CAPACIDADES COMUNICATIVAS Y EL TEMPERAMENTO

Las capacidades reflexivas y de comunicación no están
basadas únicamente en el cerebro. También involucran
el temperamento. Los sanguíneos son oradores
intuitivos. Son excesivamente expresivos y usan
libremente de la exageración. Los coléricos son lo suficientemente expresivos
como para hablar libremente, pero por lo general son más deliberados que los
sanguíneos. Son debatidores y discutidores; nadie puede ser más mordiente y
sarcástico que ellos. Los melancólicos nunca empiezan a hablar hasta que han
pensado con precisión qué es lo que quieren decir. No les gusta interrumpir a los
otros, pero una vez que empiezan siguen hasta que han descargado todo su
mensaje. Los flemáticos no se excitan acerca de nada y raras veces entran en
debates o se meten en conversaciones. Responderán a preguntas con ingenio y
buen humor, pero raramente dirán nada voluntariamente, sólo cuando se le
pregunte.

A Pedro le dijeron: "Tu manera de hablar te descubre" (Mt. 26:73). Esto es
frecuentemente cierto de tu temperamento; tus pautas de habla son una
revelación de tu temperamento.

PAGO DE FACTURAS Y EL TEMPERAMENTO El pago de facturas es una parte necesaria de la vida, y parece que cada vez se va haciendo más complicado. Lo creas o no, a no ser que seas un tenedor de libro titulado, la manera en que trates este problema será un reflejo de tu temperamento.

Los sanguíneos son terribles para mantener registros. Les disgustan los detalles y pueden deprimirse momentáneamente por sus hábitos de compra excesiva. Su método de tratar con el déficit pocas veces será el de recortar su nivel de vida, sino intentar ganar más dinero. Pagan sus facturas, pero por lo general se precisa de varios recordatorios.

A los coléricos les gusta pagar las facturas a su tiempo. No son muy detallados, a no ser que tengan un temperamento secundario melancólico o flemático, pero les gusta hacer las cosas de una manera ordenada. Su estilo es poner todas las facturas en un solo lugar y pagarlas la misma noche cada mes. No les molesta si su libro de cheques no queda equilibrado, por lo que aceptan la honestidad del banco. Por 5 ó 10 dólares de diferencia aceptarán la declaración del banco; imaginan que el tiempo que se pasarían repasando todos los detalles vale más que esto.

Los melancólicos son perfeccionistas. Su conciente naturaleza les hace difícil vivir si no han pagado a tiempo a sus acreedores. Su archivo de facturas es un jaleo, pero saben qué es cada factura y recibo. Por lo general, tienen cada recibo correspondiente a los últimos cinco años, pero en ningún orden determinado. Se enorgullecen de llevar las cuentas de su talonario de cheques hasta el último céntimo. Si hay algún error, será del banco. Por lo general, tienen un elevado margen de crédito.

Los flemáticos lo sistematizan todo. Tienen un presupuesto detallado y mantienen registros correspondientes. No sólo pagan las facturas a tiempo, sino que les gusta pagarlas antes siempre que ello les ahorre de un 2 a un 4 por ciento adicional. (Los sanguíneos ni se enteran de que hay compañías que hacen esto). Para algunos flemáticos, hacer el balance de su talonario de cheques es el momento cumbre del mes. Es la clara señal de que su vida está en orden y de que están listos para lanzarse al mes siguiente.

LA DISCIPLINA DE LOS NIÑOS Y TU TEMPERAMENTO La disciplina de los niños es mayormente el resultado de una tradición familiar, instrucción religiosa, cultura y temperamento. En años recientes, ha habido una cantidad de libros escritos acerca de este tema, algunos buenos, otros muy dañinos. Los que basan su filosofía en valores humanistas o sicología humanista han producido una sociedad permisiva que tiende hacia el desmoronamiento del imperio de la ley. Por otra parte, los libros basados sobre principios cristianos han sido de gran valor. Mis tres libros favoritos sobre disciplina infantil son dos de mi amigo el Dr. James Dobson (Atrévete a disciplinar y Cómo criar a un niño difícil), y otro por mi esposa Beverly: Cómo desarrollar el temperamento de tu hijo. Estos tres libros debieran estar en la biblioteca de cada padre cristiano. Si los estudias, estarás preparado para ser un padre eficaz.

Sin embargo, habiendo dicho todo esto, descubrirás que hasta que aprendas lo recto en la disciplina de tus hijos, responderás a ellos a base de tu temperamento.

Incluso cuando sepas lo que hacer, tu temperamento influenciará la manera en que lo hagas. Considera estos cuatro estilos familiares.

Todo lo que hace un sanguíneo en la vida es espontáneo, y por lo general la disciplina no constituye una excepción. Da a gritos sus instrucciones y corrección, y una mujer sanguínea es propensa a hablar a gritos. Debido a que los sanguíneos no tienen disciplina ellos mismos, pocas veces cumplen sus amenazas. Así, Juanito sabe que nunca tiene que responder la primera vez que lo llaman o que se le ordena que haga algo. Espera hasta que el tono del chillido o el volumen de la llamada llegue a una cierta intensidad antes de acudir.

Cuando se trata de azotes, los sanguíneos tienen que hacerlo de inmediato, cuando se encuentran encolerizados o frustrados, o no los darán en absoluto. Su tierno corazón y espíritu perdonador hacen que un castigo retardado se convierta en un no castigo. Su indulgencia conduce al comportamiento permisivo, lo que a su vez alienta al quebrantamiento del orden. Y los padres inconsecuentes crían por lo general a hijos inconsecuentes.

Hay una cosa de alabar en los sanguíneos: después de haber castigado a sus hijos se toman el tiempo de quererlos y consolarlos. Los sanguíneos nunca guardan rencor (a todos nos haría bien tener un poco de este rasgo). Otra cosa acerca de estas personas tan amantes de la diversión es que a menudo se toman tiempo para jugar con sus hijos, en particular al ir haciéndose mayores.

Los coléricos, siendo propensos a la autoridad, quieren gobernar sus casas como un campamento militar. Esto puede producir buenos robots, pero no hace muy bien a los chicos. El hijo de un padre colérico nunca carece de conocimiento acerca de lo que su padre le demanda en obediencia y normas... se le dice regularmente. A los coléricos les encanta dar órdenes. Los coléricos, cuando azotan, tienden a azotar demasiado fuerte y demasiados azotes a la vez. Maestros del exceso en todo lo que hacen, su lema es: Si un poco sirve, mucho servirá de cura". (En realidad, ningún padre debería azotar a su hijo cuando está enfurecido. Hace sentir al hijo que es tan sólo una válvula de escape para la frustración del padre.)

Los coléricos pueden ser buenos padres, pero tienen que dedicarse a ello. Es difícil complacerlos, y si un niño tiene un desarrollo lento o tiene un temperamento menos activista, estos padres son propensos ha hacer que se sienta inferior y a desaprobarlos constantemente. Estos padres necesitan alentar a sus hijos, a probarlos y construir su imagen propia, haciendo lo imposible para mostrarles su amor.

Los padres melancólicos eran perfeccionistas antes de llegar a ser padres, y el hecho de tener hijos no cambiará esto. Tienen esperanzas entre lo elevado y lo irreal para sus pequeños, y los alaban con tacañería (aunque la mayor parte de los niños necesitan esta alabanza en abundancia). Académicamente, sus niños saben que una nota menor a Sobresaliente es un fracaso, en todas las asignaturas. Legalistas por naturaleza, tienen por lo general normas para todo, y maneras de actuar que se deben llevar a cabo. Si dicen que van a dar unos azotes por una falta específica, por lo general cumplen la amenaza de manera precisa; pero raras veces azotan en exceso, a no ser que vean sus propios fracasos en su hijo. Entonces pueden proyectar hacia el niño las frustraciones que sienten hacia sí mismos.

A los melancólicos les es difícil expresar aprobación, porque sus pautas son tan elevadas que tienen miedo que sus hijos se duerman en los laureles si les muestran aprobación. Son el último temperamento en aprender que todos necesitan alabanza y que la mayor parte de las personas florecen mejor con aprobación que con condenación. Tienen una gran capacidad de amar a sus hijos, pero tienen que aprender cómo expresarlo. Uno de los mayores fracasos paternos es que pueden no olvidar algo malo que el niño haya hecho, y si no se les instruye a abandonar este hábito se lo repetirán una y otra vez.

Los flemáticos pueden ser buenos padres si aprenden a ser más afirmativos y decididos cuando es necesario. Son la paciencia personificada. Les encantan los niños y probablemente se sienten más cómodos con niños pequeños que con nadie más. Les dan su tiempo, juegan con ellos, y pueden ser pacientes instructores. Al hacerse mayores los hijos coléricos, sus padres flemáticos pueden quedar intimidados por ellos y esquivarlos, minando así en la adolescencia la buena instrucción dada en la niñez. Sin embargo, lo que puede que lleguen a permitir a sus hijos (los melancólicos pueden también ser culpables de ello) es que les sean respondones. Ningún padre debería aceptar esto. La Biblia dice que los hijos deben honrar a sus padres. Si no los honran con sus bocas, al menos se les debe obligar a no deshonrarlos. Los padres que pierden esta batalla en la niñez pocas veces consiguen el control en los años de la adolescencia.

El flemático es el menos propenso a dar azotes. Por lo general espera hasta que su cónyuge más extrovertido lo haga. Cuando llegan los años de la adolescencia y el hijo necesita una poderosa figura paterna, es triste cuando el padre se va al garaje y se dedica a hacer trabajillos para evitar confrontaciones desagradables. Una vez di orientación a un hombre flemático cuyo conflicto con su esposa surgió porque ella no quería prohibir a sus hijos que contemplaran ciertos programas de TV que él creía no eran recomendables. Los hijos necesitan que sus dos padres concuerden en las normas y que las mantegan en vigor, aplicando cualquier castigo que sea apropiado o que haya sido anunciado. los flemáticos pueden ser buenos padres pero, como todos los demás, tienen que dedicarse a ello.

RESUMEN Podríamos seguir dando ilustraciones de cómo el temperamento influencia la manera en que te ejercitas, duermes, decoras, seleccionas los vestidos, tienes aficiones, y todo lo demás de tu vida. Pero lo anterior es suficiente para que empieces a orientarte en la dirección correcta. Al familiarizarte con la teoría de los temperamentos, la verás actuando en tu propia vida y en la de tus amigos. Vendrá a ser una herramienta divertida que te será de ayuda para aprender cómo comprenderte a ti mismo así como a otras personas.

POR QUE ACTUAS DE LA FORMA EN QUE LO HACES

Todos y cada uno estamos interesados en el comportamiento humano. Esta es la razón de que más del 80 por ciento de los trece millones de estudiantes de instituciones superiores de los Estados Unidos toman voluntariamente clases de sicología; están fascinados por lo que hace actuar a la gente. Y, ante todo, están interesados en por qué piensan, sienten, responden, estallan, y actúan de la manera en que lo hacen.

Nada responde mejor a estas preguntas que la teoría de los cuatro temperamentos. Explica las diferencias entre las personas, sus gustos, sus capacidades creativas, sus fortalezas y debilidades. Explica por qué algunas personas entran en conflicto con otras y por qué otras se sienten atraídas entre sí.

TEMPERAMENTO: Hablando humanamente, nada tiene una mayor
TU HAS NACIDO   influencia sobre tu comportamiento que tu
CON EL   temperamento heredado. La combinación de los genes
y cromosomas de tus padres en la concepción, que determinó tu temperamento básico nueve meses antes de que respiraras por primera vez, es lo principalmente responsable de tus acciones, reacciones, respuestas emocionales y, en un grado u otro, de casi todo lo que haces.

La mayor parte de la gente está totalmente inconsciente de esta proderosísima influencia sobre su comportamiento. Como consecuencia, en lugar de cooperar con ella y de usarla, entran en conflicto con este poder interno e intentan hacer de sí mismos algo para lo que nunca fueron designados. Ello no sólo los limita personalmente, sino que afecta a su familia inmediata y a menudo daña otras relaciones interpersonales. Es una de las razones por las que tantas personas dicen: "No me gusto" o "No me puedo comprender". Cuando una persona descubre tu temperamento básico, puede por lo general descubrir con facilidad cuáles son sus aptitudes vocacionales, cómo tener buenas relaciones con otras personas, qué debilidades naturales se deben vigilar, con qué tipo de esposa debería casarse, y cómo puede mejorar la eficacia de su vida.

¿QUE ES EL   El temperamento es una combinación de características
TEMPERAMENTO   que heredamos de nuestros padres. Nadie sabe donde
reside, pero creo que se halla en algún lugar de la mente o del centro emocional (a menudo denominado "corazón"). De esta fuente se combina con otras características humanas para producir nuestra estructura básica. La mayor parte de nosotros estamos más conscientes de su expresión que de su función.

Es el temperamento de una persona lo que la hace abierta y extrovertida o tímida e introvertida. Es indudable que conoces ambos tipos de personas nacidas de los mismos padres. De una manera similar, es el temperamento lo que hace que unas personas se entusiasmen por el arte y la música, en tanto que otras se centran en los deportes o en la industria. De hecho, he conocido notables músicos cuyos hermanos carecían totalmente de oído para la música.

El temperamento no es, naturalmente, la única influencia sobre nuestro comportamiento. La temprana vida en el hogar, la instrucción, la educación y la motivación constituyen también poderosas influencias sobre nuestras acciones a través de la vida. El temperamento, sin embargo, es la influencia número uno en la vida de la persona, no sólo porque es lo primero que nos afecta, sino porque, como la estructura corporal, el color de los ojos, y otras características físicas, nos acompaña a través de la vida. Un extrovertido es un extrovertido. Puede que trate de ocultar la expresión de su extroversión, pero siempre será un extrovertido. Similarmente, aunque un introvertido pueda salir de su concha y actuar más agresivamente, nunca será transformado en un extrovertido. El temperamento establece amplias líneas conductoras en las pautas de comportamiento de cada uno, influenciando a la persona durante toda su vida. De un lado tiene sus fortalezas, del otro, sus debilidades. La principal ventaja de aprender acerca de los cuatro temperamentos básicos es descubrir tus fortalezas y debilidades más pronunciadas a fin de que con la ayuda de Dios puedas vencer tus debilidades y tomar la máxima ventaja de tus fortalezas. De esta manera podrás cumplir hasta el máximo tu destino personal.

El temperamento se hereda genéticamente, e indudablemente quedó afectado por la caída de Adán. Esta es la razón por la que todos nos identificamos con el deseo de hacer lo bueno mientras que al mismo tiempo poseemos un deseo de hacer lo malo. El Apóstol Pablo sentía indudablemente lo mismo cuando dijo: "... el querer el bien lo tengo a mi alcance, pero no el hacerlo. Porque no hago el bien que quiero, sino el mal que no quiero, eso es lo que pongo por obra. Y si lo que no quiero, eso es lo que hago, ya no lo obro yo, sino el pecado que mora en mí". (Ro. 7:18-20)

Pablo diferenció entre sí mismo y aquella fuerza incontrolable en el interior diciendo: "Ya no lo hago yo, sino el pecado que mora en mí". El "Yo" es la persona de Pablo, el alma, la voluntad, y la mente del hombre. El "pecado" que moraba en él era la naturaleza humana que él, como todos los seres humanos, había heredado de sus padres.

Esta naturaleza básica que todos hemos heredado de nuestros padres recibe varios nombres en la Biblia: "el hombre natural", "la carne", "el viejo hombre", y "simiente corruptible", para mencionar unos pocos. Ella provee los impulsos básicos de nuestro ser al buscar nosotros satisfacer nuestras necesidades. Para comprender apropiadamente su control sobre nuestras acciones y reacciones, deberíamos distinguir cuidadosamente entre temperamento, carácter y personalidad.

El *temperamento* es la combinación de características con las que nacemos y que afectan subconscientemente el comportamiento humano. Estas características están dispuestas genéticamente sobre la base de nacionalidad, raza, sexo y otros factores hereditarios, y son transmitidas genéticamente. Algunos psicólogos sugieren que recibimos más genes de nuestros abuelos que de nuestros padres. Ello podría dar la explicación de la mayor semejanza de algunos hijos a sus abuelos que a sus padres. La manifestación de las características del temperamento es tan impredecible como el tamaño o el color de los ojos, y del cabello.

El *carácter* denota el verdadero tú. la Biblia se refiere a esto como " el hombre escondido del corazón". Es el resultado de tu temperamento natural modificado por la instrucción, educación, actitudes básicas, creencias, principios y motivaciones recibidos en la infancia. En ocasiones se denomina como "el alma" del hombre, constituida por la mente, emociones y voluntad.

La *personalidad* es la expresión externa de la persona, que puede ser o no lo mismo que el carácter, dependiendo de lo genuinos que seamos. Con frecuencia, la personalidad es una agradable fachada que esconde un carácter desagradable o débil. (Muchas personas pasan por la vida aparentando ser la persona que ellos creen que deben ser, o la que quieren mostrarle a los demás que son, en lugar de actuar como realmente son). Esta es una fórmula para el caos mental y espiritual. Tiene su origen en el seguimiento de la fórmula humana para una conducta aceptable, que pone su énfasis en lo externo. La Biblia nos dice "El hombre mira lo que está delante de sus ojos, pero Jehová mira el corazón" (1 S. 16:7), y "Tu corazón... porque del él mana la vida" (Pr. 4:23). El lugar para cambiar el comportamiento del hombre es el interior del hombre, no el exterior.

Resumiendo, el temperamento es la combinación de características con las que nacemos; el "carácter" es nuestro temperamento "civilizado"; y la personalidad es "el rostro" que mostramos a los otros. Debido a que los rasgos del temperamento los recibimos genéticamente de nuestros padres y por ello son impredecibles, se deberían mantener en mente algunos de los factores que influencian el temperamento. La nacionalidad y la raza son probablemente los factores que juegan la parte más importante en la formación de nuestro temperamento en las heredado.

Haciendo un viaje misionero por México, me di cuenta de grandes diferencias en las tribus que observaba. Una tribu de indios me impresionó mucho. Muchas tribus eran impasibles, indiferentes y descuidadas en su modo de vida. Sin embargo, esta gente era muy activa y a menudo demostraba una gran capacidad inventiva. En una ciudad que visitamos, estaban asiduamente dedicados a la actividad técnica de tejer, y su sentido de la responsabilidad estaba en acusado contraste con lo que habíamos observado en otras gentes tribales. El oficio lo habían aprendido, pero su adaptabilidad y deseo de aprender eran tan universales en toda la tribu que sólo podía ser un rasgo heredado.

El sexo de una persona también afecta su temperamento, especialmente en la esfera de las emociones. Se considera, por lo general, que las mujeres son emocionalmente más expresivas que los hombres. Incluso la más dura de las mujeres llora en ocasiones, en tanto que algunos hombres jamás lloran.

Los rasgos del temperamento, tanto si están controlados como si no, persisten a través de la vida. Cuanto más envejecemos, sin embargo, tanto más tienden a ablandarse y suavizarse nuestros rasgos duros y bruscos. El hombre aprende que si debe vivir en paz con su compañero, es mejor destacar sus fortalezas naturales y dominar sus debilidades. Muchos consiguen éxito en el desarrollo de su carácter y en la mejora de su personalidad, pero relativamente pocos pueden cambiar sus temperamentos. Aunque sí es posible modificar de tal manera el temperamento que uno llegue a parecer una persona totalmente diferente. Pero hacer esto demanda ayuda externa, y esto se tratará extensamente en un capítulo posterior, pero en primer lugar, deberíamos conocer los cuatro temperamentos.

Conoce los Cuatro Temperamentos

El corazón de la teoría de los temperamentos, tal como lo concibió primeramente Hipócrates hace más de veinticuatro siglos, divide a las personas en cuatro categorías básicas que él denomina sanguínea, colérica, melancólica y flemática. Cada temperamento tiene fortalezas y debilidades que constituyen una parte distintiva de su estructura durante la vida. Una vez que una persona ha diagnosticado su propio temperamento básico, está mejor equipada para determinar qué oportunidades vocacionales son las mejores para ella, y cuáles son las debilidades naturales de las que tiene que ocuparse para evitar que le anulen su potencial y creatividad. La tabla de temperamentos de la página 22 muestra estas fortalezas y debilidades, revelando diez de ellas para cada temperamento.

Las siguientes breves descripciones de los cuatro temperamentos básicos te introducirán a estos cuatro diferentes tipos de personas. Es indudable que identificarás a varios de tus amigos en una u otra de estas clasificaciones, y si observas con cuidado, puedes incluso descubrir una que te recuerde a ti mismo.

CONOCE A CHISPEANTE SANGUINEO

Chispeante Sanguíneo es una persona cálida, vivaz y "que disfruta". Receptiva por naturaleza, las impresiones externas encuentran fácil entrada en su corazón, donde provocan un aluid de respuestas. Los sentimientos más que los pensamientos reflexivos le llevan a tomar sus decisiones. Chispeante es tan comunicativo que, por lo general, es considerado un super-extrovertido. Chispeante tiene una capacidad insólita para disfrutar y por lo general contagia a los demás su espíritu amante de la diversión. En el momento en que entra en una estancia tiende a levantar los espíritus de todos los presentes, gracias a su exuberante conversación. Es un narrador extraordinario y su naturaleza cálida y emocional casi te ayuda a revivir la experiencia al relatarla.

A Chispeante Sanguíneo nunca le faltan los amigos. Puede sentir de una manera genuina los gozos y tristezas de la persona que conoce y tiene la capacidad de hacer que se sienta importante, como si se tratara de un amigo muy especial; y lo es, en tanto que te está mirando. Después, fijará su mirada con la misma intensidad sobre la siguiente persona que encuentre.

El Apóstol Pedro, en la Biblia, se parece mucho a Chispeante Sanguíneo. Cada vez que aparece en los Evangelios, está hablando. De hecho, leí una vez los Evangelios de arriba abajo para verificar mi sospecha y descubrí que Simón Pedro habla más que todos los demás discípulos juntos. Esto es típico de Chispeante. Como mi sanguíneo amigo ministro, Ken Poure, dice: "Un sanguíneo siempre entra en un lugar con la boca por delante". Su talante ruidoso, expansivo y amistoso le hace aparecer más confiado de lo que realmente es, pero su energía y disposición afectuosa le ayudan a rodear los lugares duros de la vida. Las personas tienen una manera de excusar sus debilidades diciendo: "¡Así es él!"

CONOCE A ROQUE COLERICO

Roque Colérico es caluroso, rápido, activo, práctico, voluntarioso, autosuficiente y muy independiente. Tiende a ser decidido y de firmes opiniones, siéndole fácil tomar decisiones, tanto para él mismo como para otras personas. Como Chispeante Sanguíneo, Roque Colérico es extrovertido, (pero no hasta ese punto).

Roque Colérico prospera en la actividad. No necesita ser estimulado por su ambiente, sino que más bien lo estimula él con sus inacabables ideas, planes, metas, y ambiciones. No se lanza a una actividad sin objetivo, porque tiene una mente práctica y aguda, capaz de tomar decisiones acertadas e instantáneas o de planificar proyectos que valen la pena. No vacila bajo la presión de lo que los demás piensan, sino que toma una postura decidida sobre los temas en debate, y a menudo se le puede ver en campaña contra alguna injusticia social o situación de subversión.

A Roque no le asustan las adversidades; de hecho, tienden a alentarlo. Su terca determinación le permite triunfar, por lo general, (allí donde otros han fracasado).

La naturaleza emocional de Roque es la menos desarrollada de su temperamento. No simpatiza fácilmente con los demás, ni muestra ni expresa naturalmente ninguna compasión. A menudo se queda turbado o disgustado por las lágrimas de otros, y por lo general es insensible a sus necesidades. Refleja poco aprecio por la música y por las bellas artes, a no ser que sus rasgos secundarios sean los del melancólico. Invariablemente, busca valores utilitarios y productivos en la vida.

No dado al análisis, sino más bien a una valoración rápida y casi intuitiva, el colérico tiende a fijar su mirada en la meta por la que está trabajando sin reconocer los posibles tropiezos y obstáculos que puede haber en el camino. Una vez que ha emprendido el camino hacia la meta, puede tratar sin demasiadas contemplaciones a aquéllos que se interpongan en su camino. Tiende a ser dominante y autoritario y no duda en usar a la gente para conseguir sus fines. A menudo es considerado un oportunista.

CONOCE A MARTIN MELANCOLICO

Martín Melancólico es el más rico de todos los temperamentos. Es un tipo analítico, abnegado, dotado y perfeccionista con una naturaleza emocional muy sensible. Nadie consigue más disfrute de las artes que el melancólico.

Por naturaleza, es propenso a la introversión; pero, debido al predominio de sus sentimientos, es dado a una variedad de talantes. Algunas veces estará en las alturas del éxtasis, lo que le hará actuar de una manera más extrovertida. Sin embargo, en otras ocasiones se encontrará sombrío y deprimido, y durante estos períodos se encierra en su concha y puede llegar a ser bastante antagonista.

Martín es un amigo muy fiel, pero a diferencia del Sanguíneo no consigue amigos fácilmente. Pocas veces se lanza a conocer gente, sino que deja que le vengan a él. Quizás sea el más fiable de los temperamentos, porque sus tendencias perfeccionistas y su fina conciencia no le permiten esquivar a nadie ni abandonar a nadie cuando están contando con él. Su reticencia a ponerse en primera línea es a menudo tomada como indicación de que no le gusta la gente. Como a todos nosotros, no solo le gustan las otras personas, sino que tiene un intenso deseo de ser amado por ellas. Sin embargo, encuentra difícil expresar sus verdaderos sentimientos. Las experiencias frustrantes le han hecho desconfiado a aceptar a la gente tal como se presentan; así, es propenso a la sospecha cuando otros lo buscan o llenan de atenciones.

Su excepcional capacidad analítica le hace capaz de diagnosticar con precisión los obstáculos y peligros de cualquier proyecto en el que tenga una parte. En ello se halla en acusado contraste con Colérico, que raramente prevé ningún problema ni dificultad, sino que está confiado en poder afrontar cualquier crisis que pueda surgir. Esta característica hace que frecuentemente el melancólico sea reticente a iniciar algún nuevo proyeto o que entre en conflicto con aquellos que desean emprenderlo. Ocasionalmente, en un momento de éxtasis emocional o de inspiración, puede producir alguna gran obra de arte o algo genial. Pero estos logros van generalmente seguidos de períodos de gran depresión.

Martín Melancólico halla por lo general su mayor significado en la vida a través del sacrificio personal. Parece deseoso de ir al sufrimiento, y a menudo elige una vocación difícil que requiere un gran sacrificio personal. Pero una vez la ha elegido, es propenso a ser muy directo y persistente en su seguimiento de esta vocación y más que probablemente logrará un gran bien si su tendencia natural a afligirse y quejarse (debido al sacrificio) no lo lleva a tal depresión que lo abandone totalmente. No hay ningún temperamento que tenga tanto potencial natural cuando es energizado por el Espíritu Santo como el melancólico.

CONOCE A FELIPE FLEMATICO

Felipe Flemático es un individuo calmoso, tranquilo, que nunca se descompone, y que tiene un punto de ebullición tan elevado que casi nunca se enfada. Es el tipo de persona más fácil de tratar y es por esa naturaleza el más agradable de los temperamentos. Felipe Flemático deriva su nombre de lo que Hipócrates creía que era el fluído corora que producía este "temperamento" calmoso, frío, lento, bien equilibrado". La vida es para él una experiencia feliz, placentera y sin estridencias en la que evita involucrarse tanto como pueda. Es tan calmado y sereno que nunca parece agitado, no importan cuales sean las circunstancias que lo rodean. (Es el único tipo de temperamento que no varía). Debajo de su personalidad fría, reticente, casi tímida, el señor Flemático tiene una combinación muy adecuada de capacidades. Siente más emoción de la que aparenta y aprecia las bellas artes y las cosas buenas de la vida. Por lo general evita la violencia.

El flemático no carece de amigos porque le gusta la gente y tiene un sentido natural y seco del humor. Es el tipo de persona que puede tener en vilo a una multitud de personas, y que sin embargo nunca esboza una sonrisa. Poseyendo la singular capacidad de ver algo humorístico en otros y en las cosas que hacen, mantiene un enfoque positivo de la vida. Tiene una buena mente retentiva y es capaz de ser un buen imitador.

Felipe Flemático tiende a ser un espectador en la vida e intenta no involucrarse demasiado en las actividades de otros. De hecho, es por lo general con una gran renuencia que alguna vez le motiva cualquier forma de actividad fuera de su rutina diaria. Esto sin embargo, no significa que no pueda apreciar la necesidad de acción o las necesidades de otros. El y Roque Colérico pueden afrontar la misma injusticia social, pero sus respuestas serán totalmente diferentes. El espíritu de campaña del colérico le hará decir: "¡Organicemos un comité y hagamos una campaña para hacer algo de esto!" El Flemático más bien respondería: "¡Estas condiciones son terribles! ¿Por qué alguien no hace algo acerca de esto?" Por lo general afectuoso y lleno de simpatía, Felipe Flemático expresa pocas veces sus verdaderos sentimientos. Sin embargo, cuando es empujado a la acción, sus capaces y eficaces cualidades pronto se hacen evidentes. No se presentará voluntariamente para ser un líder, pero si se le fuerza el liderazgo encima, demostrará ser líder muy capaz. Tiene un efecto conciliador sobre los demás y es pacificador natural.

Tabla de los cuatro temperamentos básicos

Fortalezas

EXPRESIVO
ATENTO
CALIDO Y AMISTOSO
HABLADOR
ENTUSIASTA
COMPASIVO

indisciplinado
emocionalmente
inestable
improductivo
egocéntrico
exagerado

frío y
no emocional
auto-suficiente
impetuoso
dominante
rencoroso
sarcástico
irascible
cruel

VOLUNTARIOSO
INDEPENDIENTE
VISIONARIO
PRACTICO
PRODUCTIVO
DECIDIDO
LIDER

Debilidades

SANGUINEO   COLERICO

MELANCOLICO   FLEMATICO

DOTADO
ANALITICO
ESTETA
ABNEGADO
TRABAJADOR
AUTO-DISCIPLINADO

variable
auto-centrado
propenso a persecución
vengativo
susceptible
teórico
insociable
crítico
negativo

sin motivación
moroso
egoista
mezquino
auto-protector
indeciso
cobarde
ansioso

CALMADO PLACIDO
TRANQUILO
CONFIABLE
OBJETIVO
DIPLOMATICO
EFICAZ-ORGANIZADO
PRACTICO-HUMORISTA

Debilidades

Fortalezas

Ahora que has sido brevemente introducido a los cuatro temperamentos básicos deberías estudiar la tabla anterior, que incluye diez fortalezas y diez debilidades para cada temperamento.

RESUMEN ¿CUAL ERES TU?   ¡Aquí está la pregunta! En unas pocas páginas hemos presentado la antiquísima teoría de los cuatro temperamentos básicos. Digo básicos porque nadie es 100 porciento sanguíneo, colérico, melancólico o flemático. Todos somos una combinación de al menos dos y quizá tres temperamentos (más acerca de este intrigante tema más adelante).

Sin embargo, tu temperamento predominante, el que más te influencia, no debería ser demasiado difícil de diagnosticar. Tan sólo hazte unas pocas preguntas mientras miras las siguientes ilustraciones:

Sanguíneo   Colérico   Melancólico   Flemático

1. ¿Eres extrovertido? Si es así, predominantemente sanguíneo o colérico.
2. Si la respuesta a la 1 es "sí", pregúntate "¿Tiendo a ser un super-extrovertido?" Esto es, ¿eres generalmene el primero en hablar? Si es así, eres sanguíneo.
3. Si la respuesta a la 1 es "sí", pregúntate si eres un buen vendedor. Si es así, eres predominantemente sanguíneo.
4. Si la respuesta a la 1 es "sí", pero "no" a la 2 y la 3, pregúntate: "¿Soy un "líder natural?" Si es así, probablemente seas un colérico.
5. (Si la respuesta a la 1 es "no", esto significa que no eres extrovertido), pregúntate entonces a ti mismo: "Soy un perfeccionista, analítico, algo crítico?" Si es así, eres probablemente predominantemente melancólico.
6. Si respondiste "no" a la 1, pregúntate si otros te conocen como "muy callado". ¿Te enojas raramente pero experimentas muchos temores y ansiedades? Si es así, eres probablemente flemático.

Naturalmente, esta es una prueba sumamente simplificada, y sólo considera tu temperamento predominante. Pero te ayudará incluso en esta primera etapa del examen a obtener una indicación del temperamento que . . . tienes. A medida . . . que leas el libro descubrirás más acerca de tu temperamento básico, o quizá descubrirás que . . . al principio seleccionaste tu temperamento secundario, eso sólo sucede cuando una persona está equilibrada entre sus temperamentos primario y secundario.

Más adelante en este libro se hallarán pruebas de temperamentos más detalladas, pero antes necesitas saber más acerca de este fascinante tema.

LAS PERSONAS SON DIFERENTES

Ahora que nos hemos encontrado con los cuatro temperamentos, indudablemente te darás cuenta de por qué "las personas son individuos". No sólo hay cuatro tipos diferentes de temperamentos que producen estas diferencias, sino que las combinaciones, mezclas, y grados de temperamento multiplican las posibles diferencias. A pesar de todo ello, sin embargo, la mayor parte de las personas revelan una pauta de comportamiento que indica que tienden hacia un temperamento predominante.

Recientemente tuve una experiencia que mostraba de una manera gráfica la
diferencia de temperamento. Tenía la necesidad de encontrar una máquina
Thermofax mientras hablaba en un campamento de verano de un instituto. En la
pequeña ciudad cercana, la única que estaba disponible estaba en el Centro
Educativo. Cuando llegué después de haber concertado una cita, encontré a
nueve personas trabajando diligentemente. El medio reposado, ordenado y la
atmósfera de eficacia me hizo darme cuenta de que estaba en presencia de
individuos de temperamento predominantemente melancólico o flemático.

Esto quedó confirmado (más tarde) cuando el superintendente calculó
cuidadosamente mi factura y rehusó tomar mi dinero porque "era contra las
normas". En lugar de eso, me llevó al meticuloso tesorero, que a su vez nos
envió al cajero, que finalmente dispuso que yo pagara mi 1,44 dólares a la
telefonista, que guardaba la caja chica, a fin de no alterar ninguno de los registros
en los libros de contabilidad. El colmo ya fue la caja chica, que claramente
revelaba el toque del perfeccionista. El cambio estaba cuidadosamente apilado en
ordenadas hileras de monedas de diferentes valores.

Al contemplar el plácido ambiente y darme cuenta del tranquilo, pero decidido
interés demostrado por las personas que allí se encontraban ante este pequeño
problema, mi mente pasó divertidamente a la escena de la oficina de ventas
donde habían vendido el retroproyector. Allí el personal de ventas, el jefe
principal y todos los empleados eran predominantemente de los temperamentos
extrovertidos: sanguíneos y coléricos. ¡El lugar era un jaleo sin organización!
¡Papeles por todas partes, teléfonos y mesas sin atender, y la oficina era un ir y
venir de actividad incesante! Finalmente, por encima del sonido de las voces, oí al
gerente de ventas decir al personal, con una mirada de desesperación: "¡un día
de estos vamos a organizarnos aquí".

Estas dos escenas muestran el contraste natural de los rasgos heredados que
producen el temperamento humano. Señalan también el hecho de que los cuatro
temperamentos básicos descritos son necesarios para la variedad y propósito de
este mundo. No se puede decir de ningún temperamento que sea mejor que los
demás. Cada uno de ellos tiene fortalezas y riquezas, y cada uno de ellos está
fraguado de sus propias debilidades y peligros. Cómo mejorarte a ti mismo,
venciendo tus debilidades, es el propósito de este libro.

SECCION

Segunda

¿QUE TEMPERAMENTO TIENES TU?

CAPITULO
DOS

Las doce combinaciones temperamentales

La principal objeción a la teoría de los cuatro temperamentos, tal como había sido presentada por los antiguos, era que era simplista en demasía al asumir que cada persona podía ser caracterizada por uno sólo de los cuatro temperamentos. Como ya he dicho en mis libros anteriores acerca del temperamento, esto no es cierto. Todos nosotros tenemos al menos una mezcla de dos temperamentos, uno de ellos predomina, el otro es secundario. En un intento de hacer que la teoría de los temperamentos sea más práctica y ajustada a la realidad, examinaremos, brevemente doce posibles combinaciones temperamentales. Con gran probabilidad, te será más fácil identificarte con una de las combinaciones que con una de las formas básicas.

Una variedad de combinaciones

Esencialmente, cada persona es capaz de poseer veinte fortalezas y veinte debilidades en uno u otro grado para el temperamento predominante, y diez para el temperamento secundario. Algunas de ellas, como veremos, se anulan entre sí, otras se refuerzan y otras acentúan y complican otras, dando cuenta de las variedades de comportamiento, prejuicios y capacidades naturales de las personas con el mismo temperamento pero con diferentes temperamentos secundarios. Esto se hará más claro al estudiar las siguientes doce combinaciones de temperamento.

EL SANCOL

El más extrovertido de todas las combinaciones de temperamento será el SanCol porque los dos elementos que constituyen su naturaleza son extrovertidos. El feliz carisma del sanguíneo lo hace un tipo orientado hacia las personas, entusiasta, tipo vencedor; pero el lado colérico de su naturaleza le dará la necesaria resolución y los rasgos de carácter que conformarán en él un individuo más organizado y productivo que si fuera un puro sanguíneo.

Cualquier campo donde se trabaje con el público o se ofrezcan servicios a las personas le puede interesar ya que ofrecen variedad, actividad y excitación.

Las debilidades potenciales de un SanCol son generalmente evidentes para todos por lo extrovertido que es. Suele hablar demasiado, exponiéndose así a sí mismo y dejando que todos puedan ver sus debilidades. Tiene fuertes opiniones. En consecuencia, se expresa ruidosamente, incluso antes de conocer todos los hechos. Para decirlo honradamente, ¡nadie tiene más problemas con la boca! Si es el alma de la fiesta, es una persona encantadora; pero si se siente amenazado puede llegar a ser insoportable. Su principal problema emocional será la ira, que puede lanzarlo a la acción a la menor provocación. Debido a que combina el fácil olvido del sanguíneo y la terca casuística del colérico, puede que su conciencia no sea demasiado activa. Por ello, tiende a justificar sus acciones. Este hombre, como cualquier otro temperamento, necesita ser llenado diariamente con el Espíritu Santo y la Palabra de Dios.

Simón Pedro, el autodesignado líder de los doce apóstoles, es un clásico ejemplo neotestamentario de un SanCol. Es evidente que tenía problemas con la boca, demostrándolo una y otra vez hablando antes de que nadie más pudiera hacerlo. Habla más en los Evangelios que todos los demás discípulos juntos, y la mayor parte de lo que dijo estaba equivocado. Era egoísta, de voluntad débil y carnal a través de todos los Evangelios. En Hechos, sin embargo, lo vemos un hombre notablemente transformado… eficaz y productivo. ¿Qué es lo que provocó esta diferencia? Fue llenado con el Espíritu.

EL SANMEL

Los SanMels son personas sumamente emotivas que fluctúan drásticamente. Pueden reír a carcajadas en un momento determinado y romper en llanto al siguiente minuto. Les es casi imposible oir una historia triste, observar la trágica suerte de otra persona, o escuchar música melancólica sin llorar profusamente. Sienten de una manera genuina los dolores de los otros. Les pueden interesar casi todos los campos, especialmente la oratoria pública, el arte dramático, la música y las bellas artes. Sin embargo, los SanMels muestran su perfeccionismo abiertamente lo que frecuentemente los aleja de las otras personas ya que expresan sus críticas con franqueza. Son, por lo general, individuos orientados hacia las personas que tienen suficiente sustancia para hacer una contribución a las vidas de otros… si su ego y arrogancia no los hacen tan repulsivos que los otros adquieren contra ellos un sentimiento de hostilidad.

Una de las debilidades cruciales de esta combinación temperamental persiste en los SanMels durante toda la vida. Tanto los sanguíneos como los melancólicos son soñadores, y por ello si la componente melancólica de su naturaleza sugiere un tren negativo de pensamiento, puede llegar a anular el potencial del SanMel. Le es fácil deprimirse. Además, esta persona, más que la mayor parte de las otras, tendrá tanto un problema de ira como una tendencia hacia el temor. Los dos temperamentos en su constitución sufren de un problema de inseguridad; no pocas veces tiene miedo a usar su potencial. Ser admirado por los demás es algo tan importante para él que ello lo conducirá a un nivel consistente de ejecutoria. Tiene una gran capacidad de comunicarse con Dios y, si camina en el Espíritu, será un eficaz siervo de Cristo.

El Rey David es una ilustración clásica del temperamento SanMel. Fue un hombre extremadamente atractivo, lleno de colorido, drámatico, emotivo, de poca voluntad que se pudo ganar el corazón de hombres y mujeres. Podía tocar el arpa, cantar y demostró claramente su instinto poético en sus Salmos; tomó muchas decisiones impulsivamente. Desafortunadamente, como muchos SanMels, destrozó su vida con una serie de desastrosos y costosos errores antes de imponerse la suficiente auto-disciplina como para cumplir su destino. Naturalmente, no todos los SanMels pueden recoger los fragmentos de sus vidas y volver a empezar como lo hizo David. Es mucho mejor que caminen en el Espíritu diariamente y eviten tales errores.

El SanFlem

El SanFlem es un tipo de persona que cae muy bien. Las tendencias abrumadoras y repelentes de un sanguíneo quedan anuladas por el flemático gentil y cómodo. Los SanFlems son personas sumamente felices cuyo espíritu libre de ansiedades y buen humor hacen que los demás los busquen para divertirse. Suelen trabajar en el campo de venta u ocupan puestos donde se ofrezca ayuda a otras personas.

Son los menos extrovertidos de todos los sanguíneos y a menudo están más regulados por su ambiente y circunstancias que por su propia motivación. Los SanFlems tienen una naturaleza que tiende a la vida familiar y preservan el amor de sus hijos y de cualquier otra persona, de la misma manera. No harían daño a nadie a propósito.

Las grandes debilidades del SanFlem son la ausencia de motivación y de disciplina. Preferiría dedicarse a conversar antes que a trabajar, y tiende a tomarse la vida demasiado cómodamente. Un ejecutivo dijo acerca de uno de ellos: "Es el chico más simpático que jamás haya despedido". Pocas veces se perturba por nada y tiende a encontrar el lado bueno de todas las cosas. Por lo general, tiene un repertorio inacabable de chistes y disfrutan haciendo reír a otros, a menudo cuando la ocasión demanda seriedad. Cuando Jesucristo llega a ser el principal objeto de su amor, queda transformado en una persona más resuelta, llena de propósito y productiva.

Apolo el evangelista del primer siglo, es el ejemplo neotestamentario que más se aproxima al temperamento de un SanFlem. Fue un orador capaz que sucedió a Pablo y a otros que fundaron las iglesias: Conmovió las iglesias con su predicación y enseñanza llena del Espíritu. Amado por todos, seguido devotamente por algunos, este placentero y dedicado hombre parece haber viajado mucho pero no fundó nuevas obras.

El ColSan

El segundo más fuerte de los extrovertidos entre las combinaciones temperamentales es la inversa del primero, el ColSan. La vida de este hombre está totalmente entregada a la actividad. La mayor parte de sus esfuerzos son productivos y llenos de propósito.

nota que su modo de entretenerse requiere tanta actividad que casi puede decirse que es un modo de entretenimiento violento. Es un promotor y vendedor natural, con el suficiente carisma como para mantener un buen trato con los demás. Ciertamente es el mejor motivador de la gente, medra ante los retos, es casi temerario y exhibe una energía sin límites. Su esposa comentará a menudo: "Sólo tiene dos velocidades: directa y paro". El señor ColSan es el abogado de tribunales que puede seducir al juez y jurado con los corazones más fríos, el recolector de dinero que puede conseguir que la gente contribuya para causas, lo que querían ahorrar, el hombre que nunca va a ninguna parte sin que se destaque, el predicador que combina a la vez la enseñanza práctica de la Biblia y la administración de la iglesia, y el político que convence a su estado para que cambie la constitución a fin de que él pueda representarlos otra vez. Un polemista convincente, lo que carezca de hechos o de argumentos lo suplirá con balardonadas o alardes. Como maestro, es un excelente comunicador, particularmente en Ciencias Sociales; pocas veces se siente atraído hacia las matemáticas, ciencia o lo abstracto. Sea cual fuere su ocupación profesional, su cerebro está siempre en marcha.

Las debilidades de este hombre, la principal de las cuales es la hostilidad, son tan amplias como sus talentos. Combina la ira rápida y explosiva del sanguíneo (sin su fácil perdón) con el lento e hirviente resentimiento del colérico. Es el tipo de persona que no sólo viene a sufrir de úlcera de estómago, sino que además las provoca a los que lo rodean. Impaciente con los que no comparten su motivación y energía, se enorgullece de ser brutalmente franco (algunos lo llaman sarcásticamente franco). Le es difícil concentrarse en algo durante mucho tiempo, por lo que a menudo busca a otros para que terminen lo que él ha comenzado. Tiene opiniones fijas, prejuicios, es impetuoso, e inclinado tercamente a acabar algo que quizá no debiera haber empezado. Si no está controlado por Dios, es propenso a justificar todo lo que haga, y pocas vecs lo pensará dos veces para manipular o pisotear a otras personas para conseguir llevar a cabo sus fines. La mayor parte de los ColSans quedan tan absortos en su trabajo que descuidan a su esposa y familia, incluso revolviéndose contra ellos si se quejan. Una vez que comprenda la importancia de dar amor y aprobación a su familia, sin embargo, puede transformar a toda su familia.

Santiago, el autor del libro de la Biblia que lleva su nombre, hubiera bien podido ser un ColSan. Por lo menos su libro suena a ello. El principal eje del libro es que "la fe sin obras es muerta", un concepto muy favorecido por los coléricos tan amantes del trabajo. Usa el razonamiento práctico y lógico de un colérico, y es evidente que con todo fue un hombre muy apreciado por Dios. Una debilidad humana que trata, el fuego de la lengua, y cómo nadie puede controlarla (Stg. 3), se relaciona directamente con la característica más vulnerable de su temperamento, porque todos somos conscientes del rasgo de los ColSans, una lengua acerada y activa. Su victoria y evidente productividad en la causa de Cristo es un ejemplo significativo para cualquier ColSan reflexivo.

El ColMel

El colérico/melancólico es una persona extremadamente laboriosa y capaz. El optimismo y la concepción práctica del colérico vence la tendencia hacia la variabilidad de humor del melancólico, haciendo que el ColMel sea a la vez orientado hacia una meta y detallado. Esta persona por lo general funciona bien en la escuela, posee una mente analítica rápida, y con todo es decidida. Llega a ser un líder muy completo, el tipo en quien uno puede confiar para que lleve a cabo un trabajo extraordinario. Nunca lo retes a un debate a no ser que estés seguro de tus hechos, porque te hará picadillo, combinando agresividad verbal con la atención a los hechos. Este hombre es extremadamente competitivo y poderoso en todo lo que hace. Es un investigador constante y por lo general alcanza el éxito, sin importar qué tipo de actividad emprende. Este temperamento es el que probablemente provee los mejores líderes. El General George S. Patton, el gran comandante del Tercer Ejército en la Segunda Guerra Mundial que condujo sus tropas hasta Berlín, era probablemente un ColMel.

Tan grandes como sus fortalezas lo son sus debilidades. Es propenso a ser autócrata, un tipo dictador que inspira a la vez admiración y odio. Es un hombre de campaña de nacimiento, con hábitos de trabajo irregulares y largos. Un ColMel anida considerable hostilidad y resentimiento, y a no ser que goce de una buena relación de amor con sus padres, encontrará difíciles las relaciones interpersonales, particularmente con su familia. No hay nadie más propenso a ser un disciplinario estricto que un padre ColMel. Combina la tendencia a ser difícilmente complacido del colérico con el perfeccionismo del melancólico. Cuando es controlado por el Espíritu Santo, sin embargo, toda su vida emocional queda transformada y constituye un notable cristiano.

Tengo pocas dudas de que el Apóstol Pablo era ColMel. Antes de su conversión era hostil y cruel, porque las Escrituras afirman que se dedicaba a la persecución y encarcelamiento de cristianos. Incluso después de su conversión, su voluntariosidad pasó a una terquedad irrazonable, como cuando fue a Jerusalén en contra de la voluntad y advertencia de Dios. Sus escritos y ministerio demuestran la combinación del razonamiento práctico-analítico y de la abnegada pero extremadamente intensa naturaleza de un ColMel. Constituye un buen ejemplo del poder transformador de Dios en la vida de un ColMel que se consagra totalmente a su voluntad.

El ColFlem

El más manso de todos los temperamentos extrovertidos es el ColFlem, una feliz combinación de lo vivo, activo y caluroso con lo tranquilo, frío y reposado. No es tan propenso a lanzarse a nada con tanta viveza como los anteriores extrovertidos porque es más deliberado y calmado. Es extremadamente capaz a la larga, aunque no impresiona a uno de manera particular al principio. Es una persona muy organizada que combina la planificación con el trabajo duro. A las personas, por lo general, les encanta trabajar con él porque sabe adónde va y ha trazado su curso, pero no es indebidamente severo con la gente. Tiene la capacidad de ayudar a otros a que hagan el mejor uso de sus capacidades y raramente ofende a las personas o las hace sentir utilizadas. El lema del ColFlem en cuanto a la organización afirma: "Todo lo que tiene que ser hecho puede hacerse mejor si se organiza". Estos hombres son por lo general buenos esposos y padres así como excelentes administradores en casi cualquier campo.

A pesar de sus evidentes capacidades, el ColFlem no carece de un notable conjunto de debilidades. Aunque no es adicto a la rápida ira de algunos temperamentos, es de los que anidan resentimiento y amargura. Algo del filo acerado del sarcasmo del colérico queda anulado por el espíritu gentil del flemático, de forma que en lugar de pronunciar observaciones cortantes y crueles, sus aguijones saldrán más como un humor ingeniosamente disfrazado. Uno nunca sabe si está bromeando o ridiculizando, dependiendo del talante que demuestre. Nadie puede ser más tenazmente terco que un ColFlem, y es muy difícil cambiar de forma de pensar una vez que se ha decidido. No le es nada fácil arrepentirse o reconocer un error. Por ello, será más propenso a arreglar las cosas con aquellos a los que ha hecho daño sin realmente afrontar su equivocación. Los rasgos preocupantes del lado flemático de su naturaleza pueden recortar tanto sus tendencias aventureras que nunca llegue a la altura de sus capacidades.

Tito, el hijo espiritual del Apóstol Pablo, y líder de las más o menos cien iglesias de la isla de Creta, puede haber sido un ColFlem. Cuando lleno del Espíritu Santo, era el tipo de persona en quien Pablo podía confiar para enseñar fielmente la Palabra a las iglesias y administrarlas capazmente para la gloria de Dios. El libro que Pablo escribió para él es una lectura ideal para cualquier maestro, especialmente un ColFlem.

Ahora pasamos a los temperamentos predominantes introvertidos. Cada uno de ellos se parecerá algo a los que ya hemos examinado, con la excepción de que los dos temperamentos que constituyen su naturaleza quedarán invertidos en su intensidad. Esta variación da cuenta de la entusiasta individualidad en los seres humanos.

EL MELSAN

El señor MelSan es por lo general una persona muy dotada, totalmente capaz de ser un músico que puede arrebatar el corazón de la audiencia. Como artista, no sólo dibuja o pinta hermosamente sino que puede vender su propio trabajo. . . si está de humor para ello. No es insólito encontrarlo en el campo de la educación, porque resulta un buen estudioso y es probablemente el mejor de todos los maestros en clase, esecialmente al nivel de Instituto y Universidad. El melancólico en él le hará retener hechos poco conocidos y será preciso en la utilización de acontecimientos y detalles, en tanto que su factor sanguíneo lo capacitará para comunicarse bien con los estudiantes.

El señor MelSan muestra una interesante combinación de giros de humor. Entérate de esto: se trata de un ser muy emocional. Cuando las circunstancias le van bien, puede exhibir un humor fantásticamente feliz, pero si las cosas le van mal o si se ve rechazado, insultado o dañado, cae en un humor tan negro que su naturaleza menos sanguínea se ahoga en el resultante mar de autocompasión. Es fácilmente movido al llanto, lo siente todo profundamente, pero puede ser irrazonablemente crítico y duro con otros. Tiende a ser rígido y por lo general no cooperará a no ser que las cosas se hagan a su manera, lo que a menudo es idealista e impracticable. Con frecuencia es una persona temerosa, insegura, con una imagen propia pobre, lo que le limita de manera innecesaria.

Muchos de los profetas fueron MelSans: Juan el Bautista, Elías, Jeremías, y otros. Tenían una gran capacidad de comunicar con Dios, eran personas abnegadas y dedicadas al servicio de otros, y tenían el suficiente carisma para conseguir seguidores; tendían a ser legalistas en sus enseñanzas y llamamientos al arrepentimiento, exhibían el gusto por lo dramático, y morían bien dispuestos por sus principios.

EL MELCOL

Las oscilaciones de humor del melancólico quedan generalmente estabilizadas por la fuerza de voluntad y determinación del MelCol. No hay casi nada vocacional que este hombre no pueda hacer . . . y hacer bien. Es a la vez un perfeccionista y un líder. Posee fuertes capacidades de liderazgo. Casi cualquier nivel de oficio, construcción o de educación le está abierto. A diferencia del MelSan, puede fundar su propia institución o negocio y gobernarlo. capazmente... no con ruido y color, pero sí con eficacia. Muchos grandes directores de orquesta y de coro son MelCol.

Las debilidades naturales de los MelCols se revelan en la mente, emociones y boca. Son personas muy difíciles de complacer, y raras veces se satisfacen a sí mismas. Una vez que empiezan a pensar negativamente acerca de algo o acerca de alguien (incluyéndose a sí mismas) puede ser intolerable convivir con ellas. Su humor sigue sus procesos reflexivos. Aunque no retienen un humor deprimido durante tanto tiempo como otras combinaciones de melancólico, pueden caer en él más rápidamente. Los dos temperamentos básicos están marcados por la persecución de uno mismo, la hostilidad y la crítica. No le es infrecuente encolerizarse con Dios así como con sus semejantes, y si tales pensamientos persisten el tiempo suficiente pueden llegar a ser maníaco-depresivos. En casos extremos, pueden llegar a ser sádicos cuando se les confronta con su vil pauta de pensamiento y con su espíritu amargo e irascible, es de esperar un estallido.

Su propensión al análisis detallado y a la perfección tiende a que se dedique a fijarse en las cosas más mínimas para señalar acusadoramente a otros. A no ser que sea llenado por el Espíritu de Dios o que pueda mantener una disposición mental positiva, no es una compañía con la que se está a gusto durante largos períodos de tiempo. Nadie está más penosamente consciente de ello que su mujer y sus hijos. No sólo "desprende" desaprobación, sino que se siente obligado a azotarlos verbalmente por sus fracasos y a corregir sus errores, tanto en público como en privado. Este hombre, por su naturaleza, necesita desesperadamente el amor de Dios en su corazón, y su familia necesita que él lo comparta con ellos.

Muchos de los grandes hombres de la Biblia muestran signos de temperamentos MelCol. Dos que se presentan a la mente son el incansable compañero de viaje de Pablo, el doctor Lucas, el detallista erudito que investigó cuidadosamente la vida de Cristo y dejó a la iglesia el más detallado relato de la vida de nuestro Señor, así ccomo el único registro de la expansión de la iglesia primitiva, y Moisés, el gran conductor de Israel. Como muchos MelCols, este último nunca consiguió la victoria sobre su hostilidad y amargura. Por ello, murió antes de su tiempo. A semejanza de Moisés, que pasó cuarenta años en el interior del desierto anidando amargura y rencor antes de rendir su vida a Dios, muchos MelCols nunca viven para realizar su asombroso potencial debido a su espíritu de ira y de venganza.

EL MELFLEM

Los mayores eruditos que el mundo haya conocido han sido MelFlems. No son ni de lejos tan propensos a la hostilidad como los dos anteriores melancólicos, y por lo general entablan buenas relaciones con los demás. Estos dotados introvertidos combinan el perfeccionismo analítico del melancólico con la eficacia organizada del flemático. Son por lo general humanitarios de buen talante que prefieren un medio tranquilo y solitario para el estudio y la investigación a los inacabables ejercicios de actividad buscados por los temperamentos más extrovertidos. Los MelFlems son por lo general excelentes en ortografía y buenos matemáticos. Estas personas tan dotadas han dado grandes beneficios a la humanidad. La mayor parte de las invenciones significativas del mundo y sus descubrimientos médicos han sido llevados a cabo por MelFlems.

A pesar de sus capacidades, el MelFlem tiene, como todos nosotros, sus propias debilidades potenciales. A no ser que sea controlado por Dios, se vuelve fácilmente desalentado y desarrolla una pauta de pensamiento muy negativa. Pero una vez que se da cuenta de que es un pecado desarrollar un espíritu crítico y aprende a regocijarse, toda su perspectiva de la vida puede quedar transformada. De ordinario una persona apacible, es capaz de iras internas y de hostilidad provocadas por su tendencia a la venganza.

Los MelFlems son por lo general vulnerables al temor, a la ansiedad, y a una propia imagen negativa. Siempre me ha asombrado que las personas con los mayores talentos y capacidades se vean a menudo víctimas de genuinos sentimietnos de poca valía. Su fuerte tendencia a ser muy conscientes los llevan a dejar que otros los presionen a entrar en compromisos que agotan sus energías y creatividad. Cuando son llenos del Espíritu de Dios, estas personas son amadas y admiradas por su familia debido a su auto-disciplina y entrega ejemplares en el hogar. Pero preocupaciones humanitarias pueden llevarlos a descuidar sus propias familias. A no ser que aprendan a refrenarse a sí mismos y a gozar de las diversiones que los ayuden a relajarse, a menudo llegan a formar parte de las estadísticas de mortalidad temprana.

El candidato más probable para la clasificación MelFlem en la Biblia es el amado Apóstol Juan. Es evidente que tenía una naturaleza muy sensible, porque de joven había puesto su cabeza en el pecho del Señor. En una ocasión se encolerizó de tal manera contra algunas personas que le pidió al Señor Jesús que ordenara fuego del cielo que cayera sobre ellos. En cambio, en la crucifixión fue el único discípulo que devotamente estuvo al pie de la cruz. Juan fue aquel a quien el moribundo Jesús confió su madre. Más tarde, el discípulo vino a ser un gran líder de la iglesia y nos dejó cinco libros del Nuevo Testamento, dos de los cuales (el Evangelio de Juan y el libro de Apocalipsis) glorifican de una manera particular a Jesucristo.

EL FLEMSAN

La combinación de temperamentos con la que es más fácil convivir durante un prolongado período de tiempo es el FlemSan. Es congenial, feliz, cooperativo, atento, orientado hacia las personas, diplomático, fiable, le encanta la diversión y está lleno de humor. Favorito de niños y adultos, nunca exhibe una personalidad agresiva. Es por lo general un buen hombre de familia que disfruta de una vida plácida y que ama a su esposa e hijos. Ordinariamente, asiste a una iglesia en la que el pastor es un buen motivador, y probablemente toma un papel activo en su iglesia.

Las debilidades del FlemSan son tan gentiles como su personalidad, a no ser que uno tenga que vivir con él siempre, ya que ha heredado la falta de motivación de un flemático y la falta de disciplina de un sanguíneo, no es raro que el FlemSan no llegue a la altura de sus verdaderas capacidades. A menudo deja la escuela, deja pasar de largo buenas oportunidades, y evita todo aquello que involucre "demasiado esfuerzo". El temor es otro problema que acentúa sus irreales sentimientos de inseguridad. Con más fe, podría ir más allá de su timidez y ansiedades derrotistas. Sin embargo, prefiere erigir una concha protectora alrededor de sí mismo y evitar egoístamente el tipo de involucración o de entrega que necesita y que sería una rica bendición a su cónyuge e hijos. Tengo un tremendo respeto por el potencial de estas personas felices y satisfechas, pero deben cooperar dejando que Dios los motive a una actividad desprendida.

El hombre en las Escrituras que más recuerda al FlemSan es el gentil, fiel y bondadoso Timoteo, el favorito hijo espiritual del Apóstol Pablo. Era fiable y constante, pero tímido y temeroso. Una y otra vez, Pablo tenía que apremiarlo a que fuera más agresivo, y hacer "la obra del evangelista" (2 Timoteo 4:5)

EL FLEMCOL

El más activo de todos los flemáticos es el FlemCol. Pero, se tiene que recordar que por cuanto es predominantemente flemático, nunca será una exhalación de fuego. Al igual que sus hermanos flemáticos, es fácil de trato y puede llegar a ser un

excelente líder de grupo. El flemático tiene el potencial de ser un buen consejero, porque es excelente para prestar oído a los demás, no interrumpe al cliente con historias acerca de sí mismo, y está interesado en otras personas. Aunque el FlemCol ofrece en raras ocasiones sus servicios a otros, cuando llegan a su oficina organizada donde él ejerce el control, es un profesional de primera fila. Su consejo será práctico, útil y, si es un cristiano instruido bíblicamente, totalmente digno de confianza. Su espíritu gentil nunca hace que la gente se sienta amenazada. Siempre hace lo correcto, pero raras veces pasa más allá de lo normativo. Si su esposa puede ajustarse a su pasivo estilo de vida y a su renuencia a tomar la dirección del hogar, particularmente en lo tocante a la disciplina de los hijos, podrán gozar de un feliz matrimonio.

Las debilidades del FlemCol no quedan rápidamene patentes, pero gradualmente salen a la superficie, especialmente en el hogar. Además de la falta de motivación y del problema del temor en común con otros flemáticos, puede ser decididamente terco e incapaz de ceder. No estallará ante los demás, pero simplemente rehusará ceder o cooperar. No es un luchador por naturaleza, pero a menudo deja que su ira interna y terquedad se reflejen en su silencio. El FlemCol se retira frecuentemente a estar a solas en su "taller" o sumerge por la noche su mente en la TV. Cuando más viejo se hace, tanto más mima su tendencia sedentaria y se vuelve más y más pasivo. Aunque probablemente vaya a vivir una vida larga y pacífica, si se entrega a estos sentimientos pasivos, es una vida aburrida: no sólo para él, sino también para su familia. Necesita darse a sí mismo a las preocupaciones y necesidades de su familia.

Nadie en la Biblia personifica mejor al FlemCol que Abraham en el Antiguo Testamento. El temor caracterizaba todo lo que hacía en sus primeros tiempos. Por ejemplo, fue renuente en abandonar la seguridad de la pagana ciudad de Ur cuando Dios lo llamó por vez primera; incluso negó a su esposa en dos ocasiones e intentó hacerla pasar como hermana suya debido a su miedo. Finalmente, se entregó por completo a Dios y creció en el Espíritu. Como consecuencia, su mayor debilidad vino a ser su mayor fortaleza. En la actualidad, en lugar de ser conocido como el temeroso Abraham, tiene la reputación de haber sido el hombre "que creyó a Dios, y le fue contado por justicia".

EL FLEMMEL

De todas las combinaciones de temperamento, el FlemMel es la más gentil, llena de gracia, y plácida. Raramente se aira o siente hostilidad, y casi nunca dice nada por lo que tenga que excusarse (principalmente porque raramente dice demasiado). Nunca es una vergüenza ni para sí mismo ni para los demás, hace siempre lo que es debido, se viste de una manera sencilla, es fiable y exacto. Tiende a poseer los dones espirituales de la misericordia y de ayudas, es ordenado y organizado en sus hábitos de trabajo. Como todo flemático, es útil por la casa, y en tanto que la energía se lo permita mantendrá su casa en buen estado. Si tiene una esposa que reconoce sus tendencias hacia la pasividad (pero que con tacto espera que él tome el liderazgo en su hogar) tendrán una buena vida familiar y matrimonial. No obstante, si ella resiente su renuencia y tiende a ser agresiva, puede llegar a asumir una actitud de descontento y a fomentar las tensiones matrimoniales. Y él puede llegar a descuidar la disciplina necesaria para ayudar a preparar a sus hijos para una vida productiva y auto-disciplinada (con ello "provocando a ira a sus hijos" tanto como el iracundo tirano cuya irrazonable disciplina pude amargarlos).

Las otras debilidades de este hombre giran alrededor del temor, del egoísmo, del negativismo, de la crítica y de la falta de una propia imagen. Una vez un FlemMel se de cuenta de que sólo sus temores y sentimientos negativos acerca de sí mismo le impiden llegar al éxito, puede salir entonces de su concha y llegar a ser un hombre, esposo y padre eficaz. La mayor parte de los FlemMels tienen tanto miedo de excederse o de involucrarse en demasía que automáticamente rechazan formar parte en cualquier afiliación.

Personalmente, yo nunca he visto a un FlemMel involucrado excesivamente en nada, excepto en guardarse de involucrarse en demasía. Este tipo de persona tiene que reconocer que por cuanto no está internamente motivado, tiene la necesidad de aceptar más responsabilidad de la que cree que puede llevar a cabo, porque este estímulo externo lo llevará a mayores logros. Todos los flemáticos trabajan bien bajo presión, pero esta presión tiene que venir de afuera. La mayor fuente de motivación, naturalmente, será el poder del Espíritu Santo.

Bernabé, el piadoso santo de la iglesia del primer siglo que acompañó al Apóstol Pablo en su primer viaje misionero, era muy posiblemente un FlemMel. Fue el hombre que dio la mitad de sus bienes a la iglesia primitiva para que alimentara a sus pobres, el hombre que disputó con Pablo acerca de dar a Juan Marcos (su sobrino) otra oportunidad de servir a Dios acompañándolos en el segundo viaje misionero. Aunque la disputa llegó a ser tan fuerte que Bernabé se llevó a su sobrino y emprendieron su viaje solos, Pablo más tarde recomendó a Marcos, diciendo: "Me es útil para el ministerio" (2 Timoteo 4:11). En la actualidad tenemos el Evangelio de Marcos debido a que el fiel, dedicado y gentil Bernabé estaba dispuesto a ayudarlo a través de un momento duro de su vida. Los FlemMels responden a las necesidades de otros cuando se permiten la oportunidad de participar en las actividades de la vida.

VARIABLES ADICIONALES A CONSIDERAR Con doce combinaciones de temperamento entre las que escoger, te debería ser más fácil identificarte con una de ellas que cuando te enfrentaste con sólo los cuatro temperamentos básicos. Pero no te desalientes si encuentras que no concuerdas del todo tampoco con ninguno de los doce anteriores. No hay dos seres humanos exactamente iguales. En consecuencia, otras variantes podrían alterar lo suficiente la imagen de manera que no vayas a ajustarte exactamente con ningún modelo. Considera lo siguiente:

1. Tus porcentajes pueden ser diferentes del 60/40 que elegí arbitrariamente como base para esta sección. Me parece que tendrás que estar de acuerdo conmigo en que sería casi imposible detallar todas las mezclas concebibles de temperamento. Dejaré esto al lector. Por ejemplo, un MelCol de 60/40 será significativamente diferente de un MelCol 80/20. O considera la disparidad entre

un SanFlem 55/45 y otro que sea 85/15. Sólo un examen científico detallado puede establecer un diagnóstico exacto.

2. Diferentes antecedentes e instrucción infantil alteran las expresiones de idénticas combinaciones temperamentales. Por ejemplo, un SanFlem criado por padres amantes pero firmes será mucho más disciplinado que uno que haya sido criado por padres permisivos. Un MelFlem criado por padres crueles y resentidos será drásticamente diferente de uno que haya sido criado por padres llenos de ternura y comprensión. Los dos compartirán las mismas fortalezas y talentos, pero uno puede verse abrumado por hostilidad, depresión y autopersecución, de manera que nunca usará sus puntos positivos. Aunque la crianza tiene una poderosa influencia en el niño, es prácticamente imposible evaluar una gran variedad de antecedentes en un análisis como éste. Sólo puedo sugerir que si el lector no puede identificar fácilmente su combinación temperamental, que considere esta variante.

3. Puede que no seas objetivo cuando te consideras a ti mismo. Por ello, puede que vaya bien que consideres tu temperamento con tus seres queridos y amigos. Todos nosotros tendemos a contemplarnos a través de cristales de color de rosa. Para parafrasear el anhelo del poeta Robert Burns. "¡Oh, que nos pudiéramos ver a nosotros mismos como los otros nos ven".

4. La educación y el I.Q* influenciarán con frecuencia la evaluación del temperamento. Por ejemplo, un MelSan con un I.Q. muy elevado aparecerá algo diferente del que tenga una inteligencia media o baja. Una persona poco instruida requiere más tiempo para madurar, generalmente, que una persona que ha recibido más preparación académica, porque puede precisar de mucho más tiempo adquirir una maestría en algo y así "hallarse a sí misma". Por "instrucción" incluyo los oficios. No es raro que una persona que aprende un oficio (como el decorador, instalador, etc.) venga a ser más abierta, confiada y expresiva que si no lo hubiera aprendido. Incluso con esto, si estudias cuidadosamente las fortalezas y debilidades de las personas de una combinación determinada de temperamentos, descubrirás que, a pesar del I.Q. y de los niveles educativos o de experiencia, serán básicamente similares en sus fortalezas y debilidades.

5. La salud y el metabolismo son importantes. Un ColFlem en su mejor forma física será más agresivo que uno que tenga una glándula tiroides deficiente u otros problemas físicos. Un FlemMel nervioso será también más activo que uno que esté sufriendo de una baja presión sanguínea. Recientemente, trabajé con un ministro SanCol hiperactivo que es una persona encantadora e infatigable; me agotaba el mero hecho de estar cerca del él. Era demasiado enérgico incluso para un SanCol. No me sorprendió enteramente que sufriera de elevada presión sanguínea, lo que frecuentemente produce la dimensión "hiper" en cualquier temperamento.

6. Con frecuencia hay tres temperamentos representados en un solo individuo. En la investigación que he llevado a cabo para mi prueba de temperamentos he descubierto un pequeño porcentaje de personas que tienen un temperamento predominante con dos temperamentos secundarios.

7. ¡La motivación tiene una gran influencia! "Tu corazón... porque de él mana la vida" (Pr. 4:23). Si una persona está adecuadamente motivada, ello tendrá un

---

* Cociente de inteligencia.

gran impacto en su comportamiento sea cual sea su combinación temperamental. En realidad, este es el motivo por el que he escrito este libro, a fin de que las personas que están inapropiadamente motivadas en la actualidad puedan experimentar el poder de Dios para transformar completamente su comportamiento. He oído testimonios de que ello ha sucedido a miles como resultado de leer mis otros libros acerca del temperamento o al asistir a conferencias sobre este tema. Confío en que Dios use este libro con su mayor cantidad de detalle y sugerencias para ayudar a un número aun mayor de personas.

8. La vida controlada por el Espíritu es un modificador de comportamiento. Los cristianos maduros cuyo temperamento haya sido modificado por el Espíritu Santo encuentran frecuentemente que es difícil analizar su constitución temperamental debido a que cometen el error de examinar la teoría del temperamento a la luz de su presente comportamiento. El temperamento está basado en el hombre natural; no hay nada espiritual en ello. Esta es la razón por la que es mucho más fácil diagnosticar y clasificar a una persona no salva o a un cristiano carnal que a un cristiano maduro y consagrado. Debido a que esta última persona ya ha visto fortalecidas muchas de sus debilidades naturales, es difícil evaluar su temperamento. Debería bien sólo considerar sus fortalezas o considerar cómo era su comportamiento antes de llegar a ser un creyente controlado por el Espíritu.

LA TEORIA DE LOS TEMPERAMENTOS - UNA HERRAMIENTA UTIL

La teoría de los temperamentos no es la respuesta definitiva al comportamiento humano, y por esta y otras razones puede que no sea satisfactoria para todos y cada uno. Pero de todas las teorías de comportamiento que jamás se hayan formulado, es la que ha servido mejor como explicación útil. Se podrían añadir factores adicionales para explicar algunas de las otras diferencias en las personas, pero estas serán suficientes. Si las mantienes presentes, hallarás probablemente que tú y aquéllos a los que trates de ayudar en la vida se enmarcan en una de las doce combinaciones que hemos estudiado. Ahora surge la pregunta: ¿Qué se puede hacer con eso?

CAPITULO
TRES

Evaluando tus
fuerzas y
debilidades

El doctor Henry Brandt, un sicólogo cristiano, probablemente ha ayudado a más personas que cualquier otra persona en esta profesión. Ha tenido una verdadera influencia en la vida de este escritor, tanto personalmente como en mi papel como consejero de familia. Hizo él una profunda afirmación que nunca he olvidado en relación con la madurez. El define a una persona madura en relación con su actitud hacia sus propias fortalezas y debilidades:

"Una persona madura es aquella que es lo suficientemente objetiva acerca de sí misma como para conocer tanto sus fortalezas como sus debilidades y ha creado un plan para vencer sus debilidades".

La Biblia dice: "Pero en todas estas cosas somos más que vencedores por medio de aquel que nos amó" Ro. 8:37). El nos ha dado Su Espíritu Santo para fortalecer nuestras debilidades a fin de que pueda usarnos. Examinaremos ahora tanto tus debilidades potenciales como tus fortalezas potenciales. El llegar a conocer tus fortalezas y debilidades será un primer paso gigantesco en la dirección de la madurez que siempre has deseado alcanzar.

La tabla que vimos anteriormente exhibe diez fortalezas y diez de las más destacables debilidades para cada temperamento. Hay más, pero en base de mi ministerio de orientación, habiendo examinado a miles de personas a lo largo de muchos años de observaciones, he seleccionado éstas como las más comunes. Examinemos en primer lugar las fortalezas de cada temperamento.

LAS FORTALEZAS DE CHISPEANTE SANGUINEO

Chispeante no es meramente una persona extrovertida; es super-extrovertida. Todo lo que hace es superficial y externo. Ríe estentóreamente y domina todas las conversaciones, tanto si tiene algo significativo como si no.

Le encantan las candilejas y sobresale en la oratoria pública. Raramente espera que otros hablen primero, sino que por lo general es el primero en iniciar una conversación.

El señor o la señora Sanguíneo tienen una capacidad instantánea de reaccionar ante otros. Si descubre que otra persona lo está mirando, siempre responderá con una inclinación de cabeza, con un guiño, o con un saludo. Nadie disfruta más de la vida que Chispeante Sanguíneo. Nunca parece perder su infantil curiosidad por lo que le rodea. Incluso las cosas desagradables de la vida pueden ser olvidadas por un simple cambio de ambiente. Es en raras ocasiones que no se despierta de buen humor, y con frecuencia se le oirá silbando o cantando a través de la vida.

El rasgo natural del señor Sanguíneo que produce su optimista y cordial disposición es definido así por el doctor Hallesby, una autoridad europea acerca de este tema: "La persona sanguínea ha recibido de Dios una capacidad de vivir el presente". Olvida fácilmente el pasado, y pocas veces se ve frustrado o temeroso ante dificultades futuras. La persona sanguínea es optimista.

Es fácilmente inspirado a dedicarse a nuevos planes y proyectos, y su ilimitado entusiasmo arrastra frecuentemente a otros junto con él. Si el proyecto de ayer ha fracasado, está confiado en que el proyecto en el que está trabajando hoy triunfará de una manera definitiva. Las costumbres extrovertidas, su práctica de estrechar manos y dar palmadas en la espalda, surgen básicamente de su genuino amor por la gente. Le gusta estar con otros, compartiendo sus alegrías y tristezas, y le gusta hacer nuevos amigos. Nadie hay que dé una mejor impresión de entrada.

Uno de los grandes puntos positivos del señor Sanguíneo es que tiene un corazón tierno y compasivo. Nadie responde de manera más genuina a las necesidades de los demás que el sanguíneo.

Puede compartir las experiencias emocionales de los demás, tanto las buenas como las malas. Por naturaleza, encuentra fácil obedecer la instrucción bíblica: "Gozaos con los que se gozan; llorad con los que lloran" (Ro. 12:15).

La sinceridad del señor Sanguíneo es a menudo mal comprendida por otros. Se ven desorientados por sus repentinos cambios emotivos, y no llegan a comprender que está verdaderamente respondiendo a las emociones de los demás. Nadie puede amarte más ni olvidarte más rápido que un sanguíneo. El mundo está enriquecido por estas personas alegres y reactivas. Cuando reciben su motivación y disciplina de parte de Dios, pueden ser grandes siervos de Jesucristo.

LAS FORTALEZAS DE ROQUE COLERICO

El señor Colérico es por lo general un individuo auto-disciplinado con una intensa tendencia hacia la auto-determinación. Está muy confiado en su propia capacidad y muy agresivo.

Una vez se ha embarcado en un proyecto, tiene una tenacidad que lo mantiene dirigido obstinadamente en esa dirección. Su simplicidad de propósito resulta frecuentemente en el éxito.

El temperamento colérico se entrega casi exclusivamente a los aspectos prácticos de la vida. Todo lo considera a la luz de su utilidad, y su mayor satisfacción es estar dedicado a algún proyecto que valga la pena. Tiene una mente especialmente dispuesta para la organización, pero encuentra fastidioso el trabajo detallado. Muchas de sus decisiones son tomadas por intuición más que por un razonamiento analítico.

El señor Colérico tiene unas fuertes tendencias hacia el liderazgo. Su fuerte voluntad tiende a dominar el grupo; es un buen juez de personalidades, y es rápido y atrevido en las situaciones de emergencia. No sólo aceptará bien dispuesto el liderazgo cuando le sea dado, sino que adelantará frecuentemente de manera voluntaria para solicitarlo. Si no se vuelve demasiado arrogante o autoritario, los otros responderán bien a su dirección práctica.

Cuando Roque decide llevar algo a cabo, nunca abandona la partida. Cuando llega el momento en que su optimismo lo ha encerrado en una imposibilidad, cava un tunel obstinadamente en otra dirección. Y si la gente no está de acuerdo con él... peor para ellos; lo hará con o sin ellos. Le importa poco lo que otras personas piensen de él y de sus proyectos.

No hay nadie más práctico que un colérico. Parece tener una mentalidad utilitaria. Tiene fuertes tendencias a dejarse intoxicar por el trabajo hasta el punto de llegar a ser un "trabajo-adicto". La perspectiva que tiene el señor Colérico de la vida, basada en su natural sentimiento de auto-confianza, es casi siempre de optimismo. Tiene un espíritu tan aventurero que no le importa dejar una situación segura en pos del reto de lo desconocido. La adversidad no lo desalienta. Más bien, abre su apetito y lo hace más decidido a conseguir su objetivo.

LAS FORTALEZAS DE MARTIN MELANCOLICO

Por lo general, los melancólicos tienen el I.Q.* más elevado que cualquier miembro de la familia. Pueden tener talento musical, artístico o atlético. En algunas ocasiones encontrarás todos estos rasgos en una persona.

El señor Melancólico tiene con mucho la naturaleza más rica y sensible de todos los temperamentos. El mayor porcentaje de genios son melancólicos antes que de los otros tipos. Particularmente se destacan en las bellas artes, con un inmenso aprecio por los valores culturales de la vida. Es emocionadamente reactivo, pero, a diferencia del sanguíneo, es motivado a un pensamiento reflexivo a través de sus emociones. El señor Melancólico es particularmente propenso a la reflexión creativa, y durante períodos emotivos elevados se lanzará a una invención o producción creativa digna de todo su esfuerzo y de gran valía.

El señor Melancólico tiene fuertes tendencias perfeccionistas. Su norma de excelencia excede a la de los demás, y sus demandas de aceptabilidad en cualquier campo son a menudo más elevadas que las que ni él ni nadie puede sostener. Las capacidades analíticas del melancólico, combinadas con sus tendencias perfeccionistas, hacen de él un gran detallista. Siempre que se sugiere un proyecto, el señor Melancólico lo puede analizar en unos pocos momentos y descubrir cada problema potencial existente.

Uno siempre puede confiar en que una persona melancólica acabará su trabajo en el tiempo prescrito o que llevará su parte de la carga. El señor Melancólico raras veces desea estar en la luz pública, sino que prefiere llevar a cabo un trabajo detrás de las bambalinas.

A menudo elige una vocación muy abnegada para su vida, porque tiene un deseo insólito de entregarse para la mejora de sus semejantes.

Es propenso a ser reservado, y raramente expresará su opinión o ideas. Los temperamentos melancólicos son individuos extremadamente auto-disciplinados. Raramente comen en exceso o se permiten sus propias comodidades. Cuando se dedican a una tarea, trabajarán todas las horas necesarias para cumplir los plazos estipulados y sus propias elevadas normas.

*Cociente de inteligencia.

Una de las razones por las que pueden caer en una profunda depresión después de haber finalizado un gran proyecto es debido a que se han descuidado tanto llevando la tarea a su fin sin dormir ni comer lo suficiente, y dejando a un lado las diversiones, que quedan literalmente agotados, tanto física como emocionalmente.

**LAS FORTALEZAS
DE FELIPE
FLEMATICO**

El mero hecho de que sean super-introvertidos no significa que los flemáticos no sean fuertes. En realidad, la naturaleza tranquila y serena de los flemáticos constituye un punto positivo vital. Hay cosas que pueden hacer y vocaciones que seguir que nunca podrían ser llevadas a cabo por extrovertidos. Los flemáticos pocas veces reaccionan antes de observar. Son pensadores y planificadores.

Felipe es un diplomático de nacimiento. De naturaleza conciliadora, le disgustan los enfrentamientos y prefiere negociar a luchar. Tiene un don para quitarle la mecha a los tipos hostiles y excitables, y es un ejemplo viviente de que "la blanda respuesta calma la ira" (Pr. 15:1).

El buen humor exento de estridencias del flemático lo preserva de involucrarse intensamente en la vida, de manera que a menudo puede ver situaciones humorísticas en las experiencias más corrientes.

Parece tener un soberbio sentido de la oportunidad en el arte del humor y una imaginación estimulante. El señor Flemático es la fiabilidad personificada. No sólo es de fiar en que siempre va a ser alegre, y de buen talante, sino que uno puede fiarse de él en cuanto al cumplimiento de sus obligaciones y plazos. Como el melancólico, es un amigo muy fiel, y aunque no se involucra demasiado con los otros, pocas veces resulta desleal.

El señor Flemático es también práctico y eficaz. No propenso a tomar decisiones repentinas, tiene una tendencia a encontrar la forma práctica de cumplir un objetivo con la mínima cantidad de esfuerzo. Con frecuencia hace su mejor trabajo bajo circunstancias que llevarían a otros temperamentos al desmoronamiento.

Sus trabajos llevan siempre la marca de la minuciosidad y de la eficacia. Aunque no es un

perfeccionista, sí tiene normas excepcionalmente
elevadas de exactitud y precisión.

Las capacidades administrativas o de liderazgo de
un flemático son pocas veces descubiertas debido a
que no se impone. Pero cuando se le da una
responsabilidad, tiene una verdadera capacidad de
hacer que la gente trabaje junta de una manera
productiva y organizada.

Resumen   La variedad de fortalezas existentes en los cuatro tipos
               temperamentales mantiene al mundo funcionando
apropiadamente. Ningún temperamento es más deseable que los otros. Cada uno
tiene sus puntos positivos vitales y hace una contribución válida a la vida.

Alguien ha señalado graciosamente esta secuencia de eventos involucrando los
cuatro temperamentos: "El colérico con su empuje produce las invenciones del
genio del melancólico que son vendidas por el agradable sanguíneo y disfrutadas
por el tranquilo flemático".

Las fortalezas de los cuatro temperamentos hacen que cada uno de ellos sea
atractivo, y podemos estar agradecidos de que todos poseemos algunos de estos
puntos positivos. Pero ¡hay más! Por importantes que sean las fortalezas de los
temperamentos, aun más importantes para nuestro propósito, lo son las
debilidades. Ahora pasaremos a contrastar las fortalezas de los temperamentos
con sus debilidades. Nuestro propósito al hacer esto es ayudarte a diagnosticar tus
propias debilidades y a desarrollar un programa planificado para vencerlas.

No temas ser objetivo acerca de ti mismo ni afrontar tus debilidades. Muchas
personas han decidido ya para este punto del estudio qué temperamento básico
tienen, y después cambian de idea cuando se enfrentan con sus desagradables
debilidades. Los puntos positivos conllevan puntos negativos correspondientes,
por lo que debes afrontarlos con realismo, y dejar que Dios haga algo para
mejorarlos.

Debilidades de los temperamentos

Es indudable que ésta será la sección más penosa del
libro. A nadie le gusta enfrentarse con sus debilidades. Pero si sólo fuéramos a
pensar en nosotros en términos de las fortalezas de nuestro temperamento,
desarrollaríamos una visión falsa acerca de nosotros mismos. Todos tienen
debilidades.

LAS DEBILIDADES
DEL SANGUINEO

En la universidad, los sanguíneos reciben el voto de
"gran probabilidad de éxito", pero lo que sucede es
que en la vida real fracasan con frecuencia. Su
tendencia a una voluntad débil y su falta de disciplina
los destruirán al final, a no ser que se venzan. Debido
a que son sumamente emocionales, desprenden un
considerable encanto natural, y son propensos a ser lo
que un sicólogo llama "tocones" (tienden a tocar a la
gente cuando hablan), tienen generalmente un gran
atractivo para el sexo opuesto; en consecuencia,
afrontan más tentación sexual que los otros. La

debilidad de voluntad y la ausencia de disciplina los lleva más fácilmente a ser engañosos, deshonestos y pocos fiables. Tienden a comer en exceso y a ganar peso, encontrando difícil permanecer en una dieta. Alguien ha dicho: "Sin disciplina, no existe el éxito". La falta de disciplina es la mayor debilidad del sanguíneo.

El único temperamento más emocional que el de un sanguíneo es el de un melancólico pero no se acerca ni de lejos a la expresividad de Chispeante. No sólo puede Chispeante llorar fácilmente (la esposa de un jugador de fútbol no quiere mirar películas dramáticas en la TV con su esposo porque "sus berreos me llenan de azoramiento"), sino que su chispa de ira se puede transformar instantáneamente en un infierno devorador. La ausencia de coherencia emocional suele limitarlo vocacionalmente, y ciertamente lo destruye espiritualmente. Pero cuando es llenado por el Espíritu Santo, viene a ser una "nueva criatura", un sanguíneo emocionalmente controlado.

Todo ser humano está atacado por la egolatría, pero los sanguíneos tienen este problema al doble. Esta es la razón de que sea fácil detectar a un sanguíneo lleno del Espíritu; expresará un insólito espíritu de humildad que es reconfortante.

Los sanguíneos son notoriamente desorganizados y siempre están en marcha. Pocas veces planifican nada sino que se toman las cosas tal como vienen. En raras ocasiones se aprovechan de sus pasados errores, y muy pocas veces miran hacia adelante. Como alguien ha dicho: "Son un accidente desorganizado esperando lo que va a suceder".

Allí donde Chispeante trabaja o vive, las cosas están en un espantoso estado de desorganización. Nunca puede encontrar sus herramientas, aunque están allí donde las dejó. El garaje de Chispeante, su dormitorio, lavabo y oficina son áreas de desastre a no ser que tengan una esposa y una secretaria eficaz que cuiden de él. Su egolatría hace que generalmente vista bien, pero si sus amigos o clientes pudieran ver la habitación en la que se vistió, temerían que alguien pudiera haber muerto en la explosión. ¿Cómo consigue Chispeante sobrevivir con esta forma de ser? La manera en que el señor Sanguíneo maneja todos los enfrentamientos provocados por su temperamento: una sonrisa desarmadora, una palmada en la espalda, una historia divertida, y el paso incesante de su atención a la siguiente cosa que desencadena su interés. El Sanguíneo nunca se volverá un perfeccionista, pero el Espíritu de Dios puede introducir más planificación y orden en su vida. Y cuando ello suceda, Chispeante será una persona más feliz. No sólo con los demás, sino también consigo mismo.

Detrás de esta personalidad super-extrovertida que frecuentemente abruma a otras personas, dándole una falsa reputación como persona muy confiada en sí misma, Chispeante Sanguíneo es en realidad una persona totalmente insegura. Su inseguridad es a menudo la fuente de su vil y blasfemo lenguaje.

Los sanguíneos no temen por lo general los daños personales, y a menudo recurren a hazañas magníficas de osadía y heroísmo. Sus temores surgen más a menudo en las áreas de fracaso personal, de rechazo o de desaprobación. Esta es la razón de que a menudo sigan una repelente exhibición de conversación con una afirmación igualmente irreflexiva. Antes que afrontar tu desaprobación, esperan tapar la primera metedura de pata con algo que consiga tu aprobación.

Quizás el rasgo más traicionero del sanguíneo, el que verdaderamente apaga su potencial espiritual, es su débil o flexible conciencia. Por lo general es capaz con su oratoria de arrastrar a otros a su manera de pensar, ganándose la reputación de ser el mayor y más diestro engañador del mundo. Cuando las cosas van mal, no tiene dificultad alguna en convencerse a sí mismo de que todo lo que hizo estaba justificado. "Tuerce la verdad" hasta que cualquier similaridad entre su historia y los hechos es pura coincidencia; sin embargo, esto pocas veces le preocupará, porque se engaña a sí mismo a creer que "el fin justifica los medios". Otros encuentran a menudo increíble que pueda mentir, engañar o robar, y que sin embargo no padezca ni una noche de insomnio. Esta es la razón de que frecuentemente pisotee los derechos de otros y que pocas veces lo dude antes de aprovecharse de otras personas.

Más tarde o más temprano Chispeante Sanguíneo tejerá una red de engaños que producirá su propia destrucción. La Biblia dice: "No os dejéis engañar; de Dios nadie se mofa; pues todo lo que el hombre siembre eso también segará" (Gálatas 6:7). La única manera de conquistar este problema es concentrarse en la verdad y en la honradez. Cada vez que alguien miente o hace una trampa, se va haciendo más fácil... y la siguiente tentación es mayor.

La propensión de Chispeante Sanguíneo a la exageración, al embellecimiento y al engaño liso y llano lo atrapa con la mayor rapidez en su vida matrimonial y familiar. En tanto que puede engañar a los que lo vean ocasionalmente, le es imposible mentir y engañar durante el curso de su vida sin que su esposa e hijos se den cuenta de que no pueden confiar en su palabra. Una de las nueve piezas esenciales en la construcción de cualquier relación de amor (según 1 Co. 13:4-8) es la confianza. Parte de la razón de que nuestro Señor y las Escrituras hablen tan frecuentemente acerca del tema de la verdad o de la honestidad es que no sólo produce la necesaria conciencia limpia que todos los hombres necesitan, sino que crea además el tipo de fundamento sobre el que se basan las relaciones interpersonales duraderas y gozosas.

LAS DEBILIDADES DEL COLERICO

Los coléricos son personas extremadamente hostiles. Algunos aprenden a controlar su ira, pero siempre es posible que sufran una erupción de violencia. Si su fuerte voluntad no es llevada bajo control mediante una apropiada disciplina paterna cuando niños, desarrollan hábitos irascibles y tumultuosos que los abruman a todo lo largo de su vida. No tardan mucho en aprender que los otros están por lo general amedrentados ante sus explosiones de ira, y así pueden usar la ira como un arma para conseguir lo que desean... que por lo general es su voluntad. El colérico puede provocar dolor a otros y disfrutarlo. Su esposa está por lo general atemorizada de él, y tiende a aterrorizar a sus hijos.

Roque Colérico me recuerda frecuentemente a un Vesubio andante, constantemente borboteando, hasta que, cuando es provocado, arroja su amarga lava sobre alguien o algo. Es de los que da portazos, golpes en la mesa y bocinazos. Cualquier persona o cosa que se le ponga por delante, que retrase su progreso, o que deje de actuar al nivel de sus demandas pronto sentirá la erupción de su ira.

¡Nadie hace comentarios más cáusticos que un colérico sarcástico! Por lo general está preparado con algún comentario cortante que puede marchitar a los inseguros y devastar a los menos combativos. Incluso Chispeante Sanguíneo no está a su altura, porque Chispeante no es cruel ni mezquino. Roque no dudará en desdeñar a quien sea o destrozarlo moralmente. Por ello, deja tras sí un rastro de siques dañados y egos fracturados.

Es feliz el colérico (y su familia) que descubre que la lengua es o bien una terrible arma de destrucción o una herramienta de curación. Una vez que aprende la importancia de su aprobación verbal y aliento a los demás, tratará de controlar su habla... hasta que se enoja, con lo que descubre con el apóstol Santiago que "ningún hombre puede domar la lengua, que es un mal que no puede ser refrenado, llena de veneno mortífero" (Stg. 3:8). La rapidez de sus palabras y su espíritu irascible se combinan con frecuencia para hacer del colérico un hombre muy blasfemo.

La leche de la bondad humana parece haberse secado en las venas de un colérico. Es el menos afectuoso de todos los temperamentos y se vuelve emocionalmente espasmódico ante el pensamiento de cualquier exhibición pública de emoción. Para él, el afecto marital significa un beso en la boda y en cada quinto aniversario después de ella. Su rigidez emocional raramente le permite la expresión del llanto. Por lo general deja de llorar a la edad de los once o doce años, y encuentra difícil comprender a otros cuando son elevados a las lágrimas.

Similar a su natural falta de amor es la tendencia del colérico a ser insensible a las necesidades de los demás y desconsiderado con sus sentimientos. Cuando un colérico es sensible y considerado, puede ser una gran bendición para los demás, porque, como hemos visto, lo que piensa de los otros es de gran importancia para ellos. Por naturaleza, Roque Colérico tiene la piel de un rinoceronte. Sin embargo, el Espíritu de Dios lo hará "benigno, misericordioso..."

La natural determinación del colérico es un punto positivo que lo hace mantenerse en un buen lugar a través de la vida, pero puede hacerlo obstinado y terco. Debido a que tiene una gran intuición, por lo general se decide rápidamente (sin un análisis y deliberación adecuados) y una vez se ha decidido, es casi imposible de cambiar. No hay ningún temperamento que tipifique mejor el antiguo cliché: "No me confundas con hechos; ya me he decidido".

Una de las características indeseables del colérico involucra su inclinación a ser astuto si es necesario para conseguir llevar a cabo sus propósitos. Raramente acepta un "no" como respuesta, y a menudo recurrirá a cualquier medio necesario para la consecución de sus propósitos. Si tiene que retocar sus cifras y torcer la verdad, raramente lo duda, porque para él el fin justifica los medios.

Ya que llega fácilmente a conclusiones, encuentra delicioso tomar decisiones por otras personas, forzándolas a doblarse ante su voluntad. Si trabajas para un colérico, pocas veces te preguntarás qué es lo que quiere que hagas, porque te lo dice cinco veces antes de las ocho y media de la mañana, y por lo general a grito pelado.

Los Roques Coléricos son personas muy eficaces si no se entregan a sus debilidades de forma que éstas vengan a ser su forma dominante de vida. Cuando son llenados por el Espíritu, sus tendencias hacia la voluntariosidad y dureza quedan reemplazadas por una gentileza que verifica claramente que están controlados por algo distinto a su temperamento natural. Desde los días del Apóstol Pablo hasta la actualidad, tanto la iglesia de Jesucristo como la sociedad

se han beneficiado mucho de estas personas activas y productivas. Muchas de nuestras grandes instituciones eclesiales fueron fundadas por coléricos lanzados a la ventura. Pero para ser eficaces en el servicio de Dios, tienen que aprender los principios divinos de productividad.

LAS DEBILIDADES DEL MELANCÓLICO

Las admirables cualidades de perfeccionismo y de conciencia a menudo llevan consigo las serias desventajas de negativismo, pesimismo y un espíritu de crítica. Todo el que haya trabajado con un melancólico dotado puede anticipar que su primer reacción ante todo será negativa y pesimista. Este solo rasgo limita el comportamiento vocacional del melancólico más que cualquier otro. En el momento en que se presenta una nueva idea o proyecto, su capacidad analítica se dispara y empieza a concebir todos los problemas y dificultades que puedan surgir en el empeño.

La influencia más dañina sobre la mente de una persona, en mi opinión, es la crítica; y los melancólicos tienen que luchar contra este espíritu constantemente. Me he dado cuenta de que la mayor parte de niños sicológicamente perturbados provienen de casas de padres predominantemente melancólicos. Los coléricos son difíciles de complacer; los melancólicos son imposibles de satisfacer. Incluso cuando los hijos llegan a casa con notables, el padre hará una mueca de insatisfacción porque no consiguieron sobresalientes. En lugar de alabar a sus esposas y alentarlas, los melancólicos las critican, censuran y vituperan. Incluso cuando se dan cuenta de la importancia que tiene la aprobación para su esposa e hijos, les es difícil darla porque no pueden soportar la mancha de la hipocresía de decir algo que no es 100 por ciento verdad.

La misma elevada norma es por lo general usada por el melancólico para introspeccionarse, haciendo que se encuentre muy poco satisfecho consigo mismo. El examen propio es, naturalmente, una cosa saludable para todo cristiano que quiera caminar en el Espíritu, porque con ello consigue el conocimiento de que tiene que confesar sus pecados y buscar el perdón del Salvador (1 Jn. 1:19). Pero el melancólico no está satisfecho examinándose a sí mismo; se disecciona con unas continuas andanadas de introspección hasta que no le queda ninguna confianza propia ni estima propia.

Todo en la vida es interpretado por el melancólico en relación consigo mismo. Tiende a compararse con otros en apariencia, talento e intelecto, sintiéndose invariablemente deficiente debido a que nunca se le ocurre que está comparándose con los mejores rasgos de los demás y deja de evaluar sus debilidades.

Está constantemente examinando su vida espiritual y normalmente sale deficiente para sus propias normas. Esto le impide gozar de confianza ante Dios. Un melancólico encuentra difícil creer que está "aprobado por Dios", básicamente debido a que apenas si puede aprobarse a sí mismo.

Este rasgo de egocentrismo, junto con su sensible naturaleza, hace que el melancólico sea supersensible y susceptible en ocasiones. Aunque no expresa tanto su ira como el sanguíneo y el colérico el melancólico

es capaz de experimentar una ira que brilla a largo plazo y que se expresa por medio de pensamientos vengativos y de ensueños de auto-persecución. Si se anida esta actitud durante mucho tiempo, puede hacer de él un maníaco-depresivo o al menos hacer que estalle una explosión de ira insólita en su naturaleza normalmente gentil.

Una de las características más prominentes del temperamento melancólico tiene que ver con sus giros de humor. En algunas ocasiones está tan "alegre" que actúa como el sanguíneo; en otras se encuentra tan "deprimido" que se siente con ganas de deslizarse por debajo de la puerta en lugar de abrirla. Cuanto más mayor se hace (a no ser que sea transformado por una relación vital con Jesucristo), tanto más propenso se verá a experimentar humores sombríos. Durante estos períodos es huraño, irritable, infeliz, y totalmente imposible de complacer. Este humor lo hace particularmente vulnerable a la depresión.

Hace tres años leí un artículo sobre la depresión en Newsweek, en él se afirmaba: "La depresión es la epidemia emocional de nuestros tiempos. Entre 50.000 y 70.000 personas deprimidas cometen suicidio cada año". Habiendo dado orientación a más de 1.000 personas deprimidas para entonces, me vi empujado a escribir un libro "Cómo vencer la depresión", que vino a ser un éxito de librería en sólo tres meses.

Todo el que tenga un problema de depresión, particularmente un melancólico, debiera hacer de 1 Ts. 5:18 un estilo de vida: "Dad gracias en todo, porque ésta es la voluntad de Dios para con vosotros en Cristo Jesús". No puedes regocijarte y dar gracias por algo mientras te mantienes en un estado de depresión.

No hay ningún otro temperamento que sea tan propenso a ser rígido, implacable e intransigente hasta el extremo de lo irrazonable como el melancólico. Es intolerante e impaciente con los que no ven las cosas como él; en consecuencia, encuentra difícil jugar en un equipo y es a menudo un solitario en el mundo de los negocios, pero en el hogar es muy diferente. Una esposa e hijos sometidos a unas normas tan rígidas se volverán frecuentemente inseguros e infelices y habrá ocasiones en que lo dejarán por imposible. Una vez aprenda que la flexibilidad y la cooperación son el aceite que hace que las relaciones interpersonales funcionen con suavidad, será una persona más feliz, y también lo serán los que están a su alrededor.

Hemos visto que el melancólico es un idealista, rasgo que señalamos como fortaleza. Sin embargo, la otra faceta de esta característica es que es propenso a ser poco práctico y muy teórico, a menudo lanzado a

una campaña por un ideal que es tan altruista que nunca funcionará
Un melancólico siempre debería someter sus planes a prueba para determinar su funcionalidad.

Dios ha usado a muchos melancólicos que le han consagrado sus talentos. De hecho, muchos de los caracteres registrados en la Biblia eran melancólicos. Sin embargo, la clave del éxito de ellos no residió en su temperamento, talentos o dotes, sino en su consagración al Espíritu Santo.

LAS DEBILIDADES DEL FLEMATICO

La más evidente de las debilidades de Felipe Flemático y la que hizo que Hipócrates (que originó la idea de los cuatro temperamentos lo denominara como flema es su aparente falta de impulso y ambición. Aunque siempre parece hacer lo que se espera de él, raras veces hará algo más. Raras veces investiga una actividad, sino que piensa en excusas para evitar involucrarse con las actividades de otros.

Más que cualquier otro temperamento, el flemático es vulnerable a la ley de la inercia. "Un cuerpo en reposo tiende a estar en reposo". Necesita invertir esta tendencia con una actividad premeditada.

Tanto él como su familia se beneficiarán de tales esfuerzos. A nadie le gusta sufrir, particularmente a Felipe Flemático. Aunque no es tan sensible como un melancólico, sí tiene una piel poco gruesa y por ello aprende temprano en la vida a vivir como una tortuga, esto es, a construir una dura concha de auto-protección para escudarse de todos los dolores o afrentas del exterior. Pero incluso una tortuga podría darle un buen consejo a Felipe: "No puedes ir a ninguna parte a no ser que saques la cabeza". Nunca ayudarás a nadie a no ser que arriesgues la posibilidad de un daño emocional.

Una de las debilidades menos evidentes del flemático es su egoísmo. Cada temperamento afronta el problema del egoísmo, pero Felipe está especialmente afectado por esta enfermedad, aunque es tan gentil y educado que pocas personas que no viven con él están conscientes de este hecho. El egoísmo lo hace indulgente consigo mismo y despreocupado acerca de la necesidad que tiene su familia de actividad.

Nadie puede ser más terco que un flemático, pero es tan diplomático en cuanto a ello que puede llegar a la mitad de su vida antes que los demás se den cuenta de ello. Casi nunca se enfrentará abiertamente a otra persona ni rehusará hacer nada, pero de una u otra manera logrará esquivar la petición. En la administración de la iglesia he encontrado que este individuo gentil, bondadoso y tranquilo puede ser de lo más

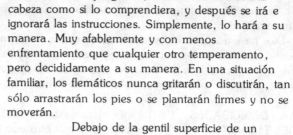

exasperante. Sonreirá mientras le detallo el programa, incluso asentirá con la cabeza como si lo comprendiera, y después se irá e ignorará las instrucciones. Simplemente, lo hará a su manera. Muy afablemente y con menos enfrentamiento que cualquier otro temperamento, pero decididamente a su manera. En una situación familiar, los flemáticos nunca gritarán o discutirán, tan sólo arrastrarán los pies o se plantarán firmes y no se moverán.

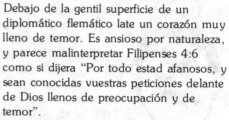

Debajo de la gentil superficie de un diplomático flemático late un corazón muy lleno de temor. Es ansioso por naturaleza, y parece malinterpretar Filipenses 4:6 como si dijera "Por todo estad afanosos, y sean conocidas vuestras peticiones delante de Dios llenos de preocupación y de temor".

Esta tendencia al temor los refrena frecuentemente de lanzarse a la ventura por su cuenta para conseguir hacer el máximo uso de su potencial.

El temor impide a los flemáticos que sean usados en sus iglesias. Estoy convencido de que les encantaría enseñar, cantar en el coro, o aprender a compartir su fe, pero el temor los apaga. Una de las fuerzas del Espíritu Santo es la fe, que disipa nuestros temores. Un resultado destacado de leer y estudiar la Palabra de Dios es una fe en crecimiento. La mayor parte de las personas tienen miedo al fracaso, pero los que triunfan en un servicio eficaz a Dios reemplazan sus temores con la fe.

He descubierto que vale la pena motivar a los flemáticos a trabajar en la iglesia. Resultan buenos miembros de junta y planificadores de política, así como excelentes maestros de Escuela Dominical y superintendentes de departamentos. Una vez que se han entregado a una tarea, vienen a ser trabajadores muy fiables durante muchos años. La tarea difícil es conseguir que se comprometan a una tarea.

RESUMEN   Ahora tienen las malas noticias. Todos los
                           temperamentos tienen debilidades. Por lo menos diez
en base del propio temperamento. Pero hay un poder que puede capacitarte a mejorar tu temperamento. Sigue leyendo.

CAPITULO
CUATRO

Fortaleciendo tus
debilidades

Una cosa acerca del temperamento: no cambia nunca. Los genes de tus padres se combinaron para hacer de ti un ColSan, un MelFlem, o un SanMelFlem; nunca serás otra cosa. Lo mismo que tu apariencia física, tu altura, tu "I.Q."*, tu temperamento formará parte de ti mientras vivas. Y, recuérdalo, tu temperamento probablemente tenga más que ver con tu comportamiento actual que cualquier otra influencia en tu vida. El resto proviene de tu instrucción en la niñez, de la vida del hogar, de la educación, motivación, y otras cosas. La siguiente fórmula lo expresa en conjunto:

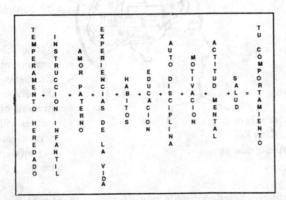

Al mirar esta lista, te verás probablemente impresionado por el hecho de que es poco el control que tienes sobre la mayor parte de los ingredientes en esta fórmula. ¡No te engañes! Es cierto que no puedes cambiar tu temperamento, pero hay tres cosas en la fórmula que tú sí controlas y que pueden mejorar tu temperamento de tal manera que pueden realmente cambiar tu vida: la motivación, la actitud mental y los hábitos.

* Cociente de inteligencia

Tu potencial motivación

Cuando Dios creó a Adán, lo hizo diferente de todas las otras criaturas vivientes. Le dio un "alma". Esta alma no sólo tiene una capacidad para Dios sino que es una fuente de motivación externa que es casi totalmente desaprovechada por la mayor parte de las personas en la actualidad. Pero sí da cuenta de las tremendas transformaciones que tienen lugar en aquellos cuando experimentan el "nuevo nacimiento" en Cristo Jesús. Para comprender esto, tienes que visualizar las cuatro partes de la naturaleza humana descritas en la Biblia.

Jesucristo conocía más acerca de la naturaleza humana que nadie que jamás haya existido (y así debiera ser, porque en primer lugar, El fue el Creador del hombre). Y El dijo: "Amarás al Señor tu Dios con todo tu corazón, con toda tu alma, con toda tu mente y con toda tu fuerza" (Mr. 12:30). Señalemos cuidadosamente los cuatro aspectos de la naturaleza humana: corazón, alma, mente, fuerza. Notémoslo en el siguiente diagrama.

EL HOMBRE NATURAL

1

El corazón: El centro de las emociones, fuente de sentimiento y motivación. "Cual es su pensamiento en su corazón, tal es él".

2

El alma: La fuente de la vida y de la voluntad. Dios ha dado a cada persona soberanía sobre su propia voluntad. Tu yo es por naturaleza el mecanismo de control de tu voluntad.

3

Mente: El más increíble órgano en el cuerpo. Contiene doce mil millones de células cerebrales, y la manera en que llenes estas células influencia tus sentimientos lo que a su vez influencia todo lo que haces.

4

Fuerzas: Esto se refiere a la parte perecedera del hombre, o aquello que es más visible.

Tu temperamento heredado reside probablemente en el corazón, donde influencia "el método de tu pensamiento", no el contenido. Puede ser influenciado por la mente, el alma y el corazón. Esto es a lo que se refiere la Biblia cuando habla de "la carne" o "naturaleza" u "hombre natural";

Cristo no está en el hombre natural; se halla fuera de su vida. Llama a la puerta de la vida mediante la convicción del Espíritu Santo en la predicación, tratados, programas de radio y televisión, testimonio personal, etc. Si el Espíritu de Dios no está dentro de él, experimentará la culpa, el temor, vacío, miseria, carencia de propósito, confusión y otros elementos negativos representados en la ilustración. La cantidad de sentimientos negativos dependerá de su propia

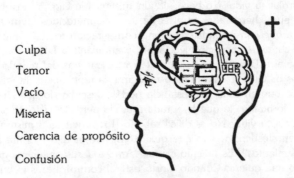

Culpa

Temor

Vacío

Miseria

Carencia de propósito

Confusión

EL HOMBRE NATURAL

voluntad y pecado. Su mayor necesidad es su vacío, este "vacío en forma de Dios" que Pascal señaló en el corazón de cada hombre y que sólo puede ser llenado por Jesucristo. Este vacío que azota a la humanidad por toda la vida, no solamente roba al hombre de la diaria presencia de Dios en su vida, sino de su poder para mejorar su temperamento.

Dios nunca impone su presencia en la vida de una persona; deja al individuo que decida si va a recibir o no a Cristo como su Salvador y Señor. Pero si tú crees que Jesucristo murió por tus pecados y resucitó al tercer día, puedes humildemente arrepentirte de tus pecados y someterte a El pronunciando una sencilla pero hermosa oración como la que sigue:

"¡Oh, Dios, sé que soy un pecador y que te he desobedecido voluntariamente en muchas ocasiones. Creo que Jesús murió por mis pecados y que resucitó a fin de que yo pudiera tener la vida eterna. Por ello, te invito a que entres en mi vida para salvarme de mis pecados y para dirigir mi futuro. Hoy me entrego a ti".

"Pero a todos los que le recibieron, a los que creen en su nombre, les dio potestad de ser hechos hijos de Dios" (Jn. 1:12). Todos los que creen en El han renacido, y tienen dos naturalezas. La nueva es el hombre nuevo en Cristo, abriendo para el creyente una nueva fuente de poder. La vieja naturaleza sigue queriendo pecar.

Ambas naturalezas están vivas. La que domine la situación será aquella que tú alimentes mejor. Si alimentas la vieja naturaleza con los alimentos de la cultura enferma de pecados que nos rodea, no te sorprendas cuando te veas dominado por las debilidades de tu temperamento. Pero si lo que haces es alimentar la nueva naturaleza con el alimento espiritual de la Palabra de Dios y de las cosas que pertenecen a Dios, tu nueva naturaleza se volverá tan dominante que vencerá las debilidades naturales de tu temperamento, haciendo posible a Dios usar al máximo las fortalezas o talentos que has recibido.

¿Quién está al control?

Oímos mucho en nuestra cultura humanista acerca de "asumir el control de tu vida". Esto suena bien al principio, pero si se examina más a fondo esta secta de auto-realizadores, se encontrará el peor pecado de todos: el egoísmo.

Dios quiere controlar tu vida. No hace ningún misterio de ello. Y nos da este reto: "Os exhorto, pues, hermanos, en vista de tantos inmerecidos favores recibidos de Dios, a que correspondáis con una consagración total de vuestras personas como un continuo sacrificio vivo, santo y agradable a Dios —sea éste vuestro culto espiritual a Dios. Y no os amoldéis a los criterios del mundo actual, sino dejad que Dios os vaya transformando mediante la renovación de vuestra mentalidad, a fin de que en cada circunstancia podáis descubrir lo que Dios quiere de vosotros: lo bueno, lo que le agrada más, lo perfecto" (Ro 12:1-2, NVI). ¿Quién controla tu vida? No es difícil saberlo. Pregúntate a ti mismo: "¿Hago lo que quiere Jesucristo, o lo que quiero yo?" Jesús dijo: "Si me amáis, guardad mis mandamientos". Es ridículo cantar "Amo a Jesús" mientras que uno hace con su vida lo que quiere. Cuando Cristo esté al control, harás lo que El te mande en su Palabra.

Tres modernos estilos de vida

En la actualidad hay sólo tres modernos estilos de vida posibles. Deberías analizar cuál es el tuyo, y ver si los resultados de este tipo de vida son lo que realmente deseas.

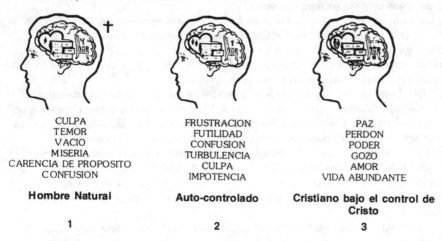

CULPA	FRUSTRACION	PAZ
TEMOR	FUTILIDAD	PERDON
VACIO	CONFUSION	PODER
MISERIA	TURBULENCIA	GOZO
CARENCIA DE PROPOSITO	CULPA	AMOR
CONFUSION	IMPOTENCIA	VIDA ABUNDANTE
Hombre Natural	**Auto-controlado**	**Cristiano bajo el control de Cristo**
1	2	3

Nota la similaridad de resultados en los dos estilos de vida representados más arriba donde el yo está en el trono. La única diferencia real entre el 1 y el 2 es que Cristo fue una vez invitado a la vida del cristiano, y que irá al cielo a morir. Pero se siente tan mísero como el individuo que no conoce a Cristo. De hecho, hay ocasiones en que se siente más miserable, porque el Espíritu Santo puede darle convicción desde el interior. Estos dos individuos quedarán dominados por sus debilidades temperamentales.

La tercera ilustración exhibe al individuo que ha rendido el centro de su vida a Cristo (o que la mayor parte del tiempo esta viviendo así; nadie lo alcanza a la perfección). Todos vivimos carnalmente en ocasiones, pero al menos esta persona tiene la capacidad de vivir a la altura de su potencial divino.

Cómo fortalecer tus debilidades

"De modo que si alguno está en Cristo, nueva criatura es; las cosas viejas pasaron; he aquí, todas son hechas nuevas" (2 Co. 5:17). "Cuando un individuo natural recibe la residencia de su poder sobrenatural, debiera ser diferente". ¡Piensa en esto! Si Dios está verdaderamente en tu vida, serás diferente a lo que serías si no estuviera en ella. Pero también es cierto que el crecimiento tiene lugar de una manera lenta. No se ve mucho crecimiento en un árbol frutal de día en día, pero hay crecimiento si el árbol está vivo. Así es con el cristiano. El crecimiento en nosotros es en ocasiones penosamente lento, pero tiene lugar.

El poder para cambiar

¿Qué diferencias habrá cuando el Espíritu Santo venga a residir en ti? ¿Tu apariencia? Desafortunadamente, no ¿Te volverás más inteligente? ¡No! ¿Qué cambios? Tus emociones. El Espíritu Santo trae estabilidad emocional a nuestras vidas.

Pablo lo describe con estas palabras: "Amor, gozo, paz, paciencia, benignidad, bondad, fidelidad, mansedumbre, dominio propio (Gá. 5:22-23). Al estudiar estos versículos, descubrirás nueve fortalezas positivas que Dios provee al cristiano para capacitarle para vencer sus debilidades emocionales.

Las nueve fortalezas emocionales del temperamento controlado por el Espíritu Santo hace de cada temperamento lo que Dios quería al principio. No importa cuál sea el temperamento natural de uno. Cualquier hombre lleno del Espíritu Santo, sea sanguíneo, colérico, melancólico o flemático, va a manifestar estas nueve características espirituales. Tendrá sus propias fortalezas naturales y mantendrá su individualidad, pero el Espíritu transformará sus debilidades.

Estas nueve características representan lo que Dos quiere que sea cada uno de sus hijos. Examinaremos de manera detallada cada una de ellas. Hay un anhelo en el corazón de cada hijo de Dios de vivir este tipo de vida. No se llega a ella como resultado del esfuerzo del hombre, sino que es el resultado sobrenatural del control del Espíritu Santo sobre cada área del cristiano.

AMOR  La primera característica en el catálogo del temperamento controlado por el Espíritu es el amor, amor hacia Dios y hacia nuestros semejantes. El Señor Jesús dijo: "Y amarás al señor tu Dios con todo tu corazón, y con toda tu alma, con toda tu mente y con toda tu fuerza... Y... Amarás a tu prójimo como a ti mismo" (Mr. 12:30, 31). Un amor a Dios que haga que un hombre quede más interesado en el Reino de Dios que en el reino material en el que vive es un amor sobrenatural, porque el hombre, por naturaleza, es una criatura codiciosa.

El cristiano que dice que está "controlado" o "lleno del Espíritu Santo", pero que no se siente movido por el sufrimiento de los demás, se está engañando a sí mismo. Si tenemos el amor de Dios derramado en nuestros corazones, será para beneficio de otros a nuestro alrededor. También se debe señalar que el amor dado por el Espíritu de Dios nos hace desear obedecerle. Si deseas probar tu amor hacia Dios, intenta este sencillo método dado por el Señor Jesús. "Si me amáis, guardad mis mandamientos". Sencillamente, pregúntate a ti mismo: "¿Soy obediente a sus mandamientos revelados en su Palabra?" En caso contrario, no estás lleno del Espíritu Santo.

GOZO   El segundo temperamento característico del hombre
                          controlado por el Espíritu Santo es el gozo. Un teólogo hizo este comentario acerca de la gentil emoción del gozo: "Sí, el gozo es una de las virtudes cardinales del cristiano; merece el lugar que sigue inmediatamente al amor. El pesimismo es una falta grave. No se trata de un gozo fatuo como el que el mundo acepta; es el gozo duradero que surge de toda la gracia de Dios en nuestra posesión, de la bendición que es posesión nuestra, y que no es empañada por ninguna tribulación.

El gozo dado por el Espíritu Santo no está limitado por las circunstancias. No hay ningún cristiano que pueda tener gozo si depende de las circunstancias de la vida. La vida controlada por el Espíritu Santo está caracterizada así: "Puestos los ojos en Jesús, el autor y consumador de la fe", lo cual nos hace saber que "todas las cosas cooperan para bien de los que aman a Dios, de los que son llamados conforme a su propósito. (Ro. 8:28).

En las Escrituras, el "gozo" y el "regocijo" no son el resultado de un esfuerzo propio, sino que son la obra del Espíritu Santo en la vida del creyente. "Tu diste alegría a mi corazón mayor que la de ellos cuando abundan en grano y en mosto" (Sal. 4:7). El Apóstol Pablo, escribiendo desde una mazmorra en una cárcel, dice: Regocijaos en el Señor siempre. Otra vez digo: Regocijaos" (Fil. 4:4). ¡Cualquier persona que pueda regocijarse en prisión tiene que tener una fuente sobrenatural de poder!

Este gozo sobrenatural está a disposición de cada cristiano sin tener en cuenta su temperamento básico o natural. Jesús dijo: "Estas cosas os he hablado, para que mi gozo esté en vosotros, y vuestro gozo sea cumplido" (Jn. 15:11). Esto es sólo posible en tanto que seamos llenados por el Espíritu Santo.

Martín Lutero dijo: "A Dios no le gustan las dudas ni la desesperanza. Aborrece las doctrinas secas, y los pensamientos sombríos y melancólicos. A Dios le encantan los corazones alegres". Cristo dice: "Regocijáos de que vuestros nombres están escritos en los cielos". (Lc. 10:20)

PAZ   El tercer rasgo temperamental del hombre controlado
                          por el Espíritu es la paz. Los versículos precedentes de Gálatas 5 describen no sólo las obras del hombre natural sin el Espíritu, sino también sus emociones. Su turbulencia emocional queda descrita en los siguientes términos: "enemistades, pleitos, celos, explosiones de ira, divisiones, sectarismos, envidias". Vemos que cuanto más el hombre se aparta de Dios tanto menos conoce la paz.

La "paz" mencionada aquí es en realidad de doble sentido. Es "paz con Dios"

y "la paz de Dios". El Señor Jesús dijo: "La paz os dejo, mi paz os doy" (Jn. 14:27). La paz que El nos deja es "la paz con Dios". "Mi paz os doy" es la paz de Dios, porque en el mismo versículo El la define como la paz de un corazón no turbado: "No se turbe vuestro corazón, ni tenga miedo". Y el versículo precedente describe la venida del Espíritu Santo. El Espíritu Santo es la fuente de la paz. La paz con Dios es el resultado de la salvación por la fe. El hombre fuera de Jesucristo no sabe nada de la paz en relación con Dios, porque su pecado está siempre ante él, y sabe que tendrá que rendir cuentas ante Dios en el Juicio. Sin embargo, cuando esta persona acepta la palabra de Jesucristo y lo invita en su vida como Señor y Salvador, Jesucristo no sólo entra como prometió hacerlo (Ap. 3:20), sino que de inmediato lo limpia de todo su pecado (1 Jn. 1:7, 9). "Justificados, pues, por la fe, tenemos paz para con Dios por medio de nuestro Señor Jesucristo" (Ro. 5:1).

La paz de Dios, el antídoto de la ansiedad, no es tan automáticamente poseída por los cristianos como la paz con Dios. Esta "paz de Dios", que hace posible que uno no sea turbado al afrontar circunstancias difíciles, queda ilustrada por el Señor Jesús, que estaba profundamente dormido en el fondo del barco mientras los doce discípulos estaban atemorizados más allá de todo límite racional. Muchos son los que tienen propensión a angustiarse, complicando aun más su vida. emocional, física y espiritual, en tanto que aquellos que "creen a Dios" podrán tener una buena noche de sueño reparador, despertando lozanos, y dispuestos para ser usados por Dios al día siguiente.

El mero hecho de venir a ser cristiano no nos ahorra las difíciles circunstancias de la vida. Sin embargo, la presencia del Espíritu Santo en nuestras vidas puede darnos uno de los más grandes tesoros de la vida: "La paz de Dios", a pesar de todas las circunstancias. El Apóstol Pablo tenía esto en mente cuando escribió las palabras: "Por nada os inquietéis (preocupados, o ansiosos) sino sean presentadas vuestras peticiones delante de Dios mediante oración y ruego, con acción de gracias. Y la paz de Dios, que sobrepasa a todo entendimiento, guardará vuestros corazones y vuestros pensamientos en Cristo Jesús" (Fil. 4:6, 7).

PACIENCIA

El cuarto rasgo temperamental del hombre controlado por el Espíritu Santo es la paciencia. Puede ser caracterizada como una capacidad de soportar daños o de sufrir reproches o aflicciones sin responder de igual manera. Como el Apóstol Pedro dice acerca del Señor Jesús: " . . . quien cuando le maldecían, no respondía con maldición". Una persona paciente es la que puede hacer las tareas humildes, oscuras y difíciles con gentileza como el Señor, sin quejarse o sentir resentimiento. Acaba su tarea o sufre afrentas en tanto que manifiesta el amante Espíritu de Cristo.

BENIGNIDAD

La quinta característica del temperamento llenado por el Espíritu Santo recibe el nonbre de benignidad. Se trata de actos bondadosos, atentos, educados, gentiles, considerados y llenos de comprensión que surgen de un corazón muy tierno.

El mundo en que vivimos conoce muy poco de tal benignidad. Es el resultado de la compasión del Espíritu Santo hacia una humanidad perdida y agonizante.

El gentil espíritu del Señor Jesús contrastaba notablemente con la cruel actitud de los discípulos hacia los niños que habían sido llevados por sus padres para recibir su bendición. En las Escrituras leemos que los discípulos reprendieron a los que los traían, pero Jesús dijo: "Dejad que los niños vengan a mí, no se lo impidáis" (Mr. 10:13-14).

Esta gentil característica del Espíritu Santo nunca pregunta cosas como "¿Cuántas veces debo perdonar a mi hermano cuando peque contra mí?" O, "¿No hay acaso un límite a lo que uno puede aguantar?" El Espíritu Santo puede dar gentileza frente a todo tipo de presiones.

Jesús, que poseía el Espíritu Santo "sin medida", se presentó como un pastor cuidando gentilmente de las ovejas heridas: y El, por medio de sus seguidores, sigue mostrando Su tierno cuidado.

BONDAD

La sexta característica del hombre lleno del Espíritu recibe el nombre de "bondad". Se trata de benevolencia en el más puro de los sentidos. Incluye la hospitalidad y todos los actos de bondad que surjan de un corazón desprendido, más interesado en dar que en recibir.

En lugar de llevar gozo a la vida de alguna otra persona mediante un acto de bondad, las personas egocéntricas se hunden más y más profundamente en el pantano de la desesperación y de la depresión. D. L Moody dijo una vez que era su costumbre, después de presentarse a sí mismo al Espíritu Santo y de pedir ser conducido por El, actuar según aquellos impulsos que le vinieran a la mente, siempre y cuando no violaran ninguna verdad conocida de las Escrituras. Hablando en general, ésta es una norma muy buena a seguir, porque paga ricos dividendos en salud mental en la vida del donante.

FIDELIDAD

El séptimo rasgo del hombre lleno del Espíritu es la fidelidad (fe), un total abandono a Dios en una total dependencia de El. Es un perfecto antídoto contra el temor, que provoca ansiedad, preocupaciones y pesimismo. Algunos comentaristas sugieren que aquí hay más involucrado que la fe, esto es, fidelidad o fiabilidad. Una persona que tenga la fe inspirada por el Espíritu será fiel y fiable.

Muchos de los miembros del pueblo de Dios, como sucedió con la nación de Israel, se pasan años en el desierto de la vida porque no creen a Dios. Demasiados cristianos tienen "la visión de la langosta". Son como los diez espías infieles que vieron los gigantes en la tierra de Canaán y que volvieron al campamento para clamar: "y éramos nosotros, a nuestro parecer, como langostas; y así "les parecíamos a éllos" (Nm. 13:33).

La Biblia nos enseña que hay dos fuentes de fe. La primera es la Palabra de Dios en la vida del creyente. En Romanos 10:17 se afirma: "La fe viene del oír, y el oír, por medio de la Palabra de Dios". La segunda es el Espíritu Santo. La fe como fruto del Espíritu. Si encuentras que tienes un temperamento conducente a las dudas, a la indecisión, al temor, como creyente puedes mirar al control del Espíritu Santo, para que El te dé un corazón de fe que disipe las emociones y acciones de tu naturaleza natural, incluyendo el temor, la duda y la ansiedad. No obstante, se precisará tiempo; los hábitos son cadenas fuertes, pero Dios nos da la victoria en Cristo Jesús. "Espera en Jehová; ten valor y afianza tu corazón; sí, espera a Jehová" (Sal. 27:14).

MANSEDUMBRE El octavo rasgo temperamental del hombre controlado por el Espíritu es la mansedumbre. El hombre es orgulloso,ególatra y egocéntrico; pero cuando el Espíritu Santo llena la vida de un individuo, se volverá humilde, gentil, sumiso y fácil de tratar.

El mayor ejemplo de mansedumbre es el Señor Jesucristo mismo. El es el Creador del universo, y con todo estuvo dispuesto a humillarse a sí mismo, tomando la forma de un siervo, y a someterse a los caprichos de la humanidad, incluso hasta la muerte, a fin de pagar nuestra redención con su sangre. Aquí vemos al Creador del hombre abofeteado, ridiculizado, insultado y escupido por su propia creación. Y a pesar de todo ello nos dejó el ejemplo de no devolver con la misma moneda.

La mansedumbre no es algo natural para nosotros. Sólo la residencia sobrenatural del Espíritu de Dios podría hacer que cualquiera de nosotros reaccione con mansedumbre ante una persecución física o emocional. La tendencia natural es afirmarse a uno mismo, pero incluso el temperamento más iracundo puede ser controlado por la llenura del Espíritu Santo y manifestar este admirable rasgo de la mansedumbre.

DOMINIO PROPIO

La última característica temperamental del creyente lleno del Espíritu Santo es la templanza o dominio propio, que también podría traducirse como auto-disciplina. Este término ha sido definido como "auto-controlado por el Espíritu Santo".

El dominio propio resolverá el problema que confronta el cristiano de los estallidos emocionales como la cólera, ira, temor y celos, y le hará evitar excesos emocionales de todo tipo. El temperamento controlado por el Espíritu será consecuente, fiable y bien ordenado.

Se me ha ocurrido que los cuatro temperamentos básicos tienen una dificultad común que será vencida por el rasgo de la llenura del Espíritu del dominio propio. Esta debilidad es una vida devocional inconsecuente o ineficaz. Ningún

cristiano puede madurar en Cristo, estar constantemente lleno con el Espíritu
Santo, y útil en la mano de Dios, a no ser que se alimente regularmente de la
Palabra de Dios.

El señor Sanguíneo es demasiado agitado y de débil voluntad por naturaleza
propia para ser consecuente con nada, y mucho menos en levantarse unos
minutos temprano para tener un período regular de lectura de la Biblia y oración.
El Señor Colérico es por naturaleza un individuo tan confiado en sí mismo que
incluso una vez que ha sido convertido precisa de un cierto tiempo para darse cuenta
de lo que significan las palabras del Señor Jesús: "Separados de mí nada podéis
hacer" (Jn. 15:5). El señor Melancólico es quizá el que con mayor probabilidad
de los cuatro será regular en su vida devocional, con la salvedad de que su
capacidad analítica lo lleva frecuentemente a investigar alguna verdad abstracta de
gran finura teológica en lugar de permitir que Dios le hable acerca de sus
necesidades personales. El señor Flemático es propenso a recomendar un tiempo
devocional regular como una parte necesaria de la vida cristiana, pero si su
disposición lenta, indolente y a menudo indiferente no es disciplinada por el
Espíritu Santo, nunca llegará a fijarse en una meditación regular en la Palabra de
Dios.

Al considerar estos nueve admirables rasgos del hombre lleno del Espíritu, no
sólo consigues una imagen de lo que Dios quiere que seas, sino de lo que está
dispuesto a hacer de ti a pesar de tu temperamento natural. Sin embargo,
deberías tener en cuenta que ninguna cantidad de mejora propia ni de esfuerzo
propio puede llevar estos rasgos a nuestra vida sin el poder del Espíritu Santo. De
esto concluimos que la cosa más importante en la vida de cualquier cristiano es
estar lleno del Espíritu Santo.

Las necesidades del temperamento sanguíneo

Chispeante Sanguíneo necesita al menos seis de los
rasgos del fruto del Espíritu para ser el hombre o
mujer que Dios quiere que sea. Por naturaleza es afectuoso y compasivo, por lo
que no necesita adquirir esto, aunque el Espíritu de Dios dirigirá y purificará este
amor. También es gozoso por naturaleza, por lo que el Espíritu no tiene que
darle gozo. También tiene un rasgo de "bondad" natural; esto es, le encanta
hacer buenas cosas para los demás.

La *paz,* sin embargo, es otro tema. Los sanguíneos son tan inquietos por
naturaleza que verdaderamente necesitan la sobrenatural paz de Dios que sólo
puede dar el Espíritu Santo. Siempre que veas un explosivo rostro de un
sanguíneo afrontando las presiones en una acititud de paz, estás contemplando
un milagro de Dios.

La *paciencia,* que básicamente significa constancia, es algo extraño a la
naturaleza de un sanguíneo. Por lo general deja una montaña de proyectos
inacabados detrás de él a no ser que sea llenado por el Espíritu.

Los rasgos de "toro en tienda de porcelana" de los sanguíneos son de un
modo u otro reemplazados por *la benignidad* del Espíritu de Dios. Una evidencia
de ello se halla en su conversación. Por naturaleza son directos, ruidosos,
haciendo daño con su humorístico trato de otros, pocas veces conscientes de
cómo han dañado a aquellos que llevan el peso de sus bromas. la benignidad del
Espíritu de Dios suavizará sus injuriosas lenguas.

Uno de los principales problemas de Chispeante Sanguíneo es el ego. Para ellos, por naturaleza, ellos son lo mejor que hay. Pero, cuando el espíritu de la *mansedumbre* controla su vida, el sanguíneo deja de pensar más en sí mismo de lo que debiera, y entra en él una faceta de humildad que abrasa su alma, otra evidencia del poder sobrenatural de Dios.

Uno de los rasgos menores de una personalidad sanguínea es sus temores e inseguridades secretas. Para los tales, *la fidelidad* es una maravillosa fuente de bendición. He visto como no sólo el Espíritu de Dios suplía al espíritu hambriento de amor de un sanguíneo, sino que además le daba valor para afrontar la adversidad.

La necesidad principal del sanguíneo es la del *dominio propio*. Hemos visto que su problema natural de falta de auto-disciplina resulta ser generalmente su destrucción. Todos conocen a sanguíneos capaces , encantadores y de personalidad atractiva que nunca llegan a vivir a la altura de sus capacidades y que se autodestruyen por falta de disciplina.

Las necesidades del temperamento colérico

Si se presta oído al enérgico y activo colérico, uno puede llegar a la impresión de que no tiene necesidades emocionales. Ni te lo creas. Estas personas insensibles y cáusticas tienen muchas necesidades, y todos los que están a su alrededor desean que pudieran conseguir ayuda en alguna parte. Me he dado cuenta de que el colérico es el único de los temperamentos que tiene una necesidad específica de siete de los nueve rasgos o fortalezas del fruto del Espíritu Santo.

Ya hemos visto que el colérico es auto-disciplinado y paciente por naturaleza. Recordarás que hemos visto que era voluntarioso, decidido, dirigido hacia un objetivo, y persistente. Estos rasgos son buenos cuando son controlados por el Espíritu Santo, porque es más propenso a seguir a Jesús plenamente, con energía, y con coherencia. Pero incluso en esto es vulnerable a confundir su propia voluntad con la voluntad de Dios.

La tentación clave de los cristianos coléricos es la de que pongan sus mentes en llevar algo a cabo y que vayan impulsándolo persistentemente sin saber si realmente es o no la voluntad de Dios. Esto puede producir un obrero cristiano aparentemente productivo, pero no producirá un cristiano feliz, ni conseguirá el mejor uso de sus talentos. Un colérico lleno del Espíritu siempre actuará más eficazmente que un colérico carnal. A semejanza de los demás temperamentos, el señor Colérico necesita desesperadamente la llenura del Espíritu Santo.

La primera y principal necesidad del temperamento colérico es *amor* y compasión. Su naturaleza emocional insensible e infradesarrollada es un verdadero reto a la obra del Espíritu Santo. El amor no es una emoción estática. Esto es, no se puede amar sin estar motivado a hacer algo para expresarlo, y el objeto de esta expresión cuando el amor provenga del Espíritu Santo será siempre otra gente.

Aunque los coléricos son extremadamente difíciles de complacer por naturaleza, no son infelices en tanto que estén ocupados trabajando en una de sus metas en la vida. El *gozo* que el Espíritu Santo da no está relacionado con el esfuerzo humano, sino que caracterizará al colérico incluso frente a la adversidad.

Cuando el Espíritu Santo llene la vida de los coléricos, seguirán estando
orientados hacia la actividad, pero tendrán un sentimiento de *paz* y una pérdida
de aquella fuerza frenética que a menudo los conduce a una tumba temprana.
Los coléricos necesitan desesperadamente la paz con Dios.

Siempre que encuentres a un colérico *gentil*, descubrirás una demostración
andante del poder sobrenatural del Espíritu Santo fe Dios, porque esto no les
viene naturalmente.

El mejor lugar para manifestar la *benignidad* inducida por el Espíritu será su
forma de hablar. Nadie pude ser más cáustico y cortante que un colérico. Y
cuando la lengua del colérico es modificada a un lenguaje benigno y a una
aprobación gentil, sabes que está controlado por el Espíritu Santo.

Los coléricos necesitan *bondad*. Esto es, necesitan involucrarse en la bondad de
Dios. Les es importante invertir sus vidas en algo que valga tanto la pena que los
levante a una nueva dimensión de eficacia y productividad. "Solamente el Espíritu
de Dios provee esto para un cristiano colérico.

Cosa interesante, los coléricos no son gente asustadiza; tienen toneladas de
confianza en sí mismos. Sin embargo, una de las lecciones que tienen que
aprender temprano en su vida cristiana es que "No con ejército, ni con fuerza,
sino con el Espíritu, ha dicho Jehová de los ejércitos".

He descubierto que la tentación en la que caen muchos coléricos es la de
lanzarse en su dirección en lugar de poner su fe en el Dios viviente y seguirlo.

Un colérico no es manso por naturaleza. Los coléricos, universalmente,
identifican la mansedumbre con debilidad. Es un día feliz para el colérico cuando
llega a comprender que Dios no tolera el espíritu soberbio y enaltecido, sino que
abatirá a tales individuos para humillarlos. Es mucho mejor que el colérico se
humille personalmente bajo la poderosa mano de Dios y que desarrolle la
mansedumbre antes de que el Espíritu Santo tenga que hacerlo por él.

Las necesidades del temperamento Melancólico

¡Dios ha usado a más melancólicos en la Biblia que a
todos los demás temperamentos juntos! Esto debería
ser una buena nueva para el individuo melancólico debido a que está a menudo
abrumado por sentimientos de insuficiencia a pesar de talentos y creatividad
reconocida. Para mí ha sido durante mucho tiempo un misterio que estos
individuos melancólicos, dotados por su Creador con tantos talentos, parecen ser
los que tengan la menor confianza en sí mismos. Esto se debe probablemente a
su permanente tendencia hacia la autocrítica y a la auto-condenación.

A pesar de ello, a lo largo de la historia, tanto en el Antiguo como en el
Nuevo Testamento y en la historia del cristianismo, Dios ha transformado a
muchos abnegados y gentiles melancólicos en siervos fieles y
coherentes una vez llenados por el Espíritu Santo. Los melancólicos no necesitan
mucho por lo que respecta a paciencia y dominio propio, porque si su motivación
es orientada por el Espíritu de Dios y son instruidos por la Palabra de Dios,
llegarán a ser cristianos sumamente eficaces, conocidos no por su estilo
espectacular, sino por su espíritu coherente y abnegado. Parece más fácil retar a
un melancólico a una vida entera al servicio de Jesús que a cualquier otro
temperamento. Probablemente esto también se debe a su tendencia a la
abnegación. La genuinidad de hacer la inversión de su vida en una causa mayor

que ellos mismos es probablemente lo que los lleva a ello. Sin embargo, no me ciego al hecho de que necesitan cinco rasgos del fruto del Espíritu Santo.

Nada revoluciona tanto la vida de un melancólico como el *amor* característico de la vida llena del Espíritu. Por naturaleza, un melancólico es egocéntrico. Su tendencia hacia el perfeccionismo lo hace muy impaciente con las idiosincrasias y descuidos de sus semejantes. Pero cuando el Espíritu Santo lo llena con el amor de Cristo, el amor transforma literalmente su naturaleza.

El melancólico tiene necesidad absoluta de que el gozo reemplace su naturaleza variable, deprimida y afligida.

A los melancólicos les parece difícil comprender que tienen que reflejar el *gozo* del Señor. Sin embargo, una vez que este concepto les llega al corazón, puede tener un efecto transformador en todo su ser, y hacer de ellos personas agradables a las que están a su alrededor.

La *paz* del Espíritu Santo es un tónico bienvenido para el melancólico cuyos pensamientos internos fluctúan desde la crítica y la condena a la hostilidad y la venganza, y de vuelta a la sospecha y al temor. Puedes imaginarte la influencia de la penetrante paz del Espíritu de Dios que fortalece este aspecto del temperamento del melancólico.

Es absolutamente necesario que el melancólico pase gran parte de su vida sacrificándose y haciendo actos de *bondad* por los demás. Afortunadamente, una vez que ha sido llenado con el amor que le hace apartar la mirada de sí mismo, su próximo objetivo es aplicar esta nueva fortaleza o impulso dentro de él en actos de bondad a otras almas para impulsar el evangelio y la gloria del Señor Jesucristo. Al actuar así, llega a su propia plenitud.

Hay un rasgo del espíritu de altivez en el melancólico. La vida llenada por el Espíritu Santo, sin embargo, introduce una *mansedumbre* o humildad que, aunque es extraña a sus características naturales, llevan un gran equilibrio a su vida y le hace menos crítico de los demás y más fácil de tratar.

La sexta fuerza del Espíritu Santo que el melancólico necesita desesperadamente es la *fidelidad*. Ella lo sacará de su tendencia siempre presente a limitarse a sí mismo por su incredulidad, y lo inspirará a tomar pasos de fe en la utilización de sus características naturales. La mayor parte de los temperamentos melancólicos se inmovilizan a sí mismos por temor del futuro, por ejemplo. Lo que necesitan desesperadamente de parte de Dios es la conciencia de que El está con ellos constantemente para suplir todas sus necesidades.

Una de las cosas que espero que hayas descubierto acerca de las fortalezas espirituales que proveen el Espíritu Santo, es lo prácticas que son para la vida diaria. Cada temperamento tiene un pecado acosador o un área de debilidad que lo entrampa muy fácilmente o que lo hace tropezar. El Espíritu Santo fortalece aquella área de debilidad de la persona, y aunque no cambia el temperamento de la persona de su raíz básica, lo fortalece de tal manera en las áreas de debilidad que parece que aquella persona haya quedado transformada al caminar bajo el control del Espíritu.

Las necesidades del temperamento Flemático

Los flemáticos son por naturaleza personas agradables.

He dicho frecuentemente, en público, que los flemáticos actúan más como los cristianos *antes* de llegar a serlo que la mayor parte de nosotros después de serlo. Son tranquilos, gentiles y amables. Sin embargo, los flemáticos tienen tantas necesidades como los otros temperamentos. Su tendencia natural a ser gentiles no debería ser confundida con la gentileza o bondad del Espíritu Santo de Dios. Los flemáticos son gentiles en su trato con otras personas sin tener en cuenta su motivación espiritual. Pero cuando son llenados por el Espíritu Santo, esta gentileza se caracteriza en un espíritu de servicio que los hace de gran utilidad en cualquier familia, iglesia u organización.

Como sucede con todos los demás temperamentos, la necesidad primaria del flemático es *amor* y compasión hacia las otras personas. La parte más infradesarrollada de la naturaleza de un flemático es su motivación. El amor del Espíritu Santo los motiva a utilizar su espíritu bondadoso y gentil en servicio de Cristo.

La constancia o *paciencia* es una de las grandes necesidades del flemático. Y la encuentra sólo en el poder del Espíritu Santo. No sólo son los flemáticos sumamente lentos en entrar en acción, sino que también son respetables abandonistas. El Espíritu Santo los motivará a persistir. Todas las iglesias tienen más que lo que les corresponde de estas personas amables, simpáticas, que calientan los bancos, pero que nunca se involucran en la obra del Señor.

El antídoto a todo esto es el rasgo de la *bondad,* o sea actos de servicio por Jesucristo. Una vez se han comprometido a una clase de Escuela Dominical, a una superintendencia de departamento, a una visitación pastoral los lunes por la noche, o algún otro tipo de servicio cristiano, hacen un trabajo excelente.

Una de las principales necesidades del flemático es *fe* para vencer sus temores y su natural propensión a la ansiedad. El es ansioso por excelencia pero cuando sea lleno del Espíritu Santo tendrá la fe para confiar en Dios para que haga lo imposible, incluso para él.

Los flemáticos carentes del Espíritu Santo, tienden hacia un estilo de vida más y más pasivo, hasta que finalmente son motivados en la conversión por el *dominio propio* del Espíritu Santo y reconocen que su actitud es de auto-indulgencia. El dominio propio generado por el Espíritu de Dios tenderá a curar la tendencia de ellos hacia la morosidad. Nuestra plenitud en la vida tiene una relación directa con el haber sido llenados por el Espíritu Santo de Dios.

Cómo ser llenados del Espíritu Santo

Una de las cosas acerca del temperamento que he intentado comunicar en todos mis libros es que de mucha mayor importancia que tu temperamento personal es la cuestión de estar lleno del Espírtu Santo. Dependemos de El para nuestra convicción de pecado antes y después de nuestra salvación, para que nos dé la comprensión del Evangelio, para que nos dé el nuevo nacimiento, nos fortalezca para testificar, conduzca nuestra vida de oración... de hecho, en todo. No es de asombrarse entonces que espíritus malos hayan intentado falsificar la obra del Espíritu Santo y confundirla.

.Probablemente no haya ningún tema en la Biblia que cause más confusión en la actualidad que el de la llenura del Espíritu Santo. Hay muchas personas cristianas excelentes que identifican la llenura del Espíritu Santo con señales externas. Hay otros cristianos, que debido a los excesos observados o constatados en esta dirección, han eliminado prácticamente la enseñanza de la llenura del

Espíritu Santo de su experiencia. No llegan a reconocer su importancia en sus vidas.

Satanás coloca dos obstáculos delante de los hombres. Intenta impedir que reciban a Cristo como Salvador; y si fracasa en este propósito, intenta entonces impedir que los hombres lleguen a comprender la importancia y obra del Espíritu Santo.

Una de las falsas impresiones que se recibe de personas, no de la Palabra de Dios, es que hay una "sensación" especial cuando uno es llenado con el Espíritu Santo. Antes de examinar cómo ser llenados del Espíritu Santo, examinemos qué es lo que la Biblia enseña que podemos esperar cuando somos llenados del Espíritu Santo.

CUATRO RESULTADOS DE SER LLENADOS DEL ESPIRITU SANTO   Hay cuatro resultados específicos de la vida llena del Espíritu, todos ellos garantizados por la Biblia. Considéralos cuidadosamente porque son las verdaderas marcas de ser un cristiano controlado por el Espíritu.

1. *Las nueve fortalezas temperamentales de la vida llena del Espíritu (Gá. 5:22-23).*

Ya hemos examinado estos rasgos de una manera detallada, y hemos visto que dan una fortaleza para cada debilidad natural. Cualquier individuo que sea llenado con el Espíritu Santo va a manifestar las características de amor, gozo, paz, paciencia, benignidad, bondad, mansedumbre, fidelidad y dominio propio. No tiene que actuar un papel; será de esta manera cuando el Espíritu controle su naturaleza, sea cual sea su temperamento original.

Cuando el Espíritu Santo llene tu vida, seguirás siendo el mismo con la excepción de tus debilidades. Cuando somos llenos con el Espíritu, todos podemos ser utilizados por Dios en las áreas de nuestros talentos o fortalezas naturales que El nos ha dado.

2. *Un corazón gozoso y agradecido, y un espíritu sumiso (Ef. 5:18-21).*

Cuando el Espíritu Santo llena la vida de un creyente, la Biblia nos dice que él hará que este creyente posea un corazón lleno de canción y gratitud y un espíritu sumiso.

> "Y no os embriaguéis con vino, en lo cual hay libertinaje; antes bien sed llenos del Espíritu, hablando entre vosotros con salmos, con himnos y cánticos espirituales, cantando y salmodiando al Señor en vuestros corazones; dando siempre gracias por todo al Dios y Padre, en el nombre de nuestro Señor Jesucristo. Sometiéndoos unos a otros en el temor de Dios.

Un corazón lleno de canción y gratitud, y un espíritu sumiso, con independecia de las circunstancias, son algo tan innatural que sólo puede llegar a ser posesión nuestra por la llenura del Espíritu Santo. El Espíritu de Dios puede cambiar un corazón sombrío o acongojado a un corazón agradecido y lleno de canción. Puede también resolver el problema de la rebelión natural del hombre, aumentando su fe hasta tal punto en que realmente venga a creer que la mejor manera de vivir es en obediencia a la voluntad de Dios, a la Palabra de Dios y al Espíritu de Dios.

Los mismos tres resultados de la vida llena del Espíritu son también los resultados de la vida llena de la Palabra, como se ve en Colosenses 3:16-18.

> La palabra de Cristo habite ricamente en vosotros, enseñándoos y amonestándoos unos a otros en toda sabiduría, cantando con gracia en vuestros corazones al Señor con salmos, himnos y cánticos espirituales.
> Y todo lo que hagáis, de palabra o de obra, hacedlo todo en el nombre del Señor Jesús, dando gracias a Dios Padre por medio del él.
> Esposas estad sometidas a vuestros maridos, como conviene en el Señor.

No es accidental que los resultados de la vida llena del Espíritu y los de la vida llena de la Palabra sean idénticos. El Señor Jesús dijo que el Espíritu Santo es "el Espíritu de verdad". También dijo de la Palabra de Dios: "Tu palabra es Verdad". Puede comprenderse fácilmente por qué la vida llena de la Palabra da los mismos resultados que la vida llena del Espíritu, porque el Espíritu Santo es el autor de la Palabra de Dios. El cristiano lleno del Espíritu será lleno de la Palabra, y el cristiano lleno de la Palabra que obedezca al Espíritu será lleno del Espíritu.

    3. Poder para testificar de Jesucristo.

El Señor Jesús dijo a sus discípulos que "Os conviene que yo me vaya; porque si no me fuese, el Consolador (el Espíritu Santo) no vendría a vosotros" (Jn. 16:17). Esto explica que lo último que Jesús hiciera antes de ascender al cielo fuera decir a sus discípulos: "Pero recibiréis poder, cuando haya venido sobre vosotros el Espíritu Santo, y me seréis testigos..." (Hch. 1:8).

Aunque los discípulos habían pasado tres años con Jesús, habían oído sus mensajes varias veces, y eran los testigos mejor instruidos que tenía, con todo les ordenó "que no se fueran de Jerusalén, sino que aguardasen la promesa del Padre" (Hch. 1:4). Es evidente que toda la instrucción que habían recibido no podía producir fruto sin el poder del Espíritu Santo. Y cuando el Espíritu Santo vino en el día de Pentecostés, testificaron en su poder, y tres mil personas fueron salvas.

El poder para testificar en el Espíritu Santo no siempre se puede discernir, pero tiene que ser aceptado por la fe. Cuando hayamos cumplido las condiciones para la llenura del Espíritu Santo, deberíamos creer que hemos testificado en el poder del Espíritu, tanto si vemos resultados como si no. Es posible testificar en el poder del Espíritu Santo y con todo no ver que alguien acuda a un conocimiento salvador de Cristo. Porque en el plan soberano de Dios, El ha elegido no violar nunca el derecho de la libre elección del hombre. ¡No siempre podemos identificar el éxito en el testimonio con el poder del testimonio!

    4. El Espíritu Santo glorificará a Jesucristo (Jn. 16:13-14).

> Pero cuando venga el Espíritu de verdad, él os guiará a toda la verdad; porque no hablará por su propia cuenta, sino que hablará todo cuanto oiga, y os hará saber las cosas que habrán de venir. El me glorificará; porque tomará de lo mío, y os lo hará saber.

Siempre se debería tener en mente un principio fundamental acerca de la obra del Espíritu Santo: No se glorifica a sí mismo, sino al Señor Jesucristo.

El difunto F. B. Meyer contaba la historia de una misionera que se dirigió a él en una Conferencia Bíblica después de haber él hablado acerca de cómo ser llenado con el Espíritu Santo. Le confesó que nunca se había sentido conscientemente llenada con el Espíritu Santo, y que iba a subir a la capilla de oración y a pasar el día en búsqueda para ver si podía conseguir su llenura.

Más tarde, al caer la noche, la misionera volvió justo cuando Meyer estaba abandonando el auditorio. El le preguntó: "¿Cómo le fue, hermana?"

"No estoy segura del todo", contestó ella, explicando sus actividades aquel día, de lectura de la Palabra, oración, confesión de sus pecados, y pidiendo la llenura del Espíritu Santo. Luego añadió: "No me siento particularmente llena del Espíritu Santo, pero nunca he estado tan consciente de la presencia del Señor Jesús en mi vida". A lo cual Meyer contestó: "Hermana, esto *sí* es el Espíritu Santo. El glorifica a Jesús".

Resumamos lo que podemos esperar cuando estemos llenos del Espíritu Santo. Muy sencillamente, los nueve rasgos temperamentales del Espíritu; un corazón lleno de canción y de gratitud que nos dará una actitud obediente; y el poder para testificar. Estas características glorificarán al Señor Jesucristo. ¿Y qué de ciertos sentimientos o experiencias sublimes? La Biblia no nos dice que debamos esperar estas cosas cuando somos llenos del Espíritu Santo, y no debiéramos esperar aquello que la Biblia no nos promete.

La llenura del Espíritu Santo

La llenura del Espíritu Santo no es algo optativo en la vida cristiana, ¡sino un mandato de Dios! En Efesios 5:18 se nos dice: "Y no os embriaguéis con vino, en lo cual hay libertinaje; antes bien sed llenos del Espíritu". Ya que Dios nos ordena que seamos llenos del Espíritu, tiene que ser posible para nosotros el serlo. Quisiera dar cinco sencillos pasos para ser lleno del Espíritu.

1. Examen propio (Hch. 20:28; 1 Co. 1:28)

El cristiano interesado en ser lleno del Espíritu Santo tiene que ocuparse en "examinarse así mismo", no para ver si alcanza la altura de las normas de otras personas o las tradiciones y demandas de su iglesia, sino los resultados anteriormente mencionados de ser lleno del Espíritu Santo. Si no halla que está glorificando a Jesús, si no tiene poder para testificar, o si carece de un espíritu gozoso y sometido y los nueve rasgos temperamentales del Espíritu Santo, entonces este auto-examen revelará estas áreas en las que es deficiente y descubrirá qué pecado es lo que causa este apartamiento.

2. Confesión de todo pecado conocido (1 Jn. 1:9)

> Si confesamos nuestros pecados, él es fiel y justo para
> perdonar nuestros pecados, y limpiarnos de toda iniquidad.

Después de examinarnos a la luz de la Palabra de Dios, deberíamos confesar todo pecado traído a la memoria por el Espíritu Santo, incluyendo nuestra falta de aquellas características de la vida llena del Espíritu. Hasta que reconozcamos nuestro pecado de falta de compasión, nuestra irascibilidad en lugar de benignidad, nuestra amargura en lugar de mansedumbre, y nuestra incredulidad en lugar de fe, nunca llegaremos a tener la llenura del Espíritu Santo. Sin embargo, en el momento que reconozcamos estas carencias como pecado y las confesemos a Dios, El nos limpiará "de toda iniquidad". Hasta que hayamos actuado así, no podremos poseer la llenura del Espíritu Santo, porque El solamente llena vasos limpios (2 Timoteo 2:21).

3. Sométete totalmente a Dios (Ro. 6:11-13)

> Así también vosotros consideraos muertos al pecado, pero vivos para Dios en Cristo Jesús, Señor nuestro.
> No reine, pues, el pecado en vuestro cuerpo mortal, de modo que lo obedezcáis en sus concupiscencias; ni tampoco presentéis vuestros miembros al pecado como instrumento de iniquidad, sino presentaos vosotros mismos a Dios como vivos de entre los muertos, y vuestros miembros a Dios como instrumentos de justicia.

¡No cometas el error de acobardarte ante la perspectiva de rendirte totalmente a Dios! En Romanos 8:32 se nos dice: "El que no eximió ni a su propio Hijo, sino que lo entregó por todos nosotros, ¿cómo no nos dará también con El todas las cosas?" Si Dios nos ha amado tanto como para dar a su Hijo a la muerte por nosotros, ciertamente no está interesado en otra cosa que en nuestro bien; por ello, podemos verdaderamente confiarle nuestras vidas. Nunca encontrarás a un cristiano mísero en el centro de los propósitos de Dios.

En Efesios 5:18 se dice: "No os embriaguéis con vino... antes bien sed llenos del Espíritu". Cuando alguien está ebrio, está dominado por el alcohol. De la misma manera, con la llenura del Espíritu Santo, las acciones del hombre deben ser dominadas y dictadas por el Espíritu Santo. Para los cristianos consagrados, esto es con frecuencia lo más difícil, porque siempre podemos encontrar algún propósito digno para nuestra vida sin darnos cuenta de que a menudo estamos llenos de nosotros mismos en lugar de con el Espíritu Santo al tratar de servir al Señor.

Cuando entregues tu vida a Dios, no pongas ninguna limitación ni condición a este acto. El es un Dios tan grande de amor que puedes entregarte plenamente y sin reservas, sabiendo que Su plan y propósito para tu vida es mucho mejor que el tuyo. Y, recuerda, la actitud de entrega es totalmente necesaria para la llenura del Espíritu de Dios. Tu voluntad es la voluntad de la carne, y la Biblia dice que "la carne para nada aprovecha".

Hay quien ha sugerido que la entrega al Espíritu es ponerse a disposición del Espíritu. Pedro y Juan, en Hechos 3, dan un buen ejemplo de ello. Se dirigían al Templo para orar cuando vieron a un hombre cojo pidiendo limosna. Siendo sensibles a la conducción del Espíritu Santo, lo sanaron "en el nombre de Jesucristo de Nazaret". El cojo empezó a dar brincos de gozo y a alabar a Dios hasta que se reunió una multitud. Pedro, aún sensible al Espíritu Santo, comenzó a predicar; "Muchos de los que habían oído la palabra, creyeron; y el número de los varones llegó a ser de unos cinco mil" (Hch. 4:4).

Me temo que muchas veces estamos tan absortos en alguna buena actividad cristiana que no estamos disponibles cuando el Espíritu nos llama. Cuando los cristianos se entregan a Dios "como vivos de entre los muertos", se toman el tiempo necesario para hacer lo que el Espíritu les instruye a llevar a cabo.

4. Pide ser lleno del Espíritu Santo (Lc. 11:13)

> Pues si vosotros, siendo malos, sabéis dar buenas dádivas a vuestros hijos, ¿cuánto más vuestro Padre celestial dará el Espíritu Santo a los que se lo pidan?"

Cuando un cristiano se ha examinado a sí mismo, confesado todo pecado conocido, y se ha entregado sin reservas a Dios, está entonces listo para hacer lo que debe para recibir el Espíritu: Muy sencillamente pedir ser llenado del Espíritu Santo.

El Señor Jesús compara esto con nuestro trato a nuestros hijos terrenos. Es bien cierto que un buen padre no haría que sus hijos le rogasen por algo que él les mandara tener. ¡Cuánto menos nos hace Dios rogar ser llenos del Espíritu Santo! Pero, no olvides el Paso 5.

5. ¡Cree que estás lleno del Espíritu Santo! Y dale gracias por su llenura.

> El que duda se hace culpable, si come, porque no lo hace por fe; y todo lo que no proviene de fe, es pecado (Ro. 14:23).
> Dad gracias en todo, porque ésta es la voluntad de Dios para con vosotros en Cristo Jesús (1 Ts. 5:18).

Para muchos cristianos, la batalla se gana o se pierde ahí. Después de haberse examinado, de haber confesado todo pecado conocido, de entregarse a Dios, y de pedir su llenura, se enfrentan con una decisión: creer que han sido llenados, o apartarse en incredulidad, en cuyo caso han cometido un pecado, porque "todo lo que no proviene de fe es pecado".

El mismo cristiano que le dice al nuevo convertido que "acepte la Palabra de Dios acerca de la salvación" halla difícil aceptar su propio consejo con respecto a la llenura del Espíritu. Si has cumplido los cuatro primeros pasos, da entonces gracias a Dios por su llenura, por fe. No esperes a tener sentimientos ni señales físicas; amarra tu fe a la Palabra de Dios, con independencia de todo sentimiento. La creencia en que estamos llenos del Espíritu proviene simplemente de aceptar la Palabra de Dios, y éste es el único absoluto que existe en este mundo (Mt. 24:35).

UNA PREGUNTA COMUN La pregunta más común que me hacen después de mis conferencias acerca de la vida llena del Espíritu para vencer las debilidades temperamentales es: "¿Con cuánta frecuencia debería pedir ser lleno del Espíritu Santo?"

Mi respuesta es: ¡Cada vez que creas que no lo estás! Algunos maestros bíblicos creen que la llenura del Espíritu es automática siempre que pedimos perdón por nuestros pecados (1 Jn. 1:7-9). Personalmente, no estoy convencido de ello. Prefiero asegurarme pidiéndolo. De hecho, pido su llenura cuando me despierto por la mañana y muchas veces durante el día. El lenguaje griego en Efesios 5:18 significa literalmente: "Perseverad en ser llenos con el Espíritu".

Ocasionalmente alguien objeta: "¡Pero esto es demasiado sencillo! ¡Ser llenos del Espíritu debe ser mucho más complicado!" ¿Por qué? Cuando tenía 8 años pedí al Señor Jesús que entrara en mi corazón. De inmediato dio respuesta a mi

petición. ¿Por qué no va a responder cuando le pida ser llenado con el Espíritu
Santo? A. B. Simpson solía decir: "Ser llenos del Espíritu es tan fácil como
respirar; simplemente, puedes exhalar e inhalar".

Una de las razones por las que algunos cristianos son renuentes a pensar que
están llenos del Espíritu es porque no ven un cambio inmediato en sus vidas, o
bien el cambio es de corta duración. Hay dos factores que tienen una relevancia
importante en cuanto a esto: el temperamento y el hábito, y ambas cosas
funcionan juntas. Las debilidades de nuestro temperamento han creado poderosos
hábitos que recurren involuntariamente.

Como ilustración, consideremos a un cristiano melancólico o flemático propenso
al temor. Estas personas tienen el hábito profundamente implantado de la duda,
del negativismo, de la preocupación y ansiedad. Puedo predecir la pauta mental
de tal persona después de haber seguido los cinco pasos de la llenura con el
Espíritu. Antes de mucho tiempo, sus hábitos de reflexión negativa agitarán dudas:
"¿Estoy lleno del Espíritu? No siento diferencia alguna. Sigo teniendo temores".
Esta actitud es un pecado, y la llenura y el control del Espíritu cesan.

Lo que tales personas tienen que reconocer es que nuestros sentimientos son el
resultado de pautas mentales. Tenemos que aprender que los sentimietnos sólo
son fiables cuando están basados en la verdad y en la justicia. El pueblo de Dios
tiene que llenar sus mentes con la Palabra de Dios a fin de que sus sentimientos
se correspondan con los de Dios.

Los sentimientos del hombre que ha sido llenado con el Espíritu en duda
perenne cambiarán de manera gradual, pero se precisará de tiempo. Si mira al
Señor en petición de misericordia y perdón cada vez que siente duda o
incredulidad, recibirá una certeza gradual de parte del Señor. Pero si persiste en
pensar negativamente o en consentir las dudas en su seno, y lo justifica diciendo:
"siempre he sido así" así permanecerá. O puede empeorar, porque está
apagando el Espíritu Santo al consentir este pecado y al grabar más
profundamente este hábito en su mente.

El señor Sanguíneo y el señor Colérico tienen un problema similar con su
pecado favorito de la ira. No pasa mucho tiempo después de haber sido llenados
con el Espíritu Santo que sus hábitos profundamente grabados de irascibilidad dan
lugar a explosiones de ira que contristan al Espíritu Santo. A no ser que confiesen
este pecado de inmediato, no serán llenos del Espíritu, y los viejos sentimientos
pasarán a controlarlos. Cada vez que piensen farisaicamente en cómo se les ha
insultado, u ofendido o engañado, cultivarán sentimientos de hostilidad. Estos
sentimientos, fácilmente puestos en el disparadero, son el resultado de años de
pensamientos hostiles que sólo pueden ser vencidos en tanto que se de acceso al
Espíritu de Dios para el control de la mente consciente y subconsciente. El
reemplaza estos pensamientos hostiles con amor, bondad y benignidad, pero se
precisará de tiempo para que llegue a tener lugar un cambio permanente.

Cómo andar en el Espíritu

"Si vivimos por el Espíritu, avancemos también por el
Espíritu (Gálatas 5:25).

Andar en el Espíritu y ser llenados por el Espíritu Santo no son uno y lo
mismo, aunque son dos cosas muy estrechamente relacionadas. Habiendo

seguido las cinco sencillas normas para la llenura del Espíritu Santo, es esencial entonces aprender cómo andar diariamente en el Espíritu.

Ser llenos con el Espíritu es tan sólo el comienzo de la victoria cristiana. Debemos "andar en el Espíritu" (Gálatas 5:16) para tener una vida eficaz. Una cosa es empezar en la vida llena del Espíritu y otra muy distinta andar día a día bajo el control del Espíritu. El siguiente procedimiento para andar en el Espíritu puede llegar a ser un instrumento práctico para la vida diaria en victoria.

1. *Haz de la llenura del Espíritu Santo una prioridad diaria.* No puedes andar en el Espíritu a no ser que sinceramente lo desees y a no ser que tengas su llenura. Como ya hemos visto, las pautas de los viejos hábitos nos acosan buscando dominarnos. Si los preferimos a la paz de Dios, consentiremos a los pecados de la carne. Seamos honestos, la concupiscencia, la angustia, la auto-compasión y la ira son cosas agradables, temporalmente. Sólo cuando deseemos la llenura del Espíritu Santo más que cualquier otra cosa en el mundo estaremos dispuestos a dar la espalda a nuestras satisfacciones emocionales inferiores de la concupiscencia, angustia, auto-compasión e ira.

2. *Desarrolla una aguda sensibilidad frente al pecado.* El pecado anula el poder del Espíritu Santo en nosotros. En el momento en que seamos conscientes de cualquier pecado, deberíamos confesarlo de inmediato, de manera que el lapso de tiempo entre haber contristado o apagado al Espíritu Santo y la restauración sea mínimo. La principal ventaja del estudio de los temperamentos es que podemos diagnosticar nuestras debilidades más comunes. En consecuencia, tenemos la guardia alta frente "al pecado que nos asedia". Cuando éste levanta su fea cabeza, confiésalo, olvídalo (Dios lo olvida, por lo que tú también debieras hacerlo), y lánzate adelante hacia el cumplimiento de la voluntad de Dios para tu vida. El principal secreto para la vida victoriosa entre los que yo he tenido la oportunidad de orientar ha sido la práctica de la confesión instantánea.

3. *Lee y estudia a diario la Palabra de Dios.* Es mi convicción después de numerosas observaciones que es imposible que un cristiano "ande en el Espíritu" a no ser que desarrolle el hábito de alimentar regularmente su mente y corazón con la Palabra de Dios. Si alimentamos nuestras mentes con la Palabra de Dios, sentiremos como siente el Espíritu acerca de las cuestiones de la vida. (Recuerda que se precisa de tiempo para reorientar nuestras mentes de la sabiduría divina humana a la sabiduría divina. Así que la lectura regular es algo esencial).

Una de las razones por las que los cristianos no "sienten" de la misma manera que Dios acerca de las cuestiones de la vida es que no conocen el camino de Dios en base de su Palabra.

Ya que nuestros sentimientos están producidos por nuestros procesos pensantes, sentiremos como mundanos carnales si alimentamos nuestras mentes con la "sabiduría del mundo".

Hay ocasiones en que hay cristianos que objetan que esto hará legalistas de ellos. pero en cambio no les parece que sea legalista acudir a la mesa tres veces al día. Lo hacemos porque sentimos la necesidad de comer y disfrutamos con ello. De la misma manera, podemos alimentarnos espiritualmente de la Palabra de Dios en base de un sentimiento de necesidad, pero se precisa de tiempo para formar nuestro apetito espiritual. Muchos cristianos sienten que hay algo que está muy mal si dejan de leer la Palabra de Dios, pero no comenzaron de esta manera.

Una alimentación consistente de la mente con la Palabra de Dios produce
algunos resultados interesantes. Considera los siguientes y revolucionarios
beneficios.

Josué 1:8	-- Hace prosperar el propio camino y lleva a que todo salga bien.
Salmo 1:3	-- Produce feracidad.
Salmo 119:11	-- Nos guarda de pecado.
Juan 14:21	-- Dios se va revelando más y más a los que guardan su Palabra.
Juan 15:3	-- La Palabra nos limpia.
Juan 15:7	-- La Palabra produce poder en la oración.
Juan 15:11	-- La Palabra trae gozo a nuestros corazones.
1 Juan 2:13, 14	-- La Palabra da victoria sobre "el maligno".

Con estos resultados transformadores provenientes de llenar nuestras mentes
con la Palabra de Dios, es una tragedia que tantos cristianos vivan una vida de
segunda categoría con sentimientos de inseguridad, impureza, descontento,
ansiedad, e impotencia. El carácter de nuestros sentimientos depende del
carácter de nuestros pensamientos, y el cristiano sincero debería preguntarse:
"¿Qué es lo que está dando forma a mis pensamientos, y los llena?"

Una cuidadosa comparación de la vida llena del Espíritu (Ef 5:18-21) con la
vida llena de la Palabra (Col. 3:15-17) es reveladora. Ambos pasajes prometen
un cántico en el corazón, una actitud de acción de gracias, y un espíritu dócil.
Una mente que está llena de y sometida a la Palabra de Dios producirá los
mismos efectos sobre las emociones que la mente llena de y sometida al Espíritu
Santo. ¡Podemos legítimamente llegar de esto a la conclusión de que la llenura
del Espíritu Santo y el caminar en el Espíritu dependen de que estemos llenos de
la Palabra de Dios!

La lectura de la Biblia por la noche es especialmente eficaz. La mente digiere
los acontecimientos y pensamientos del día, particularmente las últimas cosas que
pensamos antes de sumirnos en el sueño. Por esta razón es muy provechoso leer
la Palabra de Dios justo antes de retirarse. De esta manera, puedes ir a dormir
pensando en las cosas acabadas de leer. Es asombroso cómo esto nos es de
ayuda para despertarnos al siguiente día con una perspectiva positiva. Entra en el
hábito de leer la Palabra de Dios justo antes de ir a dormir, y tu mente
subconsciente moldeará tus sentimientos en base de la pauta divina.

Otro hábito valioso es el de la meditación. La mente siempre está funcionando,
y nuestra voluntad determina si nuestras mentes trabajan por o en contra de
nosotros. Para trabajar por el bien, la mente tiene que meditar en las verdades y
atisbos de la Palabra de Dios. Hay una cosa que se tiene que tener en cuenta:
tienes que memorizar a fin de poder meditar provechosamente, porque no
puedes meditar sobre aquello que no conoces íntimamente. Sea eso una frase, un
concepto, o un versículo entero de las Escrituras, tienes que memorizarlo a fin de
poder meditar sobre ello.

Un sencillo método que utilizo para inspirar la meditación es anotar versículos
especiales que dan bendición a mi alma, y poner después los papeles en mi Biblia
o en mi cuaderno de notas. Aprendo al menos uno de estos versículos cada
semana. Es un trabajo duro, pero no conozco a ningún cristiano mentalmente
perezoso que ande en el Espíritu.

4. *Guárdate de contristar al Espíritu.* El siguiente paso para andar en el Espíritu es una extensión del paso dos: desarrollar una sensibilidad al pecado. En Efesios 4:30-32 se pone en claro que todas las formas de hostilidad, incluyendo la ira, la amargura y la enemistad, contristan al Espíritu Santo. Todos los creyentes propensos a la ira debieran memorizar estos tres versículos y desarrollar una sensibilidad frente a la hostilidad. Además de hacer una confesión instantánea, deberían resolverse a ser amables, bondadosos, misericordiosos y perdonadores. Esta gracia es destacadamente antinatural para un sanguíneo o para un colérico, pero el Espíritu Santo desarrollará en el creyente una nueva capacidad para ser atento y afectuoso hacia los demás.

La importancia de nuestra voluntad se hace evidente en este punto del andar en el Espíritu. Cuando sentimos el golpe de la injusticia o la ira de alguien, aborrecemos al ofensor o bien lo perdonamos y oramos por él. Nuestros sentimientos globales, así como nuestro andar en el Espíritu, dependen de nuestra decisión. No te sorprendas si al principio fracasas repetidamente. Pero cerciórate de que confiesas tu pecado tan pronto como estés consciente de que has contristado al Espíritu, y restablece tu andar a continuación. Al decidir perdonar y dejar que el Espíritu Santo reaccione a través de ti con paciencia y amor, hallarás que tus debilidades temperamentales dejan el paso a nuevas fortalezas.

5. *Evita apagar el Espíritu mediante temores y ansiedades.* Según 1 Tesalonicenses 5:16-19, apagamos el Espíritu Santo cuando dudamos y resistimos sus tratos en nuestras vidas. Cuando un cristiano dice: "No entiendo por qué Dios permitió que esto tan terrible me sucediera a mí", apaga por ello mismo el Espíritu debido al temor. El cristiano que confía en Dios podría afrontar las mismas circunstancias y decir: "¡Gracias a Dios que El está al timón de mi vida! No comprendo ahora el porqué de su actuación para conmigo, pero confío en su promesa de que nunca me dejará y que suplirá todas mis necesidades".

Hemos visto que las personas melancólicas y flemáticas tienen propensión al temor, así como los temperamentos más extrovertidos tienen una predisposición hacia la ira. Algunas personas poseen a la vez temperamentos introvertidos y extrovertidos, y por ello pueden tener profundos problemas simultáneamente con el temor y la ira. La gracia de Dios es suficiente para curar ambos problemas mediante su Santo Espíritu. Pero si tienen estas tendencias, debes vigilar cuidadosamente tu reacción frente a acontecimientos aparentemente desfavorables. Si gimes o te quejas internamente, ya por ello has apagado el Espíritu Santo. Ello puede ser remediado en el acto si estás dispuesto a llamar por su nombre a tus quejas producidas por tus dudas: pecado, y si pides a Dios que transforme este hábito y te llene con su Espíritu.

Dios no está tan interesado en cambiar las circunstancias como en cambiar a las personas. No es una victoria vivir sin ansiedad cuando no hay nada por qué preocuparse, y el hecho de venir a ser cristiano no te eximió de problemas. Job dijo: "Sino que, como las chispas se levantan para volar por el aire, así el hombre engendra su propia aflicción" (Job 5:7). Jesús nos advirtió de que en el mundo nos encontraríamos con aflicción, y la Biblia nos dice que Dios envía pruebas para fortalecernos. Muchos cristianos fracasan en las pruebas al intentar que éstas sean eliminadas en lugar de obedecer al Espíritu.

Es imposible para un cristiano propenso a temores andar en el Espíritu durante cualquier período de tiempo sin fuertes infusiones de la Palabra de Dios para alentar su fe. Cuanto más llene su mente con la Palabra de Dios, tanto más abundarán sus sentimientos en fe. Pero por lo general a los ansiosos les encanta revolcarse en su miseria, especialmente con el pensamiento de que Dios está contemplando el lastimoso espectáculo. Todos los ansiosos deberían memorizar Filipenses 4:6, 7: "Por nada os inquietéis, sino sean presentadas vuestras peticiones delante de Dios mediante oración y ruego, con acción de gracias. Y la paz de Dios, que sobrepasa a todo entendimiento, guardará vuestros corazones y vuestros pensamientos en Cristo Jesús".

Estos versículos instruyen que la oración debe ser dada "con acción de gracias". No se puede orar de una manera genuina con acción de gracias si terminas soportando las mismas cargas que al comenzar. Consideremos las dos siguientes oraciones, y las emociones que crean, ofrecidas por padres cristianos con un hijo enfermo.

"Amado Señor, venimos a ti en favor de nuestra niñita tan cercana a la muerte. El médico nos dice que no hay esperanza para ella. Por favor, Señor, sánala. Tú sabes lo mucho que ella significa para nosotros. Si esta enfermedad está causada por pecado en nuestras vidas, perdónanos y límpianos para que ella pueda vivir. Después de todas las otras tragedias en nuestras vidas, no creemos que podamos soportar otra. En el nombre de Jesús. Amén".

"Amado Padre Celestial, te agradecemos que somos tus hijos y que podemos acudir a Ti en este momento de necesidad. Tú conoces el informe de los médicos, y tú has prometido que todas las cosas ayudan a bien para los que te aman. No comprendemos la enfermedad de nuestra querida niña, pero sabemos que nos amas y que eres más que poderoso para sanarla. Encomendamos a ti su cuerpecito, Padre, pidiéndote que la sanes según Tu perfecta voluntad. Te la dedicamos antes que naciera, y Te agradecemos que Tú puedes suplir todas sus necesidades ahora, así como las nuestras. En el nombre de Jesús. Amén".

Es evidente cuáles serán los padres que sentirán la "paz de Dios", y qué pareja se retorcerá las manos de angustia durante este tiempo de profunda necesidad. La diferencia proviene de aprender la actitud de acción de gracias de la Palabra de Dios. Para que no te pienses que la oración anterior es hipotética o idealista, permite que comparta contigo una experiencia personal. La linda rubita de ojos azules llamada Lori que Dios nos envió es la niña de mis ojos. hace varios años estuve al lado de su cama en el Hospital Infantil y pronuncié esta oración. Francamente, no sé cómo las personas que no conocen a Jesús pueden pasar a través de tales pruebas. Mi esposa y yo podemos testificar que a pesar de la elevada fiebre y del delirio de Lori, y sin esperanzas de parte de los médicos, Dios dio paz a nuestros angustiados corazones. Sin embargo, no fue hasta que oramos con acción de gracias al lado de su tienda de oxígeno que recibimos la paz.

Si tiendes a estar ansioso o a ser quejumbroso, encontrarás que no eres una persona muy agradecida. Puede que seas una persona excelente en muchos otros respectos, pero a no ser que aprendas a ser agradecido, nunca podrás caminar mucho trecho en el Espíritu, ni serás feliz de una manera consistente. El secreto de una actitud agradecida es venir a conocer a Dios de una manera entrañable en base de la revelación que El hace de Sí mismo en su Palabra. Ello demandará una lectura constante de la Biblia, con estudio y meditación. Cuando tu fe quede establecida en base de la Palabra, será más fácil dar gracias, pero seguirá siendo un acto de la voluntad. Si no has aceptado Su plena dirección de tu vida, te quejarás debido a que dudarás que las cosas vayan a salir bien. Y la duda apaga el Espíritu y te desvía del verdadero progreso.

Se debe dar una última sugerencia práctica para caminar en el Espíritu. Aunque la actitud mental es importante en todo momento, la oración es de mayor importancia en dos ocasiones del día: cuando vamos a la cama, y cuando nos levantamos. Es muy importante orar "con acción de gracias" así como leer las Escrituras por la noche. Aunque pueda ser difícil, el otro momento estratégico de dar gracias es a primera hora en la mañana. El salmista nos ayuda: "Este día se lo debemos a Jehová; nos gozaremos y alegraremos en él" (Sal. 118:24).

Después de comenzar tu día con acción de gracias, entrégate de nuevo a Dios siguiendo Romanos 6:11-13. Dile que estás a su disposición para compartir tu fe con aquella persona necesitada que El te envíe. Cede tus labios al Espíritu, y llevarás fruto para Dios. Tan pronto como sientas que has contristado o apagado el Espíritu, confiesa tu pecado y vuelve a pedir su llenura. Si sigues estos pasos, tu espíritu mejorará con independencia de tu temperamento. Y cuando mejoras tu espíritu, permites que Dios aproveche tu vida al máximo.

CAPITULO
CINCO

Hazte un análisis de tu temperamento

Un día un sicólogo industrial del Mediooeste estaba visitando San Diego y asistió a nuestro servicio del domingo por la mañana. Después, me invitó a comer con su familia, y, ya que mi esposa estaba fuera de la ciudad hablando en una conferencia femenina, acepté. Apenas si habíamos vuelto del buffete con la comida cuando me dijo: "He utilizado su teoría de los temperamentos en orientación vocacional durante diez años y considero que es el más útil instrumento para la orientación de vocaciones que jamás haya visto".

Aquí estaba un hombre con un doctorado en sicología que servía como consultor para las principales compañías aeronáuticas de la nación y que reconocía que la teoría de los cuatro temperamentos sigue siendo la mejor teoría simple de comportamiento humano que se haya pensado jamás. No es perfecta, y no está universalmente aceptada, pero es una ayuda excelente en muchos aspectos, particularmente para la orientación vocacional.

Mi amigo sicólogo me preguntó a continuación: "¿Ha desarrollado un examen para los temperamentos? Si es así, me gustaría verlo". En aquel momento tuve que responder con un "Todavía no. Estoy trabajando en la preparación de uno, pero no me acaba de gustar". De esto hace siete años y cinco pruebas de temperamentos. Estoy muy satisfecho con la que ahora utilizo, el "Análisis de Temperamento de Tim LaHaye", que es extremadamente exhaustivo. pero también he desarrollado una prueba sencilla que puedes aplicarte a ti mismo o que puedes pedir que te hagan algunos de tus amigos.

A lo largo de los años, he recibido al menos una docena de pruebas preparadas por algunos entusiastas de mis otros libros acerca del temperamento. Algunos eran extremadamente complejos y otros no valían nada. Todos ellos constituían sinceros intentos para ayudar a los demás. Dos profesores de la Universidad Andrews en Berrien Springs, Michigan, me contactaron con el propósito de colaborar conmigo en la consecución de una prueba. Uno de ellos se dedicaba a la estadística y el otro era un profesor de informática y exámenes. Juntos preparamos una prueba que nos entusiasmó. La usé con varias personas

que conocía bien, y no quedé satisfecho con los resultados. Descubrí que
demasiados flemáticos salían como coléricos. Estos buenos hombres refinaron su
prueba y más tarde la comercializaron.

Yo, por mi parte, seguí desarrollando mis propios exámenes que administré a
voluntarios de mi congregación, a mis conocidos, y a más de mil misioneros que
conocí en una gira de misiones mundiales. Finalmente, llegué al Análisis de
Temperamento LaHaye, que creo que tiene una exactitud mayor que el 92 por
ciento. Lo hemos aplicado a más de 20,000 personas y hemos recibido pocas
quejas. De hecho, los que se han sometido a la prueba se han quedado
totalmente asombrados de su exhaustividad y profesionalidad.

Una de las pruebas que no usé en mi análisis es la prueba simple que incluyo
en este capítulo. No pretendo que ella tenga el 92 por ciento de exactitud debido
a que se trata de una sencilla prueba monocelular. El Análisis de Temperamento
LaHaye consiste de cuatro pruebas en una, para permitir el contraste, y dos
escalas, una de mentira y otra de humor. Porque, cosa muy interesante,
cualquier examen subjetivo como éste quedará fuertemente influenciado a la vez
por el humor en que estés y la honestidad con que te consideres (o, debería
decir, lo objetivo que seas). En todo caso, para conseguir una buena valoración
de tu temperamento primario, y quizá del secundario, podrás disfrutar aplicándote
las pruebas que siguen en las próximas páginas.

UNA DOBLE   Se dan cinco diagramas de temperamento para tu uso
COMPROBACION   personal. El diagrama 1 es para determinar como te
ves a ti mismo. Los diagramas 2-4 es para que tus amigos te lo apliquen. El
diagrama 5 es para que promedies las puntuaciones aplicadas por tus amigos.
Luego puedes comparar la medida encontrada por tus amigos con tu propio
diagrama, para ver si tu percepción de ti mismo es similar a la manera en que te
ven tus amigos. Si no, entonces tendrás que plantearte la cuestión de si eres
realmente objetivo acerca de ti mismo, o de si proyectas un rostro ante los demás
de manera que te ven como tú quieres que te vean en lugar de como realmente
eres.

La siguiente prueba no debería tomar más de veinticinco minutos.

Diagrama No. 1

Tu diagrama de perfil personal

Instrucciones:

1. Relájate, consigue un lugar tranquilo y lee todo el diagrama antes de empezar.
2. Después de cada palabra en el círculo, pon un punto sobre el número que mejor te describe, siendo 5 el más ajustado a ti, y 1 el menos ajustado. ¡Trata de ser objetivo!
3. Pasa a la página 87 para seguir las instrucciones acerca de la puntuación de esta prueba solamente después de haber finalizado lo anterior.

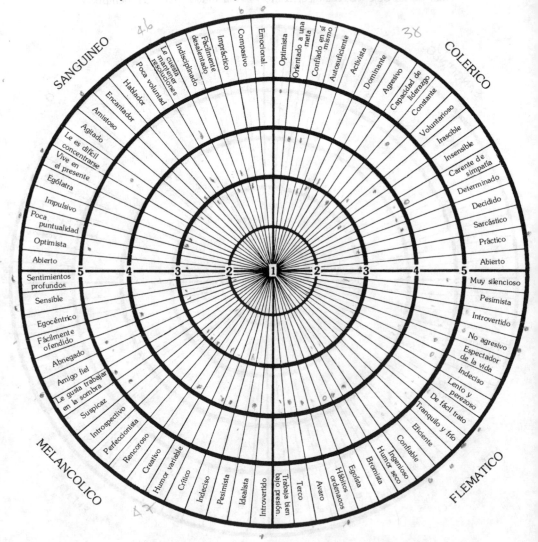

Diagrama 2-4

Un diagrama personal para un amigo

Los siguientes diagramas son para que tres de tus mejores amigos lo utilicen al "analizarte" a ti. Pídele a cada uno que complete el diagrama con tus características, fortalezas y debilidades, y haz que cada uno lea las siguientes instrucciones:

1. Lee todos los adjetivos anteriores antes de poner ninguna marca.
2. Después de cada palabra en el círculo anterior, pon un punto sobre el número que mejor describa a tu amigo, siendo el 1 lo menos ajustado a él y el 5 lo más ajustado a él.
3. Trata de ser objetivo, e indicar cómo es él la mayor parte del tiempo.

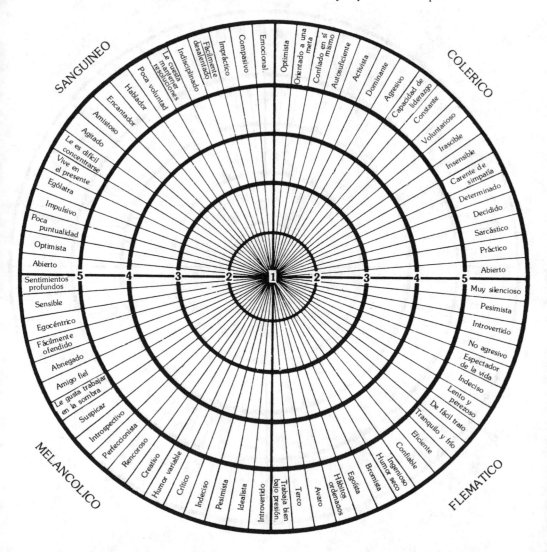

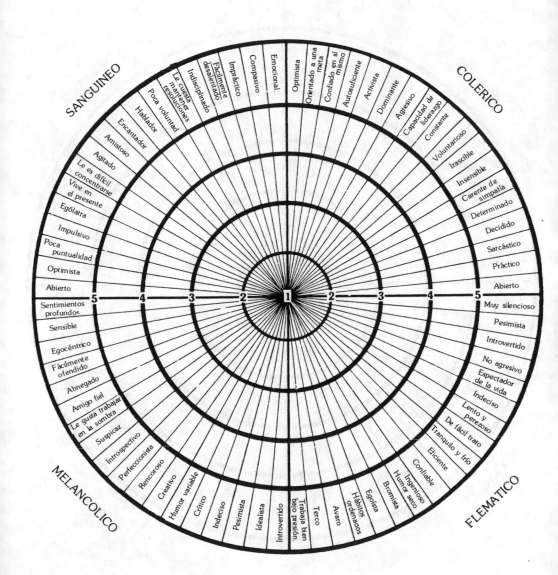

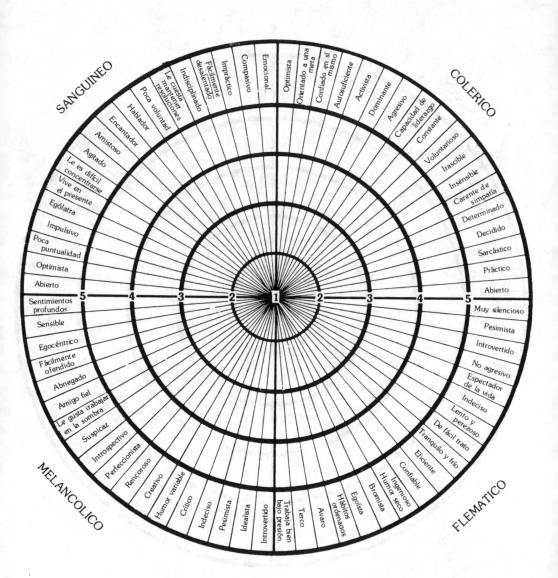

Puntuaciones de tu diagrama de temperamento
Diagrama 5

Instrucciones:

1. Promediar sólo los puntos 3-5 de las gráficas 2-4 (omitir las puntuaciones de "1" y "2"; son de una intensidad tan baja que no influencian esta prueba.
2. Poner los totales promedio de las gráficas 2, 3 y 4 en el círculo a continuación.
3. Unir los puntos dibujando líneas curvas paralelas a los círculos básicos de punto a punto excepto cuando no aparezca nada en un cuadrante temperamental. Seguir el borde externo del cuadrante hacia el centro, y volver luego al siguiente punto.
4. Ahora, con un lápiz de un color diferente, transfiere todos los puntos 3-5 de tu ensayo en el Diagrama 1.
5. Une los puntos como en el Paso 3.

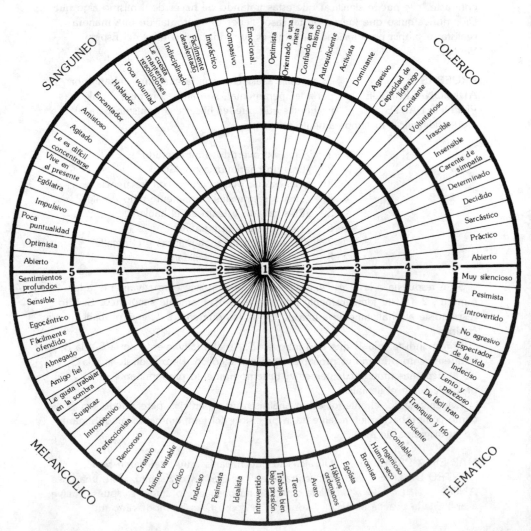

EVALUACION DE   El diagrama 5 contiene ahora dos perfiles de
LOS RESULTADOS   diferentes colores. Idealmente, ambos perfiles deberían
                        ser idénticos. En la mayor parte de los casos habrá
una cierta variación. Sin embargo, tu temperamento primario debería quedar
patente como el perfil de mayor tamaño. Es de esperar que los dos perfiles
grandes se hallarán en la misma zona temperamental. Si no es así, hay aquí algo
para que reflexiones: "¿Me ven mis amigos como me veo yo, o hay una gran
diferencia?" Si dos de las puntuaciones de tus amigos eran bastante similares a la
tuya, desecha el tercer diagrama. Algunas personas introducen demasiado en una
prueba sencilla como ésta y, como consecuencia, su puntuación excesiva alterará
del todo las medidas de tus otros amigos.

Por otra parte, si tu puntuación y la de tus amigos presentan un acusado
contraste, ello puede significar que estás tratando de hacer de ti mismo algo que
Dios nunca quiso que fueras; en tal caso, tienes que afrontar de una manera
realista tu propia personalidad tal como es, y rendirte al control del Espíritu
Santo.

PRUEBAS   Si no estás satisfecho con la exactitud del anterior
ADICIONALES QUE   perfil temperamental, se dan a continuación algunas
PUEDES DARTE   preguntas que puedes hacerte a ti mismo para al
menos identificar tu temperamento primario.

    1.   ¿Eres extrovertido o introvertido?
    2.   ¿Eres un charlatán espontáneo
    3.   ¿Tienes que pedir perdón con frecuencia
    4.   ¿Tienes respuestas sumamente emocionales?
    5.   ¿Eres callado y lento en el hablar?
    6.   ¿Tienes buena ortografía?
    7.   ¿Te van bien las matemáticas y el detalle?
    8.   ¿Te deprimes con facilidad?

Si tu respuesta a la 1) es "extrovertido" y respondiste afirmativamente a los
números 2 a 4, tu temperamento primario es probablemente sanguíneo. Si sólo
respondiste afirmativamente a una de los de los números 2-4, eres probablemente
colérico.

Si respondiste a la 1) que eres introvertido, y afirmativamente de la 6 a la 8, tu
temperamento primario es probablemente melancólico. Pero si dijiste sí a la 5, y
no te deprimes muy frecuentemente, tu temperamento predominante es
probablemente el flemático.

Evidentemente, el anterior es un análisis muy superficial, pero puede servir
como comprobación interesante de la precisión del temperamento predominante
en tu diagrama de perfil.

HAZ ESTA PRUEBA   Un ejercicio que hallarás muy interesante será
DENTRO DE DOS   concentrarte en caminar en el Espíritu sobre una base
AÑOS   diaria como se ha bosquejado antes. Después, vuelve
a aplicarte la prueba anterior, y comprueba como Dios ha modificado tu

temperamento. Hallarás puntuaciones más bajas en las áreas débiles de tu temperamento.

Si deseas un nuevo juego de estos diagramas de pruebas, envía un dólar a: Family Life Seminars, P.O. Box 16000, San Diego, Ca. 92116, Estados Unidos de Norteamérica, con tu solicitud.

Desafortunadamente, todo lo que las anteriores pruebas pueden hacer es revelar tus temperamentos primario y secundario. No revelan aptitudes vocacionales específicas y otra información que se halla en la prueba más completa, el Análisis de Temperamento LaHaye. Sin embargo, una vez que hayas decidido tus temperamentos primario y secundario estarás dispuesto a evaluar si estás actualmente siguiendo la vocación correcta para ti o no. Los siguientes capítulos serán de ayuda para la determinación de este aspecto.

Tercera

EL TEMPERAMENTO Y TU VOCACION

CAPITULO
SEIS

Descubriendo tus
aptitudes vocacionales

Los seres humanos fueron creados por Dios con una capacidad especial de productividad. Es uno de aquellos rasgos heredados singulares de los seres humanos, y que separa a la humanidad de los animales.

Incluso en el huerto del Edén, Dios dio al hombre responsabilidades y deberes. Señalemos estas palabras: "Tomó, pues, Jehová Dios al hombre, y lo puso en el huerto de Edén, para que lo labrara y lo guardase..." (Gn. 2:15). Se debiera recordar que esta escena tuvo lugar antes de la entrada del pecado y de la caída. Así, el "trabajo" es un mandamiento de Dios, y no tiene nada que ver con la caída, aunque añadió al trabajo su dimensión de dificultad. Es evidente que en el huerto de Edén no hubo malas hierbas hasta que sobrevino la maldición, pero con todo el hombre tenía que trabajar. En la actualidad, el trabajo del hombre se ve complicado por los espinos, cardos, enfermedades, plagas, etc.

Después de la caída, Dios le dijo otra vez a Adán que el trabajo era su parte en la vida.

Y al hombre dijo: Por cuanto obedeciste a la voz de tu mujer, y comiste del árbol de que te mandé diciendo: No comerás de él; maldita será la tierra por tu causa; con dolor comerás de ella todos los días de tu vida. Espinos y cardos te producirá, y comerás plantas del campo. Con el sudor de tu rostro comerás el pan hasta que vuelvas a la tierra, porque de ella fuiste tomado; pues polvo eres, y al polvo volverás" (Gn. 3:17-19).

A través de la Biblia, se exalta la ética del trabajo. Se hacen muchas referencias en el libro de Proverbios llamando "perezosos" a los inactivos, y retando a hombres y mujeres a ser trabajadores. Este concepto es también alentado en el Nuevo Testamento, que afirma que "Si alguno no quiere trabajar, tampoco coma" (2 Ts. 3:10).

Todos los mandamientos de Dios obran para el bien del hombre. Por esto quiero decir que nadie se queda sicológicamente irrealizado o torcido por obedecer los mandamientos de Dios. Bien al contrario, la humanidad halla su realización en la obediencia a lo instituido por Dios.

Tenemos que trabajar porque es bueno para nosotros. hay algo enriquecedor en una obra bien hecha. Los desempleados se sienten infelices no porque carezcan de dinero, sino porque no tienen la oportunidad de trabajar productivamente. Todos hemos conocido a individuos trabajadores que dejaron de trabajar a los sesenta y cinco años y que murieron antes de llegar a su sexagésimo séptimo cumpleaños. La verdadera razón, no la que aparece en su certificado de defunción, es que no pudieron afrontar el vacío emocional que resulta de la ausencia de productividad.

FRUSTRACION VOCACIONAL

A renglón seguido del desempleo, lo peor que le pueda suceder a uno es tener un trabajo inadecuado. Es increíble la cantidad de personas que aborrecen su trabajo. No es de asombrarse que llegue a serles tan insoportable. Y al ir avanzando la tecnología, más y más personas descubrirán que no están bien ajustados para el trabajo en el que se encuentran. Esto es particularmente cierto de los no especializados o de aquellos cuya área de trabajo es eliminada por la automatización. Todos los expertos vocacionales advierten que éste es un problema que irá en aumento en los años venideros.

Una de las maneras de evitar la frustración vocacional, o de sentirse como pez fuera del agua, es conocer tu temperamento y cuáles son tus posibilidades vocacionales naturales, y encontrar a continuación un oficio o profesión que te permita expresar tus características temperamentales naturales. Examina esta breve exposición de las aptitudes vocacionales de los cuatro temperamentos, y ve si te suenan familiares.

LAS APTITUDES VOCACIONALES DE CHISPEANTE SANGUINEO

El mundo está enriquecido con los sanguíneos, con su entusiasmo y carisma natural. Por lo general son excelentes vendedores y parecen más atraídos que los otros a esta profesión. Chispeante es tan convincente que podría vender muletas de caucho a personas que no tienen problema alguno para andar. Si quieres ver al señor Sanguíneo en acción, visita tu agencia local de automóviles de segunda mano. Con toda probabilidad, dos terceras partes de sus vendedores son sanguíneos.

Además de ser buenos vendedores, los sanguíneos son buenos actores, presentadores, y predicadores (particularmente evangelistas). Son destacados maestros de ceremonias, rematadores de subastas, y en ocasiones líderes (si tienen una combinación adecuada con otro temperamento). Debido a nuestros actuales medios de comunicación de masas, hay una creciente demanda de este tipo de personas en la arena política, donde el carisma natural ha demostrado ser ventajoso. Los sanguíneos tienen un carisma ardiente.

En el área de la ayuda a las personas, los sanguíneos son sobresalientes como personal hospitalario. El doctor Sanguíneo siempre tiene el mejor trato para el paciente. Puedes estar al borde de la muerte, tan blanco como la sábana sobre la que estás tendido, cuando él entra alegremente en la habitación, pero antes que se vaya, te levantará el espíritu con su encanto natural. Su evidente compasión en respuesta al relato de tus males casi hará fácil el pago de su exorbitante factura. (Los sanguíneos no son nunca moderados en nada.) La enfermera sanguínea es igualmente entusiasta en la asistencia que presta a los enfermos, y su radiante sonrisa cuando entra en la habitación siempre te da una elevación de ánimo. De hecho, la mayor parte de las personas enfermas responden a la pregunta de un sanguíneo de "¿Cómo está usted hoy?" con un "bien", en tanto que la enfermera melancólica, al hacer la misma pregunta, recibiría probablemente el autocompasivo lamento de "muy mal".

No importa el tipo de trabajo en el que entra el sanguíneo, debiera darle siempre un extenso contacto con la gente. Creo que su principal contribución a la vida reside en hacer felices a los demás. Ciertamente, a alguien se le debería asignar esta tarea en estos tiempos tan inciertos.

Es bien conocido que los sanguíneos no son muy propensos al detalle. Una de sus mayores frustraciones se la provoca el gerente de ventas que quiere que usen "solicitudes de compra" o "cumplimentar todos los espacios en blanco en los contratos". La mayor parte de los sanguíneos no pueden ni recordar donde guardaron los contratos, para no hablar de cumplimentarlos. Les encantaría mucho más estar en el campo de golf con un cliente que estar desarrollando estrategias, analizando, y cumplimentando formularios. la mayor parte de los sanguíneos pronuncian esta lamentación: "el papeleo es mi mayor maldición".

En tanto que es cierto que los sanguíneos *no son* de suyo detallistas, pueden sin embargo mejorar. Todo consiste en la autodisciplina. Esto parece ser lo que más limita al sanguíneo: entregarse a sus debilidades y rehusar disciplinarse a sí mismo. Es triste tener que decirlo, pero los sanguíneos suelen limitar su potencial total por su fracaso en disciplinarse a sí mismos. Cada trabajo tiene algo indeseable, y cambiar de trabajo no va a cambiar esta realidad. Más tarde o más temprano encontrarás algo en tu nuevo trabajo que te disgusta.

Cuando mi esposa y yo lanzamos un programa nacional de televisión, pensábamos que sería una forma entusiasta de servir al Señor. Disfrutamos enormemente durante la filmación de los programas, al conocer a nuevas personas, con la estimulante experiencia de aprender una nueva actividad y, naturalmente, con la posibilidad de poder ayudar a millones de personas en lugar de a miles. Pero no había contado con las 224 reuniones para recaudar fondos que tuve que celebrar por todo el país durante un año de recesión. ¡Odiaba estas reuniones! Me encanta enseñar y predicar la Biblia, pero... ¿Pedirle dinero a la gente para financiar este ministerio, por muy eficaz que fuera? Fue lo más difícil que jamás he tenido que afrontar en la obra de Dios. De hecho, me sentí tentado a abandonarlas en 223 ocasiones.

Ahora que estas reuniones han quedado a nuestras espaldas, me alegro que no las abandonamos bajo la presión. Hace mucho tiempo aprendí que Dios está interesado en *finalizadores*, no en iniciadores. Los sanguíneos son tan capaces que buscan el éxito inmediato, pero no están acostumbrados a arrimar el hombro y a esforzarse frente a las dificultades, oposición o frustración.

Una vez hayan aprendido esta lección, no hay límites a lo que Dios puede hacer con ellos vocacionalmente.

EL POTENCIAL VOCACIONAL DE ROQUE COLERICO   Cualquier profesión que demande cualidades de líder, motivación y productividad está abierta para el colérico, siempre y cuando no demande demasiada atención a los detalles ni planificación analítica. Las reuniones de comité y la planificación a largo plazo son cosas que le aburren,

porque es un hombre de acción. Aunque por lo general no es un artesano (lo
que demanda un grado de perfección y eficacia generalmente más allá de su
capacidad), sirve a menudo como supervisor de artesanos. Por lo general le
encanta la construcción, debido a sus tendencias a la productividad, y
frecuentemente acabará como encargado o como supervisor de proyectos.

Roque es un desarrollador por naturaleza. Cuando él y su esposa viajan por el
campo, él no puede compartir el goce de ella acerca de las "hermosas colinas
ondulantes", porque él está soñando con buldozers abriendo calles y construcciones
erigiendo casas, escuelas y centros comerciales. La mayor parte de las ciudades y
suburbios actuales fueron primeramente imaginados por un colérico. Sin embargo,
podemos estar seguros de que contrató a un melancólico como arquitecto, con la
capacidad analítica y creativa para dibujar los planos que él había bosquejado,
porque él nunca lo hubiera podido hacer por sí mismo. Sigue sin comprender por
qué unas pocas líneas en el dorso de un sobre no son suficientes para conseguir
la aprobación del departamento de urbanismo del Ayuntamiento. Nadie lucha tan
intensamente contra el Ayuntamiento como el colérico, que se lamenta
amargamente: "¿Y para qué, de todas maneras, todo este jaleo de planos
detallados? He construido suficientes proyectos como para saber que los mejores
planos tienen que ser modificados durante la construcción. ¿Por qué no ir
decidiendo los puntos menores sobre la marcha? ¡Yo ya sé lo que quiero hacer!"
Es prudente el colérico que contrata a un melancólico como ayudante suyo, o
que hace sociedad con uno de ellos. Juntos constituyen un equipo invencible.
Naturalmente, debido a que cada uno de nosotros tiene un temperamento
primario y otro secundario, ocasionalmente se encuentran personas que tienen
ambos rasgos.

La mayor parte de los empresarios son coléricos. Ellos son los que formulan las
ideas y son lo bastante atrevidos como para lanzarse en nuevas direcciones. No
se limitan a sí mismos tampoco a sus propias ideas, sino que en ocasiones aciertan
a oir una idea creativa de alguien que no es lo suficientemente aventurero
como para iniciar un nuevo negocio o proyecto. Pero una vez que Roque ha
iniciado un nuevo negocio, no es raro que se aburra con él una vez que la cosa
marcha bien. Hay dos razones para ello. En primer lugar, al ir creciendo el
negocio bajo su dinámica conducción, necesariamente ocasiona más trabajo
detallado. Pero debido a que por naturaleza los coléricos no son buenos
delegadores de responsabilidad (aunque con una educada instrucción sí pueden
llegar a serlo) y tienden a preferir los frutos de su propia y eficaz actividad, los
esfuerzos de los demás son evaluados como en cierto sentido inadecuados.
Consiguientemente, acaban intentando hacerlo todo por sí mismos. En segundo
lugar, cuando el visionario Roque se encuentra tan inundado por la masa de
detalles que ha generado su triunfante aventura, busca un comprador que asuma
estas responsabilidades a fin de quedar en libertad para lanzar algo nuevo. Así, es
de esperar que el colérico medio inicie entre cuatro y diez negocios u
organizaciones durante su vida.

descubre que puede llevar más a cabo mediante otras personas, puede llevar a
cabo una asombrosa cantidad de trabajo. Otras personas no pueden creer que
esté involucrado en tantas cosas y se mantenga cuerdo, pero para Roque colérico
se trata de algo muy sencillo. Debido a que es totalmente activista y a que no
tiene problemas de perfeccionismo, razonará de la siguiente manera: "Prefiero

conseguir una cantidad de cosas acabadas al 70 u 80 por ciento que unas pocas al 100 por ciento". Como dice Charley "Tremendo" Jones en sus conferencias a negociantes: "Vuestro lema debiera ser: De la producción a la perfección". A los coléricos les encanta esta filosofía; los perfeccionistas melancólicos la rechazan vigorosamente.

Roque Colérico es un motivador natural para otras personas. Rebosa confianza en sí mismo, está extremadamente consciente de a dónde quiere llegar, y puede inspirar a otros a visionar sus metas. Por eso, sus asociados pueden ser más productivos siguiendo su conducción. Su principal debilidad como líder es que es difícil de complacer y que tiende a pisotear a los demás. Si tan sólo supiera que otros esperan una palabra suya de aprobación y de aliento, dedicaría más tiempo dándoles palmadas en la espalda y reconociendo sus logros; eso generaría una mayor dedicación en sus colegas. Sin embargo, el problema es que el colérico cree subconscientemente que la aprobación y el aliento conducirán a que la gente se duerma en sus laureles; y asume que la productividad de un empleado caerá si lo alaba demasiado. Así, lo que hace es recurrir a las críticas y a buscar los fallos, con la esperanza de que esto inspirará un mayor esfuerzo. Desafortunadamente, tiene que aprender que las críticas son destructoras de la motivación. Una vez que Roque descubre que las personas necesitan aliento y estímulo a fin de comportarse a la altura de sus capacidades, su papel como líder mejora de una manera radical.

Imitemos lo que hacen los jugadores de la línea media del fútbol americano justamente antes de una jugada crucial. Caminan arriba y abajo de la línea dando palmadas alentadoras a sus compañeros de equipo. Esta palmada apremia silenciosamente como diciendo: "Estoy contando contigo para que pongas todo tu empeño; no me falles". Como un jugador de línea dijo de su capitán de defensa: "¡Daría mi vida por este hombre!" Cosa interesante, el capitán era un constante palmeador.

En los primeros días de la industria americana, cuando la producción y fabricación no estaban tan tecnificadas, nuestros complejos industriales fueron principalmente erigidos por coléricos. En estos días en que la tecnología demanda una mayor sofisticación y creatividad, está gradualmente volviéndose hacia los melancólicos o al menos a los colérico-melancólicos o melancólico-coléricos en busca de liderazgo. En la actualidad, los coléricos son más adeptos a construir los edificios de las fábricas, o las calles y carreteras que proveen las rutas de suministro usadas por la industria, en tanto que la más compleja organización demanda líderes más analíticos.

No lo sientas por el colérico del futuro; ya se buscará algo digno de sus talentos. Siempre cae de pie. Los coléricos tienen una capacidad promocional innata y les va muy bien en el campo de las ventas, de la enseñanza (pero siempre de asignaturas prácticas), de la política, de la milicia, de los deportes, y de muchas otras actividades. Como el sanguíneo, Roque Colérico es un buen predicador en el púlpito. No sólo es un dinámico maestro bíblico, sino que sus capacidades organizativas y de promoción, junto con sus intensos dones de liderazgo, hacen más difícil para la congregación media refrenarlo. Según un viejo adagio, "los necios se precipitan allí donde los ángeles temen andar". Nadie acusó jamás a un colérico de ser un ángel. Se lanza a multitud de proyectos y, cuando tiene la motivación justa y la bendición de Dios, goza por lo general de un servicio lleno de éxito.

La civilización occidental se ha beneficiado mucho de sus Roques Coléricos (los pueblos nórdicos, teutones, germánicos, gálicos o francones han tenido a menudo un alto grado de temperamento colérico). Pero también ha sufrido mucho a manos de ellos. Los más grandes generales, dictadores y gangsters del mundo han sido principalmente coléricos. ¿Qué es lo que ha causado la diferencia entre ellos? Sus valores y motivaciones morales. Si hay algo a lo que se le puede llamar "una tendencia al éxito", los coléricos lo tienen. Esto no significa que sean más listos que otras personas, como generalmente se presume, sino que su fuerza de voluntad y determinación los conducen a triunfar allí donde otras personas más dotadas son propensas a abandonar su proyecto más importante. Si un trabajo demanda actividad, trabajo duro y laboriosidad, Roque Colérico aventajará por lo general a los otros temperamentos. Si exige análisis, planificación a largo plazo, capacidades meticulosas o creatividad, la cosa cambia. Raramente se encontrará a un carácter predominantemente colérico como cirujano, dentista, filósofo, inventor o relojero. Los intereses de Roque medran en la actividad, grandeza, violencia y producción. Es tan optimista, raramente previendo fracaso alguno, que pocas veces fracasa... excepto en el hogar.

POSIBILIDADES VOCACIONALES DE MARTIN MELANCOLICO

Como regla general, no hay otro temperamento que tenga un I.Q.* más elevado, ni mayor creatividad o imaginación que el melancólico, y no hay nadie que sea tan capaz de perfeccionismo. La mayor parte de los grandes compositores, artistas, músicos, inventores, filósofos, teóricos, teólogos, científicos y educadores eminentes han sido predominante melancólicos. Nombra un artista, compositor o director de orquesta de gran fama y habrás identificado a otro genial (y a menudo excéntrico) melancólico. Considera a Rembrandt, Van Gogh, Beethoven, Mozart, Wagner, y una multitud de otros. Por lo general, cuanto mayor sea el grado de genialidad, tanto mayor será el predominio de un temperamento melancólico.

Cualquier vocación que demande perfección, abnegación y creatividad es apta para Martín Melancólico. Sin embargo, tiende a imponerse auto-limitaciones en su potencial al subestimarse y exagerar los obstáculos. Casi todas las vocaciones humanitarias atraerán a melancólicos a sus filas. He observado a los médicos durante años, y aunque desde luego tiene que haber excepciones, casi todos los médicos que conozco son o bien predominantemente o al menos secundariamente melancólicos. Casi se exige una mente melancólica para poder pasar por los rigores de la facultad de medicina, porque un médico tiene que ser un perfeccionista, un especialista analista, y un humanitario impulsado por un corazón que anhela ayudar a los demás.

La capacidad analítica necesaria para proyectar edificios, cartografiar un territorio o contemplar una extensión de terreno e imaginar un desarrollo urbanístico demanda por lo general un temperamento melancólico. En las actividades de construcción, el melancólico es eficaz en la supervisión de la edificación. Sin embargo, sería mejor si contratase a un supervisor de proyecto que trabaje mejor con la gente y pase después su tiempo ante la mesa de

---

* Cociente de inteligencia

dibujo. Se frustra por lo general ante los problemas normales en el trato con el personal y, con sus irreales exigencias perfeccionistas, en realidad aumenta los problemas.

Casi todo verdadero músico tiene algo de temperamento melancólico, bien sea compositor, director de coro, artista ejecutante, o solista. Esto explica, a menudo el lamento del meláncolico que se hace aparente tanto en la música profana como en la sagrada. Tan sólo ayer mi esposa y yo estábamos dirigiéndonos hacia el aeropuerto cuando emitieron una música del oeste americano (country-western) por la radio. Nos miramos el uno al otro y empezamos a reír al hacerse tan evidente el lamento melancólico. Esta canción sigue estando en las principales listas de discos de mayor venta.

La influencia del temperamento en la capacidad de un músico se hizo evidente hace varios años cuando nuestra iglesia evaluaba a un ministro de la música muy dotado y a su esposa pianista, evidentemente una colérica. Al volver a casa, comenté con mi mujer que no podía comprender cómo una colérica podía ser una pianista tan buena. Beverly replicó: "Ella es una música mecánica. Por su intensa fuerza de voluntad se ha obligado a tocar bien el piano, pero no siente la música que toca". Al final resultó, que el fantástico arreglo que ella había usado aquella noche había sido escrito por su esposo, un melancólico. Aunque él no era pianista, sí sentía la música.

Naturalmente, no todos los melancólicos entran en las profesiones artísticas. Muchos vienen a ejercer oficios de alta calidad: ebanistas, albañiles, instaladores, yeseros, científicos, jardineros, escritores de obras de teatro, autores, mecánicos, ingenieros, y miembros de casi cualquier profesión que dé un servicio significativo a la humanidad. Una vocación que parece atraer al melancólico, cosa sorprendente, es la de actor, aunque tendemos a identificar esta profesión con las personas extrovertidas. En el escenario, el melancólico puede transformarse en otra persona e incluso adoptar aquella personalidad, sin importar la cantidad de extroversión que se precise; pero tan pronto como la función ha terminado y desciende de su elevación emocional, vuelve a su personalidad más introvertida.

APTITUDES VOCACIONALES DEL FLEMATICO

El mundo se ha beneficiado mucho de la gentil naturaleza de Felipe Flemático. A su discreta manera, ha demostrado ser el cumplidor de los sueños de otros. Es un maestro en cualquier cosa que demande una paciencia meticulosa y una rutina diaria.

La mayor parte de los maestros de escuela primaria son flemáticos. ¿Quién si no un flemático podría exhibir la paciencia necesaria para enseñar a leer a un grupo de niños de primer curso? Un sanguíneo se pasaría todo el período de clases contando cuentos a los niños. Un melancólico criticaría de tal manera a los niños, que no se atreverían a leer en voz alta. Y ¡ni tan siquiera me puedo imaginar a un colérico como maestro de primer curso... los estudiantes saltarían por la ventana! La gentil naturaleza del flemático asegura la atmósfera ideal para tal aprendizaje. Ello no es cierto sólo en el nivel elemental, sino también en la enseñanza secundaria y en la superior, particularmente en matemáticas, física, gramática, literatura, lenguaje, y otras materias. No es infrecuente encontrar a flemáticos, como administradores de escuelas, bibliotecas, consejeros y directores de departamento de facultad. El campo de la educación parece atraer a los flemáticos.

Otro campo que atrae a los flemáticos es el de la ingeniería. Atraídos por la planificación y el cálculo, resultan buenos ingenieros de estructuras, expertos sanitarios, ingenieros químicos, dibujantes técnicos, ingenieros civiles y mecánicos, y estadísticos. La mayor parte de los flemáticos tienen una excelente aptitud para la mecánica, y así vienen a ser buenos mecánicos, especialistas de máquina-herramienta, artesanos, carpinteros, electricistas, yeseros, sopladores de vidrio, y reparadores de relojes y de cámaras fotográficas.

El mayor problema que afronta la industria es el de las relaciones laborales. Con los sueldos para muchos trabajos subiendo en una espiral alucinante, la falta de armonía en un departamento puede destruir de tal manera la motivación de los empleados que un patrón puede llegar a perder millones de dólares en productividad. En años recientes, la administración de empresas ha comenzado a descubrir que los flemáticos experimentados en su empleo resultan frecuentemente excelentes encargados, supervisores y conductores de personas. Debido a que son diplomáticos y no agresivos, las personas trabajan a gusto con ellos. Cuando reciben posiciones de liderazgo, parecen sacar orden del caos y producen una armonía funcional que es conducente a una mayor productividad. Están bien organizados, nunca llegan tarde ni sin preparación a una reunión, tienden a trabajar bien bajo presión, y son extremadamente fiables. Los flemáticos se quedan frecuentemente en la misma compañía durante toda su vida profesional.

Un aspecto interesante de su capacidad de liderazgo es que casi nunca se presentan voluntarios para asumir responsabilidades de autoridad, razón por la cual los he denominado "líderes renuentes". En secreto, un flemático puede aspirar a un ascenso, pero iría en contra de su naturaleza presentarse voluntariamente. En lugar de eso, puede esperar pacientemente hasta que unas personalidades más discordantes e ineptas complican las cosas y después asume la responsabilidad cuando le es impuesta obligatoriamente. Desafortunadamente, en muchos casos los flemáticos se pasan toda su vida esperando y la oportunidad nunca llama a su puerta, porque, aunque los patronos se den cuenta de sus capacidades, no los consideran como líderes. En consecuencia, tanto la compañía como los empleados salen perdiendo. En contadas ocasiones llegará un flemático a vivir a la altura de sus posibilidades, pero también raramente fracasará en la vida.

Los flemáticos pueden aceptar un trabajo con la jubilación o los beneficios de la seguridad en mente. Por ello, el servicio civil, el militar, el gobierno local, o algún otro trabajo que los ponga a cubierto de riesgos los atraerá. Pocas veces se lanzarán a un negocio por su propia cuenta, aunque están sumamente calificados para ello. En lugar de eso ayudan a otro a aumentar sus ganancias y se conforman ellos con un estilo de vida sencillo.

PRUEBA DE UN
TEMPERAMENTO
Encontrarás la prueba de temperamento auto-puntuable que se halla en la página 83. Ya que has descubierto que tu temperamento es la clave a tu aptitud vocacional encontrarás interesante la prueba. Puede que estés incluso más interesado en la prueba temperamental más profesional que he desarrollado a lo largo de un período de quince años para ayudar a los cristianos a encontrar la vocación correcta y el mejor modo de servir al Señor en su iglesia local. En el análisis personalizado, que da una evaluación exhaustiva de tus temperamentos primario y secundario,

he incluido cincuenta aptitudes vocacionales que se ajustarían a tu singular combinación de temperamentos. También encontrarás útiles los treinta modos posibles de servir en tu iglesia local, a los que te podrías ajustar con mayor eficacia en base a tu combinación temperamental.

COMO ENCONTRAR EL TRABAJO ADECUADO

Después de la salvación, de tu matrimonio y de tu familia, tu vocación es lo más importante en tu vida.

Por esta razón desearía darte algunas de las sugerencias prácticas que he compartido personalmente con cientos de hombres y mujeres acerca del cambio de trabajo, cómo buscar un nuevo trabajo o evaluar un trabajo nuevo.

Encontrar una vocación no es en realidad demasiado difícil si eres cristiano y si estás consagrado a buscar la voluntad de Dios para tu vida. Pero no esperes que sea la experiencia dramática que es para otras personas. Encuentro que la narración de una experiencia dinámica de descubrimiento de la voluntad de Dios es muy inspiracional en el servicio eclesial, pero para la mayor parte de nosotros se trata de un lento proceso que va paso a paso. En tanto que es cierto que Dios nos habla en el día de hoy, raramente es con la voz audible con la que habló a Abraham, a Isacc y a Moisés. La mayor parte de nosotros oye a Dios por el gentil apremio del corazón, o por la "carga" que pone en nuestros corazones para hacer algo. Al andar por la fe, moviéndonos en la dirección marcada por esta carga, nos hallaremos haciendo la voluntad de Dios. Para la mayor parte de nosotros, el descubrimiento de la voluntad de Dios no constituye la experiencia electrificante de un momento, sino que es un proceso continuado a lo largo de un dilatado período de tiempo. Escalamos el monte que tenemos a la vista sólo para descubrir que conduce al siguiente monte. Finalmente, cuando llegamos a un punto central, podemos mirar atrás y decir: "Gracias, oh Dios, por tu fiel conducción".

Dios está interesado en dirigir tu vida al lugar más productivo y eficaz donde puedas servirle. Pero en primer lugar está interesado en ti como persona. La mayor parte de los cristianos tiene, acerca de la cuestión de descubrir la voluntad de Dios, la actitud expresada en la honesta, pero algo irreverente, oración que hizo un hombre: "Amado Señor, por favor escribe en un papel tu plan para mi vida durante los diez años venideros, y si me gusta, ¡lo llevaré a cabo!" Naturalmente, nosotros nunca diríamos tal cosa, pero con frecuencia es de la manera en que los cristianos actuamos. En lugar de ello, Dios quiere que andemos en comunión con El sin interrupciones de manera que El nos pueda conducir en la toma de las miles de decisiones en la vida que en último término nos llevan a cumplir la perfecta voluntad de Dios.

El problema que tiene la mayor parte de nosotros es que siempre estamos con prisas. Dios nunca tiene prisa. Está más interesado en nuestra dependencia diaria en El que en los puntos concretos. La razón de que raras veces nos advierte con mucho adelanto, o que pocas veces nos dé conducción a largo o medio plazo acerca de su voluntad, es que sabe que si viéramos su plan a un plazo de diez años, nos lanzaríamos a llevarlo a cabo, raras veces contactando con El mismo hasta que lo hubiéramos llevado a cabo o hasta que afrontáramos algún problema. El descubrimiento de la voluntad de Dios para tu vida no es sólo la mejor forma de vivir; también el mismo proceso debería llevarte más cerca de El. Mis versículos favoritos acerca de este tema son:

> Confía en Jehová, y haz el bien; y habita tu tierra, y cultiva la fidelidad. Pon asimismo tu delicia en Jehová, y El te concederá las peticiones de tu corazón. Encomienda a Jehová tu camino, y confía en El; y El actuará. Exhibirá tu justicia como la luz, y tu derecho como el mediodía. Guarda silencio ante Jehová y espera en El. No te alteres con motivo del que prospera en su camino, por el hombre que hace maldades (Sal. 37:3-7).

> Fíate de Jehová de todo tu corazón, y no te apoyes en tu propia prudencia. Reconócelo en todos tus caminos, y El enderezará tus veredas (Pr. 3:5-6).

Una vez te hayas consagrado a una vida como la descrita en los pasajes anteriores, no podrás equivocarte. Eso no significa que no vayas a encontrarte con problemas o afrontar obstáculos. Nunca he conocido a nadie que consiguiera algo para Dios, grande o pequeño, que no se encontrara con obstáculos en su camino. Pero lo que nos ocupa son los resultados últimos. Los siguientes pasos te servirán de guía para hallar la dirección del Señor en tu vocación.

SIETE PASOS PARA ENCONTRAR LA VOCACION ADECUADA

1. Establece tu propósito *principal* en la vida en base de Mt. 6:33.

¿Cuál es tu *verdadero* propósito al cambiar de trabajo o hallar una nueva vocación? Debería ser el mismo que la motivación de tu vida que Jesús delineó para cada cristiano: "Más buscad primeramente el reino de Dios y su justicia, y todas estas cosas os serán añadidas" (Mt. 6:33). Una vez hayas decidido que tu principal propósito es el de buscar en primer lugar el reino de Dios, entonces y sólo entonces, estarás en disposición de buscar una posición diferente.

"Más dinero", "mejores oportunidades para promocionar" o "un trabajo más satisfactorio" no son buenas respuestas en sí mismas. Decide ante todo quién es el primero en tu vida, a quién vas a servir (considera 1 Co. 6:19-20), y después podrás preocuparte de lo que viene en segundo lugar. Puede que necesites más dinero, mejores oportunidades, etc., y Dios sabe esto. Pero tienes que decidir que tu deseo principal es buscar *ante todo* el avance del reino.

Este principio por sí solo te ahorrará muchos dolores de cabeza. Por ejemplo, a través de todos mis años de orientación he dicho, en público y en privado, que "cualquiera que tenga un trabajo que le exija trabajar cada domingo, de manera que pocas veces pueda asistir a la iglesia, o nunca, tiene un trabajo erróneo: no hay duda alguna acerca de esto. Si tu trabajo no te permite obedecer a Dios, entonces tienes un trabajo equivocado.

Hace veinte años un afable director de supermercado casado y con tres niñas pequeñas me dijo: "No puedo asistir a la iglesia porque trabajo los domingos; me pagan el doble". Le dije que esta motivación para trabajar en domingo era falsa. Se puede comprender que se tenga que acudir ocasionalmente. Incluso en el AT, cuando el buey caía en un hoyo en día sábado, tenía que ser sacado. Jesús también aprobó este plan. Es evidente que alguien tiene que trabajar el día de reposo y ensuciarse. Pero Dios asintió a ello debido a que era algo sólo ocasional y para emergencias. Pero cada sábado era diferente. Y así sucede con el Día del Señor. Observé como este hombre perdía su esposa y sus tres hijas a un estilo de vida carnal, típico del sur de California. Su paga doble le costó mucho más de lo que le había proporcionado. Y ahora, demasiado tarde, se ha dado cuenta de eso.

Este mismo principio te será de ayuda para conducirte al tipo de empleo que buscas. Si involucra productos ilegales o peligrosos, eso no es buscar el reino de Dios. Una mujer dijo que ganaba "20.000 dólares y propinas" como secretaria ejecutiva porque involucraba agasajar durante toda la noche a algunos de los clientes de compañías de otras ciudades. Pero en la vida hay cosas más importantes que el dinero. En Mateo 6:33 esto queda meridianamente claro.

2. Analiza tu temperamento

El sencillo análisis de temperamento de la página 83 te será de ayuda para que determines tu temperamento, el cual es una clave para tu aptitud vocacional. Ya hemos visto con algo de detalle las capacidades vocacionales de los cuatro temperamentos. La siguiente norma general te dará una guía general, aunque te sería realmente beneficioso llevar a cabo la prueba de temperamento completo ya mencionada y que ofrecemos en este libro.

Sanguíneos: Son tipos vendedores orientados al trato personal, se destacan en las relaciones públicas, en la ayuda a las personas, o en cualquier actividad que demande carisma.

Coléricos: Son enérgicos líderes naturales orientados al cumplimiento de una meta o de un proyecto, y a los que les encanta dirigir a otros.

Melancólicos: Son individuos creativos y analíticos con intensas tendencias perfeccionistas y con frecuentes rasgos estéticos.

Flemáticos: Son individuos fríos y dados al detalle, tienden a auto-limitarse. Pueden llevar a cabo trabajos estadísticos, microscópicos que volverían locos a otros.

Con este breve bosquejo se puede ver de una manera general qué tipo de vocación es más apropiada para tus necesidades. Si no estás a gusto en tu presente trabajo, tu prueba de temperamento puede revelar que estás en una actividad inadecuada.

3. Ora

El versículo introductorio al principio de esta sección cubría los términos clave de "ora", "confía", "encomienda" y "reconoce a Dios". Esto es lo que es la oración.

En esto se basa la petición a Dios. Si estás desempleado o insatisfecho donde ahora trabajas, ora acerca de ello. Dios o bien eliminará tu descontento o te abrirá la puerta a una nueva oportunidad, *si* le das tiempo y te allegas a El durante el tiempo de espera.

4. Comparte tu preocupación con alguien en quien puedas confiar.

Sea cual sea tu temperamento, encontrarás útil compartir tu carga con un amigo. Para esto están los amigos. Como dice la Escritura, "Sobrellevad los unos las cargas de los otros, y cumplid así la ley de Cristo". Pero, ¿cómo podrá un amigo sobrellevar tu carga a no ser que tú le dejes?. Por lo general es de utilidad simplemente verbalizar a otra persona tus pensamientos más íntimos. Y aquellos que encuentran este tipo de conversación más difícil son los que más lo necesitan.

Cerciórate de que el amigo del cual buscas consejo comparte tus valores espirituales. En el Sal. 1:1 se afirma: *"Bienaventurado el varón que no anduvo en consejo de malos"*. ¡Esto es de suma importancia! Muchos cristianos han buscado consejo de un consejero profesional o de un consejero vocacional y no se han cuidado de filtrar aquel consejo a la luz del hecho de que aquella persona no compartía su perspectiva eterna en relación con Dios, con la vida, con la muerte y con la eternidad. Como pastor, he visto a muchos individuos siguiendo el consejo de no cristianos con grave riesgo para ellos.

El compartir tu carga, o compartirla con tus amigos, sirve para más que para clarificar tu pensamiento. Pone a otros alerta para las oportunidades. Me he asombrado de la manera en que Dios abre puertas a través de otras personas.

5. Investiga.

No te propongas dejarlo todo a sí mismo una vez hayas orado, esperando que Dios te envíe un trabajo en una bandeja de plata. Por lo general, la oración nos motiva a hacer algo, como mirar en los anuncios clasificados. Conozco a una mujer que mientras oraba acerca de su necesidad sintió un apremio a mirar los anuncios laborales, y encontró que un médico cristiano necesitaba ayuda. Había estado orando en petición de dirección durante tres días, y se sintió guiada a telefonear al diario. Aquel anuncio estuvo en el diario sólo tres días. Ello lo leyó el primer día, y ahora dos cristianos que deseaban trabajar con un cristiano consiguieron respuesta a su oración.

Con frecuencia la instrucción cristiana: "No tenéis lo que deseáis, porque no pedís" limita de una manera seria el aspecto vocacional de nuestras vidas.

Algunos de los que lean este libro puede que no tengan ningún tipo de instrucción profesional. Puede que te hayas casado joven pensando: "ya saldrá todo bien de alguna manera u otra", y ahora te encuentras incapaz de encontrar trabajo. Te pudiera ser útil volver a la escuela para estudiar un curso de artes industriales o algún otro tipo de enseñanza profesional especializada.

Haz una lista del tipo de trabajos que crees que serían adecuados para ti y que rinden económicamente lo que crees que necesita tu familia para subsistir. Entonces pon éstos a la cabeza de una lista de prioridades, y empieza a contactar en pos de este tipo de empleos. Si te es necesario tomar clases nocturnas o especiales, hazlo. Se está haciendo más y más necesario que cada persona que busca trabajo tenga instrucción en una u otra área. Incluso la Biblia dice que un "obrero" es uno que "procura con diligencia" (2 Ti. 2:15). Son pocas las posiciones laborales que no demandan una diligente preparación. Si esto es lo que necesitas, ¡hazlo!.

Cuando yo tenía 48 años, me matriculé en la escuela de posgraduados en el Seminario Bíblico Conservador del Oeste, a través de su programa filial de San Diego. Me costó cuatro años largos y mucho trabajo difícil para poder cumplir con sus rigurosos requisitos, pero finalmente conseguí mi título. Descubrí que el volver a estudiar influyó de modo estimulante en todo mi ministerio; incluso después de haber sido presidente de instituto superior durante seis años no se es demasiado viejo para aprender. Muchas personas han descubierto una vida vocacional totalmente nueva ante ellos al pagar el precio de conseguir una instrucción superior, bien en su campo preferido, bien en otro.

Dios te ha dado ciertas capacidades básicas. Nunca podrás llegar a más de lo que te ha dado, pero mediante la instrucción, la disciplina y la práctica puedes mejorar y afinar estas capacidades. Personalmente, no creo que Dios vaya a hacer nada por nosotros en el aspecto vocacional que nosotros podamos hacer por nosotros mismos.

6. Sé fiel, y vela en espera de una puerta abierta

Nuestro Señor dijo: "Esto dice el Santo, el Verdadero, el que tiene la llave de David, el que abre y ninguno cierra, y cierra y ninguno abre: yo sé tus obras; he aquí, he puesto delante de ti una puerta abierta, la cual nadie puede cerrar" (Ap. 3:7, 8).

He descubierto que nuestro Señor es el maestro de la "puerta abierta". O sea, nos lleva a una puerta abierta de oportunidad para servirle. El mejor consejo que jamás haya oído es que no precisamos de ningún mapa ni plan maestro para toda nuestra vida. Sólo necesitamos estar en estrecha comunión con el Maestro, que sí tiene un plan para nuestra vida. De manera que debiéramos ahora ocuparnos en limpiar la estancia que nos ha sido dada, y Dios, a su tiempo, nos abrirá otra puerta. Una vez estemos dentro, descubriremos que allí también se tiene que trabajar duro, por lo que deberemos ocuparnos en limpiar la segunda estancia. Cuando hayamos acabado la tarea allí, habrá una tercera puerta que se abrirá, y una cuarta, etcétera. Finalmente, miraremos atrás y diremos: "¿No ha sido fiel Dios al conducirnos a tantas oportunidades para servirle?" Pero tenemos que ser hallados fieles en el presente, limpiando la estancia en la que estamos.

Nunca olvidaré mi primera iglesia. Estábamos construyendo un indicador delante de la iglesia, y yo me hallaba en mi estudio cuando llegó el camión que traía los ladrillos. Firmé el formulario de entrega, y el conductor me dijo: "¿A quién tiene para descargar estos ladrillos?" Le dije: "Hemos pagado para que nos los trajeran". A lo que él me contestó: "Yo soy un conductor de camiones, no un descargador. A no ser que encuentre a alguien que descargue los ladrillos, los devolveré a la planta". Ante esto, fui al camión, y empecé a descargar los ladrillos. Esto fue hace treinta años. Nunca me ha faltado el trabajo. De hecho, mi única frustración es que no puedo hacer todas las cosas que me gustaría hacer. Me he preguntado con frecuencia cuánto tiempo mantuvo su trabajo aquel conductor de camión. Con aquella actitud, probablemente no mucho tiempo.

Dios no nos pide a todos que tengamos éxito siempre. Pero sí nos pide que seamos "fieles". Esto sí es algo que todos debieran ser. No dejes que tu interés en un nuevo trabajo te impida ser fiel allí donde estás.

7. Espera el futuro con paz y confianza

Dios sostiene la llave de tu futuro, por lo que no te preocupes acerca de él. Nuestro Señor habló acerca de ello muchas veces en palabras como éstas:

> Por tanto os digo: No os afanéis por vuestra vida, qué habéis de comer o qué habéis de beber; ni por vuestro cuerpo, qué habéis de vestir. ¿No es la vida más que el

alimento, y el cuerpo más que el vestido? Mirad las aves del cielo, que no siembran, ni siegan, ni recogen en graneros; y vuestro Padre celestial las alimenta. ¿No valéis vosotros mucho más que ellas? ¿Y quién de vosotros podrá, por mucho más que ellas? ¿Y quién de vosotros podrá, a fuerza de afanarse, añadir a su estatura un solo codo? ¿Y por qué os afanáis por el vestido? Considerad los lirios del campo, cómo crecen; no se fatigan ni hilan; pero os digo, que ni aun Salomón, en medio de todo su esplendor, se vistió como uno solo de ellos. Pues si a la hierba del campo, que hoy es y mañana se echa en el horno, Dios la viste así, ¿no lo hará mucho más a vosotros hombres de poca fe? No os afanéis, pues, diciendo: ¿Qué comeremos o qué beberemos, o qué vestiremos? Porque los gentiles buscan todas estas cosas, pero vuestro Padre celestial sabe que tenéis necesidad de todas estas cosas. Mas buscad primeramente el reino de Dios y su justicia, y todas estas cosas os serán añadidas. Así que, no os afanéis por el día de mañana, porque el día de mañana traerá su propia inquietud. Le basta a cada día su propio mal. (Mt. 6:25-34).

Una cosa es tener interés en el futuro; otra muy distinta es angustiarse acerca de él. Cuando encomiendas tu camino a Dios no tienes por qué tener ansiedad acerca del futuro. Yo mismo me tengo que recordar este hecho ocasionalmente. Es de ayuda tener muchos versículos escondidos en el corazón para poderlos usar de inmediato en caso necesario. Cuando uno está en un ministerio como el mío, donde se depende de la respuesta a los envíos mensuales para llevar a cabo la obra del Señor, se es muy vulnerable a las reacciones erráticas de la gente. El verano es un desastre, diciembre es casi igual de malo, y enero y febrero no acaban de arrancar nunca. Esto deja tan solo seis meses buenos al año. La recesión, la inflación, los envíos retrasados, los errores de los impresores, la casa de envíos publicitarios o algún otro intermediario puede incluso provocar la pérdida de algunos de estos meses. Tales ministerios llevan con razón el nombre de "ministerios por la fe", porque se vive semana tras semana por fe. Pero, en realidad, ¿quién no vive así? Las compañías de seguros e incluso los bancos pueden cerrar, y sólo Dios sabe lo que durará el Seguro Social. En último término, estás en las mejores manos cuando confías en el Dios viviente.

Lo único seguro que tienes detrás de ti es que tu Dios es el Dios del futuro. Con frecuencia me he alentado con este pensamiento: "Dios nunca le ha fallado a nadie, Tim; ¿por qué iba a hacer una excepción contigo? No eres tan importante como para esto". Dios recibe más gloria al mantener íntegra su fidelidad.

¡El no te dejará! Recuerda a Noé, Abraham, Moisés, Job, David, Pedro, Juan, Pablo...¡y millones de otros!

CAPITULO
SIETE

Usos del
temperamento
en el lugar de trabajo

Como estudiante de sicología durante más de treinta
años, hace mucho tiempo que hice la observación de que la comunidad de
negocios tenía un modelo de comportamiento humano mucho más eficaz que la
academia. Las instituciones superiores de enseñanza parecían obsesionadas con
una sicología humanista que se basaba en tantas premisas falsas que no es de
sorprender que cambie cada pocos años. Hemos visto a la sicología
freudiana, que había sido el santuario ante el que la universidad se postraba
gozosamente, ceder el terreno ante el rogerianismo, el skinnerismo, la teoría de la
Gestalt, la terapia realista, el análisis transactual, y mucha frustración,
especialmente por parte de los pacientes cuya única observación coherente era la
exorbitante factura que les llegaba a casa cada mes.

¿Cuáles son las falsas premisas de la sicología humanista? Muy sencillamente
que: (1) el hombre es un animal evolucionando; (2) el hombre no tiene una
conciencia heredada; (3) no existe un Dios creador; (4) no existe ninguna norma
absoluta de comportamiento dada por este Dios; (5) el hombre, como los
animales, no tiene alma, de forma que cuando uno muere, ahí se acaba todo; y
(6) la meta suprema del hombre es la auto-realización.

Dadas estas premisas básicas, no es para asombrarse que la sicología moderna
haya provocado tal caos en nuestra sociedad. Tenemos más esquizofrénicos,
enfermos mentales, deprimidos, suicidas, agresivos y perturbadores en la
actualidad que antes que hubiera sicólogos. La razón de ello es muy simple.
Un axioma básico de toda lógica es: si se comienza con una premisa falsa, se
acabará con una falsa conclusión. He dado orientación a suficientes sicólogos y
esposas de ellos como para ver que sus soluciones, sin Dios, son imprácticas. ¡No
funcionan! Muchos de los consejos dados por sicólogos humanistas seculares no
sólo son falsos, sino dañinos.

Los negocios son un campo totalmente diferente. La sicología industrial puede
que no reciba mucho prestigio en el mundo académico, pero ayuda más a
muchas personas que la sicología clínica. Y, cosa interesante, está basada en la
teoría de los cuatro temperamentos.

Por la razón que sea, los sicólogos americanos han sido intensamente
influenciados por Sigmund Freud, aunque han rechazado muchas de sus

Fig. 1

anticuadas teorías, y han desarrollado una moderna versión atea propia. Pero pocos profesores americanos han aceptado las eruditas obras del doctor H. J. Eysenck de Inglaterra. Es una persona sumamente respetada en Europa y en los campos de sicología industrial, comercial y directiva de este país. De hecho, la mayor parte de los populares programas utilizados en el desarrollo de la dirección de negocios, de ventas y de personal están basados en su exhaustiva investigacion. Y el doctor Eysenck es un partidario de la teoría de los cuatro temperamentos, que se atribuye a Hipócrates.

El Servicio de Pruebas Educativas e Industriales es una compañía de San Diego que produce el IPE (Inventario de Personalidad de Eysenck). El diagrama anterior (fig. 1) es una marca comercial de Eysenck de sus libros y su prueba. Véase lo similar que es al diagrama básico (Fig. 2) que he ido refinando basándome en muchas otras fuentes aparte de mis propias observaciones. Las similitudes son tan grandes que ambos están evidentemente basados en la antigua teoría de los cuatro temperamentos.

A través de los años he recibido cientos de cartas de personas que han leído mis libros acerca del temperamento o que han oído mis conferencias acerca del tema. Muchas de estas cartas tienen que ver con pruebas de personalidad que

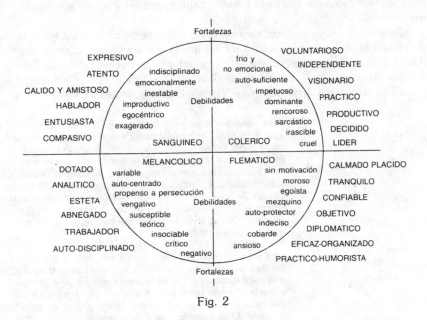

Fig. 2

han cumplimentado, instrucción de gestión de ventas, programas de instrucción vocacional que han emprendido. En todos los materiales que he recibido, hay una consistente similaridad con la teoría de los cuatro temperamentos. He estudiado estos materiales; tanto si han sido pronunciados en Denver como en Mineapolis, en Chicago como en Dallas, he observado que están basados en la cuidadosa investigación del doctor Eysenck, o en la teoría de los cuatro temperamentos, o en ambos.

REVISTA DE NEGOCIOS DE HARVARD   Por ejemplo, en la Harvard Business Review, publicada por las Escuelas de Administración de Empresas de la Universidad de Harvard, el doctor Theodore Levitt escribió un interesante artículo titulado "El tiovivo gerencial", en el que señalaba lo que sigue:

"Las personas tienen diferentes estilos de conocimiento, esto es, maneras de recoger y evaluar información. Hay pensadores sistemáticos, pensadores intuitivos, pensadores receptivos y otros pensadores perceptivos. Estos estilos parecen ser inherentes y quedan fijados cuando las personas llegan a la madurez. Lo que es aun más instructivo es que la investigación reveló que estos estilos afectan mucho la manera en que las personas ejecutan los trabajos que eligen, e incluso pueden determinar las industrias en que entran a trabajar" (fact and Fiction in Psychology, Peguin Books, 1965, pág. 55).

Se puede constatar que este artículo es divergente de la pretensión de la sicología humanista de que todas las personas nacen neutras y de que es el medio lo que moldea el comportamiento de la persona. La comunidad de negocios reconoce que vale la pena instruir al personal de dirección a cada nivel, pero también reconoce que cada persona tiene rasgos innatos que son irreversibles.

"Cada uno de nosotros marcha a un ritmo diferente; el secreto del buen trabajo de equipo es el de combinar estilos de ejecutivos que contrasten, afirman Stuart Atkins y Allan Katcher, presidente y vice-presidente, respectivamente, de Atkins-Katcher Associates Inc., consultores de dirección en Beverly Hills, California. Las siguientes selecciones aparecieron en Nation's Business, marzo de 1975:

> Para conseguir el mejor comportamiento de tu equipo ejecutivo, tienes que orquestarlo, procurando que cada uno dé lo mejor de sí, ayudándolos a combinar sus fortalezas para conseguir una ejecutoria máxima como grupo. Para conseguir esto, se tienen que analizar sus diferentes estilos de comportamiento. Cada uno es una mezcla de cuatro pautas básicas de comportamiento, con una de ellas generalmente dominante. Las otras, menos usadas, entran en juego cuando la situación lo requiere. Sin embargo, no hay ni estilos "buenos" ni "malos".

> Una persona cuyo estilo dominante sea Apoyante-Dador tiende a ser confiada, reactiva, idealista y leal. Intenta dar lo mejor de sí siempre que se le asigna una tarea, e impone elevadas normas tanto para sí mismo como para los suyos. Sumamente receptivo a las ideas de los demás, coopera y es de utilidad, un miembro natural del equipo.

ANALISIS DE PERFIL
DE PERSONALIDAD

En años recientes el mundo de los negocios ha comenzado a utilizar una serie de pruebas que administran para seleccionar empleados para las principales industrias. El aspirante toma una prueba que consiste en 150 adjetivos (principalmente investigados por el doctor Eysenck). Una firma envía una prueba a cinco amigos del aspirante para determinar como aquella persona es vista por otros.

Los resultados de la prueba no usan los términos sanguíneo, colérico, flemático y melancólico, pero cualquier persona familiarizada con su significado reconocerá su paralelo con "expresivo", "conductor", "analítico" y "amable". Llámese como se llame, el resultado final viene a ser el mismo

Un grupo de análisis los llama los "cuatro estilos sociales", y señala que la mayor parte de las personas son una combinación de al menos dos estilos sociales. Al examinar el instrumento que usan en la Fig. 3, se puede ver una similitud básica con la que ya se ha visto acerca de los cuatro temperamentos básicos. Los resultados de la prueba localizan el estilo social primario y secundario de la persona.

LOS CUATRO ESTILOS SOCIALES BASICOS

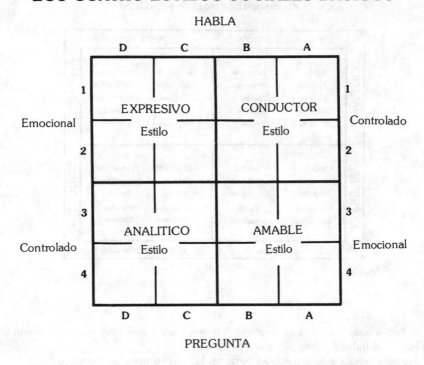

Fig. 3

Una descripción verbal de cada estilo social como aparece en la Fig. 4 muestra una marcada similitud con nuestra teoría de los cuatro temperamentos.

En el número de septiembre de 1979 de *Dallas* encontré un artículo sumamente interesante acerca de la variedad de directores ejecutivos en el dinámico mundo del Dallas Metropolitano. He estado varias veces en aquella ciudad, y al escribir estas líneas estoy precisamente en el Hotel Registry situado en el corazón del gran ensanche del norte de Dallas.

Bill Sloan, autor de *Life at the Top*, ha señalado cuatro estilos de directores ejecutivos en lujosas oficinas de las torres con ventanas de espejo en Dallas. Los llama: "iniciador, pensador, sentidor y sensor", títulos usados por varios consultores de dirección, pero que son meramente nombres diferentes para melancólico, flemático, sanguíneo y colérico. Usó a Mary Kay, la famosa directora de una gigantesca industria de cosméticos, como ejemplo de una "sentidora" que escribe como "sentimental, leal y constante en la amistad", "prosperando en las relaciones personales". Explica a continuación que tiene un gran peso en el mundo de las personas y que es una excelente motivadora.

Para él, Ross Perot, el genio que comenzó alquilando tiempo en computadores a sus clientes, y que en la actualidad es dueño de bancos de computadores y encabeza una sociedad multimillonaria en Dallas, constituye un ejemplo de un

**Breves descripciones
de los estilos sociales básicos**

	Pregunta/controla		Pregunta emociona		
ANALITICO	Crítico	Laborioso	Manipulador	Ambicioso	**AMABLE**
	Indeciso	Persistente	Excitable	Estimulante	
	Esquivo	Serio	Indisciplinado	Entusiasta	
	Fastidioso	Exigente	Sensible	Dramático	
	Moralista	Ordenado	Ególatra	Amistoso	
EXPRESIVO	Conformado	Alentador	Aguijoneador	Voluntarioso	**CONDUCTOR**
	Inseguro	Respetuoso	Severo	Independiente	
	Simpático	Bien dispuesto	Duro	Práctico	
	Dependiente	Fiable	Dominante	Decidido	
	Excéntrico	Agradable	Violento	Eficiente	
	Habla/controla		Habla/emociona		

Fig. 4

intuitivo o melancólico cuya creatividad y propensión a la innovación junto con su adicción al trabajo lo han llevado a la cima.

No sólo señala este experto en personal los cuatro tipos de ejecutivos en paralelo con la teoría de los cuatro temperamentos, sino que confirma lo que yo había sospechado durante largo tiempo. Que todos los cuatro tipos pueden resultar en ejecutivos de éxito, pero en diferentes campos y con diferentes estilos. Los "sentidores" (o sanguíneos) son buenos gerentes de ventas, directores de personal, y buenos embajadores de buena voluntad. Los "intuitivos" (melancólicos) son buenos ejecutivos de agencias publicitarias, de relaciones públicas, directores de investigación, o en cualquier campo que demande creatividad. Los "pensadores" (flemáticos) son más apropiados como directores financieros, directores de grupos de ingeniería, vicepresidentes ejecutivos, etc. El "sensor" (colérico) está a cargo de los negocios, y puede dirigir cualquier tipo de sociedad si se le da el personal adecuado.

Sea que se les llame "pensadores" o flemáticos, "intuitivos" o melancólicos, son lo mismo. Se está hablando de un temperamento heredado que puede ser mejorado, educado y refinado, pero que no cambia. Mary Kay era una "sentidora" a los cuatro años, y como sanguínea coronada por el éxito, sigue siendo una "sentidora", "tocadora" o persona orientada hacia el público. Es indudable que ha aprendido disciplina, organización y dirección, pero era ya una motivadora innata con un carisma ardiente.

Todos hemos heredado un temperamento que produce nuestro "estilo". No hay ningún estilo que sea mejor que otro, sino que cada uno se ajusta a diferentes tipos de trabajo mejor que los otros. Sería aconsejable que la administración de las empresas dedicará más tiempo a determinar el temperamento de sus empleados, a fin de poderlos instruir para el tipo de trabajo para el que son más idóneos.

CUATRO TIPOS — Durante los últimos cincuenta años se han propuesto
EL MODELO muchas teorías del comportamiento humano. Las más
DOMINANTE eficaces y duraderas son las que están basadas por lo menos en cierta medida en un modelo de cuatro tipos o estilos de comportamiento. Las personas son diferentes. Actúan diferentemente, responden diferentemente y reacionan diferentemente.

Un especialista de instrucción del gobierno señalaba que el número de noviembre de 1982 de la revista *Training* relacionaba quince de las teorías más comunes. Algunas de las más comunes se dan más abajo. Se ha de reconocer que están drásticamente abreviadas, pero es de señalar que cada una de ellas cuadra bajo una de las categorías de los cuatro temperamentos. Aunque los autores puedan no querer admitir tal similitud con la más antigua teoría de comportamiento que hemos estado estudiando, cuando se ponen en una sola tabla (Fig. 5) parece evidente que sí existen estas similitudes.

Esta tabla (Fig. 5) sólo hubiera podido ser preparada por un estudioso dedicado de los cuatro temperamentos y de los modernos intentos de explicar o evaluar el comportamiento humano en base de la investigación de Eysenck. La reproduzco aquí para los estudiosos de ambos campos a fin de que puedan ver cómo las modernas tendencias nos están devolviendo a los días de Hipócrates e incluso a Agur en el libro de Proverbios.

La comunidad de negocios ha estado más y más consciente en los últimos veinte años acerca de lo práctica que es la teoría de los temperamentos. Puede que le llamen expresivo en lugar de Chispeante Sanguíneo, pero ello señala el mismo temperamento. A otro lo llamarán conductor-analítico, pero siguen refiriéndose al temperamento colérico-melancólico.

Me atrevo a predecir que, lo llamen como lo llamen, la comunidad de negocios, debido a su entrega a lo práctico, a la eficacia de costos, y al desarrollo del personal, nos apartará más y más del irreal sueño de la sicología humanista y nos acercará a la más pertinente teoría del comportamiento de los cuatro temperamentos para explicar por qué el hombre se comporta de la manera en que lo hace, y qué puede hacer acerca de ello. La razón de esto es muy sencilla: funciona.

La utilización más evidente de los cuatro estilos de conducta en los negocios o de la teoría de los cuatro temperamentos es la ayuda que se puede dar a las personas a comprender por qué actúan de la manera en que lo hacen, y en ayudarles a modificar sus estilos de comunicación. la teoría de los cuatro temperamentos de los antiguos o los cuatro estilos de conducta de la industria moderna constituyen una excelente forma de presentar programas de instrucción. Es de gran utilidad no sólo para mejorar las capacidades de comunicación, sino para la gestión del tiempo, los estilos de liderazgo, las evaluaciones de ejecutoria, la formación de equipos, la resolución de conflictos, y la mejora de la productividad.

Recientemente, envié a los directores de departamento de los Seminarios de Vida Familiar a una conferencia de direccion dirigida por Arthur F. Miller de People Management, Inc. Este hombre, que se ha pasado una vida entera en la

LAS TEORIAS DE LOS CUATRO ESTILOS DE CONDUCTA

	ALTA AFIRMACION ALTA REACTIVIDAD	ALTA AFIRMACION BAJA REACTIVIDAD	BAJA AFIRMACION ALTA REACTIVIDAD	BAJA AFIRMACION BAJA REACTIVIDAD
1. SISTEMAS BASICOS Stuart-Atkins, LIFO (Life Orientations)	Adaptador-Tratable	Controlador-Tomador	Apoyante-Dador	Conservador-Retenedor
William M. Martson "Emociones de Personas Normales"	Inducción de Otros	Dominancia	Estabilidad	Complacencia
Cuatro Temperamentos Medievales	Sanguíneo	Colérico	Melancólico	Flemático
David W. Merrill-Roger H. Reid, "Estilos Personales y Ejecutoria Eficaz"	Expresivo	Conductor	Analítico	Amable
2. RESOLUCION DE CONFLICTOS Exploración de Conflictos de Gestion Jay Hall	Sinérgico	Ganar-perder	Ceder-perder	Perder-abandonar
Donald T. Simpson "Estilos de Conflicto: Toma de Decisiones en Organización"	Integración	Poder	Supresión	Negación
Instrumento de Modalidad de Conflicto Thomas-Kilmann	Colaboración	Competición	Acomodación	Evitación
3. VALORACION DE COMPORTAMIENTO Roberto E. Lefton et al., "Motivación Eficaz mediante Valoración de Comportamiento"	Dominante-cálido	Dominante-hostil	Sumisivo-hostil	Sumisivo-cálido

instrucción de cargos directivos y actividades consultivas, dijo que una de cada
dos personas en los Estados Unidos está en un trabajo que no le corresponde.
Esto aumenta la conflictividad laboral y la fatiga tanto en el lugar de trabajo como
en el hogar o vida familiar del empleado.

Ahora podemos ver el porqué de la anterior afirmación de que nuestra nación
ha ignorado la teoría de los cuatro temperamentos para su grave riesgo durante
muchos años. Si los departamentos de sicología de nuestras principales
universidades volvieran de nuevo a la antigua teoría del temperamento humano,
la actualizaran y la utilizaran con nuestros trece millones de estudiantes en la
enseñanza superior o con nuestros veinte millones de estudiantes en la enseñanza
media, eso tendría un efecto positivo tanto en los lugares de trabajo como en la
vida familiar.

El señor Miller dice que está familiarizado con los procedimientos internos de
personal de algunas de las mayores sociedades en América, pero que
desafortunadamente "ninguna de ellas tiene un plan para adecuar el trabajo de un
empleado a sus fortalezas y debilidades". Esto explicaría por qué tantas personas
se pasan la vida haciendo un trabajo que detestan, y que cuando llegan a casa
arrojan sus frustraciones sobre la persona a las que más aman, o alivian su
angustia (temporalmente) con drogas y alcohol.

Es esperanzador que en la pasada década y en la mitad de este siglo se ha
puesto más énfasis en la idoneidad para un trabajo y en ayudar a las personas a
seleccionar la vocación para su vida y para la cual están mejor equipados. La
teoría de los temperamentos puede verdaderamente ser de ayuda en este campo.

Mientras la moderna investigación siga produciendo nuevas y mejores maneras
de efectuar las pruebas y nuevas formas de instrucción y desarrollo de los rasgos
naturales de las personas, hábitos de trabajo y estilos sociales, encontraremos un
uso continuo de la teoría de los cuatro temperamentos. Tú como lector de este
libro, estarás a la cabeza del pelotón debido a que comprendes los elementos
básicos de la teoría. Y si has experimentado la poderosa obra del Espíritu de Dios
como se ha delineado anteriormente, ya tendrás un método para vencer tus
debilidades y optimizar tu potencial.

CAPITULO
OCHO

Otras maneras de usar la teoría de los cuatro temperamentos

La teoría de los cuatro temperamentos no es una panacea universal, pero es ciertamente un buen instrumento a usar para ayudarnos en nuestros tratos con otras personas. Siempre la he presentado con dos utilidades principales en mente: la mejora de uno mismo, y la mejora de las relaciones interpersonales. Pero hay muchas otras formas en que se podrá probar su utilidad. Sugeriré alrededor de una docena, y después tú podrás añadir algunas de tu propia cosecha.

He encontrado que la teoría de los temperamentos es de gran utilidad, y que no hay fin de los usos o aplicaciones que pueden hacerse de ella. Sin embargo, el primer y mejor uso de la teoría es contigo mismo. Una vez hayas aprendido la teoría y cómo fortalecer tus propias debilidades, la encontrarás útil en las siguientes áreas:

1. *Orientando a otros*. Menciono la orientación para empezar porque ésta es una área que he usado personalmente para ayudar a miles de personas. Es un instrumento maravilloso para diagnosticar los problemas de las personas. No se puede ayudar a nadie hasta que conozcas cual es el problema de raíz. Muchas veces, las cosas que dicen no son la causa real de sus dificultades. Para mí, la orientación es ayudar a las personas a aplicar principios bíblicos a los aspectos de sus vidas a los que no han sabido aplicarlos. La mayor parte de los aconsejados no saben por qué se encuentran tan felices. En consecuencia, lo primero que hace un consejero es prestar oído e intentar diagnosticar la principal dificultad de la persona. El comprender los cuatro temperamentos, facilita el proceso del diagnóstico.

Al observar cuidadosamente a la persona que busca orientación para hallar señales reveladoras en la gesticulación, habla, actitudes y el contenido general de su conversación, es por lo general fácil diagnosticar el temperamento primario de una persona perturbada. Una vez hecho esto, busco problemas asociados con su temperamento. Si se trata de un sanguíneo, exploro los temas de la ira, de la inseguridad, de la falta de disciplina, y en ocasiones de inmoralidad. Si se trata

de un colérico, exploro los temas de la ira, resentimiento y otras formas de
hostilidad, autojustificación, frialdad o explosiones de ira y una tendencia a
pisotear a los demás. Si estoy entrevistando a una persona melancólica, es de
esperar la autocondenación, la depresión, la autolimitación, la crítica, un espíritu
negativo y crítico, o ingratitud hacia Dios y los demás. En una persona
melancólica es de esperar en ocasiones, impotencia masculina o en una mujer la
frustración de la frigidez. Los flemáticos tienden a abrumar sus vidas con
angustias, temores, morosidad y falta de motivación. Pocas veces he descubierto
inmoralidades entre los flemáticos; pero en ocasiones las mujeres flemáticas, en su
deseo de "seguir la corriente y mantener la paz" pueden ceder a la tentación.

Todos estos y otros problemas de los varios temperamentos tienen que ser
considerados y afrontados en la oficina de orientación. A no ser que un individuo
sea confrontado con la norma bíblica de conducta, no recibirá una ayuda
duradera. Una vez la persona haya recibido un diagnóstico y una confrontación
con el problema, necesitará una receta espiritual sobre la que erigir la curación.
pero la administración de la receta debería ser dada considerando el
temperamento. Los sanguíneos y flemáticos necesitan una llamada a mitad de
semana para comprobar su ajuste a las instrucciones. Necesitan este empuje extra
para mantenerse en marcha. El colérico necesita la certeza de que la fórmula
funcionará, y el melancólico necesita abstenerse de tardarse tres horas para
completar una asignación que sólo requiere veinte minutos.

El orientar a las personas puede ser una experiencia estimulante si se advierte
el progreso en la mayor parte de ellos. El conocimiento y utilización de la teoría
de los temperamentos es un instrumento para mejorar la proporción de éxito del
consejero.

2. *Utilizando la teoría del temperamento para vender.* El vendedor que trata con
las personas en conformidad con sus temperamentos tendrá más éxito que el que
trata con todos de la misma manera. Las personas son diferentes, y los buenos
vendedores lo saben y las tratan de manera diferente.

Los sanguíneos son compradores impulsivos y son conocidos como carentes de
toda resistencia a la venta. No están interesados en los detalles, sino que les
encantan las historias de éxito. Les encanta que los agasajen, y por lo general
hacen sus mayores compromisos en el campo de golf o en el restaurante. Con
ellos se deben apremiar los sentimientos, el ego, y el "todo el mundo tiene uno"
y por lo general se conseguirá una venta (el 80 por ciento de las veces). Sin
embargo, es aconsejable conseguir un buen primer pago de entrada, porque
cambian fácilmente de opinión.

Es más difícil venderle a un colérico. Siendo práctico, responde a las
necesidades. ¿Para qué lo necesita ¿Cómo lo va a usar? ¿Qué valor verdadero
tiene? ¿Cuánto valdrá de aquí a cinco años? Pídele su opinión, y escúchalo como
si fuera un experto. Le encantan las "gangas"; mejor es que le des un descuento.
Tiene fuertes opiniones, así que consigue el tipo y color que él quiere. No
intentes engañarlo, pero asegúrate de mostrarle que puede pagarlo. Si has sido
convincente, puede que compre. No pongas demasiados detalles en tu
presentación. Dale una o dos historias de éxitos, pero no malgastes su "valioso
tiempo" hablando demasiado. Si realmente quiere lo que tú tienes, tienes una
posibilidad de un 70 por ciento de venta, y no es muy dado a ir mirando
escaparates. Déjalo que vea el producto y que lo manipule; entonces, da un paso
atrás, y deja que él mismo decida.

El melancólico necesita hechos, estadísticas, diagramas y detalle. ¡No intentes timarlo! Si no conoces tu producto, ni te preocupes en visitarlo. Puede hacerte más preguntas acerca de tu producto que las que hubieran podido imaginar el inventor y el fabricante. Cuando te haga una pregunta, busca la respuesta, *pero* dile siempre la verdad; tiene una memoria de elefante. Déjale un buen folleto, y vuelve después. Tendrá miles de dudas honestas y de cuestiones a plantear. Trata todas sus dudas y críticas como peticiones de información adicional. Sólo comprará lo mejor que pueda permitirse; así que convéncelo de que tu producto es el mejor en el mercado por aquel precio. (Si no lo es, vete a trabajar para él mejor, o no intentes venderle a él). No le interesa escuchar demasiadas historias de éxito. Quiere saber qué es lo que tu producto hará para él, para su casa, para su compañía. No intentes agasajarlo. Se enorgullece de que no puede ser comprado. Envíale algo por navidad, o después de tu primera venta. Erige con él una relación de fiabilidad y cuídate de que tu firma se cuide de seguirlo, y será un cliente de años. La perspectiva de ventas es de 50-50, pero le vienen terribles remordimientos de comprador al día siguiente de haber firmado el contrato. Una llamada de seguimiento y un informe entusiasta hacen maravillas. Cerciórate de que le das instrucción, bien a él o a sus empleados, acerca de la utilización de tu producto. Recuerda, te estás ganando un cliente para toda la vida. Tiene este potencial.

A los flemáticos les encanta que les vayan a vender, pero no se les puede apremiar. Les gusta una combinación de detalle y de historias de éxito. Compran por muchas razones, incluyendo el prestigio y las razones prácticas. Pocas veces comprarán lo de mayor prestancia; recuerda que no son exhibicionistas. Prefieren la versión sencilla. Dales gran latitud en la elección del margen de precio (de 20.000 a 50.000 dólares). Deja que te indiquen sus necesidades. Les encanta que se les agasaje y que se les convenza. Invita también a sus esposas; esto hará que se sientan importantes. Hacen preguntas sensatas y se les tiene que aplacar los temores, o no hay venta posible. Ayúdalos a ver que tu producto los hará ahorrar dinero a la larga. Trátalos con respeto; no los adules, sino contesta sus preguntas y persiste hasta que compren. Cuanta más atención les prestes, tanto más comprometidos se sentirán, pero después de la venta, si los dejas, puede que nunca te vuelva a comprar. Al igual que los melancólicos, pueden desrrollar un "remordimiento de comprador". Necesitan seguridad después de la compra de que han hecho lo correcto. Otra historia de éxito o la noticia de que otra compañía acaba de comprar tu producto les satisfará. Por lo general alargan la vida de sus antiguos equipos uno o dos años más que los otros.

Oí una cosa interesante en un aeropuerto de Chicago mientras escribía lo que antecede. Un negociante que se identificó como un "vendedor de un producto doméstico importante" y yo empezamos a conversar, y me preguntó qué era lo que estaba yo escribiendo. Cuando le describí el enfoque de los cuatro temperamentos, abrió los ojos y le pregunté si estaba de acuerdo. Su respuesta fue interesante: "podría darle el nombre de personas y describir ejemplos de estos cuatro tipos. Tratamos con ellos a diario".

3. *Usando los temperamentos para dirigir al personal.* La buena dirección involucra la selección, instrucción, motivación y control del personal para conseguir un trabajo armónico en pos de una meta unida. Lo primero y más importante en la buena dirección es poner a las personas idóneas en los puestos

adecuados para ellos. Ya hemos visto como es de utilidad el entendimiento de los cuatro temperamentos y su aplicación a las personas. Pero también es un buen instrumento para los directores conseguir el máximo rendimiento del personal, una vez que están en la nómina.

Los sanguíneos son predeciblemente impredecibles. Su carencia natural de disciplina los hace llegar tarde y sin preparación cuando llegan a trabajar cada día. O bien se les tiene que instruir a trabajar con detalle, o bien se les tiene que dar un servicio de secretaria que pueda hacerlo por ellos. Su mayor punto positivo es la producción y ventas. No esperes que se ajusten a toda la política de la empresa. La mayor tarea que tiene un director es guiarlos a invertir el 90 por ciento de su tiempo en su área más productiva. Si no pueden ajustarse a eso, vienen a ser unos fracasados. Conozco a un vendedor que no podía resistir la tentación de incluir cosas extra a sus clientes y de hacerles promesas adicionales que no entraban en la política de la empresa a fin de conseguir la venta. El presidente de la compañía me dijo: "Vendía tanto que sus comisiones eran más elevadas que sus salarios. Y cuando lo despedimos por haber malvendido los productos de la empresa, descubrimos que sus gastos, comisiones, cargos de envío, etc., nos costaron 800.000 dólares más que nuestros beneficios". Es evidente que estas personas necesitan una estrecha supervisión, pero no les gusta.

Los coléricos son iniciadores de motu propio, y aprenden con rapidez. No temas delegar responsabilidades en ellos. Pero cerciórate de que comprenden plenamente las líneas maestras, los objetivos y los límites. Cuenta con que tendrás enfrentamientos. Desafiarán tu autoridad. No te dejes vencer por ellos. Si les das un dedo, se tomarán un brazo. Y no permitas que pisoteen a la gente. Necesitan instrucción directiva, pero valen la pena debido a que pueden llevar a cabo mucho trabajo. Eso sí, recuerda que van a tratar de quitarte el puesto.

Los melancólicos son personas temperamentales. Cerciórate de que están donde les es más adecuado. Necesitan el constante aliento de que son valiosos y capaces, y por lo general lo son. Intenta no darles demasiadas cosas a la vez, o estallarán, abandonarán, o se hundirán. Esta es la persona que puede arruinar su vida familiar trabajando demasiado tiempo o llevándose trabajo a su casa. Ayúdale a ver que su tipo de perfeccionismo no es necesario para la producción de un producto de calidad superior. Con un aliento y recompensas apropiadas puede que se quede contigo de por vida.

Los flemáticos son personas calladas, sumamente prácticas, y de fiar si mantienes ante ellos las metas propuestas. Pero tienes que imponerles tú las metas. Por naturaleza, estarían dispuestos a aceptar un 55% de su capacidad. Trabajan óptimamente bajo presión, pero rehusan y se plantan cuando la presión es excesiva. Por ello, mantén la situación suave, razonable y alentadora. También necesitan grandes dosis de aprobación. En ocasiones será necesario darles instrucción acerca del uso del tiempo para que lo aprovechen bien. Puede que nunca te planten cara, pero no te sorprendas si te ignoran olímpicamente. Se les tiene que recordar constantemente el concepto de la productividad.

Lo que todos los directores tienen que tener presente es: no esperes que las otras personas vayan a hacer las cosas igual que tú. Son individuos. Tienen talentos y capacidades propios. Ayúdalos a funcionar dentro de estas capacidades. He descubierto que la mayor parte de las personas, especialmente los cristianos, afrontarán los retos eficazmente si son tratados con amor y respeto.

4. *Usando la teoría para educar a otros.* La teoría de los cuatro temperamentos es de gran valor para la educación. Una de mis críticas del monstruoso sistema educativo de la actualdiad es que ha ignorado los temperamentos de los niños en su progreso en el aprendizaje. Los educadores han provocado una ruina de lo que fuera nuestro gran sistema educativo, debido a la aplicación de las improbadas teorías que han lanzado el proceso de aprendizaje hacia atrás en lugar de hacia adelante. El estudiante melancólico dotado puede que no necesite el aprendizaje por memorización debido a que tiene una percepción rápida. Pero el abandono de la memorización para todos los estudiantes es pasar por alto sus temperamentos. Los niños sanguíneos; coléricos y flemáticos necesitan la memorización y los ejercicios repetitivos para llegar a poseer el conocimiento. Gradualmente, al ir cayendo en su lugar los principios básicos de las matemáticas, de la lectura o de la historia, pueden llegar a ser pensadores originales. Los sanguíneos son revoloteadores agitados y temperamentales; los flemáticos sueñan despiertos; y los coléricos se salen por la tangente. Un maestro prudente intentará diagnosticar las tendencias de sus alumnos y los motivará según sus necesidades. Los sanguíneos y los flemáticos necesitan que se les espuele; los coléricos necesitan metas y saber porqué las cosas que tienen que aprender son importantes; los melancólicos necesitan exposición a la asignatura y aliento. Como ya hemos visto en un capítulo anterior, cada temperamento tiene propensión a unas asignaturas y debilidad frente a otras. Si conoces su temperamento, podrás darle el aliento que necesita de una manera apropiada.

5. *Usando la teoría del temperamento para resolver conflictos de personalidad.* Algunas personas son tan difíciles que ni el mismo Señor Jesús podría tratar con ellas. En sus días en la tierra chocó con los legalistas que rehusaban creer en él, y finalmente los llamó "sepulcros blanqueados llenos de huesos de muertos". Pero la mayor parte de las personas con las que chocamos son de diferentes temperamentos; esta es la razón por la que chocamos con ellos. Por ejemplo, el perfeccionista melancólico es ordenado y preciso. Como tal, está destinado a chocar con el descuido casual y deliberado del sanguíneo. Surgirá irritación entre ellos. El sanguíneo puede irritarse por lo que considera la meticulosidad fastidiosa del melancólico. Una gran causa de conflicto entre ambos es la exactitud del lenguaje. El sanguíneo da cifras, distancias y detalles con aproximación, en tanto que el melancólico siente que es su deber "corregir" al sanguíneo. No es de asombrarse que se irriten el uno al otro, sea en la vida matrimonial, en los negocios, o en la iglesia. El melancólico destruye el ego del sanguíneo con tales correcciones, de manera que el sanguíneo contraataca con su mejor arma: la lengua.

Los coléricos tienen un problema similar. Caminan más rápido, hablan más rápido y piensan más rápido que el rebosado flemático. La relación con el flemático es a la vez un motivo de irritación y un reto para el colérico. Cuanto más intenta el colérico motivar al flemático, tanto más el flemático se planta y rehúsa tercamente moverse. La hostilidad que se puede generar en estos contactos interpersonales es increíble. Sin embargo, los sanguíneos pueden también irritar a los coléricos, pero no por la misma razón por la que irritan al melancólico. Pero si quieres ver una explosión, contempla a un sanguíneo y a un colérico enfrentados en un conflicto de personalidades. Los temperamentos que parecen tener menos propensión a enfrentarse son el sanguíneo y el flemático.

Hay dos razones principales para estos choques de personalidad: (1) Los conflictos temperamentales, esto es, dos individuos que son tan diferentes que actúan y reaccionan espontáneamente de una manera totalmente opuesta en casi cada situación; o (2) vemos nuestras debilidades en alguien a quien amamos y tendemos a reaccionar de manera excesiva. Esto sucede frecuentemente con un padre que choca con un hijo que hereda las debilidades del padre. La primera situación es más fácil de resolver que la segunda.

Una vez que reconozcas que tu conflicto con otra persona se debe a que los temperamentos son tan opuestos, es más fácil aceptar la diferencia; reconoces que no se trata de algo personal, sino natural. Esta es la antigua idea de "igual pero diferente". Se puede respetar el derecho de la otra persona a ser diferente de ti sin que se involucre en eso ninguna idea de superioridad o de inferioridad. El problema es que muchas personas tienden a menospreciar los diferentes temperamentos de los demás.

Ahí es donde es de gran valor la vida llena del Espíritu. Cuando estamos llenos de amor, gozo, paz, etc., incluyendo "mansedumbre", encontraremos que es más fácil aceptar las reacciones "erráticas" o diferentes de los otros. Esto es un paso para preverlas. Por ejemplo, yo tengo un amigo sanguíneo que me volvía loco con sus burdas exageraciones. (El las llama embellecimientos.) Nunca podía contar con sus hechos, estimaciones o citas. En lugar de irritarme cada vez, empecé a dividir todo lo que me decía por cuatro, y entonces podía prever de una manera realista sus estimaciones de costos y sus proyecciones. En cuanto a mis amigos pesimistas, empecé a prever su mentalidad sombría y desesperanzada, y a darle la vuelta. Por ejemplo, mi dentista quería deshacer mi puente y rehacerlo todo. Lo desafié a que lo "remendara" e incluso le sugerí cómo. Necesité mucha persuasión, pero finalmente lo hizo en contra de su propia opinión diciendo: "¡No durará!" Hace tres años que me hizo aquel remiendo, y todavía no se cree que aguanta. Si aceptas un "no" como respuesta de parte de algunas personas, los dos saldréis perdiendo por ello.

La teoría del temperamento no resolverá todos los conflictos de personalidad, pero los puede reducir a un tamaño razonable y hacerlos llevaderos.

6. *Utilizando la teoría para comprender a los otros miembros de tus juntas y comités de iglesia.* Una de las pruebas de que la iglesia local está divinamente inspirada y energizada por Dios es que la misma democracia exigida por la mayor parte de los líderes de la iglesia aún no la ha matado. Este es un día en el que todo el mundo quiere formar parte del proceso de toma de decisiones. Si el pastor es un dictador, la gente se queja de que la iglesia está dominada por un hombre. Si es una iglesia conducida por diáconos, con unos setenta ancianos o diáconos, habrá personas que se quejarán de que se dan demasiados poderes a la junta. He llegado a la conclusión de que la mayor parte de la gente se queja de cualquier líder si toma una decisión que no les gusta.

He trabajado con juntas eclesiásticas durante treinta y dos años, y puedo dar testimonio del hecho de que todos los temperamentos se hallan representados en cualquier junta de siete o más personas, y que por lo general reaccionan conforme a sus temperamentos. Nunca me olvidaré de la época en que nos vimos con números rojos de hasta 56.000 dólares durante una recesión, y que los melancólicos de la junta de gobierno de once miembros querían cortar salarios y despedir a varios miembros del personal. Se precisó de toda la persuasión optimista que pude reunir para convencerlos para que me dieran más tiempo, pero finalmente lo hicieron; al cabo de siete meses teníamos un pequeño saldo positivo en el banco, y no habíamos despedido a nadie. Antes de haber oído hablar de temperamentos, tenía que luchar para no abrigar resentimientos contra estos malos augures. Una vez reconocí su tendencia natural, la descarté como perteneciente a su temperamento, y rehusé tomármelo de una manera personal, y ceder sin luchar.

Los miembros sanguíneos de las juntas son habladores, pero ni hacedores ni oidores. Necesitan que se les dé algo que hacer y ser tenidos como responsables de ello. Se debería limitar su discurso en las reuniones de las juntas a lo que ellos han efectuado.

Los coléricos tienden a asumir el mando si se les da la oportunidad. Pero si se tiene un proyecto importante que se quiere ver aprobado por la junta en la que se sirve, sugeriría hablar antes con los coléricos y ganarlos a la opinión de uno. Cuando llegue la reunión, ellos llevarán la carga de la discusión e intimidarán a todos los pesimistas, llevándolos al asentimiento.

Los melancólicos pueden ser desesperantes con su inagotable reserva de cuestiones a suscitar. No importa qué sea lo que se presenta, pueden pensar en objeciones, dificultades y problemas que se habrán de afrontar. Siempre me ha chocado que pueden recordar vívidamente ilustraciones de aquellos que han fracasado en su intento de llevar a cabo lo que tú sugieres, pero que nunca pueden recordar a aquellos que logran coronar la empresa con éxito.

Los flemáticos de la junta son de trato fácil, particularmente si no les pides que hagan algo. Pero si tu propuesta les va a costar dinero, ni cuentes con su apoyo. Presenta siempre el costo de un proyecto junto con un plan razonable de reintegro, y tu amigo flemático te apoyará.

Ya que no hay ninguna junta ni comité constituida por un solo tipo de temperamento, sino que por lo general están los cuatro representados, encontrarás tu vida como líder, pastor o presidente más fácil si planificas tu presentación con todos los temperamentos en mente. El nombre de esa partida es preparación. Pero no te olvides de orar. De ahí es de donde proviene el verdadero poder.

7. *Utilización de la teoría de los temperamentos en la educación de los hijos.* Cada niño es diferente. No solamente en combinación de temperamentos. Por esta razón, verás que la teoría de los temperamentos es un instrumento útil en la crianza de los hijos, particularmente en la manera en que aplicas disciplina. Tenemos una niña a la que sólo tuve que dar dos azotes en toda su niñez, y sin embargo es una joven madura en la actualidad. ¿Los otros tres hijos? No voy a calcular el número de veces que tuve que azotarlos. ¿Cuál es la causa de esta diferencia? Sus temperamentos.

Los hijos sanguíneos son los más fáciles de querer. Son innatamente encantadores, y si no tienes cuidado te seducirán a pasar por alto su desobediencia. Estos niños crecen siendo embusteros, tramposos y, en algunos casos, ladronzuelos. Los sanguíneos necesitan amor, pero necesitan aun más disciplina. Y no permitas que se te vuelvan respondones, o aprenderán a ser irrespetuosos hacia todos los adultos.

Por lo general, los niños coléricos precisan de más azotes para criarlos apropiadamente que cualquier otro temperamento. ¡Y que tercos que pueden llegar a ser! Tienes que quebrantar su voluntad, pero ten cuidado de no quebrantar su espíritu. ¿Cómo se evita quebrantar el espíritu de ellos mientras se moldea su voluntad? Siendo afectuoso con ellos y cultivando una estrecha relación mientras que al mismo tiempo se exige obediencia. Te van a poner a prueba. ¡No falles en ella!

Los niños melancólicos necesitan amor y seguridad, mientras que al mismo tiempo tienen que aprender a ser autosuficientes. Por lo general no es necesario aplicarles mucha disciplina física, sino que responderán ante blandas palabras de represión. Un rasgo al que se tiene que prestar atención es el de la crítica y un espíritu negativo, particularmente si su temperamento secundario es un colérico. Un MelCol puede ser a la vez negativo y voluntarioso. Los niños melancólicos necesitan grandes dosis de certeza de parte de sus padres de que son valiosos e importantes; y para esto es para lo que están los padres.

Los niños flemáticos son fáciles de criar, especialmente si no te preocupas de si van alguna vez a ser algo en la vida. No provocan problemas, y raras veces se comportan con descaro; simplemente viven en su mundo fantasioso de ensoñaciones y funcionan al 60 por ciento de su capacidad... a no ser que los vayas aguijoneando. Es importante cultivar su nivel de curiosidad cuando son muy jóvenes. Este es el tipo de niño que no debiera ser mantenido en el corral infantil, porque es en estos años tempranos, según los expertos, que se enciende o sofoca la curiosidad del niño, dependiendo de si es libre de preguntar o de confiarse. Como todos los niños prosperan si se les da afecto, y dan su máximo rendimiento cuando se les presiona gentil pero constantemente.

La crianza de los niños es prácticamente una vocación a dedicación completa en los años primeros en que un niño necesita lo que el siquiatra Harold Voth llama "constancia materna". Esta es la razón de que Dios diera padre y madre a los niños, a fin de que uno de ellos pudiera estar con ellos en estos años tan cruciales de la vida. El énfasis actual en las madres trabajadoras (tanto si hay necesidad de eso como si no) está destinado a crear una generación entera de jóvenes rebeldes o inseguros. No tienes que ser perfecto ni un padre experto para ser un buen padre, pero la crianza de los hijos *tiene* que estar en un lugar muy elevado en tu lista de prioridades cuando tus hijos tienen menos de diez años. Idealmente, debieran tener a la madre en casa hasta que empiecen a trabajar o a practicar después de las horas escolares.

Para información adicional acerca de una buena crianza de los hijos, véase el libro de mi esposa, *Cómo desarrollar el temperamento de tu hijo*.

EL USO Y ABUSO   Al igual que un buen libro, la teoría de los
DE LOS   temperamentos es susceptible de abusos. No es una
TEMPERAMENTOS   panacea universal. Y en ocasiones hay personas que
                        no cuadran en una combinación temperamental
debido a que sus dos temperamentos están muy equilibrados, o incluso debido a que tienen tres temperamentos. Además, las experiencias de su niñez o de su vida pueden haber destacado de una manera especial o dominado excesivamente un temperamento con exclusión del otro. Sin embargo , esta teoría es con todo el mejor instrumento para ayudar a una más amplia generalidad de personas que jamás se haya ideado.

Desafortunadamente, algunas personas abusan de este instrumento, lo que hace que algunos reaccionen en su contra antes de darle una atenta consideración. Estas son las tres formas más comunes en que se abusa de esta teoría:

1. Como un mazo sicológico con el que golpear a los amigos. Una de las cosas que ha hecho que más personas se vuelvan en contra de esta teoría, más que otras, es la cantidad de individuos inconscientes que humillan en público a sus amigos, analizándolos, poniendo especial énfasis en las características negativas. Los padres pueden hacerlo con sus hijos con resultados devastadores.

Muy pocas veces le digo a una persona qué temperamento creo que tiene, aunque me lo pregunte... y desde luego nunca en público. No se trata de que ningún temperamento sea vergonzoso o lo debiera ser, sino que a nadie le gusta que lo desnuden sicológicamente en público. Usalo como instrumento para ayudarte a ti mismo, para comprenderte, y para mejorar tus relaciones con los demás, pero nunca lo uses como un mazo. Puede que provoques risas, pero aunque te des cuenta o no, también provocarás dolor.

2. Como excusa para tus debilidades. Todo lo que este libro busca es mejoramiento, esto es, tu propio mejoramiento. pero si consientes las debilidades inducidas por tu temperamento con la muletilla de "es debido a mi temperamento", eres un caso perdido. Puede que tu temperamento haga de ti un hablador las veinticuatro horas del día. Pero puedes mejorar, si afrontas esta debilidad y pides la ayuda de Dios para conseguir un espíritu apacible. Puede que seas un dominante compulsivo, pero no digas: "Soy un colérico melancólico y no puedo cambiar. Tienes razón, no podrás porque no quieres. Dios, sin embargo, te puede dar una gran dosis de compasión, para gran alivio de tus amigos. Pero debes abrirte a la acción de Dios.

Y no te creas que debido a que eres un melancólico tienes que ir a través de la vida fastidiando a todo el mundo, criticando a unos y a otros, y deprimiéndote a ti mismo al entregarte a la autocompasión. Dios puede darte gozo, paz, amor y un espíritu gentil... si lo quieres.

O, si sucede que eres un flemático, no te quedes sentado por ahí dejando que tu vida se escurra entre las manos sólo debido a que es muy fatigoso salir de tu butacón. Y no vayas a excusar tu pasividad diciendo: "Es que soy así". Tienes muchos rasgos positivos; así que, concéntrate en estos, y empújate a ponerte a disposición de Dios para ayudar a otros. Te gustarán más los resultados de esto.

3. Para clasificar a todos tus conocidos. En tanto que es verdad que todos tenemos una combinación de temperamentos, no es un bien ni para ti ni para los demás estar siempre pensando en ellos en función de sus temperamentos. En primer lugar, las decisiones repentinas pueden ser incorrectas, y en segundo lugar, puedes llegar a olvidar a la persona mientras te concentras en su temperamento. Una cosa que todos tenemos que desarrollar es un sincero interés en y amor hacia las otras personas. Así como aprendemos a amar y a aceptar a las personas sin tener en cuenta su apariencia o características físicas, tenemos que aprender a familiarizarnos con las personas haciendo abstracción de su temperamento.

Nuestro Señor miró al *corazón* de Nicodemo. Andrés y otros, no sólo a su corteza externa. En tanto que nosotros no poseemos esta capacidad divina para ver el corazón como realmente es, podemos aprender a ver a la persona real que a menudo está velada por sus características físicas y su temperamento. La Biblia habla del "ser interior de la persona" (1 P. 3:4). Esta es la verdadera persona. Procura conocerla.

EL USO APROPIADO   Hay muchos usos buenos para la teoría de los
DE LA TEORIA   temperamentos, que compensan cualquier tipo de
DE LOS   peligros o malos usos a que pudiera ser puesta. Ya
TEMPERAMENTOS   hemos dedicado un capítulo entero a estos buenos
usos, pero será conveniente recapitular este aspecto
relacionando los tres que creo que son más importantes.

1. Aceptación propia. Esta teoría te ayudará a afrontar el hecho de quién eres
basándote en la realidad de que todos tenemos fortalezas y debilidades.

2. Mejora propia. Una vez hayas examinado tus debilidades y comprendas por
qué actúas de la manera en que lo haces, estarás más preparado para clamar a
Dios y pedirle que te ayude a aminorar tus puntos débiles con el fin de mejorar
tu temperamento.

3. Comprensión y aceptación de los demás. En tanto que vivas, serás
confrontado por otras personas. Cuando comprendas por qué hacen lo que
hacen, te será más fácil aceptarlos y amarlos.

Es mi sincero deseo y oración que la lectura de este libro ayude a aplicar la
teoría a los tres propósitos descritos anteriormente. Si es así, deberemos estar
ambos bien complacidos.

En caso de que te dediques a la enseñanza de esos principios y quisieras
solicitar un juego de trasparencias para retroproyector que suplementan esta obra
como una útil ayuda para la comunicación, escribe a mi oficina. Y si tienes
alguna pregunta específica acerca de la teoría de los temperamentos que no
reciba respuesta en este libro, ten la gentileza de enviarme la pregunta, e incluiré
tu planteamiento en mi próximo libro acerca de este tema.

En el interin, recomiendo que tomes el Análisis de Temperamento LaHaye
como una ayuda muy valiosa para una adicional mejora de tu temperamento.

Cuarta

EL TEMPERAMENTO Y TUS EMOCIONES

CAPITULO NUEVE

Como tratar con el temor y la ira

"Lo que eres emocionalmente, ¡esto es lo que eres!" puede ser una afirmación demasiado radical para ser cierta, pero se aproxima a la realidad. Somos unos seres tan emocionales que nuestras emociones pueden afectar cada una de las áreas de nuestras vidas, para bien y para mal. Me he dado cuenta de que siempre que nuestras emociones entran en conflicto por un período con otra área de nuestro ser, al final consiguen triunfar.

Considera el poder de la emoción para influenciar las otras tres áreas más importantes de la vida: la mente, la voluntad y el cuerpo. No importa lo inteligente que sea una persona, cuando queda perturbada emocionalmente no puede pensar de una manera ordenada. Las emociones pueden quebrantar su concentración y apagar su creatividad. Las mentes de algunas personas están totalmente dominadas por sus emociones. Es de recordar el caso de un erudito académico que consiguió un reconocimiento mundial a la edad de los 27 años. Pero un matrimonio equivocado lo mantuvo tan afligido, fluctuando entre la ira y la depresión, que malgastó su potencial, y se retiró con menos prestigio y categoría que cuando tenía 27 años.

Todos hemos tenido la experiencia de permitir que nuestras emociones perjudiquen nuestro recto juicio. ¿Cuántas veces no te has preguntado: "Por qué compré esto — este automóvil, esta casa, este vestido, etc.?" Sabías que no te convenía, pero sin embargo lo hiciste. Tomaste una decisión emocional. Me gustaría que me dieran un dólar por cada persona en el mundo que ha dicho: "Y ¿por qué me casé con él/ella? Si no tenemos nada en común". Ahora puedes ver por qué digo que todas las decisiones tomadas emocionalmente son malas decisiones. La vida bien llevada es aquella en la que tu mente controla tus emociones, nunca al revés.

Sin embargo, lo mismo sucede con tu voluntad. No importa lo voluntarioso que seas, si el conflicto entre tu voluntad y tus emociones persiste el tiempo suficiente, tus emociones vencerán. Esta es la razón por la cual la Biblia nos ordena huir de las pasiones juveniles y de los pecados. Nuestras emociones son particularmente poderosas entre las edades de los 14 y los 24 años. Esta es la razón por la que el diablo usa la sociedad, la educación, las drogas, los amigos y las diversiones en nuestros jóvenes durante estos años cruciales. Sabe lo vulnerables que son para tomar malas decisiones de por vida en esta etapa en que son tan emocionalmente combustibles.

Físicamente, nos encontramos con lo mismo. Los médicos nos dicen que entre el 65 y el 80 por ciento de las enfermedades son inducidas emocionalmente. ¿Qué quieren decir con esto? Muy sencillamente, la mayor parte de las personas en nuestro país arruinan o quebrantan su salud mucho antes de lo necesario entregándose a emociones perniciosas durante largos períodos de tiempo. Las buenas emociones parecen tener un efecto saludable sobre nosotros; las malas emociones nos destruyen. La Biblia dice que "el corazón alegre constituye buen remedio; mas el espíritu triste seca los huesos" (Pr. 17:2).

DOS CULPABLES EMOCIONALES

Todos nosotros experimentamos muchas emociones a lo largo de nuestras vidas. Pero en mi opinión, todas ellas se derivan de dos raíces básicas: la ira y el temor. El temor fue la primera emoción que surgió a la superficie después de la caída. Adán dijo: "Tuve miedo" debido a que había desobedecido a Dios. Desde entonces han sido miles de millones los que han conocido los temores inducidos por la culpa, además de muchas otras que asume. La ira fue la causa de la primera contienda familiar, que como recordarás acabó con un asesinato, cuando Caín "se ensañó en gran manera" (su corazón se llenó de ira) contra su hermano Abel, dándole muerte.

Por toda la Biblia encontramos literalmente cientos de ilustraciones acerca de los dañinos efectos del temor y de la ira. Y hay cientos de amonestaciones bíblicas que dicen: "No temas", "no se turbe vuestro corazón", y "dejad vosotros todas estas cosas: ira, ... Dios sabía que el temor y la ira son la plaga de la humanidad, obrando impacablemente para nuestra destrucción o limitando nuestro potencial. Además, la Biblia ofrece muchos antídotos a estas dos emociones paralizadoras.

Estas emociones y acciones surgen del problema básico del temor. Algunos consejeros pasan demasiado tiempo tratando esos síntomas en lugar de ir a la causa de raíz. Estoy convencido de que si podemos ayudar a la gente a vencer su tendencia al temor, estos otros problemas quedarán automáticamente resueltos.

Después de mis seminarios, ha habido inquiridores inteligentes que me han preguntado: "¿Por qué incluye las emociones de la ira y del temor en sus enseñanzas tanto acerca de los cuatro temperamentos y del matrimonio y la familia?" La respuesta es que, la ira y el temor son en muchas formas las causas más significativas de limitación de las fortalezas en el temperamento de las personas, y también los principios que provocan la destrucción de los matrimonios y de las familias.

Además enseño que la manera de vencer las debilidades de tu temperamento es siendo lleno del Espíritu. La Biblia nos advierte en contra de apagar el Espíritu Santo en nuestras vidas debido al "temor" (1 Ts. 5:16-19) y en contra de "contristar al Espíritu" debido a la "ira" (Ef. 4:30-32). Todos aquellos que no apagan el Espíritu debido al temor ni lo contristan debido a la ira andan en el Espíritu tal como Dios nos ordena vivir (Gá. 5:16-18). Por esta razón, debiéramos examinar cuidadosamente la relación entre nuestro temperamento heredado y el pecado emocional que tanto nos asedia.

LAS PREDISPOSICIONES EMOCIONALES DE LOS TEMPERAMENTOS

Hay un sentido en el que todos los seres humanos experimentan temor e ira. Pero he visto que la mayor parte de las personas tienen una tendencia a un "pecado asediante" o lo que yo llamo una predisposición temperamental. Esto es, ciertos temperamentos tienen una predisposición hacia un pecado emocional más que hacia otro. Su influencia en su vida dependerá, naturalmente, de su segundo temperamento, de sus antecedentes, instrucción y, naturalmente, de la motivación que tengan (para mí, motivación significa si tienen o no al Espíritu Santo en sus vidas para motivarlos).

Como pastor-consejero durante muchos años, me especialicé en ayudar a personas apocadas, encolerizadas y deprimidas. No fue sino hasta más tarde, cuando la rotura de matrimonios se hizo tan generalizada incluso en la iglesia, que empecé a especializarme en orientación matrimonial. De todas maneras mucho tiempo antes de aprender acerca de los cuatro temperamentos, me di cuenta de que los dos destructores de mis aconsejados eran el temor y la ira. La cosa llegó al punto de que antes de abrir mi despacho de orientación, sabía por adelantado si el problema de ellos era el temor o la ira. La única excepción a esta regla era en aquellas pocas personas que encontré que tenían ambos problemas.

Cuando leí Temperament and the Christian Faith (Temperamento y la fe cristiana), del teólogo noruego O. Hallesby, todo cayó ante mí como un fruto maduro. Ví que dos de los temperamentos tenían una predisposición hacia el temor y que los otros dos propendían a la ira. En los veinte años que han transcurrido desde entonces, he investigado todo lo que he podido encontrar acerca del tema de los temperamentos. He ensayado a más de seis mil personas y he estudiado a miles de personas en sesiones de orientación, y nada ha contradicho aquella primera impresión. Todos los melancólicos y flemáticos tienen una tendencia al temor, y todos los coléricos y sanguíneos tienen una tendencia a la ira. Considera la siguiente tabla y los otros problemas emocionales que surgen de estas emociones básicas.

Sanguíneo   Colérico   Melancólico   Flemático

Amargura	Intolerancia	Celos	Preocupación	Lejanía	Suspicacia
Malicia	Crítica	Ataque	Ansiedad	Soledad	Depresión
Clamor	Venganza	Murmuración	Timidez	Agresividad	Vacilación
Envidia	Ira	Sarcasmo	Indecisión	Dudas	Arrogancia
Rencor	Odio	Implacabilidad	Superstición	Inferioridad	Apocamiento
	Sedición			Cobardía	

El temor es la emoción paralizadora que inhibe o limita los sentimientos normales de amor, confianza y bienestar. Desencadena pautas mentales negativas, generando ansiedad, angustia, y las otras emociones relacionadas antes, y que pueden multiplicarse como una gigantesca bola de nieve que puede aplastar toda la vida de la persona.

El siguiente gráfico se usa con permiso del doctor Jay Adams, de su excelente libro Capacitado para Orientar (Pub. Portavoz Evangélico, Barcelona 1981, pág. 188). Muestra todo el ciclo de las actividades de la vida. Ahora examina el siguiente diagrama que muestra el temor, la ansiedad y la angustia en el núcleo de la mente de la persona. Podrás ver como alcanza a cada área de la vida de la persona. El temor no se relaciona sólo con una área de tu vida, lo mismo que tu vocación o profesión. El temor es a tus emociones lo que la leucemia, el cáncer de la sangre, es a tu cuerpo. Invade a toda la persona.

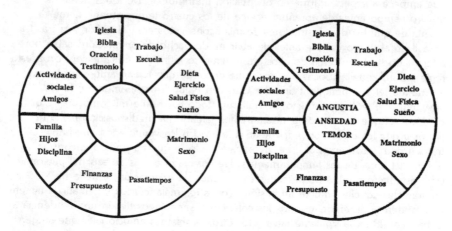

Todos y cada uno experimentan temor la primera vez que hagan algo peligroso en la vida. Esto no es nada nuevo. Todos se sienten nerviosos o temerosos cuando afrontan el trauma de conducir un automóvil, una motocicleta, o de pilotar un aeroplano o de lanzarse de cabeza desde un trampolín en una piscina. Estos son temores normales. Pero los que permiten que sus temores les inhiban e impidan emprender aquello que les gustaría hacer o debieran hacer han cruzado la línea de separación entre los temores normales y los temores destructivos. La clave en cuanto a qué tipo de temor parece ser el hecho de si dejamos que nuestros temores nos mantengan apartados de hacer la voluntad de Dios.

Habiendo reconocido que todos experimentan temores, angustias y ansiedades, se debería señalar que algunas personas tienen más problemas con esto que otros. Y las diferencias se pueden detectar en la primera infancia. Observa a los niños que participan en el próximo espectáculo presentado por la escuela dominical. Esta puede ser la experiencia más aterrorizadora que tu hijo vaya a tener en todo el año, si tiene una predisposición hacia el temor o si siente pavor ante la perspectiva de tener que levantarse ante un grupo que le observa. Si cantar y hablar en público lo paralizan, esto es temor. A algunos niños, a los sanguíneos y coléricos, les encanta, o al menos no les importa lo que otros les vean hacer o lo que otros piensan de ellos. Pero no es así con los melancólicos y

Sanguíneo   IRA   Colérico   Meláncolico   TEMOR   Flemático

flemáticos. Estos temperamentos, ya en la primera infancia, parecen tener el problema del temor. De bebés ya tienen miedo cuando su madre los deja, y de niños tienen miedo de hacerse daño o de ser abandonados, y en su adolescencia temen el rechazo de sus compañeros mucho más agudamente que los coléricos y los sanguíneos.

He reflexionado mucho acerca de la diferencia entre el temor del melancólico y el del flemático, pero sin llegar a ninguna conclusión firme. En muchas formas se trata de los mismos temores, con los mismos perniciosos efectos, excepto que los temores del melancólico parecen más intensos y tener una influencia más limitadora sobre él. Los flemáticos dejan que el temor inhiba sus actividades, pero no quedan afectados por este incidente. Los melancólicos que tienen miedo a volar emiten un sudor frío, y no pueden comer ni dormir debido a la obsesión que esto les causa. El flemático simplemente se encierra en su terquedad y dice: "No quiero ir".

Vocacionalmente, el flemático es extremadamente consciente de la seguridad. Siempre que se le presente una oportunidad de elegir entre una paga elevada y seguridad, el flemático elegirá la seguridad. El melancólico apenas si podrá hacer la elección. Los dos son llevados por el temor. Los melancólicos pocas veces cambian de profesión; les asusta demasiado. Los flemáticos son más fáciles de persuadir a que se lancen a algo nuevo que los melancólicos, pero la nueva aventura les tiene que ofrecer más seguridad que la posición en que se encuentren en el presente. Sospecho que una razón de que tantos melancólicos se pasen la vida en carreras académicas es debido a que se sienten seguros allí, al haber pasado en estas instituciones unos dieciocho años de los primeros veintitrés de su vida. (Se debe admitir también que presentan las condiciones de elevada inteligencia para ello).

Los temores del melancólico que lo hacen sentirse inseguro acerca de sí mismo son también más intensos que los del flemático. Por la razón que sea, aunque el gentil flemático se encuentre con dificultades para lanzarse de una manera agresiva en pos de algo que quiera o necesite, su temor no es tan intenso como el del melancólico que se rechaza a sí mismo y sus capacidades. Los melancólicos parecen más egocéntricos que los flemáticos, lo que complica sus temores. Una persona egocéntrica se preocupa acerca de todo, incluso acerca de su ansiedad. Una mujer melancólica me dijo: "Supongo que se dio cuenta de que hoy no tomé la comunión. Es que había confesado todos mis pecados, pero me temo que debe haber uno o dos pecados que he olvidado". En tanto que su conciencia espiritual es admirable, son asombrosos sus temores de incurrir en el desagrado de Dios. No es de asombrarse que estas personas sean tan tristes. "La congoja en el corazón del hombre lo abate" (Pr. 12:25).

Incluso el "temor de Jehová" se transforma en un miedo patético hasta tal punto que pueda llegar a interferir con el amor a Dios. La Biblia menciona cientos de veces que los rectos deberían "temer a Jehová". Pero no es lo mismo que la angustia, la ansiedad y el miedo. No se puede amar a alguien a quien uno le tiene ese tipo de temor. El término "temor" como actitud hacia Dios significa reverencia y especial honor. Las únicas personas que debieran tener miedo a Dios son los que le desobedecen. Si le amamos, le obecedemos, y si le obedecemos es debido a que le "reverenciamos" u "honramos", y esto no es lo mismo que "tener miedo". Los melancólicos y algunos flemáticos tienen dificultades en distinguir la diferencia, lo cual tiende a paralizar sus vidas espirituales.

La principal diferencia que puedo detectar entre los temores del melancólico y los del flemático es que los temores del melancólico son intensos, duran más tiempo, los obsesionan más y provocan más inhibición en sus vidas. En tanto que el flemático está dado a la ansiedad y es propenso a limitarse a sí mismo debido a sus temores, tienen una perspectiva relativamente feliz de la vida y puede olvidarse de sus temores tan pronto como vuelve a un lugar en la vida con el que está más familiarizado, olvidando entonces sus temores.

LOS RESULTADOS
DEL TEMOR
El temor es un duro amo que inhibe todas las areas de la vida de uno. Contempla otra vez el círculo de la vida en la página 132 y verás cómo alcanza a todas las actividades de la vida. Para los que están en sus garras, el temor viene a ser la fuerza más poderosa en sus vidas, y afecta todo lo que hacen. Lo que sigue a continuación es sólo una parte del pesado precio que cuesta.

1. *Los resultados emocionales del temor.* Cada año incontables miles de personas se hunden en un colapso mental y emocional debido al temor. Los tratamientos de electro-shock y de choque insulínico se están haciendo más y más comunes como formas de tratamiento para los pacientes que sufren de la tiranía del temor. Muchas personas temerosas se encierran en su concha y dejan que la vida vaya pasando sin experimentar las cosas maravillosas que Dios les tiene reservadas, debido a su miedo. Lo trágico es que la mayor parte de las cosas que teme nunca suceden. Un joven negociante que se dirigía a una compañía de ventas llegó con sus cálculos a la cifra de que el 92% de las cosas que las persoans temen nunca les suceden. No puedo garantizar la exactitud de esta cifra, pero es evidente, al mirar a la vida de cualquiera, que la abrumadora mayoría de las cosas que tememos no ocurren o no son tan malas como creíamos que serían.

Una vez tuve la oportunidad de aconsejar a una mujer que alejó de sí a su marido debido a que estaba muy emocionalmente perturbada por sus miedos. Se obsesionó con la idea de que otra mujer iba a arrebatarle su marido, y su mente emocionalmente perturbada la llevó a una conducta tan errática y anormal en el hogar que apartó de sí a su marido, aunque la "otra mujer" nunca había existido.

El costo emocional del temor se ve con gran claridad en la siguiente afirmación del difunto médico cristiano dotor S. I. McMillen: "Alrededor de nueve millones de americanos sufren de enfermedades emocionales y mentales. Hay tantas camas ocupadas por los perturbados mentales como por todos los pacientes combinados de medicina y cirugía. De hecho, uno de cada veinte americanos sufrirá una perturbación psicopática lo suficientemente severa como para ser confinado en un hospital para dementes. La enfermedad mental es verdaderamente el problema de salud número uno de la nación. ¿Cuánto cuesta el cuidado de nuestros hospitales mentales? El costo anual es de alrededor de mil millones de dólares. Además, fuera de los asilos hay una gran cantidad de ellos que no necesitan confinamiento, pero que no pueden sostenerse a sí mismos. Trabajan poco o nada y constituyen una gran carga para el contribuyente". Este costo no incluye el dolor y la confusión en las familias a las que pertenecen estos pacientes admitidos a sanatorios y asilos. Madres y padres se quedan solos para criar a sus hijos, y los niños se quedan frecuentemente carentes de instrucción o sin cuidados como resultado de la enfermedad emocional de un padre o de otro.

2. *Los resultados sociales del temor.* Los resultados sociales del temor son quizá los más llevaderos, pero es sin embargo algo difícil. Los individuos dominados por el temor no son una compañía agradable. Su espíritu pesimista y quejumbroso hace que se vean esquivados y evitados, lo que ahonda aun más sus perturbaciones emocionales. Muchas personas, por otra parte agradables y felices, son eliminadas de listas sociales y hacen que sus cónyuges se vean similarmente limitados, simplemente debido a temores carentes de toda razón.

3. *Los resultados físicos del temor.* Es casi imposible sobrestimar los efectos dañinos que el temor puede tener sobre el cuerpo. En años recientes, los médicos han dirigido nuestra atención a esta peligrosa causa de muchas de nuestras enfermedades físicas. El libro que me ayudó a poner estas cosas en perspectiva es Ninguna Enfermedad. Su argumento central es esencialmente que los cristianos no presentan la misma incidencia patológica que los no cristianos debido a que sus emociones están más centradas. Estoy de acuerdo si por ello entendemos cristianos controlados por el Espíritu. Es evidente que aquellos cristianos cuyas emociones son amor, gozo y paz van a estar mucho mejor físicamente que aquellos cuyas emociones son un remolino de temor, ansiedad y angustia. El siguiente diagrama, reproducido del libro del doctor McMillen, muestra la importancia de las emociones para la condición física del individuo. Fíjate cómo el centro emocional (que en la Biblia recibe el nombre de "corazón") está ligado neurológicamente con todos los órganos vitales del cuerpo. Aunque el cuerpo puede soportar una gran cantidad de abusos, la tensión sostenida a lo largo de un largo período de tiempo provocará finalmente su quebrantamiento. Cada uno parece tener su propio nivel de tolerancia. De hecho, algunos creen que cada ser humano tiene su propio punto de resistencia mínima, esto es, un punto que es más vulnerable a una tensión prolongada. A unos, una perturbación emocional les provocará una disfunción renal, en otros la consecuencia de la tensión se reflejará en la vesícula biliar; otros sufrirán del colon o de cualquiera de las cincuenta y una enfermedades relacionadas en la tabla del doctor McMillen. Sea lo que sea, la tensión prolongada causada por temor, ansiedad o angustia incidirá en este punto de menor resistencia, y el individuo sufrirá cualquier cosa, desde hipertensión sanguínea hasta ataques del corazón, desde piedras en la vesícula hasta artritis.

El impulso sexual es un buen ejemplo de los efectos de las emociones en el cuerpo de la persona. Pocas cosas son más poderosas que el impulso sexual; sin embargo, tanto los hombres como las mujeres pueden quedar sexualmente inactivos debido al temor. El temor al embarazo, al dolor o al descubrimiento pueden hacer de una mujer normal una mujer frígida. El temor al rechazo, o el temor a la incapacidad en el juego sexual pueden llevar a un hombre normal a la impotencia. El temor se alimenta de sí mismo, y provoca enfermedades físicas, que a su vez incrementan los temores. Se genera un círculo vicioso.

CONTROL EMOCIONAL DE LOS ORGANOS FISICOS

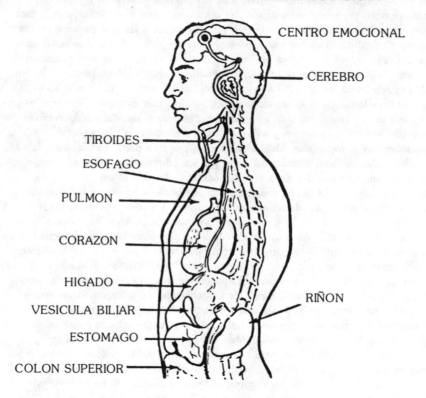

ULCERAS DE ESTOMAGO E INTESTINO   ENFERMEDAD RENAL
COLITIS   DOLORES DE CABEZA
HIPERTENSION SANGUINEA   PERTURBACIONES MENTALES
PROBLEMAS DEL CORAZON   GOTA
APOPLEJIAS   DIABETES
ARTERIOSCLEROSIS   ARTRITIS

Otras enfermedades mencionadas por el doctor McMillen son la hipertensión sanguínea, los problemas del corazón, las enfermedades renales, la gota, la artritis, los dolores de cabeza, las apoplejías, y la mayor parte de las mismas cincuenta y una enfermedades que relaciona como provocadas por la ira. Al ilustrar el efecto del temor en el corazón humano, cita al doctor Roy R. Grinker, uno de los directores médicos del Hospital Michael Reese en Chicago: "Este doctor afirma que la ansiedad pone más tensión sobre el corazón que cualquier otro estímulo, incluyendo el ejercicio y la fatiga física". El doctor McMillen señala que el temor provoca una reacción química en el cuerpo humano, como cuando

parece que la saliva se seca en la boca cuando nos toca levantarnos en una clase
de oratoria para hablar. Esta reacción no perjudica a nadie porque es de corta
duración, pero si este tipo de experiencia se sufre hora tras horas debido al
temor, puede provocar daños físicos en el cuerpo.

Un médico amigo me lo explicaba de la siguiente manera. Tenemos un sistema
automático de alarma que se dispara siempre que nos enfrentamos con una
emergencia. Si la alarma suena a las dos de la madrugada, te despiertas en el
acto y en pleno control de tus facultades, por muy profundamente dormido que
estuvieras. Este es un don de Dios a los hombres. Lo que ha sucedido es que tu
glándula suprarrenal se ha desencadenado por el susto de la emergencia y ha
segregado adrenalina, lanzándola a tu flujo sanguíneo, poniéndote en inmediata y
plena conciencia. De hecho, es probable que estés más fuerte y más mentalmente
dispuesto que en tu estado normal, con lo que puedes afrontar el problema
eficazmente.

Cuando estaba pastoreando una iglesia en Carolina del Sur, uno de los
hombres de la congregación estaba conduciendo velozmente a su esposa
embarazada al hospital para que diera a luz a su hijo. Mientras descendían por la
embarrada carretera de montaña, la parte delantera del automóvil cayó en un
hoyo. Ante aquella emergencia su glándula suprarrenal inyectó adrenalina en su
sistema; saltó hacia la parte delantera del vehículo y lo alzó de nuevo poniéndolo
en la carretera, se volvió a meter en el automóvil, y llevó a su esposa al hospital.
Al día siguiente, en el aparcamiento del hospital, intentó demostrar a sus
incrédulos amigos que había levantado la parte delantera de su automóvil, pero
para su asombro, no consiguió moverlo ni un centímetro. Se esforzó al límite de
sus fuerzas, pero el automóvil se resitía a moverse. Lo que no sabía era que en
aquel momento de apuro había poseído una fuerza supernormal debido al sistema
de alarma de emergencia con que Dios nos ha dotado, que había actuado la
noche anterior, pero que no estaba disponible para la exhibición en el
aparcamiento.

Mi amigo doctor me explicó que esto no provoca daño alguno al cuerpo
humano, porque una vez que la situación de emergencia ha llegado a su fin, la
glándula suprarrenal vuelve a su función normal y el flujo sanguíneo se deshace
del exceso de adrenalina sin efectos adversos. Pero éste no es el caso con la
persona que está sentada a la una de la tarde para pagar sus facturas y de
repente se ve invadido de temor porque no tiene suficiente dinero en la cuenta
corriente para pagar todo lo que debe. Hora tras hora, mientras está angustiado,
la glándula suprarrenal está inyectando adrenalina en su flujo sanguíneo, proceso
que finalmente puede causarle mucho daño físico. Esta es a veces la causa de
excesivos depósitos de calcio, y en ocasiones produce los doloridos cuerpos de
los enfermos de artritis.

Conozco a una encantadora dama cristiana que ha estado enferma de artritis y
que finalmente se vio confinada a una silla de ruedas debido a su enfermedad.
Se le aplicaron todos los tratamientos médicos conocidos por la ciencia, y al final
su especialista en artritis le tuvo que decir: "Lo siento, señora, pero no puedo
encontrar nada orgánicamente mal en usted. La causa de su artritis es
emocional". Cuando oí este análisis, mi mente me devolvió a mi niñez cuando
ella estaba en perfecta salud. Aunque nos encantaba ir a su casa en busca de las
deliciosas galletas que hacía, nos referíamos a ella como "la profesional de la
ansiedad". Se angustiaba por todo. Estaba inquieta acerca del trabajo de su

marido, aunque trabajó durante treinta años para la misma compañía y nunca llegó a conocer un sólo día sin paga. Sentía aprensión por el futuro de una hija que en la actualidad tiene un hogar encantador y seis hijos. Estaba preocupada acerca de su débil y enfermizo hijo, que creció hasta la altura de 1 metro 93 centímetros, y con un peso de alrededor de 100 kilos, y que llegó a ser jugador de un equipo de fútbol americano. Apenas si puedo recordar algo acerca de lo cual no se angustiara, y todo ello en vano.

No es de asombrarse que el Señor Jesús dijera en su Sermón del Monte: "No os afanéis por vuestra vida, qué habéis de comer o qué habéis de beber; ni por vuestro cuerpo, qué habéis de vestir . . ." (Mt. 6:25). Literalmente, dijo: "No tengáis ningún pensamiento ansioso". El Espíritu Santo también nos dice: "Por nada os inquietéis (ansiosos)" (Fil. 4:6). La ansiedad y la angustia que surgen del temor provocan un incontable sufrimiento físico, limitaciones, y muerte prematura, no solamente a los no cristianos, sino también a los cristianos que desobedecen a la amonestación de "Encomienda a Jehová tu camino, y confía en él; y él actuará (Sal. 37:5).

Un día visité a la que yo pensaba que era una mujer mayor, que estaba confinada en la cama. Me asombré al enterarme de que era entre quince y veinte años más joven de lo que me pensaba. Se envejeció antes de tiempo por ser una profesional de la angustia. Con todo el tacto que pude, pero procurando ser veraz, traté de mostrarle que podría aprender a confiar en el Señor y a no angustiarse por todo. Su reacción fue tan típica que vale la pena registrarla. Con fuego en los ojos y un tono iracundo en la voz me preguntó: "Bueno, ¡alguien se ha de preocupar de las cosas! ¿no?" "No si usted tiene un Padre celestial que la ama y que está interesado en cada detalle de su vida", le contesté. Pero aquella querida hermana no lo comprendía. ¡Espero que tú sí!

¡Gracias a Dios, no somos huérfanos! Vivimos en una sociedad que acepta el concepto de que somos los productos de un accidente biológico en el seno de un largo proceso de evolución al azar. Esta popular teoría, que está cayendo rápidamente en desprestigio en medios científicos, no es solamente incorrecta, sino que esclaviza a la humanidad en una cárcel de tortura física debido al temor. Si eres cristiano, memoriza Filipenses 4:6,7. Después, cada vez que te encuentres en ansiedad o empezando a angustiarte por algo, ora. Da gracias a Dios que lo tienes como Padre Celestial que está interesado en tus problemas, y pásaselos a El. Tus pequeños hombros no son lo bastante fuertes como para llevar el peso del mundo, ni tan siquiera tus propios problemas familiares, pero el Señor Jesús "es poderoso para hacer todas las cosas mucho más abundantemente de lo que pedimos o pensamos" (Ef. 3:20).

¡Cuánto me entusiasmé recientemente cuando una niñita en nuestro Departamento de Principiantes me dijo su versículo de memorización¡ Dijo: "Hoy aprendí en la Escuela Dominical lo que Dios quiere que haga con mis problemas. Porque El nos dice; echando toda vuestra ansiedad sobre El porque El tiene cuidado de vosotros' (1 P. 5:7)". Muchos de los sufrimientos físicos y consiguientes dolores, incluyendo dificultades financieras, que ocurren en el hogar cristiano promedio podrían ser evitados si los creyentes realmente vivieran este versículo.

4. Los resultados del temor. Como ya se ha mencionado, el temor apaga al Espíritu Santo, lo cual nos impide ser eficaces en esta vida y nos roba de muchas de nuestras recompensas en la vida venidera. El temor nos impide ser cristianos gozosos, felices y radiantes, y en cambio nos hace ingratos, quejumbrosos, cristianos derrotados e infieles. Una persona con miedo en el cuerpo no va a manifestar el tipo de vida que alienta a un pecador a que vaya a él y le diga: "¿Qué debo hacer para ser salvo?" Si Pablo y Silas hubieran permitido que los dominaran sus temores, el carcelero de Filipos nunca se habría convertido y no tendríamos aquel gran versículo acerca de la salvación, Hechos 16:31.

El temor impide al cristiano que complazca a Dios. La Biblia nos dice: "Sin fe es imposible agradar a Dios" (He. 11:6). El capítulo once de Hebreos, llamado "el capítulo de la fe", da el nombre de personas cuya biografía es dada con suficiente detalle en las Escrituras como para poderse afirmar que representan a los cuatro temperamentos básicos. Lo que hizo a todas estas personas aceptables ante Dios es que no fueron vencidos por sus debilidades naturales procedentes ni del temor ni de la ira, sino que anduvieron con Dios por la fe. Consideremos a estos cuatro hombres, representantes de los cuatro tipos temperamentales: Pedro el Sanguíneo, Pablo el Colérico, Moisés el Melancólico, y Abrahám el Flemático.

Es difícil encontrar otros ejemplos más ilustrativos que estos cuatro que demuestran como el poder de Dios obra en las vidas de los hombres.

"Dios no hace acepción de personas". Lo que El hizo para fortalecer sus debilidades lo hará también por ti mediante su Espíritu Santo.

Puedes quedarte sorprendido al enterarte de que Dios en los tiempos bíblicos usó en su servicio a más personas propensas al temor que a la ira

Esto puede ser debido a que al cristiano indisciplinado o voluntarioso le cuesta más tiempo vencer su tendencia a la rebelión que el que precisan las personas propensas al temor para vencer esta tendencia. Pero puedes estar seguro de una cosa: todos los que El utilizó tuvieron que vencer sus temores antes de poder ser utilizados por El. Lo que El hizo por ellos lo hará por ti. Recuerda, Dios no hace acepción de personas. Pero antes que consideremos cómo vencer el temor, deberíamos examinar qué es lo que lo causa.

¿QUE ES LO QUE   Debido a que el temor es una experiencia tan
CAUSA EL TEMOR?   universal y debido a que la mayor parte de los
                                    lectores de este libro serán padres que pueden ayudar a sus hijos a evitar esta tendencia, me gustaría dar respuesta a esta pregunta de una manera sencilla en términos llanos. Hay al menos ocho causas de temor.

Predisposición temperamental. La razón más significativa de que las personas tengan problemas de temor es su temperamento heredado. Ahora ya sabes qué temperamentos son los que tienen un mayor problema con el temor. En un sentido, todas las personas son propensas al temor, debido al pecado en la raza humana y a la consiguiente culpa, y también debido a la combinación que sea, se tendrá una predisposición fuerte o débil hacia el temor. Hemos visto que los MelFlems o los FlemMels son los que tendrán el mayor problema con esto. Sin embargo, incluso el colérico tiene *una cierta* tendencia hacia el temor debido a su identificación con la raza humana; su temperamento secundario puede también introducir un elemento de temor en él. Es evidente que los ColSans no serán tan propensos al temor como los ColMels o ColFlems, pero todos los temperamentos tienen una tendencia hacia el temor. La diferencia es que unos la tendrán más acusada que otros.

Las experiencias de la infancia pueden inducir temores. Los sicólogos y siquiatras concuerdan en que las necesidades básicas de la persona son amor, comprensión y aceptación. La cosa humana más significativa que los padres pueden hacer por sus hijos, después del hecho de llevarlos a un conocimiento salvador del Señor Jesucristo, es darles el calor y la seguridad del amor paterno. Esto no excluye la disciplina ni la enseñanza del sometimiento a normas y principios. De hecho, es mucho mejor para el niño que aprenda a ajustarse a normas y reglas en la atmósfera amante de su hogar que en el cruel mundo exterior. Sin embargo, hay dos hábitos paternos específicos que sugiero que se eviten con toda diligencia.

1. *Sobreprotección.* Un padre excesivamente protector cría un niño egocéntrico y temeroso de que le sucedan aquellas cosas que teme su padre que le puedan suceder. Los niños aprenden muy pronto a leer nuestras emociones. Sus cuerpos pueden absorber con más facilidad las caídas, quemaduras y golpes de la vida que sus emociones nuestra actitud tensa, perturbada o histérica acerca de estas experiencias sin importancia. La madre miedosa que prohibe a su hijo que juegue al fútbol probablemente le hace más daño a su desarrollo emocional por sus repetidas sugerencias de temor que el daño que se le pueda hacer a su pequeño si se le rompen los dientes delanteros o que si se rompe una pierna. Las piernas se curan y los dientes se pueden sustituir, pero se precisa de un milagro divino para eliminar las cicatrices del temor de nuestras emociones.

2. *Dominio sobre los niños.* Los padres iracundos y explosivos que dominan las vidas de sus hijos o que se lanzan a machacar con sus críticas cada fracaso en sus vidas crean frecuentemente dudas, inseguridad y temor en ellos. Los niños necesitan corrección, pero necesitan que sea hecha de una manera apropiada. Cuando tengamos que señalar los fallos de nuestros niños, deberíamos también, de una manera sistemática, señalar sus fortalezas o puntos positivos, o al menos hacer la crítica de una manera que les haga saber que siguen siendo tanto el objeto de nuestro amor como antes.

Cuanto más ejerzo el ministerio de orientación, tanto más convencido estoy de que el golpe más devastador que se puede infligir a otra persona es la *desaprobación.* Cuanto más nos ama una persona, tanto más importante para nosotros es buscar algún área en su vida donde podamos mostrar nuestra aprobación. Un marido de 1 metro 88 centímetros de altura me dijo más bien orgullosamente en medio de una sesión de orientación matrimonial: "Pastor, nunca he puesto mis manos sobre mi esposa con ira". Al mirar a su tímida y amedrentada esposa, una mujer menuda de unos cincuenta kilos, supe por su mirada lo que estaba pensando: "Bueno, preferiría mil veces que me pegaras físicamente que no que me pisotees una y otra vez con tu desaprobación".

El padre lleno del Espíritu es inspirado con su naturaleza amante y compasiva a edificar a los otros y a mostrar su aprobación siempre que sea posible. Incluso cuando tenga que aplicar corrección mostrará amor. Actuar de otra manera con nuestros niños es dejar en ellos unas costras duraderas de temor en sus emociones.

Una experiencia traumática. La manipulación o agresión sexual deja en los niños una tara emocional que a menudo se lleva hasta la edad adulta, provocando temores acerca del acto matrimonial. Otras experiencias trágicas de la niñez establecen con frecuencia pautas fijas de temor que actúan y permanecen durante toda la vida.

Durante los últimos años nuestra familia ha estado disfrutando de una manera maravillosa con el esquí acuático. El único miembro de mi familia que no lo ha intentado es mi esposa. Le tiene un miedo atroz al agua. Le he rogado, la he alentado, y he hecho todo lo que estaba en mis manos para seducirla a que abandonara su temor al agua, pero sin resultado alguno. Finalmente, un verano abandoné la lucha. Ella hizo entonces un esfuerzo hercúleo para vencer su temor poniéndose un traje especial que podría sostener fácilmente su cuerpo en el agua. Después, se puso un chaleco salvavidas, que también por sí solo podría sostenerla en el agua, y con mucha vacilación descendió al agua por encima de la borda del bote. En el momento en que su mano dejó la seguridad del bote y se vio flotando libremente en el agua, noté una mirada de terror en sus ojos. Por primera vez comprendí el miedo que tenía al agua. Al preguntarle con detalle, descubrí que todo aquello se remontaba a una experiencia de la infancia en Missouri cuando estuvo en un tris de ahogarse. Estas experiencias dejan heridas escondidas en las emociones de las personas, y a menudo las acompañan durante toda su vida. Sin embargo, el Espíritu Santo puede vencer los efectos de tal experiencia, como señalaré un poco más adelante.

Una pauta mental negativa. Una pauta mental negativa, o complejo derrotista, hará que una persona tenga miedo de intentar alguna cosa nueva. En el momento en que empecemos a sugerirnos a nosotros mismos "no podré, no podré", podemos tener una certeza prácticamente total de fracasar. Nuestra actitud mental hace que incluso las tareas ordinarias sean de difícil ejecución cuando las afrontamos con un pensamiento negativo. Los fracasos repetidos o el rechazo a hacer lo que nuestros contemporáneos puedan llevar a cabo provoca a menudo un quebrantamiento adicional de la confianza propia y aumenta los temores. Un cristiano no tiene por qué ser dominado por este negativo hábito. Memorizando Filipenses 4:13 y buscando el poder del Espíritu en su aplicación, se puede conseguir una actitud positiva hacia la vida.

Ira. La ira, como se ha señalado en el anterior capítulo, puede producir temor. He aconsejado a muchos individuos que se habían entregado a la amargura y a la ira hasta que empezaron a estallar en tales explosiones de ira que después tuvieron que admitir: "tengo miedo de lo que podría hacer a mi propio hijo.

El pecado produce temor. "Si nuestro corazón no nos reprocha algo tenemos confianza ante Dios" (1 Jn. 3:21). Este es un principio que no puede ser violado sin la producción de temor. Cada vez que pecamos, nuestra conciencia nos recuerda nuestra relación con Dios. Esto ha sido frecuentemente malinterpretado por los siquiatras, que reprochan a la religión por crear complejos de culpa en las personas, lo que, según ellos, produce a su vez el temor. Hace pocos años nuestro médico de cabecera, que entonces no era cristiano, me hizo la siguiente afirmación: "Vosotros los ministros, incluyendo mi piadoso y anciano padre, hacéis un daño irreparable a la vida emocional de las personas por la predicación del evangelio". Le inquirí qué motivos tenía para hacer tal afirmación y me dijo: "Hice mi residencia médica en una institución mental, y la abrumadora mayoría de las personas tenían antecedentes religiosos y estaban allí debido al temor inducido por el complejo de culpa".

Al día siguiente asistí a una reunión de ministros donde el doctor Clyde Narramore, un sicólogo cristiano de Los Angeles, dio una conferencia acerca de la orientación pastoral. Durante el período de preguntas le conté la conversación que había tenido el día anterior y le pedí su opinión. El doctor Narramore contestó en el acto: "Esto no es verdad. Las personas tienen complejos de culpa ¡porque son culpables!" El resultado del pecado es la conciencia de haber pecado, y la culpa provoca en el hombre moderno exactamente lo que provocó en Adán y Eva en el Huerto de Edén. Un remedio sencillo para ello es caminar en los caminos del Señor.

Carencia de fe. La falta de fe, incluso en la vida del cristiano, puede producir temores. Me he dado cuenta en las sesiones de orientación que el temor causado por la falta de fe se halla básicamente limitado a dos áreas comunes

La primera es la del temor con respecto a los pecados del pasado. Debido a que el cristiano no conoce lo que la Biblia enseña con relación a los pecados confesados, no ha llegado de verdad a creer que Dios lo ha limpiado de todo pecado (1 Jn. 1:9). Hace algún tiempo aconsejé a una dama que hacía mucho tiempo que estaba atemorizada, a causa de lo cual se había hundido en una profunda depresión. Descubrimos que uno de sus problemas básicos era que seguía estando acosada por un pecado cometido hacía once años. Durante todo este tiempo había sido cristiana, pero había llegado a un colapso total, acosada por el temor de aquel pecado pasado.

Cuando le pregunté si había confesado aquel pecado en el nombre de Jesucristo, me contestó: "¡Oh, sí, muchas veces!" Entonces le di una receta espiritual: que hiciera un estudio bíblico de todos los versículos de las Escrituras que tratan del perdón de los pecados. Cuando llegó otra vez a mi oficina dos semanas más tarde, ya no era la misma mujer. Por primera vez en su vida había comprendido realmente cómo consideraba Dios sus pecados pasados, y cuando ella empezó a aceptar su Palabra de que "no se acordaba más de sus pecado", consiguió vencer sus temores.

Un hombre al que también tuve que orientar debido a un problema similar me dio una respuesta ligeramente diferente cuando le pregunté: "¿Ha confesado usted este pecado a Cristo?" "Mas de mil veces", fue su interesante respuesta. Le dije que lo había hecho 999 veces de más. Debería haber confesado aquel pecado una vez, y dado 999 veces las gracias a Dios por haberle perdonado aquel gran pecado. La Palabra de Dios es la cura de este problema porque "la fe viene del oír, y el oír, por medio de la palabra de Dios" (Ro. 10:17).

La segunda área en la que las personas son propensas a tener temores es por la falta de fe acerca del futuro. Si el diablo no puede conseguir que se preocupen acerca de sus pecados pasados, tratará de conseguir que se angustien acerca de la provisión de Dios para el futuro, para así impedir que gocen de las ricas bendiciones de Dios hoy. El salmista dijo: "Este día se lo debemos a Jehová; nos gozaremos y alegraremos en él" (Sal. 118:24). Las personas que gozan de la vida no temen el mañana ni se preocupan por el pasado. Viven hoy.

Todo el que piensa en los problemas potenciales y en las dificultades que pueda tener que afrontar en el día de mañana vendrá naturalmente a tener miedo, a no ser que tenga una fe profunda y permanente en la capacidad de Dios de suplir todas sus necesidades. Mi esposa compartió conmigo un dicho muy hermoso que oyó y que merece ser repetido: "Satanás intenta aplastar nuestro espíritu tratando de que llevemos los problemas de mañana sólo con la gracia para hoy".

Si estás angustiado por el día de mañana, no podrás gozar el día de hoy. Lo interesante es que no puedes darle el mañana a Dios; sólo puedes darle lo que tienes, y el día de hoy es lo que tienes. El doctor Cramer citaba un comentario del Sr. John Watson en el *Houston Times* que decía: "¿Qué es lo que hace tu ansiedad? No vacía el mañana de sus dolores, sino que vacía el hoy de sus fuerzas. No te hace escapar al mal; te hace incapaz de afrontarlo cuando llega".

El hábito puede intensificar el temor. Nunca subestimes el poder del hábito para intensificar cualquier fuerza negativa, y de manera particular una emoción como el temor. Cualquier cosa que hagas se hace más fácil para la próxima vez. Una persona temerosa crea un hábito profundamente arraigado de responder a cada dificultad o circunstancia diferente de la vida con temor. Viene a constituir lo que los sicólogos denominan "Una respuesta condicionada". Cada vez que aparece una cierta condición, se vuelve temerosa. Este condicionamiento puede hacer de la gente siervos de por vida del temor, a no ser que se le abra la puerta al Señor para que entre en sus vidas y les dé poder para que el temor no los esclavice de por vida.

Una vez que se ha roto un eslabón en la cadena del hábito del temor, es más fácil volver a romper otro, y así hasta que la "respuesta condicionada" queda totalmente rota y se ha dado inicio a un nuevo hábito, el de afrontar la misma condición con fe en lugar de con temor. La victoria sobre un temor aumenta la fe de uno para intentar vencer otros, y puede así empezar un nuevo ciclo vital basado en la fe. Como veremos, la fe se edifica paso a paso.

Ahora creo que estás ya listo para afrontar la principal causa del temor. Las anteriores ocho causas son sólo factores concurrentes. La causa básica del temor es . . .

El egoísmo Por mucho que no deseemos afrontar esta fea palabra, es sin embargo un hecho. Tenemos miedo debido a que somos egoístas. ¿Por qué tengo miedo? Porque estoy interesado en mí mismo. ¿Por qué me siento tímido cuando estoy delante de una audiencia? Por que no quiero quedar mal ante ellos. ¿Por qué tengo miedo a perder mi trabajo? Porque tengo miedo de aparecer como un fracasado a los ojos de mi familia o como incapaz de proveer las cosas necesarias de la vida para mi familia y para mí mismo. Por más excusas que le pongas, todo temor puede ser básicamente seguido al pecado del egoísmo.

| NO SEAS UNA TORTUGA | Una mujer cristiana fue a un sicólogo cristiano y le preguntó: "¿A qué se debe que tengo tantos temores?" El le hizo varias preguntas. "Cuando usted |

entra en una estancia, ¿siente que todo el mundo la está mirando?" "Sí", contestó ella. "¿Tiene a menudo el sentimiento de que se le ve la combinación?" "Sí". Cuando supo que sabía tocar el piano le preguntó: "¿Le cuesta presentarse voluntariamente a tocar el piano en la iglesia por temor de que alguna otra persona lo pueda hacer mucho mejor?" "¿Cómo lo sabe?" preguntó ella. "¿Vacila acerca de agasajar a otros en su casa?" De nuevo contestó "Sí". Entonces el sicólogo pasó a decirle amablemente que era una joven mujer sumamente egoísta. "Usted es como una tortuga", le dijo. Se esconde en su caparazón y saca la cabeza para mirar sólo hasta donde sea necesario. Si alguien se acerca demasiado, usted vuelve a poner su cabeza dentro de su caparazón en busca de protección. Esto es egoísmo. Echelo de sí, y empiece a pensar más en los demás y menos en sí misma".

La joven mujer se volvió a su habitación bañada en lágrimas. Nunca se había considerado egoísta, y se quedó aplastada al enfrentarse con la terrible verdad. Afortunadamente, fue ante Dios, y El la ha sanado gradualmente de aquel terrible pecado. Ahora es verdaderamente una "nueva criatura". Agasaja desprendidamente, ha echado de sí el viejo "caparazón" y, por consiguiente, disfruta de una vida rica y abundante.

¿ QUIEN QUIERE SER UNA OSTRA? Una afirmación similar es la hecha por el doctor Maltz en su libro *Psycho-Cybernetics:* "Una última palabra acerca de la prevención y eliminación de daños emocionales. Para vivir creativamente, tenemos que estar dispuestos a ser un poco vulnerables. Tenemos que estar dispuestos a sufrir un poco, si es necesario, en una vida creativa. Muchas personas necesitan una piel emocional más firme y gruesa que la que tienen. Pero necesitan sólo una piel o epidermis más gruesa, no una concha. Confiar, amar, abrirnos a nosotros mismos a la comunicación emocional con otras personas, es correr el riesgo de que nos hagan daño. Si se nos hace daño una vez, podemos hacer una de dos cosas. Podemos erigir una gruesa capa protectora, o cicatriz, para impedir que nos vuelvan a hacer daño. O bien podemos 'volver la otra mejilla', permanecer vulnerables, y seguir viviendo creativamente.

"A una ostra nunca le hacen daño. Tiene una gruesa concha que la protege de todo. Está aislada. Una ostra está segura pero no es creativa. No puede ir en pos de lo que desea, sino que tiene que esperar que le venga a ella. La ostra no conoce ninguno de los 'daños de la comunicación emocional con su medio, pero tampoco puede conocer sus gozos''.

COMO VENCER EL TEMOR Puedes aprender a vivir sin temores, angustia y ansiedad. La clave es vivir por fe. Ilustraremos ahora cómo el reemplazar el temor con la fe cambiará toda tu vida y te liberará. En lugar de estar tenso y negativo cuando afrontas un reto, podrás evaluar todas las situaciones de la vida con confianza. Esta es una bendición que Dios ha ofrecido a todos sus hijos. Desafortunadamente, muchos no se aprovechan de ella.

A través de mis años como consejero, he desarrollado un proceso sencillo pero muy funcional y gradual, paso a paso, para vencer la angustia y el temor. Sabemos que es posible, porque nuestro Señor dijo: "Por nada os inquietéis" (Filipenses 4:6; cf. Mateo 6). Si tienes un problema con el temor, memoriza estos pasos, y síguelos *a diario.*

 Confronta tus reacciones de temor como pecado (Romanos 14:23). "Todo lo que no es de fe es pecado". Recuerda, no es insólito sentir temor o aprensión cuando haces una cosa peligrosa, particularmente por vez primera. Pero si tu temor te impide hacer lo que debieras, o si el temor obsesiona tus pensamientos durante un tiempo, es malo.

¡No justifiques el temor! Como decía una mujer: "Si usted tuviera mis antecedentes también usted tendría miedo". A lo que dije: "Puede que tenga razón, pero todo lo que esto demostraría es que los dos estaríamos equivocados". Los que no quieren afrontar el temor como pecado sino que intenten excusarlo o justificarlo son incurables. En lugar de ello, mira objetivamente tu temor; admite que es pecado y que Dios no quiere que seas dominado por él.

Confiesa tu temor como pecado (1 Juan 1:9). Dios elimina el pecado activamente.

Esta es la razón por la que envió a su Hijo a morir en la cruz por nosotros, a fin de que su Hijo pudiera "limpiarnos de todo pecado" (cf.1 Juan 1:7). Después que lo hayas confesado, dale gracias por su purificación y sigue tu camino gozosamente.

Pide a Dios que quite tu hábito de temor, (1 Juan 5:14, 15). "Y ésta es la confianza que tenemos ante El, que si pedimos alguna cosa conforme a Su voluntad, El nos oye. Y si sabemos que El nos oye en cualquier cosa que pidamos, sabemos que tenemos las peticiones que le hayamos hecho".

Ya hemos visto que el temor es un hábito que Dios no quiere que te gobierne. Este versículo no sólo promete la victoria sobre este pecado, que es contrario a su voluntad, sino que también te promete la "confianza". El dará la victoria.

Pide la llenura del Espíritu Santo (Lucas 11:23). "El que no está conmigo, contra mí está; y el que conmigo no recoge, desparrama".

Algunos eruditos bíblicos nos dicen que el paso cuarto no es necesario, porque en el momento en que confesamos nuestros pecados en nombre de Jesús volvemos a recibir la llenura de su Espíritu. Y puede que estén en lo cierto (aunque no he visto ningún pasaje de las Escrituras que pueda justificar esta afirmación). Pero, personalmente, prefiero asegurarme. Dios no se enojará con nosotros si pedimos innecesariamente. Ya que Jesús dijo a sus discípulos que pidieran el Espíritu Santo, no veo problema alguno en solicitar su llenura, aunque ya mora en mí. Francamente, la pido varias veces al día.

Por fe, da gracias a Dios por la victoria de vencer el temor. (1 Tesalonicenses 5:18). Dad gracias en todo, porque ésta es la voluntad de Dios para con nosotros en Cristo Jesús".

Dale las gracias a Dios como un acto de fe que se apropia de la experiencia y la hace real.

¡Repite! ¡Repite! ¡Repite! Repite la fórmula cada vez que te venga el temor; gradualmente dejarán de dominarte. Una de las concepciones más erróneas acerca de la vida controlada por el Espíritu es que sea una experiencia singular que permanece durante toda la vida. Esto no es ni bíblico ni posible.

Si eres una persona llena de temor, puede que te hayas sentido entusiasmado al leer la fórmula anterior para conquistar el temor. (Espero que lo estés). El problema es que lo intentas una vez, y gozas de la liberación durante dos o tres horas, y después te sientes desalentado porque tus temores vuelven a presentarse.

No olvides el factor hábito. ¿Qué edad tienes? Este es todo el tiempo durante el que has tenido una tendencia inducida por tu temperamento hacia el temor, y durante el que ha venido a ser un hábito de toda tu vida. Este hábito no va a desvanecerse de inmediato; con la ayuda de Dios *puedes* tener la victoria, pero esta victoria vendrá *gradualmente*. Cada vez que sientas temor, afronta tu pecado, pide perdón, pide volver a ser llenado, y dale las gracias a Dios por fe que así ha sido. Así habrás quebrantado otro eslabón de la cadena del hábito que te había aprisionado. Gradualmente verás como tus antiguos temores van perdiendo su poder sobre ti.

UNA ILUSTRACION
CLASICA

El temor no era mi problema personal, como confesaré en el siguiente capítulo. Mi piedra de tropiezo era la ira. Pero, típico del hecho de que "los polos opuestos se atraen" en el matrimonio, la mujer a la que amo era una atemorizada esposa de un ministro hasta que Dios llenó su vida con su Espíritu Santo, y ella probó esta fórmula. Desde entonces, he contemplado como aquella dulce y temerosa dama, demasiado asustada para hablar a un grupito de señoras en nuestra iglesia, florecía a una rosa totalmente abierta de personalidad que sigue asombrándome. Si alguien me hubiera dicho que iba a aprender a hablar ante grandes audiencias, encabezar la mayor organización de mujeres en América, tomar una agresiva posición en contra del humanismo secular, del feminismo y del liberalismo, no lo hubiera creído... pero lo he visto. Su vida durante los últimos diecisiete años constituye un testimonio del poder de Dios para dar a una persona la victoria sobre una tiranía emocional.

En su libro *La mujer controlada por el Espíritu,* Bev ha contado su historia. Así es como la relata. Y recuerda, yo lo he visto, y doy testimonio de que estas cosas son ciertas:

"A diferencia de muchas parejas, mi marido y yo recibimos la llenura del Espíritu en la misma semana y empezamos el proceso de cambio. Antes de ser llenada con el Espíritu, había limitado mi ministerio a trabajar con niños por debajo de sexto curso. Gradualmente, empecé a aceptar oportunidades para dirigirme a grupos de mujeres e incluso a audiencias mixtas en nuestros Seminarios de Vida Familiar. En la actualidad, me dirijo constantemente a grandes grupos de mujeres con mi organización Mujeres Comprometidas con América.

"Después de haber hecho mucho progreso en la lucha contra este temor a hablar, el director de una junta misionera escribió a mi marido para agradecerle el haber escrito *Temperamentos controlados por el Espíritu Santo,* que, decía él, era de lectura normativa para todos los que tomaban la instrucción misionera. 'Sólo hay un problema con el libro. Cuenta usted cómo Dios libró a su esposa de su temor a hablar en público, pero más tarde admite que no pudo unirse con usted y el resto de su familia en el deporte del esquí acuático debido a que tenía miedo al agua. El problema es que nuestros candidatos a misionero que no saben nadar se identifican con ella, y la usan como excusa para no aprender a nadar, lo que podría resultar fatal para algunos de ellos'. Seguía después diciendo gentilmente: '¿No es el temor al agua tan pecado como el temor a cualquier otra cosa?'

"Tim me tuvo que pasar la caja de pañuelos desechables después de oír la lectura de esta carta. Finalmente, decidí que tenía razón, y me decidí a actuar. Pronto me vi ante una piscina de agua caliente y un instructor flemático. Después, vestida en el traje flotador de Tim me puse un cinto salvavidas y me armé a mí misma con el Nuevo Testamento. Entrando en el agua, citaba: No te desampararé, ni te dejaré, y otros versículos de confianza en la provisión divina.

Al final me vi capaz de descartar todos los trastos innecesarios y aprendí a nadar. Nunca seré una candidata a las Olimpiadas por los Estados Unidos, pero con la ayuda de Dios vencí mi terrible temor al agua".

Lo que Dios ha hecho por Bev lo hará por ti. Si tienes un problema con el temor, la ansiedad o la angustia, sigue entonces estos seis pasos hacia una vida transformada.

CAPITULO
DIEZ

Afrontando las presiones

"Sino que como las chispas se levantan para volar por el
aire, así el hombre engendra su propia aflicción"(Job 5:7).

Las presiones constituyen una parte de la vida; nadie escapa a ello. Somos
más conscientes de esto en estos días de viajes en reactor, computadoras, y una
actividad frenética, que los que vivían en las comunidades agrícolas de hace
cincuenta años. Pero no importa donde vivas o lo que haces en la vida,
experimentarás presiones. No hay escapatoria.

Lo que tienes que saber acerca de la presión es que no es tan mala. De hecho,
en muchos casos es buena para ti. Sin ella no podrías mantener la vida. Toma tu
presión sanguínea, por ejemplo. Si es demasiado elevada, te puede matar. Pero
si es demasiado baja puede suceder lo mismo. La vida sin presiones sería vacía y
breve. Necesitas la presión, no solo para darte la vida misma, sino además para
la motivación, la variedad y la actividad.

En 1982-83 pasé por el período de mayor presión en mi vida. Después de
haber pastoreado con éxito varias iglesias durante treinta años, me sentí guiado
de Dios a dimitir y lanzar un ministerio de televisión a escala nacional. De manera
instantánea me vi sometido a una presión sin comparación con nada de lo que
antes había experimentado. No estaba familiarizado con este campo, no tenía
ninguna base desde la que operar, y descubrí que la televisión se traga el dinero
con más velocidad que el gobierno federal. Dios, de una manera maravillosa,
suplió mis necesidades en aquellos días de presión increíble, y me inspiró a
escribir el libro *Cómo manejar las presiones, antes que las presiones lo controlen
a usted.* En el proceso descubrí que todos los temperamentos se enfrentan con las
presiones de manera diferente. Así que creí prudente en este libro acerca de los
temperamentos incluir las diferentes respuestas de los temperamentos a este
universal problema humano.

CHISPEANTE
SANGUINEO
FRENTE A LA
PRESION

Los sanguíneos raramente tienen úlceras; ya hemos
visto que por lo general son ellos quienes se las
provocan a todos los demás. Debido a que las
personas son una principal causa de presión, y a que
a los sanguíneos les encanta revolotear alrededor de las personas, nunca están
lejos de las presiones, que por lo general ellos han ayudado a crear.

Estas personas de ligero corazón son por lo general sumamente desorganizadas, suelen llegar tarde a las reuniones, y pocas veces aparecen preparadas para aquello que se supone tienen que hacer. He contemplado a directores de coro sanguíneos seleccionar los cánticos para un servicio nocturno mientras se dirigían por el pasillo al frente de la iglesia. A pesar de su falta de preparación, por lo general hacen un trabajo adecuado debido a que irradian tanto carisma. Los sanguíneos son unos actores tan buenos y reaccionan tan bien frente a la gente que por lo general hacen un mejor trabajo frente al público que otros temperamentos que se preparan cuidadosamente. Uno no puede hacer otra cosa que preguntarse lo eficaces que podrían ser los sanguíneos si tan solo aprendieran a planificar por lo que pueda presentárseles por delante. Desafortunadamente, van "a salto de mata", improvisando bajo presión, y cada vez que la cosa les sale bien se les refuerza el concepto de que la planificación por adelantado no es crucial para el éxito.

Esta podría ser la razón de que los sanguíneos sean a menudo "de corto plazo". Esto es, se quedan sin materiales al cabo de un tiempo, y tienen que pasar a su próximo trabajo. Los predicadores sanguíneos, por ejemplo, se quedan en una misma iglesia sólo por dos o tres años. La presión tiende a empujarlos al campo de golf en lugar de su oficina.

Debido a que son propensos a la impuntualidad, a la indisciplina, y siempre carentes de preparación, los sanguíneos nunca están lejos de la presión.

¿Puedes visualizar a la ama de casa que invita a la vecina a tomar café y conversar durante quince minutos cuando descubre que ha hablado demasiado rato y que sólo faltan unos minutos para que su marido llegue a casa? Se lanza furiosamente por la casa, tratando desesperadamente de poner las cosas en orden para su llegada. La comida no está lista, la casa está patas arriba, y ella no está dispuesta a aguantar sus sarcásticos insultos; en defensa propia arremete con el argumento de su "abrumadora carga de trabajo" o "la presión de tres niños pequeños". Estas reacciones no redundan para el bien de una relación amorosa.

Los sanguíneos tienen la lengua muy rápida y a menudo utilizan sus cuerdas vocales para defenderse cuando se ven bajo presión. Los tipos más agresivos aprenden que al atacar verbalmente a otras personas pueden frecuentemente intimidarlas a que se les sometan, por lo que tapan sus errores presionando a otros. Conozco a un sanguíneo que me recuerda al perro de San Bernardo que tuvimos en una ocasión, y que, después de hacerme caer frente a la verja de entrada y de romper mis gafas me puso ambas patas sobre los hombros y empezó lamerme la cara. Aunque estés en lo cierto en tu desacuerdo con un sanguíneo, te atacará y arremeterá; y cuando te vayas, no habrás conseguido confrontarlo con el problema. De hecho, te habrá hecho sentir que toda la culpa es tuya por suscitar este tema.

Las mujeres sanguíneas son chillonas con mucha frecuencia. Esto es, su frustración nunca está lejos de la superficie, por lo que chillan a sus niños, a sus maridos, vecinos o a quienquiera que esté cerca. Los sanguíneos varones tienden a hablar demasiado alto, haciendo exigencias o hablando con mayor dogmatismo de lo que su comprensión de los hechos les permite. Si uno le da suficiente cuerda a un sanguíneo, por lo general se colgará verbalmente.

Una de las tendencias más desagradables de un sanguíneo bajo presión es su dificultad en aceptar honestamente su culpa por sus errores. Debido a que posee un gigantesco ego, necesita la admiración de los demás, y carece de disciplina, le es fácil pasar el muerto a otros, dar la culpa a otros de sus errores, y en ocasiones mentir descaradamente para salir de una trampa. Esta es la razón de que los padres de hijos sanguíneos tengan que concentrarse en enseñarles auto-disciplina y veracidad. Si no es así, desarrollarán una conciencia flexible.

Algunos sanguíneos recurren a lacrimosos arrepentimientos cuando se enfrentan a presiones provocadas por su forma desordenada de actuar. Pero este arrepentimiento suele ser pasajero; el sanguíneo aprende poco o nada de la experiencia.

Los sanguíneos son fácilmente intimidados por personalidades más enérgicas y crueles. He visto a muchas esposas sumamente emocionales, con grandes capacidades de amar y de ser amadas, quedar perturbadas debido a que sus maridos, con una terrible sangre fría, usan su búsqueda de aceptación para forzarlas a aceptar la culpa de cualquier cosa que no vaya bien. Siempre me apena oír llorar a una mujer mientras dice: "Sé que todo es mi culpa", cuando en raras ocasiones es verdad. Una mujer fue intimidada a aceptar la infidelidad de su esposo porque él la convenció de que su comportamiento en la cama era inadecuado; en realidad él actuaba de una manera inmoral porque estaba lleno de pecado en su vida.

Mentir nunca es la solución de nada. La Biblia nos exhorta: "Hablad verdad cada uno con su prójimo" (Ef. 4:25). A los sanguíneos les cuesta mucho tiempo aprender que es más fácil afrontar estas desagradables presiones de la vida cara a cara, tomando toda la responsabilidad por los errores, y hacer a continuación dos cosas: (1) resolver la dificultad actual; y (2) aprender de la experiencia.

La mayor parte de los sanguíneos no pueden soportar la presión emocional durante mucho tiempo. Comenzarán a hablar, contarán un chiste que no tiene ninguna relación con el tema, o esquivarán el problema. Un ejemplo de ello ocurrió en el automóvil de alquiler de un ministro de fama nacional en enero de 1980. Doce de nosotros desayunamos con el anterior Presidente Carter y le hicimos varias preguntas: ¿Por qué no se oponía al aborto? ¿Por qué había expresado su aprobación por la Enmienda de Igualdad de Derechos en vistas al perjuicio que iba a hacer a la institución familiar? ¿Por qué rehusaba apoyar una enmienda de oración voluntaria en la escuela para nuestras escuelas públicas? Cinco de nosotros salimos conduciendo de los jardines de la Casa Blanca en profundo silencio. Me sentía muy deprimido por las respuestas que había oído, y lo mismo sucedía con los otros. De repente, el más sanguíneo del grupo rompió el silencio con un chiste sin relación alguna con lo pasado, y más bien extravagante. Estaba reaccionando de una manera natural a las presiones emocionales que sentía entonces.

Como hemos señalado, los sanguíneos dan úlceras a los demás debido a que no quieren afrontar los problemas ni hacer nada constructivo acerca de éstos. Un director, administrador o ministro sanguíneo, por ejemplo, tiene una manera interesante de intentar resolver los problemas de personal. Si siente el desagrado de otra persona, lo invitará con mucho tacto a tomar café, a comer, o a una velada de diversión. Raramente discutirá el problema, prefiriendo usar su encanto carismático para desarmar la hostilidad o desagrado de su amigo. Sale de aquel encuentro pensando que ha resuelto el problema, en tanto que en realidad sólo ha pospuesto el enfrentamiento por un tiempo. Como esposo traerá a casa una "ofrenda de paz" o "sacará a la familia a comer" para resolver un problema. Pero, como sabemos, esto solamente aliviará la presión inmediata; en realidad no cambiará nada. Si sólo afrontara los problemas de manera realista e hiciera algo acerca de ellos, reduciría la mayor parte de las presiones de su vida.

Debido a que los sanguíneos no pueden tolerar la incomodidad de la presión, siempre reaccionan de alguna manera, como con un estallido, lágrimas, chistes, mentiras, cambio de tema, o "comunión". No pueden sufrir la presión en silencio. Afortunadamente, su feliz disposición les hace olvidar pronto las circunstancias desagradables; el primer objeto o persona en movimiento que entra dentro de su campo visual atrae su atención, y se separan física o mentalmente, de manera temporal, de la causa de la presión. Si los sanguíneos aprendieran a usar la presión como motivación para la solución de problemas, sus vidas quedarían sumamente enriquecidas, y creo que tendrían entre un 25 y un 50 por ciento más de éxito en sus vocaciones.

LOS COLERICOS   Nadie puede crear más presión que un colérico.
BAJO PRESION   Prospera en medio de ella, hasta que su cuerpo
                      queda quebrantado con úlceras, hipertensión
sanguínea, ataques del corazón, u otras adversidades físicas.

Algo de la elevada presión del colérico tiene su origen en su "complejo de dios". Quizá sería mejor llamarlo "complejo de omnipotencia". Los coléricos están siempre involucrados en todo de manera excesiva. Están dispuestos a lanzarse a hacer cualquier cosa que sea necesaria. Nunca preguntan: ¿Por qué no hace alguien algo acerca de esto?" A casi cualquier necesidad su reacción es: "Organicémonos y pongamos a la gente a trabajar". Y luego empiezan a ladrar órdenes a los demás.

Los coléricos se deprimen muy pocas veces cuando fracasa uno de sus proyectos, porque tienen treinta cosas más en el fuego para mantener sus activísimas mentes ocupadas. En lugar de revolcarse en la auto-compasión debido a un insulto recibido, a un fracaso, o a un rechazo, se ocupan en el siguiente proyecto.

Sin embargo, esta propensión a asumir más de lo que nadie podría posiblemente llevar a cabo resulta ser frecuentemente la causa de las mayores presiones. Los coléricos están extremadamente orientados hacia objetivos, pero a no ser que su temperamento secundario sea el melancólico, no serán capaces de un análisis de planificación, ni de examinar las cosas de una forma detallada. De hecho, ello generalmente no les gusta. Los coléricos son activistas. En consecuencia, puede que se lancen a la batalla antes de establecer un plan de ataque, generando así una gran cantidad de presión.

Muchas de las frenéticas actividades del colérico deberían ser puestas a fuego lento. Tiene éxito en el mundo de los negocios no a causa de que sus ideas estén muy bien pensadas, sino debido a que las lanza mientras que los otros están aún decidiendo las suyas. Algunos de sus mejores proyectos mueren en la mesa de dibujo, porque el colérico ha llevado a cabo sus ideas y proyectos antes de darse cuenta de que existe una mejor manera. Sin embargo, su terca determinación lo hace mantenerse en buena posición, porque suele acabar lo que comienza.

El colérico generalmente responde a las presiones rehusando abandonar. Cuando se encuentra con una situación imposible, dice con ligereza, "No hay nada imposible". Un colérico que conozco dice: "Nunca acepto un 'no' como respuesta hasta que lo he oído de ocho a diez veces". Incluso entonces puede con todo lanzarse obstinadamente hacia adelante. La presión desalienta a algunas

personas, pero no al colérico; le sirve de materia prima para su molino. Crecido
frente a la oposición, en algunos casos apretará los dientes y seguirá persistiendo
a pesar de todo. En otras ocasiones, su mente creativa ideará alguna manera
astuta para conseguir sus fines. Puede que no sea legal, honrado o justo, pero
esto no siempre lo detiene.

Debido a su propensión a asumir cargas excesivas y a su incapacidad natural
para delegar responsabilidad, los coléricos tienden a tomarse tiempo extra alejados
de su familia. Sus días de diez horas pronto se transforman en días de doce y
quince horas, el día de asueto se transforma en otro día laborable, y el tiempo de
las vacaciones parece no llegar nunca. En consecuencia, la familia sufre.

Las relaciones interpersonales no son un punto fuerte del colérico, y las
presiones del trabajo complican este tema. Tiende a ser impaciente con aquéllos
menos motivados que él, crítico y exigente frente a los demás, e incluso poco
apreciativo hacia los que trabajan bien. Si es un patrón, por lo general
experimenta un gran movimiento en su lugar de negocios. Los miembros de su
familia tienden a esquivarlo todo lo que pueden. Cruel y mordiente por
naturaleza, puede ser muy cortante y sarcástico bajo presión. A no ser que
busque la ayuda de Dios y camine en el Espíritu, será propenso a dejar muchos
siques dañados y egos heridos a su paso. De un supervisor colérico se dio este
informe: "Es muy productivo, pero deja una estela de subordinados llorosos". Los
espíritus sensibles se lo deberían pensar dos veces antes de asociarse con
coléricos.

La principal arma del colérico es su lengua. Nadie puede usarla con tanta
destreza y brutalidad. Debido a que le encanta la presión, se deleita en
amontonarla sobre los demás. Su lema es: "funcionamos mejor bajo presión".

Los coléricos tienen que comprender que la vida es más que dinero, éxito o
incluso que los logros, Jesús dijo: "La vida del hombre no consiste en la
abundancia que tenga a causa de sus posesiones. ¿Qué provecho sacará el hombre
de ganar el mundo entero, si pierde su alma?". Véase Lucas 12:15; Mateo 16:26).
El colérico, adepto a generar presiones, puede emprender con éxito proyectos,
negocios, la construcción de iglesias, todo ello para beneficio de los demás, pero
si estas empresas tienen su éxito a expensas de su relación con su cónyuge, hijos,
padres y otros, "¿qué aprovecha?".

Recapitulando, un colérico tiene que establecer las mejores prioridades para su
vida, y concentrarse en ellas. Un hombre sin prioridades puede obsesionarse en
actividades que más le valdría dejar. El colérico necesita establecer sus prioridades
en este orden:

1. Dios
2. Esposa
3. Familia
4. Vocación

Después necesita establecer unos objetivos claramente definidos, rechazando
ideas creativas que no contribuyan a la realización de estas metas. Tiene que
desarrollar también amor hacia las personas, aprendiendo a alentar a otras y a
interesarse en ellas. El tiempo que haya pasado en su relación con la gente le
será retornado de forma multiplicada, porque otros se lo darán en aprecio,
aliviándolo de muchas de sus presiones.

MARTIN   Al igual que sucede con todos los demás, los
MELANCOLICO   melancólicos se encuentran con las presiones de la
BAJO PRESION   vida. Pero debido a su forma de actuar sensible,
                    creativa y perfeccionista, todo lo que encuentran en la
vida lo viven de manera más intensa, especialmente la presión. Es probable que
ningún temperamento sufra más presiones en su mente y corazón que el
melancólico. Puede que ésta sea la razón de que su tasa de mortalidad sea
aproximadamente siete años más temprana que la de los otros tipos.

Hemos visto ya que la actitud mental de uno puede aumentar o disminuir la
presión real. Ahí están las malas noticias para el melancólico. Uno de sus
mayores problemas en la vida se relaciona con su actividad mental. Perfeccionista
por naturaleza, es sumamente negativo, crítico y suspicaz: y tan crítico de sí
mismo como lo es de los demás.

Una de las presiones con que el melancólico se encuentra constantemente es su
deseo de hacerlo todo a la perfección. En tanto que ello es de alabar hasta cierto
punto, este rasgo puede llegar a ser enloquecedor para otros, porque con
frecuencia se pasa una cantidad desproporcionada de tiempo en cosas triviales y
no esenciales descuidando cosas más importantes. En ocasiones descuidará
totalmente una tarea asignada hasta que haya acabado un proyecto menos
importante a un nivel de perfección del 110 por ciento. Algunos melancólicos
generan presiones en sus patronos debido a que están más orientados hacia la
perfección que hacia la producción; en consecuencia, no producen lo suficiente
para pagar su nivel de productividad perfeccionista.

Las amas de casa y madres melancólicas son con mucho las mejores amas de
casa y cocineras. La comida se sirve siempre a tiempo. Pero carecen de una
gentil flexibilidad. ¡Hay del niño que deje un rastro de barro sobre el suelo de la
cocina recién fregado! ¡O ay del marido vendedor que llega tarde a casa para la
comida porque tuvo que terminar la gran venta a la hora de cerrar!

La propensión del melancólico para la planificación adelantada puede hacer
que el resto de la familia se ponga frenética. ¡Todos deberían angustiarse
fielmente acerca de todo! A menudo crea tanta presión contemplando y
planificando unas vacaciones que se elimina toda espontaneidad y diversión.

Los melancólicos pueden caer en presiones debido a su angustia acerca de
presiones inexistentes. La mayor parte de las cosas que temen nunca llegan a ser
realidad, pero la presión que generan debido a su ansiedad es muy real. Estos
innecesarios temores les impiden frecuentemente aventurarse a algo nuevo, y
como resultado generan presiones a causa del aburrimiento, llevando a cabo las
mismas tareas una y otra vez.

Ya que una persona melancólica es predominantemente introvertida, raramente
exteriorizará sus presiones echando iracundas patadas a las cosas, jurando o
chillando . . . al principio. Su estilo es internalizar su presión, ejecutar aquello
que se espera de él, y hervir por dentro hasta que llega a tal tensión que se
desencadena de una manera totalmente fuera de su carácter: cualquier cosa
desde las lágrimas hasta el asesinato. Algunos de los crímenes más horrendos
cometidos por personas sin antecedentes delictivos han sido los cometidos por
melancólicos bajo intensa presión. Afortunadamente, pocos melancólicos
reaccionan de forma violenta. La mayor parte de ellos dicen cosas de una
naturaleza cortante e hiriente por las que después se arrepienten profundamente.
Otros meditan el problema y se hunden en un profundo silencio.

Los melancólico-coléricos, las personas que son predominantemente melancólicos con un temperamento secundario colérico, son el epítome de la adicción al trabajo. Reaccionan ante las presiones con un esfuerzo más intensificado. Su naturaleza colérica les sugiere nuevos proyectos, y su naturaleza melancólica los lleva a intentar hacerlo todo a la perfección. Estas personas se ven frecuentemente frustradas ante "la presión de no llevar nada a cabo". Las otras personas pueden frustrarlos, debido a que nunca dan la talla del perfeccionismo melancólico.

Todos tienen que tratar con las personas mostrando interés en ellas. Los melancólicos están por lo general tan interesados en sí mismos y en su persistente perfeccionismo que muestran poca simpatía y aceptación hacia los demás. Atraerían más amigos si tuvieran más sensibilidad. Las personas interesadas en los demás nunca carecen de amigos.

Todos necesitan una diversión. "Sólo trabajar y nada de diversión hacen de cualquiera un ser muy aburrido". Pero los melancólicos pueden volverse tan orientados hacia el trabajo que comen, duermen y piensan trabajo. Las vacaciones los hacen sentirse culpables. La presión del trabajo inacabado les hace imposible disfrutar de una sola partida de golf. Pueden transformar un paseo relajante por el parque en una tarde llena de presión.

Esta incapacidad de relajarse y de aprender a manejar adecuadamente las presiones diarias de la vida llevará en último término a un hundimiento emocional, mental o físico. La incapacidad natural del melancólico para manejar estos problemas por sí mismo puede dar cuenta de la cantidad de melancólicos que he visto acudir a Cristo, dedicarle a él sus vidas, y aprender a caminar en el Espíritu. Cuando son verdaderamente llenos del Espíritu, experimentan cambios increíbles que de inmediato se hacen evidentes ante todos los demás. Sin embargo, cuando decaen espiritualmente, sus amigos se dan pronto cuenta del cambio. Tengo un gran respeto por el potencial de la persona con un temperamento predominantemente melancólico, pero sólo cuando se apropia del poder de Dios. Cuando no lo hace, su impotencia es demasiado evidente.

INCLUSO LOS FLEMATICOS AFRONTAN PRESIONES

Los flemáticos odian las presiones. De hecho, harán casi cualquier cosa para evitarlas. Como ya hemos visto, no gustan de controversias, sino que son pacificadores por naturaleza. En consecuencia, siempre que les sea posible esquivarán los problemas. Desafortunadamente, el hecho de ignorar un problema verdadero no causará su desaparición.

Es fácil diagnosticar la reacción de un sanguíneo ante una presión, porque estalla con el suficiente ruido para que todos lo puedan valorar. Los flemáticos son diferentes; personas muy encerradas en sí mismas, no hacen nada con exceso. Por esta razón se deberán observar sus reacciones con mucha atención.

Su compulsión a evitar la presión hace que muchos flemáticos vengan a ser dotados retardadores. Esto al final aumenta las presiones, porque las tareas tienen que ser llevadas a cabo más tarde o más temprano y se tienen que tomar decisiones definitivas. Algunos flemáticos usan la vieja pantalla de "necesitamos más información" como excusa para retardar algo desagradable. "Elimina las presiones, no los problemas" es con frecuencia el lema del flemático.

Recuerdo muy bien a tres flemáticos en una junta de diáconos que pidieron "más tiempo para estudiar el asunto" antes de decidirse a excluir de la iglesia a un líder que hacía muchos años se había divorciado de su esposa y se había casado con otra mujer. En realidad, había cometido el error de contraer nupcias con su segunda esposa antes que su divorcio fuera definitivo, y la capilla envió por descuido su nuevo certificado matrimonial, firmas, fechas, y todo, a su casa, donde la esposa N° 1 abrió el sobre. ¡Aquel hombre era un bígamo! Sin embargo, los flemáticos querían esperar un mes más para la toma de decisión. ¿Por qué? Porque al mes siguiente no les tocaba formar parte de la junta.

Los problemas raramente se desvanecen con el tiempo. Más bien tienden a volver fortalecidos y más intimidantes que antes. He descubierto que por lo general es mejor resolverlos cuando todavía son lo suficiente pequeños para manejarlos.

Bajo presión, el flemático exhibe frecuentemente un rasgo exasperante. Huye de la situación apremiante. Los padres de adolescentes rebeldes son propensos a deslizarse hacia el garaje y dedicarse a hacer chapuzas en su taller antes que afrontar a sus hostiles jóvenes. Esto no hace ningún bien a la esposa, que se lamenta: "Siempre me deja a mí la disciplina de los niños". Las esposas y madres flemáticas son frecuentemente débiles en la aplicación de la disciplina, no porque no estén conscientes de la necesidad que sus hijos tienen de la disciplina, sino porque personalmente les disgusta la fricción generada por la confrontación. Muchos empleados flemáticos soportan años de tratos poco justos en el trabajo debido a que no pueden soportar enfrentarse con sus jefes. Pero "la paz a cualquier precio" no es en realidad ninguna solución.

Los que han vivido con flemáticos reconocerán que son tercos. Esta terquedad sale invariablemente a la superficie cuando alguien intenta presionarlos a que hagan algo que no están dispuestos a hacer. Al igual que un burro, plantan los pies firmemente en el suelo, arquean el lomo, y se resisten a que los muevan. Si tienen una posición de autoridad, pueden ser exasperantes. Expertos en cosas triviales, pueden pensar en más razones por las que no se debe conceder un permiso de construcción que los que hicieron las leyes. ¿Has intentado alguna vez conseguir una licencia de los inspectores del ayuntamiento, con su talante tan dado a la seguridad? Es asombroso que la libre empresa haya triunfado a pesar del refrenamiento impuesto por los flemáticos.

Los flemáticos casados son personas sexualmente muy interesantes. Una encuesta de sexualidad con una muestra de 3404 personas incluía una pregunta acerca del temperamento. Descubrí que los varones flemáticos eran menos promíscuos antes del matrimonio, registraban una frecuencia menor de sexo después del casamiento, y experimentaban menos satisfacción que su cónyuge femenino. Reflexionando acerca de este hallazgo durante varios años mientras orientaba a cientos de parejas, he llegado a las siguientes conclusiones. Los flemáticos son totalmente normales en relación con el lugar de la sexualidad en el matrimonio, y pueden ser tan sexualmente expresivos y amantes como cualquier otra persona. Disfrutan con la ternura, el amor y el afecto siempre y cuando no sea exhibido públicamente. Sin embargo, no les gustan las presiones, los conflictos ni el rechazo; es por ello que tienden a dejar que sus cónyuges asuman la iniciativa.

Me vi sorprendido al descubrir de mi encuesta de sexualidad que un porcentaje más bien elevado de esposas flemáticas habían indicado promiscuidad antes del matrimonio. Debido a que por naturaleza les gusta complacer a los otros, son

más propensas a sucumbir a la presión de los avances de un amante agresivo.
Debido a que los opuestos generalmente se atraen, los flemáticos se hallan
frecuentemente en compañía de temperamentos más agresivos. Muchas de estas
mujeres indicaron que su actividad premarital las había abrumado con años de
culpabilidad. (Se tratará más el tema del temperamento en relación con la
expresión sexual en un capítulo posterior).

Los flemáticos tienden a echar la culpa a otras personas por sus errores. Adán
debe haber sido flemático, porque empezó ante todo quejándose a Dios: "La
mujer que me diste por compañera me dio del árbol, y yo comí" (Gn. 3:12). Esta
parece seguir siendo la pauta de conducta del flemático. Cuando a los flemáticos
se les indica una equivocación, un pecado, o un error, intentarán echar la culpa a
otra persona. No se trata de que quieran ser engañosos; es que no les agrada la
presión de aceptar toda la responsabilidad por su conducta. Otros encuentran esta
actitud exasperante: Los padres cuyos hijos señalan con el dedo a otros
hermanos, o el jefe cuyo empleado, por otra parte leal, fiable y cuidadoso, echa
la culpa a un compañero de trabajo cuando se ve bajo presión.

La desventaja de este rasgo para el mismo flemático es que pocas veces
aprende de su comportamiento. Debido a que el acto de echar la culpa a otros lo
libera de la presión inmediata, sigue alegre por su camino, sin admitir que tiene
que mejorar en aquel respecto. Como resultado, tiende a repetir sus errores.

Los niños flemáticos se pasan el día soñando despiertos. Se escapan del
desagradable presente deslizándose a una tierra de fantasía. Los hay que tienen
problemas leyendo, escribiendo, o aprendiendo matemáticas debido a ello.
Cuando crecen, este hábito mental los ayuda a escapar a las circunstancias
desagradables. Es indudable que muchos flemáticos infelizmente casados han
aguantado hasta el final dejando que sus mentes flotaran a la Tierra de Nunca
Jamás. Pero no es esto lo que la Biblia significa cuando dice: "(Estad) contentos
con lo que tenéis ahora" o "he aprendido a contentarme" (véase Hebreos 13:5;
Filipenses 4:11). El verdadero contentamiento viene de Dios a aquellos que
caminan con El. El soñar despierto puede llegar a ser una forma de escapismo
flemático estéril.

RECAPITULACION   Sea cual sea tu temperamento, afrontarás las
                        presiones de la vida. No puedes cambiar este hecho,
ni eres responsable de eso. Pero sí eres responsable por la manera en que
reacciones ante la presión, sea cual sea tu temperamento. Porque hay algo más
importante que tu temperamento en la manera en que respondes a la presión, y
es tu actitud mental. Con la ayuda de Dios, *tú* puedes controlar tu actitud mental.

Una de las verdades más importantes que he descubierto desde venir a ser un
cristiano es la necesidad de mantener una actitud agradecida acerca de todo. Hay
sólo dos clases de personas: los quejumbrosos y los agradecidos (algunos los
identifican como suspirantes y alabantes). Los quejumbrosos nunca son felices; los
agradecidos siempre lo son. Tú tienes la capacidad de ser ambas cosas, pero si
dejas que el Espíritu Santo controle tu mente, serás agradecido.

En este libro se ha mencionado en varias ocasiones el mandato bíblico: "Sed
llenos del Espíritu" (o: controlados por el Espíritu) (Ef. 5:18). Se debería señalar
que el segundo resultado de su "llenura" o "control" será una actitud de acción
de gracias, "dando siempre gracias por todo al Dios y Padre, en el nombre de
nuestro Señor Jesucristo" (Ef. 5:20).

En el Salmo 1:1, Dios nos advierte en contra de estar sentados en compañía de escarnecedores o personas quejumbrosas. A través del Antiguo Testamento Dios denuncia y condena a los quejumbrosos (Israel en el desierto, Moisés, Elías, Jeremías, y otros). En contraste a ello, tanto en el Antiguo como en el Nuevo Testamento leemos cientos de retos a ser agradecidos. En 1 de Tesalonicenses 5:18 se pone en claro que lo que sea menos que esto está fuera de la voluntad de Dios: "Dad gracias en todo, porque ésta es la voluntad de Dios para con vosotros en Cristo Jesús".

Estoy convencido de que nadie puede ser permanentemente feliz ni aprender como controlar la presión a no ser que desarrolle el hábito mental de la acción de gracias. Y esto no es fácil. Personalmente, yo tengo que dedicarme a eso constantemente. Después de todos estos años de enseñanza, de escribir y de tratar de llevar a la práctica una actitud mental de acción de gracias, se podría pensar que ya viene automáticamente. ¡No es este el caso! Contemplo el desarrollo de una actitud mental de habitual acción de gracias como si fuera una gran peña redonda que empujo pendiente arriba cada día. Si inconscientemente me olvido de dar las gracias, la piedra gira pendiente abajo unos cuantos metros, y tengo que volver a empujarla para arriba. Se va haciendo más fácil sólo en tanto que camino en el Espíritu e intento ser agradecido dando gracias a Dios por su bondad en las cosas que comprendo, y dándole las gracias por la fe por aquello que El va a hacer en las cosas que no comprendo. La acción de gracias es un imperativo en la Palabrad de Dios. La mayor parte de los cristianos la consideran una cosa optativa. Sin ella irás a la deriva hacia un espíritu amargado que destruirá tu actitud mental positiva y aumentará tus presiones.

La vida llena de gratitud es un asunto de desarrollar a diario una actitud mental de gratitud. No es sólo "la voluntad de Dios" para tu vida, sino también el secreto de desarrollar una actitud mental positiva, que es a su vez la clave para el control de la presión. Se debe admitir que la acción de gracias no es un hábito fácil a desarrollar, pero es totalmente esencial.

Algunos temperamentos encuentran más fácil la acción de gracias que otros, pero no leo en las Escrituras que Dios la ordene sólo a los sanguíneos y flemáticos. "Dad gracias en todo". Este es un mandato universal para todos nosotros, y debe ser obedecido. De otra manera, las presiones de nuestras vidas nos controlarán a nosotros, en lugar de nosotros controlarlas a ellas.

Todo aquel que quiera trabajar seriamente en el desarrollo de una actitud mental así debería hacer lo siguiente:

> Efectúa un estudio bíblico diario sobre todos los versículos relacionados con la acción de gracias. Anota tus descubrimientos.

> Memoriza un versículo de acción de gracias cada semana. empezando por 1 Tesalonicenses 5:18 y Filipenses 4:6, 7.

> Léete Filipenses entero cada día durante treinta días.

> Haz una lista de diez características acerca de tu cónyuge (si estás casado) o pariente más cercano o amigo (si eres soltero), dando gracias por cada una a diario durante tres meses.

> Haz una lista de otros diez puntos por los que estás agradecido, dándole a Dios gracias cada día por ello.

No dejes que tu mente piense negativa, crítica o ingratamente, y no repitas nunca tales pensamientos de palabra. Si lo haces, arrepiéntete tan pronto te des cuenta de lo que has hecho, confiésalo como pecado, y pon en lugar de aquel pensamiento algo por lo que estés verdaderamente agradecido. Después cita uno de estos versículos de acción de gracias que has estado memorizando.

Sin la práctica consciente de la acción de gracias, nunca desarrollarás una actitud mental positiva permanente.

APRENDE A TENER CONTENTAMIENTO — "Pero gran fuente de ganancias es la piedad acompañada de contentamiento" (1 Timoteo 6:6).

"Sea vuestra manera de vivir sin avaricia, contentos con lo que tenéis ahora; porque El dijo: De ningún modo te desampararé ni te dejaré" (He. 13.5).

"No lo digo porque tenga escasez, pues he aprendido a contentarme cualquiera que sea mi situación. Sé vivir en escasez y sé vivir en abundancia; en todo y por todo he aprendido el secreto, lo mismo de estar saciado que de tener hambre, lo mismo de tener abundancia que de padecer necesidad. Todo lo puedo en Cristo que me fortalece" (Fil. 4:11-13).

El hombre que popularizó el contentamiento "en todas las circunstancias" y "en cada situación" fue el más célebre prisionero de la iglesia. Pablo había sido encarcelado en muchas ocasiones por predicar fielmente el evangelio. En lugar de quejarse y suspirar, había "aprendido a contentarse". ¿Cómo? Practicando el arte de la alabanza en una situación que de natural debería generar lamentaciones. Nuestras cárceles modernas son lujosos palacios en comparación con la cárcel Mamertina en Roma, donde Pablo fue encarcelado. He visto aquella cárcel, o una igual, y era horrible. Sin puertas, luces ni comodidad de ningún tipo, era una cueva fría y húmeda con una abertura en la parte superior por la que se hacía descender al preso. Después que había entrado allí, sólo una pequeña cantidad de alimento pasaba por aquella abertura. Pero había "aprendido a contentarse".

Tu cárcel puede ser un apartamento superpoblado con más niños que dormitorios, una oficina sin ventanas, un automóvil que apenas funciona, o un trabajo muy por debajo de tu capacidad y de tus necesidades de ingresos. Puede ser un matrimonio infeliz o unos padres demasiado posesivos. Sea cual sea la privación o el apuro, ¿has aprendido a contentarte? Si no, nunca conseguirás el contentamiento pasando a un apartamento mayor, consiguiendo un nuevo trabajo ni dejando a tu cónyuge. La mayor parte de las personas quieren cambiar sus circunstancias como una manera de conseguir la paz. Al contrario, la satisfacción se aprende al desarrollar una actitud agradecida allí donde estés. Tus circunstancias presentes puede que no sean de maravilla, pero son tu terreno de instrucción. Dios quiere enseñarte contentamiento, por lo que debes aprender esta lección lo más rápidamente posible a fin de poderte pasar con rapidez allí donde El quiere llevarte. Me siento inclinado a creer que muchos cristianos se pasan la vida en la cárcel del descontento debido a que han rehusado aprender la lección de la satisfacción allí donde están.

Sólo es posible permanecer alegremente serenos frente a circunstancias desagradables desarrollando el arte de "la vida agradecida". Darle a Dios las gracias por tu actual situación en la vida es el primer paso de gigante para aprender contentamiento.

Aprender a estar contento allí donde estás y aprender a desarrollar una actitud mental piadosa de acción de gracias reducirá la presión de la vida hasta un nivel en el que se puede gozar, sea cual sea tu temperamento. Trata de lograrlo; no te arrepentirás.

CAPITULO
ONCE

Temperamento
y depresión

Cuando escribí mi libro *How to Win Over Depression*
(Cómo Vencer la Depresión) hace diez años, fue porque la depresión había
alcanzado "proporciones casi epidémicas", según la revista *Newsweek,* "y el
suicidio era demasiado frecuente el resultado de eso". Durante aquella época mis
viajes me llevaron a través del Aeropuerto de Dallas donde en un diario leí: "La
depresión: La causa principal del suicidio de universitarios". Recuerdo que
entonces pensé: "¿Qué es lo que podría hacer que una persona joven, en la flor
de su vida (18 a 23 años de edad) se quite la vida?" Aquel artículo lo ponía en
claro: la depresión.

Durante esta última década, el problema ha empeorado en lugar de mejorar.
En la actualidad, la principal causa de mortalidad entre los adolescentes es el
suicidio, y por lo general la causa es la depresión. El instinto de conservación es
muy poderoso en los seres humanos, y una persona tiene que estar
profundamente deprimida para que este instinto quede anulado antes que
pueda quitarse la vida.

Podrás bien preguntar: "¿Qué es lo que puede hacer que un adolescente de 15
años, en la flor de su vida, acabe deliberadamente con su vida?". Los resultados
emocionales de un hogar roto a causa del divorcio constituyen un factor, y es
evidente que el fácil acceso que tienen a dañinas drogas es otro. Sin embargo, he
podido observar que algunos temperamentos tienen un mayor problema con la
depresión que otros.

EL SANGUINEO Y
LA DEPRESION

Un sanguíneo raras veces está deprimido en compañía
de otros. Es una persona tan reactiva que a la vista de
otra persona se le suelen levantar los ánimos y su
rostro se ilumina con una sonrisa. Los períodos de depresión que pueda sufrir
casi siempre le empiezan cuando se halla a solas.

La característica más placentera del sanguíneo es su capacidad de gozar del presente. No mira hacia atrás a las infelices experiencias del pasado, y nunca le preocupa el desconocido futuro. Un encantador amigo mío sanguíneo es un clásico ejemplo de ello. Mientras viajábamos por el país, me hizo este comentario acerca de las muchas personas que me venían para pedir orientación acerca de sus depresiones. Espontáneamente exclamó: "Sabes, nunca he tenido demasiados problemas con la depresión; supongo que se debe a que Dios ha sido tan bueno conmigo. En realidad, no puedo recordar haber sufrido ningún tipo de problemas o dificultades reales en mi vida". Su afirmación me dejó verdaderamente atónito, porque conocía bien a aquel hombre. Me ví obligado a recordar que no había llegado a acabar el bachillerato hasta los cuarenta años de edad debido a que se escapó de casa para enrolarse en la Marina Mercante. Mientras trabajaba en este servicio se casó, y después de tener dos hijos, uno de ellos murió de una extraña y poco frecuente enfermedad. Esto provocó una cierta amargura en la vida de su esposa, que después de varios años de infelicidad se divorció de él y se volvió a casar. Cuando mi amigo hizo esta afirmación, había estado soltero durante seis años. Sólo un sanguíneo puede mirar a este tipo de vida y decir: "Nunca he tenido ningún tipo de verdadero problema en mi vida". Pero habría muchas menos depresiones si todos los temperamentos pudieran pensar de esta manera.

Muchos sanguíneos indisciplinados experimentan la depresión durante la cuarta o quinta década de su vida. Su carencia de disciplina y su débil voluntad hacen que por lo general sean bastante improductivos, para propia frustración y desengaño de ellos mismos. Son también propensos a la obesidad para este entonces debido a su incapacidad de rehusar postres y otras golosinas. Ello hace disminuir su estimación propia y aumenta su tendencia hacia la depresión. Aunque hacen bien su papel de responder felizmente a los demás, su tendencia hacia una depresión suave aumentará. Un escritor los ha asemejado a Peter Pan, el niño que no quería crecer. Aunque son apreciados por los demás y atractivos, son a menudo poco fiables y sin sustancia real.

Cuando estos sanguíneos, que por lo general actúan como niños muy crecidos, se dan cuenta de su propia superficialidad, aumentan sus inseguridades. Se ponen en una actitud defensiva, sensibles a los menosprecios o a las críticas, y casi llegan a obsesionarse por la opinión que los otros tengan de ellos. No es raro que en este punto caigan en una depresión al entregarse a la autocompasión. Es posible que incluso lleguen a acusar a sus propios padres de haberlos mimado mucho en la infancia, por lo que nunca llegaron a desarrollar la auto-disciplina; pero les es muy difícil acusarse a sí mismos, confesar su pecado, y buscar la llenura del Espíritu Santo para la fortaleza de carácter que necesitan tan desesperadamente.

Si no afrontan su problema de una manera realista y aprenden a caminar en el Espíritu, fluctuarán entre la depresión y la felicidad durante un tiempo hasta que, de una manera infantil, acepten la vida de mediocridad que se han atraído sobre sí mismos, pasando entonces por la vida arraigados en una posición juguetona muy por debajo de su potencial.

El sanguíneo lleno del Espíritu es diferente. El Espíritu Santo no sólo lo convence de su pecado de autocompasión, sino que lo conduce a aquellas áreas de productividad que le hacen más fácil aceptarse y apreciarse a sí mismo. Cuando un sanguíneo está lleno del Espíritu, como el Apóstol Pedro en el libro de los Hechos, viene a ser una persona productiva y eficaz, libre de las angustias de una depresión prolongada.

EL COLERICO Y LA DEPRESION

El enérgico y voluntarioso colérico se deprime en raras ocasiones. Su mente activa y dirigida a un objetivo lo mantiene tan motivado que proyecta simultáneamente catorce programas. Si uno de ellos resulta problemático o frustrante, su desengaño dura poco, y se lanza rápidamente en pos de otro reto nuevo. Los coléricos son felices cuando están ocupados, y así nunca tienen tiempo para estar deprimidos. Su frustración en la vida es que no hay suficientes horas al día para dedicarse a su inacabable cantidad de metas y objetivos.

Los rechazos e insultos que a menudo mandan a otros temperamentos a períodos de depresión nunca afectan a un colérico. Tiene una piel tan gruesa, es tan auto-suficiente e independiente por naturaleza, que en raras ocasiones siente la necesidad de los otros. En lugar de sentir lástima por sí mismo cuando está solo, pasa el tiempo generando nuevos planes.

Emocionalmente, es el menos desarrollado de todos los temperamentos. Por esta razón, experimenta por lo general muy pocos cambios de humor. Aunque se enoja con facilidad, en raras ocasiones se entrega a la auto-compasión. En lugar de eso, estalla contra todos los demás.

Debido a su insensibilidad a las opiniones que los demás tengan de él, no es vulnerable a la depresión generada por otras personas. Si un colérico tiene que enfrentarse alguna vez a la depresión, será como consecuencia de la frustración, de un abandono, o por lo que considera la incompetencia de los demás.

Cuando el colérico llega a la cuarta o quinta década de su vida, su activo cerebro puede a menudo crear un síndrome de actividad mental que hace que sus pensamientos se anulen entre sí o se cortocircuiten, a semejanza de lo que sucede con una central de comunicaciones sobrecargada. Como cristiano, el colérico tiene que aprender a reposar en el Señor y a encomendar a El su camino. Una voluntad indómita y un espíritu de autosuficiencia lo llevan frecuentemente a ser un cristiano inútil y estéril debido a que insiste en hacer las cosas en la carne en lugar de en el Espíritu. Si promueve actividades cristianas con éxito, su orgullo lo hace espiritualmente miope y no llega a discernir su motivación carnal.

La paz del Espíritu Santo, que sobrepasa a todo entendimiento, modulará sus pautas mentales, haciendo que se concentre primero en el Señor y después en la tarea. Tiene que aprender que el programa divino no depende de él; más bien, que él tiene que depender de Dios. Tiene que reconocer tambien que el cumplimiento de la obra de Dios no es suficiente; tiene que hacerlo en el poder del Espíritu. Como la Biblia dice: "No con la fuerza ni con el poder, sino sólo con mi espíritu, dice Jehová de los ejércitos" (Zac. 4:6). El Apóstol Pablo, posiblemente la mejor ilustración de un colérico lleno del Espíritu y usado por

Dios, había aprendido bien esto, porque dijo: "... cuando soy débil, entonces soy fuerte" (2 Co. 12:10).

El cristiano colérico que vive en la carne puede llegar a deprimirse hasta que llega a ser consciente de este principio, porque se queda frustrado por la ausencia de resultados espirituales de sus carnales y enérgicos esfuerzos. En lugar de darse a sí mismo la culpa por su espíritu carnal y voluntarioso, puede llegar a revolcarse en su autocompasión y a retirarse de sus actividades eclesiales. Su espíritu carnal es frecuentemente notado por otros en la congregación, y por ello puede ser pasado por alto cuando se elige a los cargos. "No lo comprendo", se queja. ¿Acaso no es mi intenso trabajo una prueba suficiente de mi devoción a Cristo?" Feliz es el colérico que aprende a decir con Santiago: "... Si el Señor quiere, viviremos y haremos esto o aquello" (Stg. 4:15). Si busca las prioridades de la voluntad de Dios por medio de la conducción del Espíritu Santo en su vida, no sólo será más productivo, sino también más equilibrado. Cuando comprenda que caminar en el Espíritu es el secreto de la productividad espiritual, conseguirá coherencia en su vida cristiana.

Otro período de la vida durante el que un colérico es vulnerable a la depresión es en la jubilación. Aunque por lo general no se retira hasta los setenta años o más, tiene que programar en su mente alguna forma añadida de productividad o dejará paso a la depresión.

Un anterior ejecutivo se vio obligado a jubilarse a los sesenta y cinco años. Al cabo de seis meses fue a ver a su pastor en un estado de depresión. No necesitó mucho tiempo el ministro para percibir que la estéril inactividad del retiro era la culpable. Además de eso naturalmente, el ex-ejecutivo estaba entregándose al pecado de la auto-compasión, lamentándose así: "Mi vida ha acabado, mis años de productividad han pasado, y ya no sirvo para nada". El pastor estaba conduciendo una dinámica iglesia con mucha necesidad de hombres de negocio que coordinaran y dirigieran los asuntos económicos. Retó a este hombre a tomar un empleo en la iglesia, como obrero cristiano, con un salario de un dólar anual. En la actualidad esta iglesia se halla entre las más eficaces de la nación, y el enérgico ejecutivo colérico está gozando sumamente de su retiro.

La capacidad del Espíritu Santo para transformar, literalmente, una tendencia colérica hacia la depresión es ilustrada soberbiamente en la vida del Apóstol Pablo. Si alguna vez ha habido alguien que fuera una ilustración del temperamento colérico, éste era Saulo de Tarso antes de convertirse en cristiano. Después de su conversión, su indomable voluntad colérica, ahora dirigida por el Espíritu Santo, se lanza hacia adelante en el libro de los Hechos.

Su respuesta al encarcelamiento es un ejemplo clásico de cómo el hombre puede vencer cualquier circunstancia una vez que permite al Espíritu Santo tomar control de su vida.

Confinado en la fría y tétrica Cárcel Mamertina de Roma por predicar el evangelio, no manifestó ninguna señal de auto-compasión. En lugar de ello, este dinámico cristiano se aprovechó de la oportunidad que tenía para compartir su fe de una manera personal con cada nuevo soldado romano asignado como guarda suyo. Muchos de estos hombres fueron convertidos: "Todos los santos os saludan, y especialmente los de la casa de César" (Fil. 4:22). Además, desde esta cárcel escribió las epístolas de la cautividad, incluyendo su epístola del gozo, la epístola a los Filipenses, en la que afirmaba: "He aprendido a contentarme, cualquiera que sea mi situación" (Fil. 4:11). Los coléricos llenos del Espíritu nunca llegarán a deprimirse.

El contentamiento no es algo natural, especialmente cuando te hallas encerrado en una cárcel. El contentamiento es una actitud mental aprendida que exige el poder sobrenatural del Espíritu Santo, en particular para un colérico. Pero se puede aprender.

Tu cárcel no es, indudablemente, una húmeda y fría cárcel romana. Puede ser un trabajo que aborrezcas. Puede ser un matrimonio infeliz o una multitud de otras circunstancias. Pero el que venga a ser una causa de depresión o de contentamiento viene a ser tu decisión. La Biblia nos ordena: "Estad preparados para la acción" (1 P. 1:13). En otras palabras, no dejes que tu mente flote libremente pensando aquellas cosas en que quiere pensar. Si permites tal cosa, ello hará que tus emociones desciendan cuesta abajo, al pensar en un marco de auto-compasión o de pautas mentales egoístas o egocéntricas.

¿Cuál es la causa de la depresión? En realidad, hay una multiplicidad de ellas. Si tienes un problema en esta área deberías examinar mi libro *How to Win Over Depression* (Cómo vencer la depresión), en el que doy once de las causas más frecuentes. La más común, sin embargo, es la auto-compasión en que nos revolcamos después de sufrir un rechazo por parte de alguien a quien amamos o admiramos, un insulto, o un perjuicio. La verdadera culpable es la auto-compasión. Cuanto mayor sea tu auto-compasión, tanto mayor será tu depresión. Esta es la razón de que Pablo nos reta a todos a *aprender* contentamiento, incluso frente a los rechazos, insultos o daños.

Todos saben lo que es el contentamiento, o por lo menos creen que lo saben. Pero pocas personas se dan cuenta de que es el resultado de la mentalidad agradecida, sea cual sea la cárcel en que se hallen. Los coléricos raras veces tienen contentamiento. Pero pueden "aprender" dedicándose a dar las gracias y alabanzas.

EL MELANCOLICO Y LA DEPRESION

Los melancólicos se deprimen con facilidad porque son perfeccionistas. La mayor parte de las personas se beneficiarían si tuvieran más tendencia a la perfección, pero el verdadero perfeccionista llega a ser un desdichado debido a ello. En primer lugar, se mide a sí mismo cuando no llega a la norma. El hecho de que su norma es, por lo general, tan elevada que ni él ni nadie podría vivir de acuerdo con ella apenas si le viene a la mente. Por el contrario, insiste en que su criterio de "perfección" es realista.

Además de su perfeccionismo, es también muy escrupuloso y se enorgullece de ser fiable y exacto. Naturalmente, ninguno de sus amigos alcanza la altura de esta norma, por lo que no es raro que se deprima acerca de sí mismo y de sus asociados. Muy rígido e inflexible, encuentra difícil tolerar la más ligera desviación de aquello que él considera la medida de la perfección.

Tales melancólicos, tan propensos al perfeccionismo, pueden amar entrañablemente sus hijos al mismo tiempo que deprimirse a causa de ellos. Los niños son notoriamente desorganizados e impredecibles; siguen sus propias pautas e insisten en comportarse como niños. Un rígido padre melancólico encuentra difícil soportar tal impredecibilidad y en consecuencia puede llegar a experimentar una depresión. Algunas veces una madre melancólica puede llegar a ser ambivalente hacia sus propios hijos, amándolos intensamente al mismo tiempo que se siente llena de ira y amargura contra ellos. El pequeñuelo desastrado que insiste en atravesar el limpio suelo de la cocina con sus mojadas botas de agua puede llegar a ser una fuente de irritación para cualquier madre, especialmente una melancólica. Antes de casarse, es probable que no se atreviera a retirarse por la noche antes de alinear apropiadamente sus zapatos y que el baño estuviera en perfecto orden. Los niños cambian todo esto de forma automática, pero los perfeccionistas encuentran difícil ajustarse a tal cambio; como consecuencia, su salida es la depresión. Se encolerizan ante la falta de perfección en los otros y se entregan a la auto-compasión debido a que son los únicos que se están esforzando en alcanzar sublimes ideales. Estas pautas mentales llevan invariablemente a la depresión.

Para ser justos con los melancólicos, son tan críticos acerca de sí mismos como lo son acerca de los demás. Como resultado, tienden a desarrollar una concepción inadecuada de sí mismos. Desde la primera infancia erigen una pobre imagen propia en la pantalla de su imaginación. Al ir creciendo, a diferencia de los otros temperamentos que aprenden a aceptarse a sí mismos, tienden a rechazarse más y más a sí mismos. En consecuencia, aumentan sus períodos de depresión. Si se les permitió verbalizar sus críticas en la infancia, serán propensos a la crítica verbal en la edad adulta. Cada vez que se permiten una crítica verbal, tan sólo ahondan más el espíritu de crítica en sus mentes; ¡y los críticos nunca son personas felices!.

Un día tuve la oportunidad de contemplar este principio en acción. Al someterme a una inspección en un aeropuerto antes de embarcar en un avión, el oficial de seguridad empezó a criticar a las personas que volaban en aquella línea aérea como "desaliñados, desconsiderados, desorganizados e ingratos". Lo soporté tanto rato como pude, pero al final, mirándolo con una gran sonrisa (uno puede casi decir lo que quiera si está sonriendo) le hice esta observación: "¡Usted debe de ser una persona muy desdichada!" Me miró más bien sobresaltado y me contestó: "¿Por qué dice usted esto?"

"Porque usted tiene un espíritu tan crítico. Nunca he conocido a una persona feliz que fuera crítica. Después de inspeccionar mi equipaje, dijo: "Gracias señor, necesitaba esto". Para mi sorpresa, se dirigió al siguiente cliente, y le dijo: "¡Buenas! ¿Cómo está? Encantado de que haya escogido nuestras líneas aéreas". No sé cuanto tiempo habrá aprovechado aquella experiencia, pero estoy seguro de que tenía la capacidad de hacerse feliz o desdichado en proporción directa a la manera en que piensa y hable a las personas.

No sólo son los melancólicos perfeccionistas rígidos y personas escrupulosas, sino que poseen un bajo umbral para la ansiedad y la tensión. La forma de vivir americana no es conducente a la felicidad para estas personas. Vivimos en una sociedad colérica, lanzada a la actividad, como lo verifica el doctor Paul Tournier en un capítulo acerca del temperamento en su obra titulada *The Healing of Persons*. Parece que la civilización occidental, en la que el evangelio de Cristo ha tenido su más profunda influencia, tiene una elevada proporción de población colérica. Esto sería característico de las razas teutónicas o nórdicas, cuyas gentes tienden a presentar un elevado porcentaje de temperamento colérico. Estas personas se establecieron en Escandinavia, Alemania, zonas de Francia, Irlanda e Inglaterra, precisamente los países que han dado la mayor parte de los colonos americanos. Aunque sería difícil demostrar este extremo, parece que las personas

más valientes, cordiales y coléricas de Europa vinieron a establecerse a este país.
En consecuencia, su progenie incluiría un elevado nivel de ciudadanos coléricos,
propensos al activismo, lo que podría dar cuenta de nuestro ambiente
industrializado, móvil y presurizado. Este tipo de atmósfera no es la más saludable
para un melancólico, porque no está interesado en conseguir producción masiva,
sino perfección y calidad. No es raro oír quejarse a un profesional melancólico:
"Ya no tenemos tiempo para ser precisos".

Esto puede explicar por qué tantos de los "hippies" o personas marginadas se
apartan de la corriente de la sociedad en nuestros tiempos. Rechazando su ritmo
alocado y dándose cuenta de su falta de perfección con ojos idealistas, buscan
una cultura más pasiva. Esta puede ser una razón de que algunos de ellos
puedan hablar favorablemente acerca de un sistema de gobierno que ha
esclavizado totalmente a las personas dentro de una pasividad en contraste con el
sistema de la libre empresa, que ellos consideran ha esclavizado a las personas a
la actividad.

He observado una y otra vez que muchas de las personas jóvenes que han
huido de nuestra sociedad son jóvenes idealistas, dotados y muy sensibles, que se
han entregado al escapismo en lugar de hacer un esfuerzo honrado para alterar la
sociedad. El doctor Tournier señala que algunas de las culturas Indias u Orientales
dan una elevada prioridad al individuo místico o pasivo. Así, el Mahatma Gandhi,
cuyos ayunos vinieron a ser el símbolo de la resistencia pasiva, vino a ser un
héroe nacional. En contraste con ello, en el mundo occidental el héroe es el
colérico dinámico y productivo. Sea cual sea la causa, el ritmo frenético en que
nos movemos en la actualidad contribuye intensamente a la tendencia del
melancólico hacia la depresión.

Dos características del melancólico que se anulan mutuamente son su deseo
natural de ser *abnegado* y su tendencia a la *autopersecución*. A no ser que sea
cuidadoso, este conflicto podrá llegar a hacer un mártir de él. De ordinario, elige
el lugar más difícil y penoso para ejercer su vocación. Cuando otros parecen
tener más éxito o conseguir más renombre, en lugar de afrontar de una manera
realista el hecho de que ha elegido el camino del sacrificio de sí mismo, se
entrega a la auto-compasión porque su camino se retuerce cuesta arriba y
conduce a través de arduos lugares.

La decisión del melancólico a afligirse y a criticar lo único que hace es
complicar su mentalidad negativa y lo conduce, al final a la desesperación. Por
esta razón 1 Tesalonicenses 5:18 puede ser su solución. Si sigue esta fórmula de
una manera coherente y minuciosa, nunca se deprimirá: "Dad gracias en todo,
porque ésta es la voluntad de Dios para con vosotros en Cristo Jesús".

Aunque todos son vulnerables a sus propias pautas mentales, nadie hay que
sea más reactivo que el melancólico. Entre sus otras dotes creativas, posee la
gran capacidad de sugerir imágenes en la pantalla de su imaginación,
probablemente a todo color y con sonido estereofónico. Debido a que los
melancólicos tienen por naturaleza un humor cambiante, pueden considerar que
sus cambios de humor son espontáneos, pero se ha descubierto que los humores
resultan directamente de pautas mentales. Si un melancólico vigila sus pautas de
pensamiento y rehúsa entregarse a los pecados mentales de la ira, del
resentimiento, de la auto-compasión, no cederá a su predisposición hacia la
depresión.

La poderosa influencia de la mente sobre nuestros estados de humor puede ilustrarse claramente con una experiencia que tuve con mis hijos cuando estaban creciendo. Un domingo por la noche, cuando se iban a la cama, les recordé, como millones de niños lo oyen una y otra vez de sus afectuosos padres: "No os olvidéis: mañana tenéis que levantaros temprano para ir a la escuela". Al unísono, dijeron: "¿Tenemos que ir a la escuela, mañana?" Asegurándoles que eso era una parte necesaria de sus vidas y aceptando sus protestas con la acostumbrada paciencia paterna, los mandé a la cama. Es innecesario decir que el lunes se levantaron de un humor de perros. Sinceramente, lo sentí por los pobres maestros que iban a tener que enfrentarse con ellos aquel día.

A la semana siguiente los mismos chicos estaban en las mismas camas por la noche. Al arroparlos les advertí: "No os olvidéis que mañana tenéis que levantaros temprano, porque vamos a Disneyland". Ya te puedes imaginar el coro feliz que saludó mi anuncio. Al siguiente día, ambos chicos saltaron entusiasmados de la cama, llenos de expectación, al vivir por adelantado el viaje que les esperaba. Sentados a la mesa para tomar el desayuno, consideré la diferencia de humor en una semana. Su metabolismo parecía funcionar mejor, sus ojos estaban más claros, sus rostros más radiantes; todo el mundo lucía mejor porque reflejaban una actitud mental mejor. El melancólico que reconoce el poder de la mente subconsciente para influenciar su humor buscará el poder del Espíritu Santo para orientar sus pautas mentales de una forma positiva.

Es difícil seleccionar un período en la vida que un melancólico encuentre más deprimente que otro. Por lo general, sus depresiones se hacen evidentes en la infancia; a no ser que sea espiritualmente motivado por el poder de Dios, tienden a seguirle a lo largo de su vida. Debido a que es extremadamente sensible y egocéntrico, imagina cosas en cada actividad, obsesionándose en ocasiones con la idea de que no gusta a la gente o que se están riendo de él.

Un día el director financiero de Christian Heritage College, mi esposa (que era la archivera) y yo estábamos juntos comiendo en un restaurante. Repentinamente, un joven de edad universitaria y de temperamento melancólico, con una mirada desvaída, apareció ante nuestra mesa y preguntó: "Perdonen, pero quisiera preguntarles si estaban ustedes riéndose de mí. Naturalmente, nos quedamos callados de asombro. Finalmente, le dije: "Joven, no creo que lo hayamos visto nunca antes en toda nuestra vida". Con esto, se excusó y se fue. Reflexionando acerca de este incidente, llegamos a la conclusión de que durante nuestras risas y conversación miramos casualmente en su dirección, lo que le dio a aquel angustiado joven la impresión de que nos estábamos riendo de él. Más o menos, la misma sustancia tienen muchos de los acontecimientos que provocan depresiones en las vidas de los melancólicos típicos.

Afortunadamente para el melancólico, posee una insólita capacidad creativa para proyectar todo tipo de imágenes en la pantalla de su imaginación. Una vez que llega a una plena conciencia de que sus sentimientos son el resultado directo de la erección de imágenes mentales saludables acerca de sí mismo y de sus circunstancias, está bien encaminado en la vía de la recuperación y de la prevención de futuros ataques de depresión. Las personas melancólicas caen en el riesgo de la depresión, principalmente debido al mal uso continuo que hacen de su imaginación. Esto es, proyectan en la pantalla de la imaginación de su mente pensamientos negativos, auto-compasión, impotencia y desesperanza. Una vez se dan cuenta de que sus sugerencias creativas pueden obrar bien a favor de ellos bien en contra, pueden actuar cuidadosamente, proyectando sólo aquellas imágenes que son gratas a Dios. Tales pensamientos elevarán sus espíritus, estabilizarán sus humores, y los ayudarán a evitar la depresión.

A través de los años, son más las personas con temperamentos melancólicos las que han entrado en mi despacho de orientación que de cualquier otro temperamento. Al principio, pensé que se debía a que tengo una atracción magnética hacia las personas propensas a la depresión. Después me dí cuenta de que el creativo melancólico tiene una mayor dificultad para entrar en acción. Sus procesos mentales creativos pueden encontrar demasiados problemas e imperfecciones o suscitar demasiados rechazos, insultos o daños imaginarios.

Más aún que el colérico, tiene que concentrarse en la acción de gracias como manera de vivir. La quejumbrosidad, la crítica y las lamentaciones siempre tienen un efecto deprimente sobre el humor de la persona. Si quieres aprender a tener contentamiento y paz interna, lo lograrás mediante la acción de gracias. Y, cosa interesante, ésta es de todas maneras la voluntad de Dios para tu vida (1 Ts. 5:18).

EL FLEMATICO Y LA DEPRESION

Como regla general, la persona flemática no se deprime con facilidad. Su singular sentido del humor señala una perspectiva feliz de la vida, y raramente presenta muchas fluctuaciones de humor. Es posible conocer un flemático toda la vida y nunca verlo verdaderamente enojado, porque no importa cual sea la ocasión, tiende a excusar mentalmente a la persona que lo ha ofendido, dañado o rechazado. Su capacidad de ajustarse a circunstancias desagradables es increíble para los otros tres temperamentos, que encuentran fácil afligirse o criticar mental o verbalmente.

Si un flemático experimenta depresión alguna vez, se debe por lo general a su propia carencia de agresividad. Muchas veces su mente práctica y capaz desarrolla un plan de acción adecuado para un conjunto determinado de circunstancias, pero debido a su inclinación a la pasividad o a su temor a ser criticado por los otros, se lo guarda para sí. En consecuencia, bien empujado por la familia, bien por otras presiones de grupo, puede verse siguiendo un plan inferior al suyo. Esto puede generar irritación, la que, cuando va seguida de auto-compasión, le provocará una depresión. Afortunadamente, su depresión es generalmente pasajera, porque en poco tiempo uno de estos caracteres asombrosamente interesantes llamado un ser humano aparece para divertirlo y entretenerlo.

Hay un período crítico en la vida del flemático en que es sumamente vulnerable a la depresión. Durante la quinta o sexta década de su vida se hace consciente, con frecuencia, de que los otros temperamentos le han adelantado vocacional y espiritualmente, y en todos los demás sentidos. En tanto que él estaba contemplando pasivamente el juego de la vida como espectador, sus amigos más agresivos estaban atravesando las puertas de las oportunidades. Su propensión a la seguridad le ha impedido lanzarse a osadas aventuras en la vida, y por eso su existencia puede parecerle más bien sosa durante este período. Si se entrega a la auto-compasión, decididamente caerá en una depresión.

En lugar de echar la culpa a sus temores o indolencia, encuentra mucho más fácil acusar a la "sociedad" o "malos consejos" o "mi suerte". Desde muy

temprano en su vida, este tipo de persona debe imitar al Señor Jesús y
emprender grandes cosas para Dios, porque Cristo dijo: "Conforme a vuestra fe
os sea hecho" (Mt. 9:29).

Nadie tiene más necesidad de motivación externa que un flemático. Pero con
frecuencia se pasa la vida resistiendo las presiones. En pocas ocasiones acepta
más de lo que puede hacer, ni quiere involucrarse en demasía. En lo único que
he visto a un flemático involucrarse en demasía ha sido en guardarse de
involucrarse en demasía.

Hablando con franqueza, lo que necesita es involucrarse mucho. Este es el
único temperamento del que afirmo esto. Los sanguíneos lo emprenden todo y no
acaban nada. Los coléricos lo asumen todo y se agotan llevándolo a cabo. Los
melancólicos asumen las cosas más difíciles que los otros no quieren hacer y
arruinan su salud. Pero no es así con los flemáticos. Viven hasta muy ancianos
protegiéndose a sí mismos. Alguien ha dicho que "Un flemático es el único tipo
de persona que puede apiñar cincuenta años de vida en un período de 100 años
de vida real". Y la mayor parte de estos años estarán prácticamente libres de
depresión.

RECAPITULACION   No puedes remediar el hecho de tener el
                        temperamento que tienes. Y no hay ningún
temperamento que sea mejor que otro. Cada uno es singular con su propio
conjunto de puntos fuertes y débiles, incluyendo la tendencia a deprimirse
fácilmente o a ir sin problemas por la vida. Pero puedes controlar tu actitud
mental o procesos pensantes. Si has heredado un temperamento colérico o
melancólico, es prudente afrontarlo honestamente y aceptar que tendrás que
luchar toda tu vida en contra de entregarte a la auto-compasión y a la crítica. Si
eres una combinación de los temperamentos ColMel o MelCol, tendrás que luchar
en contra de estas pautas mentales *con gran energía.* ¡Pero se puede hacer! Con
la ayuda de Dios, puedes aprender a ser una persona agradecida y llena de
contentamiento, pero tendrás que dedicarte a eso toda tu vida.

Cada vez que te encuentres afligiéndote en el espíritu de tu mente, confiesa
esta actitud como pecado, y empieza a alabar a Dios por quien El es y lo que El
es en medio de tus circunstancias. No te entregues a tu inclinación natural a la
autocompasión. En tal caso te hallarás fuera de la voluntad de Dios y serás un
desdichado. Haz de la acción de gracias tu forma de vida, y la depresión perderá
su mortal influencia sobre ti. "Dad gracias en todo, porque ésta es la voluntad de
Dios para con vosotros en Cristo Jesús" (1 Ts. 5:18).

CAPITULO DOCE

Como Contrarrestar la Ira y la Hostilidad

El temor puede que sea el primer problema emocional que se presente en la familia, y puede que afecte a más personas que el segundo; pero no es el enemigo número uno de la familia. Esta deshonra queda para la ira, que en ocasiones asume la forma de hostilidad y furor. Son más las esposas que han sido apaleadas, niños maltratados y destruidos sicológicamente por los violentos estallidos de la ira que lo que nadie pueda contar. Es imposible exagerar en demasía el daño que esta emoción produce a la familia, al matrimonio, y a todas las demás relaciones interpersonales.

Un amigo pastor en el norte de California me llamó para preguntarme si estaba dispuesto a encontrarme con una dedicada pareja de su congregación que estaban precisamente en San Diego, tratando de solucionar sus problemas matrimoniales. Este marido ColSan y su esposa MelFlem habían estado casados diecisiete años y reconocían dos problemas. En primer lugar, ambos admitieron: "No podemos establecer comunicación". En segundo lugar, la esposa añadió: "me apaga sexualmente. Me siento totalmente muerta hacia él". La historia de Sue era patética. Criada en el seno de una familia inmigrante alemana con cinco niños, su padre "gobernaba la nidada con una mano de hierro". Se lamentaba: "Las horas de las comidas eran un terror para mí, porque si papá se enfadaba golpeaba tan fuerte la mesa con su puño que los platos y los cubiertos saltaban de la mesa. Siempre me prometí a mí misma que jamás me casaría con un hombre como mi padre". Cuando Bill apareció, parecía tan dulce y atento que se enamoró de él, y pronto se casaron. "Tres semanas después de nuestro casamiento fue cuando sucedió", continuó ella. "Algo le hizo enojar, y dio un golpe de puño sobre la mesa con tanta fuerza que los platos y los cubiertos saltaron. Al volver a caer sobre la mesa, me vino el pensamiento: ¡Me he casado con un hombre exactamente igual a mi padre!

LA IRA Y EL TEMOR APAGAN LA COMUNICACION

Los enamorados tienen pocos problemas para comunicarse antes del matrimonio. De hecho, pueden hablar horas y horas por teléfono. Pero para destruir esta relación sólo se necesita la acción enfurecida de uno para desencadenar en el otro una reacción de temor. ¡Oh, por lo general se reconcilian y renuevan la ternura y la comunicación, pero el daño ya está hecho!

Cada uno ha visto al otro de una manera real. Como consecuencia, el espíritu de la libre comunicación queda inhibido. La ira de uno erige un bloque formidable en el muro que obstruye la comunicación. La reacción auto-protectora del temor impide al otro expresarse libremente, y así se erige otro bloque en el muro. Gradualmente, estos estallidos y reacciones erigen un muro impenetrable hasta que los antiguos enamorados ya no se comunican en absoluto, por temor a que se desencadene la ira del uno, o que el temor del otro provoque más dolor. Las lágrimas, el silencio y los sentimientos reprimidos juegan su papel, y antes que pase mucho tiempo necesitan orientación porque "no podemos comunicarnos más". El problema no es la falta de comunicación. ¡La culpa reside en la ira y en el temor! En este capítulo examinaremos sus resultados y su remedio.

LA PRESION NO HACE TU ESPIRITU

Bill defendió sus acciones diciendo: "Ella no tiene ni idea de las presiones a las que estoy sometido, y se toma mis estallidos demasiado en serio debido a sus antecedentes. No se da cuenta de que todos los hombres tienen que soltar vapor. En realidad no quiero decir las cosas que suelto, pero ella no me quiere perdonar cuando le pido excusas". En otras palabras, Bill no quiere cambiar. Espera que Sue conviva con un hombre iracundo como su madre lo hizo.

Lo que Bill no reconocía es que la presión no hace tu espíritu, sólo lo revela. La manera en que actúas manifiesta lo que realmente eres. Si estallas bajo presión, estás admitiendo que por debajo de una fachada cuidadosamente montada eres una persona irascible. Algunas personas, naturalmente, tienen más tolerancia y pueden aceptar más presión, pero si eres irascible, tu debilidad se manifestará más tarde o más temprano por la manera en que actúas, reaccionas o piensas. Y todos sabemos que el hogar es potencialmente la mayor olla de presión del mundo. A esto se debe que la ira y las varias formas de hostilidad sean el problema número uno de la familia.

Un marido que tenía el problema de la hostilidad me dijo: "Bueno, tengo que encontrar algún lugar donde pueda ser yo mismo". Sí, así lo hacía, y este era precisamente su problema, él mismo. Una persona en casa siempre revela su verdadera naturaleza. Podemos presentar una falsa fachada fuera de casa, pero bajo las presiones de la vida familiar, el verdadero individuo se manifiesta. Solamente he hallado un remedio. Deja que Dios cambie el verdadero tú a fin de que tus horas en casa puedan ser placenteras y así aquellos que más te aman no se vean amenazados.

IRA Y MASCULINIDAD

Muchos hombres parecen tener la extraña idea de que la ira es un rasgo masculino justificable. "Todos los hombres se enfurecen", exclaman. Algunos incluso insisten en que un hombre que no tenga el problema de la ira no es un verdadero hombre. ¡Nada puede estar tan lejos de la verdad! La tendencia natural del hombre hacia la ira es lo que probablemente ha provocado más guerras, creado más conflictos y destruido más hogares que cualquier otro rasgo universal

La ira parece ser la manera en que el hombre expresa sus frustraciones, pero es un error considerarla una emoción benéfica. De hecho, inhibe el recto juicio y el sereno pensamiento. Un chico que tuvo una pelea con su novia hizo marcha atrás desde su entrada de garaje, y "dejó una marca de neumáticos de treinta metros" delante de su casa. Siete minutos más tarde moría. Su furor le quitó la sensatez, y se lanzó carretera adelante con el acelerador a fondo a más de 150 kilómetros por hora, tomó mal una curva de la autopista y se lanzó a la eternidad. La ira había dado otro golpe.

Los periódicos han estado publicando informes, últimamente, procedentes de los departamentos de emergencias de hospitales y de agencias estatales, señalando que los malos tratos a los niños están aumentando de una manera alarmante. Más de 10.000 niños murieron el año pasado debido a tales malos tratos. ¿Qué es lo que puede llevar a un adulto a maltratar de tal manera a un niño indefenso? ¡La frustración debida a la ira! Padres con el corazón roto han contado, sollozando, la historia de su "anormal comportamiento", mostrando estar atónitos de que hubieran sido capaces de tal acción. Pero básicamente no eran "anormales"; simplemente, nunca habían aprendido a controlar su ira, y cuando se alcanzó un nivel suficiente de frustración, cometieron un acto que lamentarán toda su vida. Este comportamiento cargado de ira no se limita a los miembros del escalón socioeconómico más bajo de la sociedad, aunque sus condiciones de vida pueden acelerar las frustraciones. He visto a personas por otra parte de carácter respetable destruir a sus hijos por la ira.

Un ministro me pidió que diera consejo a su esposa por una infidelidad en la que persistía sin querer arrepentirse. Esperando ver entrar a una sirena, me vi sorprendido al ver que se trataba de una gentil dama de habla suave que me contó su historia bañada en lágrimas. Su marido era un dinámico ministro, con mucho éxito en su iglesia y admirado por todos. Pero tenía un pecado que ella no podía pasar por alto. Era un hombre irascible y hostil a quien ella consideraba "excesivamente estricto y físicamente duro con nuestros tres hijos. No puede controlar su ira y en una ocasión dejó inconsciente a nuestro hijo mayor de una paliza". Cuando el chico llegó a los diecinueve años, huyó de casa y se unió a un grupo de "hippies". Con el corazón roto, dijo: "Desde aquel día perdí todo afecto hacia mi marido".

Una situación extrema como ésta nunca ocurre de repente. Se había estado fraguando a lo largo de los años, principalmente en relación con desacuerdos básicos acerca de la disciplina de los hijos. Ella había aprendido a vivir con sus otras explosiones de ira, pero no podía soportar los malos tratos que aplicaba a sus hijos. Demasiado asustada para expresar sus verdaderos sentimientos, contemplaba como las encolerizadas frustraciones de su marido caían sobre las cabezas, rostros y espaldas de sus hijos. Aunque ella sólo se interponía en ocasiones extremas, reconocía que "moría un poco" cada vez que recibían aquellos malos tratos. Al final, resultó que "la infidelidad" en que vivía era en venganza para hacer sufrir a su marido.

Cuando el ministro entró, estaba evidentemente desesperado. Nunca supe de cierto si buscaba ayuda porque realmente amaba a su esposa, o si estaba solamente tratando de salvar su ministerio. Cuando tuvo que confrontar sus hostilidades, replicó: "Si un hombre no puede soltarse y ser él mismo en casa, ¿dónde va a hacerlo?" Me quedé en silencio durante mucho rato. Mientras tanto él se quedó allí sentado, pensando, y al final admitió: "Esto resulta bastante carnal, ¿verdad?" Antes de irse, se había dado cuenta de que su ira era tan mala o peor que el adulterio de su esposa. Aunque este hombre pudo salvar su matrimonio, por lo que yo sé, nunca pudo recuperar a su hijo. Con mucha probabilidad, más hijos se han visto apartados de sus padres debido a la furia de papá que por cualquier otra causa. Y lo trágico de todo esto es que el hijo probablemente tratará al suyo de la misma forma. Los padres irascibles producen hijos irascibles.

LAS DEVASTADORAS CONSECUENCIAS DE LA IRA La ira, hostilidad, o furia, o, como la Biblia la llama, la "maldad", es tan antigua como el hombre. Indudablemente, recordarás la primera pendencia familiar en la historia. "Se ensañó Caín en gran manera, y... se levantó contra su hermano Abel, y lo mató" (véase Gn. 4:5-8). Desde aquel trágico día, son millones los que han muerto prematuramente, e incontables los matrimonios que han quedado destruidos debido a la ira. La cantidad de niños sometidos a tensión emocional en el hogar debido a la ira de los adultos, abruma la mente. Cualquier consejero reconocerá que la mayor parte de sus clientes emocionalmente perturbados son víctimas de la ira de alguien. Es un problema emocional casi universal con consecuencias devastadoras, particularmente en el hogar. En el mismo momento de escribir este capítulo, nuestro periódico local lleva una información acerca de un jugador profesional cuya esposa le dio muerte, mientras dormía, con un cuchillo de cocina de veinte centímetros de hoja.

Sólo una ira reprimida transformada en una furia rabiosa puede llevar a alguien a quitar la vida a otra persona.

TEMPERAMENTO E IRA El único temperamento que no tendrá problemas inherentes con la ira es el flemático. Pero debido a que nadie tiene un 100 por ciento de temperamento flemático, incluso él experimentará esta dificultad en uno u otro grado, dependiendo de su temperamento secundario. Como hemos visto, un FlemMel será el que tendrá menos problemas con la ira, dependiendo esto, naturalmente de los porcentajes de sus dos temperamentos. Los sanguíneos, como se recordará, tienen estallidos instantáneos y perdonan rápidamente; los coléricos estallan y guardan rencor. Los melancólicos tardan más en estallar, prefiriendo anidar pensamientos de autopersecución y planes de venganza hasta que también ellos llegan a ser capaces de irrazonables expresiones de ira.

¡No se puede exagerar la gravedad de este problema! De las 949 parejas que he unido gozosamente como marido y mujer durante mis años en el ministerio, me siento feliz de decir que sólo dos docenas de ellas, que yo sepa, se han divorciado. Quizás ello se debe a que pedí a cada pareja que hicieran una promesa sagrada de que "antes que paséis una sola noche separados por tensiones entre vosotros, vendréis a verme". Con la excepción de unas pocas parejas cuyos problemas al principio tenían que ver con dificultades sexuales que se resolvieron en un corto espacio de tiempo, todos los problemas de las demás parejas tenían que ver con la ira.

La ira no sólo destruye la vida del hogar, sino que arruina la salud. Un libro ya mencionado, *Ninguna Enfermedad*, relaciona cincuenta y una enfermedades que pueden ser provocadas por la tensión producida por la ira o por el temor, incluyendo hipertensión sanguínea, ataques de corazón, colitis, artritis, cálculos renales, problemas de la vesícula biliar, y muchas otras. Durante años, he citado al doctor Henry Brandt, que dice: "Aproximadamente el 97 por ciento de los casos de úlceras sangrantes sin origen orgánico que he tratado son generadas por la ira". En un seminario en Columbus, Ohio, un doctor se identificó como "especialista en úlceras" y dijo: "Quisiera discutir las cifras del doctor Brandt: es más bien un 100 por ciento". En el mismo seminario un joven médico que se identificó como internista me informó: "Ayer por la tarde traté a cinco pacientes con serias complicaciones internas. Como usted lo había señalado, tomé buena nota mental que todos ellos eran personas irascibles".

Los médicos nos han advertido durante años que las enfermedades inducidas emocionalmente dan cuenta del 60 al 85 por ciento de todas las enfermedades actuales. Lo que quieren decir es que la tensión provoca enfermedades. La ira, el temor y la culpa son las causas primarias de la tensión, y son claramente las principales causantes de la mala salud.

La ira y la amargura reprimidas pueden perturbar emocionalmente a la gente hasta que dejan de ser ellas mismas. En este estado pueden tomar decisiones dañinas, ruinosas o desconcertantes. Somos criaturas intensamente emocionales, así creadas por Dios; pero si permitimos que la ira nos domine, apagará la más rica emoción del amor. Muchos hombres llevan a casa los rencores e irritaciones de la oficina, e inconscientemente dejan que esta ira reprima lo que podría ser un abierto fluir de amor hacia su esposa e hijos. En lugar de gozar de su familia y de dejar que ella disfrute de él, permite que su mente repase todos los malos acontecimientos del día. La vida es demasiado corta y nuestros momentos en el hogar demasiado breves como para pagar un precio tan elevado por la ira.

El doctor S. I. McMillen hace estas interesantes afirmaciones: "En el momento en que empiezo a odiar a un hombre, me hago su esclavo. No puedo ya disfrutar más de mi trabajo debido a que él controla incluso mis pensamientos. Mis resentimientos producen demasiadas hormonas de tensión en mi cuerpo, y me quedo fatigado después de unas pocas horas de trabajo. La actividad con la que antes yo disfrutaba viene ahora a ser una esclavitud. Incluso las vacaciones dejan de serme un placer...el hombre al que odio me sigue adonde voy.No puedo escapar a su encadenamiento tiránico de mi mente. Cuando el camarero me sirve un hermoso bistec con patatas fritas, espárragos, una crujiente ensalada, y una tarta de fresas cubierta con helado, lo mismo valdría que me diera pan seco y agua. Mis dientes mastican los alimentos y los trago, pero el hombre al que odio no me permitirá disfrutar de ellos...el hombre al que odio puede estar a muchos kilómetros de mi dormitorio, pero más cruel que ningún capataz de esclavos, azota mis pensamientos hasta tal frenesí que mi colchón de muelles se transforma en un potro de tortura" (p. 73).

Son tantas las ilustraciones de situaciones de la vida real que vienen a la mente al escribir acerca de los asombrosos efectos de la ira, que apenas si sé por donde empezar. He visto cómo producía impotencia en un atleta de veintisiete años, como volvía frígidas a mujeres normales, hacía que una mujer instructora de educación física fuera incapaz de expresar amor a su marido, y, en resúmen, aniquilaba las normales respuestas amorosas. He visitado a cientos de personas en hospitales que hubieran podido evitar totalmente su problema si se hubieran relajado en sus espíritus en lugar de encolerizarse. Incluso he tenido que enterrar a muchos antes de tiempo porque, como sucedió con Moisés antes que ellos, se entregaban al pecado secreto de la ira.

En mi opinión, el daño físico provocado por la ira sólo es excedido por el daño espiritual que da como consecuencia. La ira encoge más a los cristianos, y hace más pigmeos espirituales, que cualquier otro pecado. Ha provocado más pendencias eclesiales y ha "apagado" a más jóvenes conversos que cualquier otra cosa. Contrista al Espíritu Santo en la vida del creyente (véase Ef.4:30-32) y casi destruyó mi propia salud, mi familia y mi ministerio.

LA IRA ES PECADO, PECADO, PECADO En dos de mis anteriores libros (uno de ellos escrito hace diez años) identifiqué, deliberadamente, la ira como pecado y ofrecí un remedio bíblico que no sólo cambió mi propia vida, sino que ha sido usado por miles de otros para resolver el problema. Desde entonces, varios escritores han discutido mi premisa y han tratado de justificar la ira, insistiendo: "Es natural", "la ira es universal", "no toda ira es pecado", o, como uno indicó: "La persona que nunca siente conscientemente ningún arrebato de ira está emocionalmente enferma". Algunos consejeros se ponen tan agitados que escriben largas epístolas para corregir mi "mal entendimiento del problema universal de la ira". Un hombre estaba tan irritado que acabó su carta diciendo: "¡Está equivocado, equivocado, equivocado!"

Estoy de acuerdo en que hay un lugar para una ira no egoísta, a corto plazo, que no hace daño a los demás y que no involucra pecado. Pero tal ira es objetiva, en favor de otros. Estoy convencido de que hay dos razones por las que la ira inducida por el yo es pecado.

1. La Biblia, mi base de referencia, es sumamente clara en su condena de la ira: más de catorce veces.

2. Es esencial aceptar la pecaminosidad de la ira a fin de llevar a cabo una cura.

Considera estos versículos cuidadosamente:

Deja la ira, y depón el enojo (Sal 37:8)

No te apresures en tu espíritu a enojarte; porque el enojo anida en el seno de los necios (Ec. 7:9)

Mejor es la comida de legumbres donde hay amor, que de buey engordado donde hay odio (Pr. 15:17)

Mejor es un bocado seco, y en paz, que la casa de contiendas llena de provisiones (Pr. 17:1)

Mejor es morar en tierra desierta que con la mujer rencillosa e iracunda (Pr. 21:19)

El hombre iracundo promueve contiendas; más el que tarda en airarse apacigua la rencilla (Pr. 15:18)

Como ciudad derribada y sin muro es el hombre cuyo espíritu no tiene rienda (Pr. 25:2)

Mejor es el que tarda en airarse que el fuerte; y el que se enseñorea de su espíritu, que el que toma una ciudad. (Pr. 16:32)

Pero ahora desechad también vosotros todas estas cosas: ira, enojo, malicia, blasfemia, palabras deshonestas de vuestra boca. (Col. 3:8)

> El odio despierta rencillas; pero el amor encubre todas las faltas. (Pr. 10:12)

> Por esto, mis amados hermanos, todo hombre sea pronto para oír, tardo para hablar, tardo para airarse; porque la ira del hombre no obra la justicia de Dios (Stg. 1:19, 20).

Se podrían citar muchos otros versículos para ilustrar aun más que Dios condena la ira en el corazón humano. De hecho, el significado es tan claro y se entiende con tanta facilidad que resistiré la tentación de comentarlos, y dejaré simplemente que la Palabra de Dios hable por sí misma.

El mejor versículo que se puede utilizar para justificar la ira es Efesios 4:26-27.

> Airaos, pero no pequéis; no se ponga el sol sobre vuestro enojo, ni deis lugar al diablo.

Puesto que éste es el único texto bíblico que parece aprobar la ira, deberíamos examinarlo con cuidado. Lleva dos serias cualificaciones: airarse (1) sin pecar y (2) sin llevar esta ira al día siguiente.

La primera cualificación prohibe cualquier pensamiento pecaminoso o cualquier expresión pecaminosa de la ira. Francamente, las personas nunca visitan mi despacho de orientación con angustia emocional causada por aquel tipo de ira, porque la "recta indignación" (el nombre que le doy a la ira sin pecado) no provoca perturbaciones. Y la segunda cualificación exige evidentemente que esta ira sin culpa no persista después de la puesta del sol. Los que terminan su ira en la puesta del sol no cultivarán problemas emocionales tampoco.

De pasada, el versículo 27 sugiere que si se permite que la ira inocente siga ardiendo después de la puesta del sol, se da con ello "lugar al diablo".

La solución al aparente conflicto entre los catorce versículos que condenan la ira y Efesios 4:26, que parece aprobarla, es en realidad muy sencilla. La Biblia permite la recta indignación y condena toda ira inducida egoístamente. Experimentas una recta indignación cuando ves cómo se perpetra una injusticia sobre otra persona. Por ejemplo, cuando un matón abusa de un niño, sientes cómo surge en ti la emoción (la recta indignación), y acudes en ayuda del niño. En esto no pecas, y tampoco es difícil olvidar esta indignación de generación externa después de hacerse de noche. Pero cuando alguien te rechaza, te insulta o te daña, ya se trata de una cosa diferente. ¿Es tu emoción sin pecado? ¿Y la olvidas después de oscurecer?

Las expresiones de ira del Señor Jesús cuando estuvo en la tierra son otro ejemplo. Cuando expulsó del Templo a los cambistas, su acción fue impersonal: "Habéis hecho de la casa de mi Padre una cueva de ladrones" (cf. Mt. 21:13). Se encendió más tarde su ira contra los fariseos porque eran lobos espirituales extraviando a las ovejas, no debido a que le hicieran daño a El. De hecho, cuando le mesaban la barba o cuando le escupían y clavaban a una cruz, no mostró ninguna ira en absoluto. En lugar de esto, oímos aquellas palabras que nos han llegado a ser tan familiares: "Padre, perdónalos, porque no saben lo que hacen". Nuestro Señor ¡nunca mostró una ira inducida por egoísmo! ¿Por qué? Porque como emoción humana siempre es pecado.

Los que usan Efesios 4:26 para justificar la fragilidad humana de la ira tienden a pasar por alto un hecho muy importante. Cinco versículos más adelante en este mismo contexto leemos:

> Quítense de vosotros toda amargura, enojo, ira, gritería y
> maledicencia, y toda malicia. Antes bien sed benignos unos
> con otros, como también Dios os perdonó a vosotros en
> Cristo (Ef. 4:31, 32)

Todo esto nos muestra que la recta indignación es aceptable, pero que la ira
inducida por causas personales es pecado. ¿Cual es la diferencia? ¡El egoísmo! La
ira inducida por el egoísmo, que es la clase de ira que la mayor parte de nosotros
experimentamos y que provoca tanta perturbación personal y familiar, es un
terrible pecado. Esta es la razón de que las Escrituras afirmen: "Quítense de
vosotros toda amargura, enojo, ira, gritería y maledicencia, y toda malicia".
Como veremos, se puede sanar, pero sólo después que lo hayas reconocido
como pecado.

LOS SUTILES PROBLEMAS DE LA AMARGURA Y DEL RESENTIMIENTO

Una mujer me comentó en una ocasión: "Nunca me
encolerizo; simplemente me amargo". Muchos otros
admitirían lo mismo acerca de los resentimientos.
Debemos entender algo bien claramente: la Biblia
condena todo tipo de amargura, resentimiento e
indignación humanos. Se trata simplemente de sútiles formas de ira.

En un seminario, hace muchos años, Bill Gothard hizo una afirmación en el
sentido de que cada pareja a la que él había aconsejado debido a inarmonías
maritales o bien se habían casado sin la aprobación de sus padres, o habían
desarrollado un conflicto con los padres de uno o ambos, que al final suscitaron
conflictos dentro de la relación de la pareja. Cuando una persona que había
asistido a la conferencia me refirió esta consideración, recuerdo que la consideré
un tanto extrema. Pero desde aquel entonces, el consejero cristiano en el
personal de nuestra iglesia, Pastor Gene Huntsman, y yo mismo, hacemos de
este tema de la relación de la pareja con los respectivos padres una pregunta
normativa, y sin excepción alguna hemos descubierto que la fórmula del señor
Gothard es correcta. Las personas que anidan resentimientos y amargura contra
un padre, hermano, hermana o jefe en el trabajo son propensos a dejar que
rebose y a que dañe sus relaciones con otras personas. El resentimiento y la
amargura preservadas en los recovecos de la mente son como un cáncer; crecen
hasta que devoran a toda la persona. Esta es la razón por la que las personas
que no pueden olvidar una infancia desafortunada, o un rechazo, o una herida,
son invariablemente personas desdichadas.

Uno de mis escritores favoritos seculares, un cirujano plástico, consejero y
conferenciante, ha sido el autor de tres libros para uso doméstico que han sido de
ayuda para millones. En uno de sus libros más vendidos habla acerca de dos
clientes con "sensaciones de ahogo". Uno de ellos, un vendedor de edad madura
que sufría de un complejo de inferioridad, se despertaba ocasionalmente soñando
que su madre lo estaba matando por asfixia. El otro era un padre joven que
amaba a su mujer pero que en dos ocasiones se despertó de un sueño con sus
manos aferradas al cuello de ella con tanta resolución que se aterrorizó. El buen
doctor dio un exacto diagnóstico de ambos problemas. El vendedor odiaba a su
madre, y a pesar de que no la había visto en años, lo obsesionaba. El joven
marido odiaba a su padre, y subconscientemente lo transfería a su esposa. Estos
casos pueden parecerte extremados, pero en realidad no son insólitos,
demostrando cúal es el resultado natural de anidar amargura, resentimiento e ira

en tu corazón y mente. Recuerda esto: la ira y el amor no pueden arder simultáneamente en el mismo corazón. Si te entregas a la amargura contra aquellos que odias se destruirá tu amor por aquellos a los que más aprecias.

Uno de mis casos más patéticos trataba acerca de una joven madre de dos niños que bañada en lágrimas me confesó unos sentimientos de tal ira contra su bebé cuando chillaba que a veces anidaba "pensamientos de ahogarlo". Entonces añadió: "Tengo miedo de hacerle daño a mi bebé". Después de hacerle varias preguntas, descubrí que había sido rechazada por su padre y que se aferraba a amargos pensamientos acerca de aquel rechazo. Su actitud rencorosa la estaba consumiendo, a pesar del hecho de que su padre había muerto hacía cinco años.

SIETE PASOS PARA CURAR LA IRA, LA AMARGURA, O EL RESENTIMIENTO Hace muchos años, después de treinta años de ser un iracundo y hostil ColSan, tuve una experiencia transformadora de mi vida con Dios. Gradualmente, mis respuestas de ira fueron disminuyendo de "la mayor parte del tiempo" a "sólo ocasionalmente". En la actualidad son tan infrecuentes que gozo de una paz interna que no cambiaría por la antigua forma de vivir en hostilidad, ni incluso por la juventud de entonces. Desde entonces he compartido el siguiente remedio con miles de personas, muchas de las cuales podrán dar testimonio de que ha cambiado sus vidas. Puede que a algunos no pueda parecerles "científico", pero me gusta por dos razones: es bíblico, y funciona.

1. Enfréntate a tu ira como pecado. El paso de gigante para vencer la ira es afrontarla como pecado. En el momento en que intentes justificarla, explicarla, o darle la culpa a otra persona, eres incurable. Nunca he conocido a nadie que consiguiera la victoria sobre un problema a no ser que estuviera convencido de que se trataba realmente de algo malo. Esto es particularmente cierto de la ira. Si tienes cualquier duda a este respecto, vuelve entonces a leerte los pasajes de las Escrituras citados en las páginas 176-177 y considera con cuidado lo que en ellos se dice.

2. Confiesa todo pensamiento o acto de ira tan pronto como acontezca. Este es también un paso gigantesco. En primera de Juan 1:9 se dice: "Si confesamos nuestros pecados, él es fiel y justo para perdonarnos nuestros pecados, y limpiarnos de toda iniquidad". En mi fuero interno, gemí al leer el consejo que el cirujano plástico dio a los dos hombres que acudieron a él con problemas generados por la ira. En esencia, les apremió a que cambiaran sus pensamientos de odio concentrándose en pensar en alguna experiencia de éxito o felicidad en sus vidas. Me acuerdo que me pregunté a mí mismo: "Pero, ¿que puede hacer esto con respecto a la culpa?" ¡Absolutamente nada! Tan sólo la sangre de Jesucristo es adecuada para limpiarnos de todo pecado, y está a disposición de todos los que lo invocan con fe.

3. Pide a Dios que quite de ti esta pauta de pensamientos de ira. En 1 Juan 5:14, 15 se nos asegura que si pedimos cualquier cosa conforme con la voluntad de Dios, él no solamente nos oye, sino que accede a nuestras peticiones. Ya que sabemos que no es la voluntad de Dios que seamos iracundos, podemos estar ciertos de la victoria si le pedimos que nos quite este hábito. Aunque el hombre secular pueda permancecer esclavo de su hábito, el cristiano no tiene por qué. Ciertamente somos víctimas de un hábito, pero no tenemos por qué caer en una

adicción a pautas de conformidad cuando tenemos a nuestra disposición el poder
del Espíritu de Dios.

4. Perdona a la persona que ha suscitado tu ira. En Efesios 4:32 se nos instruye
a perdonarnos "unos a otros, como Dios también os perdonó a vosotros en
Cristo". Si un padre, una persona o una "cosa" ocupa en tu vida muchos de tus
pensamientos, pronuncia de una manera especial una oración de perdón a Dios
en forma audible. Cada vez que vuelvan los pensamientos hostiles, usa el mismo
procedimiento. Gradualmente, tu perdón se hará factible, y volverás tus
pensamientos a cosas positivas.

Una ilustración encantadora de esto me vino después de un seminario para
misioneros en América del Sur. Una querida misionera había estado acosada con
problemas de ira que casi impidieron que fuera aceptada por su junta. Un
sicólogo cristiano la retó a que perdonara a su padre, pero ella contestó: "no
puedo". El replicó: "¡Usted quiere decir que no quiere! Si no lo perdona, su odio
la destruirá". Así que en aquella misma oficina ella oró: "Querido Padre celestial,
sí quiero perdonar a mi padre. Por favor, ayúdame". Reconoció que tuvo que
pronunciar aquella oración varias veces, pero finalmente llegó la victoria, y con
ella la paz de Dios. Es ahora una mujer bien equilibrada y productiva debido a
que perdonó. ¡No se puede guardar rencor hacia nadie al que se ha perdonado!

5. Da gracias de una manera formal por cualquier cosa que "te moleste". La
voluntad de Dios para todos los cristianos es "Dad gracias en todo..." (1 Ts.
5:18). La acción de gracias es terapéutica y da ayuda, particularmente en la
reducción de la ira. No te encolerizarás ni deprimirás si ante cada insulto, rechazo
o daño das gracias. Desde luego, ello puede ser difícil en ocasiones, pero es
posible. Dios ha prometido nunca abrumarte con una carga que no puedas llevar
(1 Co. 10:13). Naturalmente, habrá ocasiones en que tal acción de gracias tendrá
que ser dada por la fe, pero Dios proveerá también la fe necesaria. Aprende el
arte de orar con acción de gracias.

*6. Concéntrate en la reflexión sobre cosas positivas, incluyendo el amor hacia los
demás, incluyendo el antiguo objeto de tu ira.* La mente humana no puede tolerar
un vacío; siempre tiene que ocuparse de algo. Cerciórate de que te concentras en
lo que la Escritura aprueba, como todo lo que es "... verdadero, honesto, justo,
puro, amable, todo lo que es de buen nombre, virtud, algo digno de alabanza".
(cf. Fil. 4:8). Las personas con tales sentimientos positivos no se ven acosadas
por ira, hostilidad o cólera. Se trata esencialmente de sujetar todo pensamiento a
la obediencia de Cristo. La ira es un hábito, un hábito pecaminoso inducido por
el temperamento, desencadenado a través de los años por angustias y
circunstancias desagradables que pueden controlar a la gente con tanta tenacidad
como la heroína o la cocaína, haciéndola reaccionar interna o externamente de
una manera egoísta y pecaminosa. A no ser que permitas que el poder de Dios
dentro de ti cambie tus pautas de pensamiento, tu condición irá arruinando
gradualmente tu salud, tu mente, tu negocio, tu familia, o tu madurez espiritual.
Además, contrista al Espíritu Santo (Ef. 4:30), robándote de la vida abundante
que Jesucristo desea darte.

7. Repite la fórmula anterior cada vez que sientas ira. De los cientos que afirman
que esta sencilla fórmula los ha ayudado, ninguno de ellos ha indicado que haya
sucedido de la noche a la mañana. En mi caso, tenía más de treinta años de
práctica en enfurecerme. Afortunadamente, no necesité todo este tiempo para
conseguir la victoria.

FUNCIONA DE VERDAD

Una razón de que Dios me haya dado la oportunidad de ministrar a tantas personas iracundas es que sé de dónde vienen. En 1ra. a los Corintios 1:3, 4 se nos dice que podemos consolar a otros con el mismo consuelo que Dios ha usado para consolarnos a nosotros. Básicamente, lo que esto significa es que podemos servir a otros en las mismas áreas en que hemos recibido ministerio. Esto no significa que no podamos ministrar en áreas que nunca hayamos experimentado, porque cuando se ayuda a las personas con la Palabra de Dios, se está usando la verdad, y la verdad actúa, sin tener en cuenta quién la use. Pero parece que Dios nos ayuda frecuentemente de una manera especial para con aquellos que tienen problemas similares a los que El nos ha ayudado a resolver.

Aunque no estoy orgulloso de esto, tengo que confesar que en los primeros años de mi ministerio era un ministro colérico, enérgico y dedicado, con un problema de ira. Dios me encontró de una manera muy personal en una conferencia donde mi querido amigo, el doctor Henry Brandt, estaba hablando acerca de la ira. Aquella experiencia cambió mi vida. El Espíritu Santo me trajo una nueva paz y gozo que tomaron el lugar de mi hábito de ira, amargura, y furor. No sucedió de la noche a la mañana. Empezó aquel día cuando afronté la ira como pecado, y siguieron muchas aplicaciones de la fórmula cincuenta veces. Al día siguiente sólo cuarenta y nueve. Pero de manera gradual el hábito de la ira empezó a disminuir, y vine a ser un hombre nuevo. Hoy, algunas de las cosas acerca de las que solía enfurecerme sólo me hacen reír. No puedo decir que nunca me encolerice; después de todo, sigo teniendo la misma predisposición a la ira que siempre había tenido. Pero sus expresiones son tan poco frecuentes que no me volvería a mi vieja manera de actuar por nada en este mundo. Y, para ser honesto, mi esposa está de acuerdo. Los dos sabemos que lo más enriquecedor en nuestra vida matrimonial en más de treinta años fue el momento en que el Espíritu de Dios empezó una nueva obra especial acerca de mi ira natural. Nunca cambiaría el amor, el gozo y la paz por la ira, amargura y furor. La ira nunca ha hecho nada positivo para ningún matrimonio, pero el amor, gozo y paz del Espíritu Santo sí.

FUNCIONA PARA TODAS LAS EDADES

Un hombre de 70 años me vino a ver después de un seminario en su iglesia, y me dijo: "doctor LaHaye, yo hubiera debido oír su mensaje acerca de la ira hace más de 40 años. He sido toda mi vida un hombre lleno de ira. ¿Cree usted que un hombre de 70 años de edad ya está demasiado enraizado en ello, o podrá su fórmula funcionar para mí?" Al mirarle a los ojos, para ser veraz, no lo sabía. Sólo había estado enseñando aquella fórmula durante unos dos años, y mi iglesia, mi ministerio de orientación, y mi ministerio en seminarios para la familia tenían que ver principalmente con personas menores de los cincuenta. Mientras lo miraba, oré silenciosamente: "Señor, ¿Qué quieres tú que le diga a este hombre?" He aprendido que cuando se ora esta oración, el Señor por lo general trae pasajes de las Escrituras a la mente, y así pude decir: "Para los hombres ello es imposible, pero para Dios no hay nada imposible". Después me oí decir: "Mi Dios, pues, suplirá todo lo que os falta conforme a sus riquezas en gloria en Cristo Jesús". Estos versículos lo alentaron, y salió dispuesto a aplicarse la fórmula.

Dos años más tarde estaba celebrando unas reuniones en Phoenix, y aquel hombre y su esposa asistieron. Después acudió para darme un "informe de sus adelantos". Dijo: "Soy un hombre transformado. Si no se lo cree, pregúnteselo aquí a mi esposa". ¡Esta es la prueba de fuego! Porque lo que somos en casa es lo que somos. La sonrisa en su cara y su gesto de asentimiento lo confirmaron con toda claridad. Dios, el Espíritu Santo, le había dado un nuevo marido. Nunca se es demasiado viejo ni demasiado hundido en el hábito para poder cambiar. Dios es para ti, y te dará toda la ayuda que necesites. Es tu decisión.

SECCION

SECCION Quinta

EL TEMPERAMENTO Y EL AMOR EN EL MATRIMONIO

CAPITULO
TRECE

¿Se Atraen de Verdad los Opuestos?

El conocimiento de uno mismo es sólo uno de los beneficios conseguidos del conocimiento de la teoría de los cuatro temperamentos. Además, es de ayuda en el conocimiento de otras personas, particularmente aquellas más cercanas a ti. Muchos campos de batalla matrimoniales se ven transformados en una zona neutral cuando las dos personas aprenden a apreciar el temperamento de su cónyuge. Cuando te das cuenta de que las acciones de una persona resultan de su temperamento, y no de una táctica preparada para enojarte u ofenderte, esta conducta deja de ser una amenaza o una afrenta.

"Estamos tan mal conjuntados que tenemos que conseguir un divorcio", se lamentaba una pareja un martes por la noche en mi oficina. A mi pregunta de "¿Y de dónde habéis sacado esta idea?" contestaron: "Hemos estado en un centro de orientación cristiana donde nos hicieron complimentar una serie de pruebas sicológicas y esta es la conclusión a la que llegó nuestro consejero". Espontáneamente, les respondí: "Este es el peor consejo que jamás haya oído dar por parte de un cristiano. Es antiblíbico, y en vuestra situación lo único que hará será complicar vuestros problemas". El marido gimió: "¿Quiere usted decir que Dios quiere que seamos miserables el resto de nuestras vidas?"

"No", contesté yo. "Hay un camino mucho más excelente". Dios puede daros la gracia para ajustaros entre vosotros y aceptar el temperamento del otro.Ya que ellos no sabían nada acerca del temperamento, pasé a mostrarles mi gráfica, y poco después pudieron determinar la verdadera naturaleza de sus temperamentos, totalmente opuestos. Ante mi promesa de darles consejo, acordaron cancelar su cita ya establecida con un abogado el siguiente jueves, y retrasar cualquier otra consideración de divorcio.

Este capítulo contiene los principios que compartí con ellos. Estoy convencido de que cualquier pareja, con la ayuda de Dios, puede comprender y aceptar el temperamento del otro, llegando en último término a un ajuste perfecto, si lo desean así.

Pasé a enseñarles la teoría de los cuatro temperamentos que ya has estudiado en este libro. Era evidente que él era un fuerte colérico con rasgos sanguíneos, en tanto que ella estaba aproximadamente en un equilibrio de rasgos flemáticos y melancólicos. Esto es prácticamente lo máximo de opuesto que se puede llegar a ser.

Se asombraron muchísimo al enterarse de que no eran tan diferentes de otras parejas casadas y que la mayor parte de las personas se casan con sus opuestos. Fascinados por la teoría y preocupados acerca de sus tres hijos adolescentes, accedieron a acudir para orientación una vez a la semana. Durante aquel tiempo empezaron a crecer espiritualmente, y volvieron a dedicar sus vidas a Cristo; hoy, diecisiete años han pasado, y están felizmente casados, y tan felizmente que, cuando estuve en su casa haciéndoles una visita hace unos pocos meses, me quedé impresionado al ver que las personas que los conocen en la actualidad no pueden creer que jamás tuvieran problemas maritales.

Lo interesante es que siguen siendo polos opuestos, y que lo serán en tanto que vivan. Pero han aprendido, con la ayuda de Dios, cómo aceptarse y cómo convivir con su opuesto cónyuge. No siempre ha sido fácil... ¡Pero tampoco lo es el divorcio! He observado el proceso de divorcio de muchas parejas, y sin excepción siempre ha sido peor de lo que esperaban. Incluso el divorcio más amistoso que conozco ha provocado perturbaciones emocionales en los dos niños, cosa que la pareja nunca había previsto. Y además de la culpa que sobrellevan por la carga que han impuesto sobre sus hijos, tienen que vivir con el conocimiento de que desobedecieron la voluntad de Dios. Ahora que se han vuelto a casar, están descubriendo que tienen un nuevo cónyuge opuesto con el que tienen que aprender a ajustarse.

No importa la pareja y no importa lo mucho que se quieran, todas pasan por una "etapa de ajuste" que según los expertos dura unos tres años. La incidencia del divorcio es *tres veces menor entre* los que han estado casados más de tres años. Estos tres primeros años son cruciales. Con frecuencia hacen o deshacen un matrimonio. ¿La razón? Es durante este período que descubrimos dos cosas acerca de nuestro cónyuge: (1) Que no es perfecto, y (2) en las áreas en que somos opuestos, chocamos.

La noción de que los opuestos se atraen no la he inventado yo; ha estado circulando mucho tiempo. El mundialmente célebre sicólogo, doctor Carl Jung, creía que los opuestos no sólo se atraen, sino que ejercen una particular fascinación mutua. Un artículo publicado en *Usa Today* (15 de septiembre, 1983) informaba que una nueva teoría mostraba que los "pensadores tienden a atraer a los sentidores", y que ambos tipos necesitan comprender esta tendencia en su cónyuge. Considero que esto es muy interesante, porque los sanguíneos juzgan en base de los sentimientos (intuitivamente), en tanto que los melancólicos y flemáticos tienen que analizarlo todo antes de llegar a una decisión. Y estos son los grupos que por lo general se atraen entre sí.

¿POR QUE LOS OPUESTOS SE ATRAEN ENTRE SI?

¿Qué puede ser más opuesto que el macho y la hembra? Y a pesar de ello llevan miles de años atrayéndose poderosamente. De hecho, el futuro de la raza depende de esta atracción. Desafortunadamente, dejan de reconocer que sus diferencias físicas son sólo el símbolo de las muchas otras diferencias en sus naturalezas, las más significativas de las cuales son sus temperamentos.

Un negativo nunca es atraído por otro negativo, y los positivos se repelen entre sí en todos los campos: electricidad, química y particularmente en el del temperamento. Al contrario, los negativos son atraídos a los positivos, y viceversa. He observado que esto es casi universalmente cierto en los temperamentos.

¿Te has preguntado alguna vez lo que te atrae de otras personas? Por lo general, la atracción proviene del reconocimiento subconsciente y del aprecio de sus puntos fuertes, puntos fuertes que complementan tus propias debilidades. Conscientemente o no, todos nosotros deseamos poder erradicar nuestro conjunto particular de debilidades, y admiramos maravillados los puntos fuertes de los demás. Si se da una asociación lo suficientemente estrecha con la persona que suscita nuestra admiración, experimentamos una de dos cosas. Bien llegamos a descubrir en ella debilidades similares a las nuestras, y nos vemos comprensiblemente apagados por ellas, o bien descubrimos puntos positivos de los que carecemos, lo que transforma la admiración en amor. Si hay otros factores favorables, no es raro que tales parejas se casen.

Los temperamentos parecidos pocas veces tienen cohesión. Por ejemplo, raramente se casaría una persona sanguínea con otra, porque ambos son unos extrovertidos naturales en tanto grado que estarían compitiendo por el mismo escenario en la vida, y nadie estaría sentado como audiencia. Por otra parte, los coléricos hacen unas exigencias tan severas sobre las otras personas que no sólo no se casarían entre sí sino que probablemente ni saldrían juntos, al menos no más de una vez. Se pasarían el tiempo discutiendo acerca de todo y luchando por conseguir el control o autoridad en su relación. Dos melancólicos podrían casarse, pero es muy improbable. Sus rasgos analíticos encuentran cualidades negativas en los demás, y por ello nunca irían el uno en pos del otro. Dos flemáticos raramente se casarían, porque los dos se morirían de viejos antes que uno de ellos acumulara suficiente impulso para declararse. Además, procuran tanto proteger sus sentimientos que podrían "salir formalmente" con otra persona durante treinta años antes de decir o comunicar de alguna u otra forma: "te amo". Un hombre flemático había estado cortejando a una joven dama cristiana, sumamente paciente, durante cuatro años. Finalmente a ella se le agotó la paciencia y le preguntó: "¿Has pensado alguna vez acerca de casarnos?" El contestó: "Una o dos veces". A esto ella replicó: "¿Te gustaría?" El entonces contestó: "Creo que sí". "¿Cuándo?" El dijo: "Cuando tú quieras". Años más tarde reconoció que ya hacía dos años que quería casarse con ella, pero que temía preguntar: ¿Te puedes imaginar cuánto tiempo hubieran tenido que esperar si también ella hubiera sido de temperamento flemático?

En el mundo occidental, donde las parejas se eligen entre sí, encontrarás que, por lo general, los temperamentos opuestos se atraen entre sí. Para escribir un libro anterior, exploré, mediante una encuesta, a varios cientos de parejas que comprendían la teoría de los temperamentos, y puse sus respuestas en una computadora. Menos del 0,4 por ciento indicaba que concordaran con el temperamento de sus cónyuges. Lo normal era que los sanguíneos se vieran atraídos por los melancólicos y los coléricos a los flemáticos, aunque no fuera en absoluto una tendencia universal.

Los sanguíneos, que tienden a ser desorganizados e indisciplinados, tienen propensión a admirar a los cuidadosos, coherentes melancólicos, tan conscientes de los detalles. Estos últimos, a su vez, se sienten atraídos por los individuos abiertos y carentes de inhibiciones, que compensan la rigidez y alejamiento del introvertido. El enérgico colérico es a menudo atraído por el pacífico y sereno flemático, que a su vez admira el enérgico empuje de Roque.

Después de la luna de miel empiezan a surgir los problemas generados por esta selección. Chispeante Sanguíneo no es sólo cálido, amistoso y carente de inhibiciones, sino olvidadizo, desorganizado y muy poco fiable. Además, se enfurece si su enamorada, una melancólica, le pide que recoja sus ropas, guarde sus herramientas, o llegue a casa a la hora. Por una u otra razón, la "dinámica personalidad" de antes del casamiento de Roque Colérico se transforma en ira, crueldad, sarcasmo y terquedad después. La gentileza de Martín Melancólico y su bien estructurado estilo de vida se transforman en una exigencia imposible después del casamiento. El estilo de Felipe Flemático, frío, sereno y pacífico, después llega frecuentemente a parecer perezoso, carente de motivación y lleno de terquedad.

El aprendizaje para adaptarse a las debilidades de su cónyuge mientras uno fortalece las propias es lo que recibe el nombre de "ajuste matrimonial". Es de esperar que te será un consuelo saber que sea cual sea la persona con quien te cases o el temperamento que selecciones, tendrás que soportar este proceso de ajuste hasta un cierto grado. Todavía hallarás más aliento al saber que Dios, por su Espíritu Santo, te da amplios recursos para hacer un ajuste saludable.

No estoy sugiriendo que los solteros tengan que buscar a una persona que sea opuesta como cónyuge. ¿Qué hay de malo en casarse por amor, siempre que, naturalmente, sea dentro de la voluntad de Dios?

En realidad, conozco a varias parejas felizmente casadas que son muy similares en sus temperamentos.

Por ejemplo, conozco una pareja en la cual ambos cónyuges son introvertidos. Ella es una FlemCol, y el es MelFlem. Debido a que caminan con Dios, él es una persona feliz y bien equilibrada. Y la mayor parte de sus amigos piensan que se parecen, pero no es así. También conozco una pareja de extrovertidos que se casaron. Ella es una ColMel y el es un SanMel. Su hogar fue tormentoso durante un tiempo, porque los dos eran propensos a estallar y chocaban mucho hasta que aprendieron acerca de los temperamentos.

Una de las razones por las que estoy a favor de los noviazgos prolongados es que por lo general le dan a la pareja tiempo para manifestar las debilidades de su temperamento a su candidato a cónyuge. Otra razón es que permite la manifestación de estallidos como los que van a tener lugar en la vida matrimonial. Sin embargo, las parejas que me vienen "totalmente mal conjuntadas" están ya casadas con una persona que piensa diferentemente, siente diferentemente y reacciona diferentemente que su cónyuge. Algunas de estas diferencias son simplemente las diferencias naturales entre los dos sexos. A pesar de lo que digan las feministas, los hombres y las mujeres son diferentes.

Personalmente, yo no creo que para Dios haya ningún caso desesperado. Muéstrame dos personas que estén dispuestas a esperar en Dios y a obedecer sus normas para el comportamiento interpersonal y te mostraré una pareja que ha aprendido a ser feliz en el matrimonio. No es fácil, pero es ciertamente una mejora sobre la discordia que experimentan muchas familias en el día de hoy.

A través de los años, he desarrollado una serie de pasos que necesitan estas parejas para volver a despertar su amor. Si se siguen estos pasos, cualquier pareja puede hallar la felicidad.

Dios es el autor del matrimonio. El quería que fuera la experiencia más feliz y satisfactoria en la vida de las personas. Y millones así lo han experimentado mucho antes que nadie descubriera los temperamentos. Ahora que tenemos esta teoría para servirnos de ayuda, la meta de cada pareja debería ser su ajuste a un matrimonio feliz. Y estos pasos hacia el ajuste del temperamento nos serán de ayuda.

1. *Da un portazo a la puerta del divorcio.* El divorcio fácil no ha hecho nada para ayudar a la larga duración de los matrimonios. En el Estado de California, yo advertí a nuestros líderes que si reducían el período de espera para un decreto de divorcio de un año a seis meses, se doblaría la tasa de divorcios en diez años. Me equivoqué: se dobló en siete años.

He observado que en tanto que la puerta del divorcio se mantenga abierta, se provoca el retraso en el ajuste a una vida matrimonial feliz. Y si tú eres cristiano, no es para ti una opción legítima. Dios ha dejado bien claro en su Palabra que estás casado para toda la vida. Así que reconoce esto y cierra esa puerta. Nunca uses el divorcio como amenaza contra tu cónyuge, y ni tan siquiera lo abrigues como una opción en tu mente, porque si lo haces así, Satanás te tentará con esta idea cada vez que experimentes presión e infelicidad. Al dar un portazo en tu mente frente a tal idea, te abres totalmente a los recursos de Dios para devolver a tu relación la chispa del amor.

2. *Admite que tampoco tú eres perfecto.* La humildad es la mejor base posible para establecer cualquier relación entre dos personas. Esto es especialmente cierto en el matrimonio, debido al mucho tiempo que la pareja pasa junta. El verdadero amor hacia otra persona se edifica sobre la humildad.

Un saludable examen de tu propio temperamento te capacitará a reconocer que tú no has traído tan sólo puntos positivos al matrimonio y que Dios no ha acabado todavía de actuar contigo. El está *fortaleciendo* tus puntos débiles y mejorándote a lo largo de todo el tiempo. De hecho, es probable que te quede mucho camino por delante. La aceptación realista de este hecho, te ayudará a aceptar el paso tercero.

3. *Acepta el hecho de que tu cónyuge tiene debilidades.* Hemos discernido una y otra vez, por medio del estudio de los temperamentos y de sus combinaciones, que todos los seres humanos exhiben tanto puntos débiles como fuertes. Y no puede ser de otra forma hasta la resurrección, cuando seremos hechos perfectos en Cristo. Cuanto antes afrontes el hecho de que cualquier persona con la que te cases tendrá debilidades a las que te tienes que ajustar, tanto antes podrás iniciar los ajustes con tu cónyuge. Resiste todas las fantasías mentales de "¡Si tan sólo me hubiera casado con ------!" o de "¡Si tan sólo me hubiera casado con una persona de otro temperamento!". Esta no es una opción realista, así que, ¿por qué no aceptas las debilidades de tu cónyuge?.

4. *Ora para el fortalecimiento de las debilidades de tu cónyuge.* Dios está dedicado a la modificación de temperamentos. Por su Espíritu Santo y mediante su Palabra, El puede dar a tu cónyuge las fortalezas que necesita para el mejoramiento de sus debilidades temperamentales. Pero esto nunca tendrá lugar si estás siempre insistiendo en lo mismo. Si una debilidad temperamental produce

una pauta coherente de conducta como falta de puntualidad, confusión, legalismo, negativismo, etc., puede ser aconsejable hablar amantemente con tu cónyuge acerca de eso una vez, y después encomendar esto a Dios. Si tomas el lugar del Espíritu Santo en la conciencia de tu cónyuge, nunca cambiará; pero si permaneces silencioso acerca de este tema y amas a tu cónyuge tal como es, entonces el Espíritu Santo podrá tratar con él o ella.

La Biblia dice que "La oración eficaz del justo tiene mucha fuerza" (Stg. 5:16). Al orar, Dios obrará en tu cónyuge.

5. *Pide perdón cuando te hayas equivocado.* ¡Todos se equivocan! Afortunadamente, no tienes que ser perfecto para ser una buena persona o un buen cónyuge. Una persona madura es aquella que conoce tanto sus puntos fuertes como sus debilidades y tiene un programa planificado para vencer sus debilidades. Con esto se *asume* que uno cometerá errores. Tenemos que preguntar: ¿Eres lo suficientemente maduro para asumir la plena responsabilidad de lo que hayas hecho? Si dejado llevar de la ira has ofendido de palabra o de obra a tu cónyuge, tienes que pedir perdón. Dios en su gracia, nos ha dado el ejemplo y los medios para reparar errores y ofensas. Una solicitud de perdón alcanza el corazón y la mente del otro para eliminar la amargura que de otra manera se arraigaría y crecería hasta que sofocara tu relación. Esta es la razón de que la Biblia exhorta: "Confesaos vuestras faltas unos a otros"…" (Stg. 5:16)

6. *Verbaliza tu amor.* Todos necesitan amor y sacarán provecho de oírlo verbalizado con frecuencia. Esto es particularmente cierto de las mujeres, sea cual sea su temperamento. Una vez di orientación a un brillante ingeniero, un padre de cinco, cuya esposa lo había abandonado por otro hombre cuyo salario era una tercera parte del de su marido. Después de unas cuantas preguntas, llegué a saber que él no le había expresado a ella su amor durante diez años. ¿Por qué? Porque no creía que fuera necesario. La verbalización del amor no es solamente una necesidad para mantener unida a una pareja, sino un enriquecimiento de su relación.

Después de cinco o diez años de matrimonio, el marido es responsable del 80 por ciento o más de la auto-aceptación de su esposa. Esto es más importante de lo que muchas personas llegan a darse cuenta, porque si una persona no se ama y acepta a sí misma tendrá mucha dificultad en poder aceptar y amar a otros. Y la mejor manera en que un hombre ayudará a que su esposa consiga la auto-aceptación será dándole la seguridad verbal de su aceptación y amor. En lugar de protestar por sus debilidades y criticarla continuamente, debería comentar positivamente acerca de sus fortalezas. Ello enriquece la auto-estima y la motiva a intentarlo aun más intensamente. Algunas personas mal aconsejadas tienen miedo de actuar de esta manera, pensando que esto la hará dormirse en sus laureles. Precisamente lo opuesto es lo cierto. Las mujeres prosperan en la aprobación, los cumplidos, el amor. La desaprobación y la humillación destruye, la aprobación enriquece. El hombre que desea una esposa que tenga una buena imagen de sí misma puede ayudarla a ser de esta manera.

No se trata solamente de un consejo sicológicamente acertado. Aun más importante, es un mandamiento: "Maridos, amad a vuestras mujeres" aparece cuatro veces en las Escrituras. En una ocasión (Ef.5:26-30) se nos ordena que la amemos como Cristo a la iglesia. Un amor tan grande ilustra la forma en que el Señor da certidumbre a la iglesia: por medio de su Palabra. Tú sabes que ocasionalmente abrigas dudas acerca de Dios, su amor, y quizá su perdón. ¿Qué es lo que te infunde renovada certeza? Su Palabra. Esta es la razón de que aconsejo que sea leída a diario. Pero de esta misma manera puedes asegurar a tu esposa del amor que tienes por ella: verbalizándolo. Es importante regalarle joyas y regalos y proveerle de otras expresiones atentas y tangibles de tu amor. Pero nunca dejará de tener la necesidad de oír: "¡Querida, cuánto te quiero!", o "¡Querida, cómo me gusta como haces..." (Y, esposa, lo mismo acerca de él).

RECAPITULACION   No somos hoy lo que habíamos sido, ni somos lo que seremos, de manera especial si dejamos que Dios obre en nuestras vidas. Y aquella persona con la que estás casado no está en su forma final. Confía en Dios para que gradualmente vaya conformándola a la imagen de su Hijo.

Mientras tanto, aprended a ser amigos, cónyuges, y amantes. Esto raras veces es fácil, pero con la ayuda de Dios se puede hacer. Al ir el tiempo y Dios suavizando algunas de las cortantes aristas que tu naturaleza y la de tu cónyuge presentan, encontraréis más placer en vuestra relación que en las irritaciones, siempre y cuando no seáis egoístas. No hay nada que destruya tanto como el egoísmo.

El ajuste a otra persona, en particular a una con un temperamento opuesto al tuyo, no es fácil y no se hace rápidamente. Pero, lo mismo que sucede con todo lo que tiene un verdadero valor, vale la pena. Y algún día te darás cuenta de que estás casado con tu mejor amiga. Este es el matrimonio ideal.

CAPITULO
CATORCE

Temperamento y sexualidad

Todos somos seres sexuales. Esto no es nada acerca de lo que tengamos que avergonzarnos; así es como hemos sido creados por un Dios Santo y amante. La idea de que el sexo y los sentimientos sexuales sean malos es una distorsión del diablo. La historia revela a incontables individuos que naufragaron al rehusar afrontar su impulso sexual. Algunos intentan pretender que no existe, otros abusan de él para su propia destrucción. Como todas las otras cosas en la vida, el sexo tiene su lugar y su función apropiadas.

La Biblia pone en claro que la única situación para la expresión sexual es en el matrimonio. La historia muestra que se han provocado incontables sufrimientos humanos cuando se viola esta norma. Todo lo que se diga acerca de nuestra sexualidad en este capítulo se dice en el contexto bíblico de un hombre y una mujer en tanto que vivan los dos. Este sigue siendo el plan de Dios, y sigue siendo la mejor manera para la expresión del impulso sexual de todas las personas.

Cuando mi esposa y yo escribimos *El acto matrimonial* no era popular que los ministros escribieran manuales explícitos acerca del sexo. Pero he sido un pastor y consejero familiar durante tantos años que sabía que la insuficiencia sexual era una de las causas básicas del adulterio y divorcio entre cristianos. Había dado consejo a muchas cristianas que habían estado casadas desde un mes a cuarenta y un años que consideraban el sexo "desagradable, fastidioso" o "la peor parte del matrimonio". Dios nunca tuvo la intención de que fuera así.

Piensa en esto un momento. ¿Acaso un Dios amante iba a crear dos seres humanos para que tuvieran una experiencia un promedio de 125 veces al año durante 50 años que fuera "desagradable o repelente"? ¡En absoluto! Y la Biblia no calla acerca de esto. El sexo en el matrimonio no tiene solamente la intención de la propagación de la raza; es para el amor, la comunicación, la unión, y el placer puro y simple. Si no encuentras placentero hacer el amor, tienes que leer *El acto matrimonial* Dios lo ha utilizado en las vidas de muchas personas para abrirlos a una vida de goce.

Teníamos dos propósitos principales al escribir aquel libro. Uno era preparar a inocentes jóvenes cristianos que se habían mantenido sexualmente puros para que pudieran leer un manual que les abriera las puertas a una vida de goce sexual, lleno de significado, cuando se casaran. En la actualidad, con un millón y medio de copias en circulación, es el más recomendado por los pastores a las parejas que unen para que lo lean antes y durante su luna de miel.

El segundo propósito era ayudar a aquellos cristianos ya casados que no estaban consiguiendo todo el beneficio de esta experiencia dispuesta por Dios, para que pudieran leer un libro que pudiera cambiar su actitud, informarles acerca de este delicado tema, y dar respuesta a las muchas preguntas que pudieran tener acerca de este tema desde una perspectiva cristiana.

Vi cómo se avecinaba "la revolución sexual". Sabía que aunque nunca será aprobada por la iglesia creyente en la Biblia, tendría una fuerte influencia en muchas de las personas en nuestras iglesias. Y esto ha sucedido en nuestra década. La permisividad, el excesivo énfasis y casi obsesión con el sexo en nuestra sociedad, ha destruido demasiados hogares, incluso en nuestras iglesias. Creo que las dos mejores salvaguardias para ayudar a una pareja a mantener sus sagrados votos matrimoniales y a mantener la pureza sexual a través de toda su vida matrimonial son: (1) una fuerte vida espiritual, y (2) una saludable y expresiva relación sexual.

Un investigador afirma que la disfunción o falta de armonía sexual constituía la causa del 90 por ciento de separaciones entre las parejas divorciadas. Me parece muy alto, pero incluso si sólo fuera el 60 por ciento podemos ver lo poderosa que es la influencia del sexo para un matrimonio. Y por cuanto hemos ya establecido el hecho de que el temperamento es el factor aislado más poderoso para influenciar toda la conducta humana, esto prueba que el temperamento de una persona tendrá una influencia extremadamente enérgica sobre la conducta sexual del hombre o la mujer.

Todos sabemos que los hombres y las mujeres son sexualmente diferentes, no sólo desde una perspectiva de la dotación física, sino también mental y emocionalmente. Sus apetitos son diferentes, y también lo son sus inhibiciones. Pero sus diferentes temperamentos tienen también influencia sobre sus diferentes actitudes, apetitos y demandas. Muchos escritores e investigadores en sexología dejan de tener en cuenta la influencia de los diferentes temperamentos sobre las funciones sexuales de una pareja o sobre sus impulsos. Este descuido ha conducido a muchas conclusiones inadecuadas.

Es un error decir que "las mujeres son sexualmente menos agresivas que los hombres". Por ejemplo, las mujeres sanguíneas pueden ser más agresivas que algunos hombres flemáticos. Sin embargo, se precisa de más investigación en esta área antes de llegar a conclusiones definitivas. Para este capítulo, he hecho algunas observaciones acerca de las diferencias en las actitudes, apetitos y placeres sexuales de cada temperamento, tanto en el varón como en la mujer, en base de mi experiencia de consejero. Estas observaciones tendrán que bastar hasta que se haya llevado a cabo una evaluación más completa. Pero todas las parejas casadas se beneficiarán si comprenden las necesidades sexuales y respuestas probables de su cónyuge. Intentaré cubrir estos aspectos en este capítulo. Si no estás casado, será probablemente mejor que pases por alto lo que sigue.

**CONSIDERACIONES
ESPECIALES**

La expresión sexual no es sólo una experiencia física. Involucra las emociones, la mente, el cuerpo, la actitud mental, el temperamento, la forma física, la educación sexual, y otros factores. Dos personas idénticas del mismo sexo y temperamento pueden tener capacidades y necesidades sexuales totalmente diferentes. Por ejemplo, una esposa melancólica, criada por un padre amante y atento que le dio una bienvenida amorosa cada vez que ella se quería sentar en sus rodillas, será probablemente una esposa cálida y afectuosa que goza plenamente con hacer el amor. (De pasada, la mejor preparación para el sexo en el matrimonio para una mujer joven es haber gozado de una sana relación con su padre toda su vida). Si, no obstante, esta misma joven se había visto rechazada por su padre durante su infancia, probablemente resultará frígida. Después que la oleada de líbido que la alienta a casarse se haya aplacado y después que se haya desvanecido la novedad del matrimonio (entre tres y nueve meses para una melancólica), su afectuosidad puede declinar y aparecer en su lugar la frigidez. Su respuesta puede no tener nada que ver con el verdadero amor que siente hacia él. Estas mujeres necesitan orientación, y esposos pacientes, y el poder de Dios para vencer estas dificultades.

Las experiencias traumáticas pueden también ocasionar una inmensa diferencia en la expresión sexual tanto de los hombres como de las mujeres. Incluso los hombres sanguíneos pueden tener la mente retorcida y sentirse inseguros si en su infancia fueron acosados por algún homosexual: Los melancólicos pueden casi llegar a ser hechos impotentes por la culpa, vergüenza e inseguridad de tal experiencia. Y con demasiada frecuencia se oye en nuestros días de los trágicos bloqueos sicológicos contra el sexo en las mujeres, provocados por acosadores de niños. Una mujer colérica me confesó que estaba "totalmente muerta sexualmente. Cuando mi esposo me hace el amor, no puedo sentir nada; es como si fuera sexualmente insensible". A mis preguntas, me reveló que había sido abusada por un padrastro de manera regular desde los seis a los diecisiete años de edad, y que no pudo conseguir la madurez para pararle los pies. ¿Qué es lo que causaba su insensibilidad? ¡Una rabia ciega! Aborrecía tanto a aquel hombre que aquello le mataba la capacidad de amar a nadie. Dichosamente, en la actualidad es perfectamente normal, pero se precisó de mucho tiempo y de mucho perdón.

Ahora ya ves por qué digo que el sexo es complejo. Como una orquesta de 125 instrumentos, funciona óptimamente cuando todos los instrumentos están afinados y tocando al unísono. Si un instrumento está desafinado, no provocará demasiados problemas; pero si una docena de músicos no tocan siguiendo las instrucciones, puede dar un efecto terrible. Afortunadamente, no son tantos los componentes de la buena armonía sexual, pero con todo, lo mejor es cuando todos los factores contribuyen hacia el mismo objetivo, unas expresiones de amor mutuamente satisfactorias. Como una gran orquesta, una magnífica experiencia sexual precisa de instrucción y práctica. La diferencia es que, en el plan de Dios, la instrucción sexual en el matrimonio tiene que ser llevada a cabo con otra persona que sabe tan poco acerca de eso como tú. Esta es la razón de que cuanto más sepas de las necesidades de tu cónyuge por adelantado, tanto más fácil será actuar con respecto a ellas. También es esencial mantener abiertas las líneas de comunicación entre ambos; esto acelera el proceso de instrucción.

Las parejas casadas encontrarán muy útil el análisis de las respuestas sexuales de los cuatro temperamentos que se presenta en este capítulo. Después que las hayas leído tanto para el varón como la mujer, deberías repasarlo de nuevo y estudiar la presentación del temperamento de tu cónyuge y la tuya propia.

LAS RESPUESTAS SEXUALES DE CHISPEANTE SANGUINEO

Chispeante Sanguíneo es tan reactivo que no se necesita demasiado para que "arranque", y ya que es tan explícito en todo lo que hace, su esposa está consciente en el acto de su talante. Un seductor natural, cree que puede hacer que la cabeza de una estatua de mármol lo siga con la mirada a causa de su hechizo. Y puede hacerlo... excepto si está casado con ella. Por lo general tiene un gran apetito por todo, incluyendo por hacer el amor.

La mayor parte de los sanguíneos tienen muy pocos problemas acerca del sexo y por lo general expresan de manera explícita que les gusta. Si no es para ellos lo más importante en la vida, se trata de la segunda a poca distancia. El marido sanguíneo, por lo general, está poco dispuesto a aceptar un "no" como respuesta. De hecho, puede sentirse fácilmente herido o desdichado si su cónyuge no reacciona a sus sugerencias amorosas. Puede que proyecte la idea de que él es el don de Dios a las mujeres, pero en su fuero interno tiene una gran necesidad de afecto. Si no se encuentra satisfecho en el hogar, Sanguíneo, más que cualquier otro temperamento, puede buscar afecto en otro sitio, por dos razones: (1) La conquista de otra mujer puede constituir una necesidad para él para satisfacer su poderoso ego, y encuentra en las mujeres solitarias y frustradas una fácil presa de su poder de seducción; (2) tiene una voluntad muy débil y es emocionalmente excitable; como resultado, es fácil presa de las mujeres carentes de escrúpulos.

El énfasis extraordinario que se le da al sexo en nuestros días es muy duro para Chispeante, porque es fácilmente estimulado. En esta área tiene cuatro necesidades básicas:

1) Principios morales profundamente arraigados en su corazón y mente desde su infancia, que muestran el plan de Dios de un hombre para una mujer "hasta que la muerte los separe".

2) El concepto de "caminar en el Espíritu", particularmente en su vida pensante. En Romanos 13:14 se dice: "No hagáis caso de la carne para satisfacer sus concupiscencias". Si un sanguíneo se entrega a inmorales "fantasías", pronto habrá encendido sus pasiones hasta más allá de todo control y cometerá el pecado de adulterio para dolor de su mujer y de sí mismo. Una vez se derrumba la barrera moral, le será fácil repetir su pecado. Chispeante necesita de manera particular evitar todo uso de materiales pornográficos, tanto en revistas como en cine o televisión. Es estimulado visualmente, y todo este tipo de material le hace el mismo efecto que arrojar gasolina a su fuego. Estimula de una manera artificial su impulso sexual.

3) Una esposa amante, reactiva y afectuosa que hace saber abiertamente a su marido lo mucho que goza con su amor y que raramente rehusa sus deseos de sexo. Los maridos tratados de esta forma raras veces se desvían, sea cual sea su temperamento.

4) Chispeante Sanguíneo necesita aprender a controlar sus impulsos sexuales. Busca la satisfacción instantánea de todos sus deseos, incluido el impulso sexual. Muchas esposas que aman tiernamente a sus maridos sanguíneos se quejan: "Es demasiado rápido", o "no me espera", o "toma demasiados atajos". Chispeante

necesita comprender a las mujeres y hacer un estudio acerca del arte de hacer el amor. La mayor parte de los sanguíneos asumen que lo saben todo acerca de ello. Nada podría estar más alejado de la verdad. El arte de hacer bien el amor es algo que tiene que ser aprendido. Los sanguíneos precisan aprender a controlar su impulso sexual y retener su expresión hasta que la esposa está apropiadamente preparada.

Los sanguíneos pueden ser románticos, y a la mayor parte de las mujeres les gustan los romances. Chispeante tiene que controlarse para adaptar su satisfacción a la necesidad de su esposa. La esposa sexualmente satisfecha gozará más del sexo, naturalmente, y querrá dedicarse a eso más frecuentemente. Todos los esposos debieran dedicarse a aprender el arte de llevar a su esposa al orgasmo. Esta es una salvaguardia para un matrimonio prolongado y feliz. Los sanguíneos pueden aprender a ser buenos amantes en el matrimonio, pero se precisa de aprendizaje, práctica y auto-control.

Una cosa que Chispeante puede hacer y que enriquecerá su vida en el dormitorio es detener su continuo hábito de flirtear con otras mujeres. Por lo general no lo hace con ningún propósito, pero su esposa melancólica lo va a ver; y aunque de esta manera pueda atraer a muchas mujeres, también apaga a la suya. Sé amistoso, pero no te dediques a flirtear.

LA RESPUESTA SEXUAL DE LA SEÑORA SARA SANGUINEA
Son muy pocas las diferencias en la respuesta sexual que distinguen a un hombre sanguíneo de una mujer sanguínea. Sara Sanguínea es de un tipo alegre, feliz y afectuoso, de las que dirigen el coro de vítores en espectáculos, que tiene el don de hacer que los hombres se sientan "cómodos" en su presencia. Su atractiva personalidad hace de ella una persona impactante para todos los tipos de hombres, y en su ingenuidad puede excitarlos sin ella darse cuenta de esto. Por lo general, cree que tan sólo está siendo "amistosa".

Como esposa, Sara tiene una gran cantidad de amor que impartir a su esposo y familia. Para ella, hacer el amor es muy importante, y por lo general no se necesita demasiada insistencia para que acoja positivamente las sugerencias a esto. Incluso si se siente herida o encolerizada, puede moderar su actitud con bastante facilidad. Los sanguíneos raras veces guardan rencor, rasgo esencial para cualquier matrimonio. Es el tipo más probable que saludará a su marido en la puerta con "un beso con futuro". De todos los temperamentos, ella es la más propensa a electrizar a su marido, después de leer *The Total Woman* (La mujer total), recibiéndolo a la puerta vestida con botas y un delantal.

Raramente tiene Sara problemas acerca de algo, por lo que mantiene una buena actitud acerca del sexo, a menudo a pesar de unas concepciones desastrosamente distorsionadas recibidas de su madre. Su capacidad natural para expresarse a sí misma vence sus inhibiciones, y frecuentemente halla que aumenta su goce al hacer el amor mostrándose activa. A no ser que sea apagada por su marido, aprende pronto que la pasividad en el acto de hacer el amor no es para ella. Sus variaciones sanguíneas de humor dan gran deleite a su marido. Estas esposas tienen un inmenso deseo de complacer a sus cónyuges. Con una capacidad razonable de aliento y cooperación, triunfan por lo general en esta área del matrimonio, siempre y cuando sus fallos en otras áreas no vengan a ser una obsesión para sus maridos.

Las Saras Sanguíneas, tan amantes de la diversión, empiezan la vida matrimonial esperando disfrutar de ella. Las siguientes sugerencias le serán de ayuda para alcanzar su potencial:

1) Cultiva una fuerte vida espiritual caminando en el Espíritu, estudiando con regularidad la Palabra de Dios, y obedeciendo sus normas de comportamiento moral.

2) Reconoce tu capacidad de excitar a otros hombres además de tu marido, y evita devaneos que podrían provocarle a celos o arriesgarte a innecesarias tentaciones.

3) Suaviza tu extroversión a fin de no avergonzar a tu marido. Una esposa expansiva y excesivamente chispeante puede atraer la atención de otros hombres, pero también se ganará, ciertamente, la desaprobación de su marido.

4) Sara tiene que concentrarse en amar tiernamente a su cónyuge, que la asegurará de su aprobación y aceptación, y le dará tiernas palabras de aliento. atención y afecto. Si las recibe, pondrá atención a un arreglo, vestido y comportamiento adecuados, un diligente cuidado de la casa, y todo lo que la haga placentera a su marido.

Hacer el amor de una manera sexualmente satisfactoria es importante para Sara. Puede soportar casi cualquier cosa de la vida con talante feliz si no está hambrienta de amor. Y, entendámoslo bien, el sexo es una expresión de amor. Es prudente el marido que *no* la extorsiona condicionando hacer el amor con ella a su buena conducta, sino que se adapta a su esposa.

ROQUE COLERICO COMO ESPOSO

Superficialmente, el pretendiente colérico parece ser un gran amante. Caramelos y flores en abundancia, atenciones, amabilidad y un liderazgo dinámico lo hacen parecer la encarnación de la hombría. Sin embargo, todo esto parece cambiar poco después de la boda, al eliminar él la parte romántica de su matrimonio. Los coléricos son unas personas tan consagradas a la consecución de su meta que harán todo lo que sea necesario para conseguir sus deseos. Debido a que "aquella dulce criatura" es subconscientemente su objetivo antes del casamiento, el colérico está dispuesto a pagar cualquier precio para conseguir su mano. Una vez casados, sin embargo, el objetivo cambia: ahora quiere mantenerla de un modo digno. Como consecuencia, puede llegar a trabajar de doce a veinte horas al día. Lo que más le cuesta comprender a un hombre cólerico es que su cónyuge no se casó con él por lo que pudiera darle, sino por él mismo. Cuando se encuentra con la queja de su esposa de que ya no la ama, le dice: "Claro que te amo; trabajo como un esclavo para darte lo que quieras". La verdadera realidad es que disfruta trabajando.

Emocionalmente el cólerico es un extremista; o es frío o caliente. Puede llegar a encolerizarse violentamente y a estallar por menudencias, y su recién adquirida esposa se aterroriza cuando ve por vez primera estas explosiones Su impaciencia e incapacidad de expresarle afecto puede llegar a hacer que a ella le cueste ajustarse. La expresión de afecto "no le sale". Una mujer casada con un colérico dijo: "Besar a mi esposo es como besar una estatua de mármol en un cementerio en un día de invierno".

Los impetuosos rasgos del colérico también le dificultan su propio ajuste a la vida matrimonial. Así como es propenso a iniciar un viaje antes de haber consultado el mapa de carreteras, está también dispuesto a llevarse a su esposa al dormitorio careciendo de cualquier educación sexual. ¡Piensa que de una manera u otra todo saldrá bien!

Afortunadamente, el colérico posee un importante rasgo que le es de utilidad en su vida amorosa: es siempre práctico. Una vez que se da cuenta de que hacer el amor involucra más que prepararse para la carrera de los cien metros planos, que tiene que ser tierno, amable, afectuoso, atento, y sensible a las necesidades de su esposa, aprende velozmente. En el proceso de aprendizaje aprende que el afecto es algo entusiasmante, y que ver que la mujer a la que ama reacciona a sus caricias es extremadamente gratificante.

El área más poco desarrollada de un colérico es su vida emocional. Y por cuanto el acto amoroso tiene su mejor motivación en la emoción, tiene muchas necesidades:

1) Mostrar amor y sensibilidad ante los otros. Tan sólo la experiencia personal de recibir a Cristo como Señor y Salvador y aprender a "caminar en el Espíritu" dará al colérico esta capacidad. Incluso después de su conversión, se precisa de un cierto tiempo antes que el "amor de Dios" llegue a caracterizar su vida.

2) Comprender que muchas personas no son tan auto-suficientes como él. Incluso aunque puedan poseer la capacidad, no tendrán la misma confianza de que puedan llevar a cabo las cosas bien. Roque tiene que darse cuenta de que otras personas tienen la tendencia a abrigar dudas con mucha mayor frecuencia que él. Si muestra una paciente amabilidad hacia su cónyuge, y la alienta, ella vendrá a tener una mejor conducta sexual.

3) Desarrollar ternura y afecto hacia su esposa y sus hijos, y expresar su aprobación y satisfacción con ellos. Tiene que aprender a decir "Te quiero" a su esposa con bastante frecuencia, y actuar enorgullecido de ella. Debido a que el colérico es un líder natural, otros tienden a mirarlo a él en busca de aprobación, amor y aceptación. Puede marchitarlos con una mirada desaprobatoria y unas palabras de condena, o puede hacer levantar sus espíritus excediéndose a sí mismo en su aprobación y alabanza. Los que se han visto rechazados por él pueden tender a erigir alrededor de sus egos una concha con la que protegerse y evitar futuras heridas. Cuando el padre y esposo colérico se vuelve sensible a las necesidades emocionales de su familia, puede incluso desencadenar emociones dentro de él mismo que de otra forma permanecerían dormidas. Decir "te quiero" no le es cosa fácil; pero cuando se olvida de sí mismo, reconociendo la importancia de estas palabras para la persona que lo ama, y concentrándose en su bienestar emocional, Roque aprenderá rápidamente, y gozará plenamente de la reacción que ello genera.

4) Roque necesita también eliminar el sarcasmo y las palabras desconsideradas de su vocabulario. Las palabras ásperas y llenas de resentimiento nunca llevan a una esposa a la exitación.

5) Aprender a vencer sus hostilidades internas y su ira por dos razones: en primer lugar, el hecho de "contristar" al Espíritu debido a la ira (Ef. 4:30-32) lo mantendrá como un pigmeo espiritual durante toda su vida cristiana; en segundo lugar, la amenaza de un estallido colérico instantáneo inhibe las expresiones emocionales de su esposa. Al cristiano colérico le cuesta darse cuenta de que su vida espiritual afectará su vida en el dormitorio, pero así es, para bien o para mal.

**LAS RESPUESTAS
SEXUALES DE LA
ESPOSA COLERICA**

Clara Colérica es por lo general una persona excitante, especialmente si no se tiene que convivir con ella. Es sumamente activa en todas las áreas de la vida, una persona dinámica y enérgica con una multitud de objetivos en su mente. Al mismo tiempo, puede exhibir una personalidad fogosa y una lengua viperina, con lo que domina y controla toda situación en la que se halle involucrada.

En los últimos años de mi adolescencia había una muchacha así en nuestro grupo juvenil. Muchos chicos salían con ella porque se disfrutaba en su compañía, pero a sus espaldas decían bromeando: "No te cases con Evelyn a no ser que quieras ser el Presidente de los Estados Unidos".

La necesidad de tener una actitud mental positiva hacia el acto amoroso en el matrimonio viene a ser central cuando se trata con la esposa colérica. Si ella observó una relación cálida entre sus padres mientras crecía, es probable que entre en la relación matrimonial esperando gozar de hacer el amor. Los coléricos generalmente consiguen lo que se proponen, y probablemente no quedará desengañada, ni su marido tampoco.

Por otra parte, si fue criada por padres desdichados y amargados, si ha sido abusada o ha sufrido otras experiencias traumáticas en su infancia, o si se le ha enseñado que "el sexo es sucio" bien por razones religiosas u otras razones erróneas, puede que surjan serias dificultades en el establecimiento de una relación apropiada con su marido. Los coléricos tienen opiniones tan firmes que una vez que se encuentra obsesionada con la idea de que el "sexo no es para las buenas chicas", podrían rechazar al mismísimo arcángel Gabriel llevando un mensaje en una tableta de piedra diciendo "Honroso sea en todos el matrimonio". Pero una vez convencida de que Dios desea que goce del sexo, puede por lo general hacer una rápida transición a una feliz vida de amor.

Las esposas coléricas sufren de potenciales problemas en esta área. Por lo general, no son propensas a una afectuosidad abierta, y por eso apagan con frecuencia los avances de su marido antes que su propio motor entre en acción. Además, si no están llenas del Espíritu, tienden a desmasculinizar al hombre, al dominarlo y dirigirlo en todo, incluyendo en el sexo. Se precisa de una mujer colérica atenta y conducida por el Espíritu para reconocer que ignora el ego de su marido, con peligro para ella misma.

Hemos observado que los opuestos se atraen al matrimonio; consiguientemente, una mujer colérica seleccionará por lo general un cónyuge pasivo. Si no le encanta demasiado hacer el amor, puede que se pasen largos períodos sin eso, porque también él sea demasiado pasivo para decir o hacer nada acerca de esto. Sea que él suscite la cuestión o no. ¡Puedes estar segura de que no le gusta la abstinencia! Finalmente, tiene lugar una explosión, y casi siempre con serias consecuencias.

Sin embargo, se debe decir en favor de la esposa colérica que por lo general se ajustará y vendrá a ser una cónyuge muy placentera, una vez que aprenda lo importante que es para su marido una buena vida de dormitorio. Tiene que darse cuenta de que el éxito de su matrimonio puede bien depender de su actuación y buena disposición a dejar a su marido llevar el liderazgo en esta íntima área de sus vidas.

A semejanza de su análogo masculino, Clara Colérica tiene muchas necesidades. Estas son algunas de las más importantes para su consideración:

1) "Caminar en el Espíritu" a fin de conseguir la victoria sobre su temperamento ardiente y lengua sarcástica, y desarrollar sus capacidades emocionales en la expresión del amor y del afecto. Es ciertamente más fácil para unos temperamentos mostrarse amantes y afectuosos, pero Dios nunca nos hubiera ordenado que nos amásemos los unos a otros si no hubiera sabido que es posible para todos. Los coléricos pueden encontrarse con la necesidad de dedicarse más a eso, pero cuanto más expresen su amor, tanto más fácil se les hará.

2) Aprender perdón, especialmente para su padre, si es necesario. Ninguna mujer puede gozar plenamente de su marido si odia a su padre. Esto es especialmente cierto de las coléricas voluntariosas y fuertes en sus opiniones. Arrojan toda la ira de su frustración sobre sus maridos, apagando sus expresiones de amor. Una razón de que una mujer colérica pueda tener este problema es que de pequeña se puede haber resistido frente al afecto de su padre, y debido a que él no comprendió por qué, la eliminó de su corazón y tuvo poca relación con ella. Simplemente, no supo cómo llegar a ella. No sabiendo por qué había sido rechazada por su papá, fue retirando más y más toda expresión de emoción hacia él, y favoreció un creciente resentimiento contra los hombres.

3) Evitar amontonar sarcasmo, crítica y ridículo sobre su marido, especialmente en el área del acto amoroso. Los coléricos irradian tanto auto-confianza que, incluso sin decir nada, pueden hacer que otros se sientan inadecuados. La mujer colérica necesita hacer que su marido sepa cuánto lo valora como hombre y como amante. No hay ningún cumplido que sea más apreciado ni atesorado durante más tiempo que el que muestra aprecio hacia la masculinidad o femeneidad de la otra parte.

4) Tomarse tiempo para expresar amor hacia su marido. Las personas coléricas son por lo general trasnochadoras. Los maridos madrugadores pueden meterse en la cama a las diez o a las doce, con la esperanza de conocer un poco de ternura y amor. Pero se quedan dormidos mientras sus esposas coléricas terminan un libro, limpian la casa, o se dedican a otras incontables actividades que les sugiere su activa mente.

Muchas esposas coléricas podrían mejorar sus vidas amorosas sólo yendo más temprano a la cama.

5) Aprender sumisión en base de las normas bíblicas. A la mujer colérica le gusta conducir a los demás, y por lo general resulta una buena líder, pero por la gracia de Dios y en obediencia a su Palabra, esta esposa necesita situarse a sí misma en sumisión a su marido. Si intenta asumir el papel y las responsabilidades del marido en la casa, estará invitando al desastre. Un esposo pasivo dará más amor, respeto y flexibilidad a su esposa si ella lo alienta a que asuma la responsabilidad y el liderazgo del hogar.

LAS RESPUESTAS SEXUALES DEL ESPOSO MELANCOLICO

Martín Melancólico es un supremo idealista. Por lo general, entra en el estado matrimonial sin ninguna educación sexual, porque cree idealistamente que "todo saldrá bien". Si recibe la bendición de una esposa amorosa y excitante que no tiene problemas, todo suele funcionar bien; pero si se casa con una mujer tan ingenua como él, pueden volver a casa de vuelta de su luna de miel en un estado deprimido.

Cuando la vida amorosa de una pareja es deficiente, puede resultar una experiencia perturbadora para un marido melancólico. Su esposa se ve especialmente apagada por la depresión del marido, lo que complica aun más el problema. Por lo general le es bastante difícil buscar orientación hasta que su matrimonio se ve en estado precario.

El melancólico, más que cualquier otro temperamento, tiene la capacidad de expresar un verdadero amor. Es un cónyuge leal y fiel, a no ser que se entregue en demasía a pensamientos impuros y se involucre en pornografía. Cuando Martín Melancólico disfruta de una buena vida sexual con su esposa, casi se excederá a sí mismo en todas las demás áreas de su matrimonio en atenciones, amabilidades y emoción.

Entre los mejores puntos positivos del melancólico se halla su romanticismo. Hace el trabajo de preparación de una manera hermosa: música suave, luces tenues, perfume, estas cosas que dan deleite al corazón de una mujer.

Debido a que es extremadamente analítico, Martín pronto aprende lo que deleita a su esposa, y disfruta dándole plenitud. Si todo les va bien, esta pareja pueden ser grandes amantes.

Los melancólicos son tan perfeccionistas que casi rechazan aceptar algo menos que la perfección. Muchos melancólicos pueden llegar a casa totalmente "preparados" para su esposa, sólo para ver su ardor enfriado por platos sucios en la cocina o por los juguetes de los niños en medio del pasillo. De hecho, conozco un marido melancólico que podía excitarse totalmente al ver cómo su esposa se desnudaba para la cama y enfriarse porque ¡no colgaba la ropa! ¡En un momento como éste, un sanguíneo o un colérico ni se darían cuenta de que existe la ropa!

Los rasgos de sensibilidad de un melancólico, que en la mayor parte de las ocasiones lo hacen consciente de la necesidad que tiene su mujer de ternura y amor, pueden en ocasiones funcionar en su contra. Es propenso a interpretar la ausencia de respuesta inmediata por parte de su esposa, cuando inicia en primer lugar el juego amoroso, como un rechazo. Si su esposa está en un plan coquetamente esquivo, como las mujeres lo están frecuentemente, deseando una romántica persecución, él puede creer que ella no tiene ningún deseo de él, y abandona la partida antes que ella pueda revelar sus verdaderos sentimientos.

La persona melancólica posee una gran cantidad de amor que dar a los otros si se le da el más mínimo aliento a eso. Estas son algunas de sus más evidentes necesidades:

1) El mantenimiento de una relación vital y personal con Dios, y una experiencia diaria de llenura del Espíritu Santo que lo mantenga "orientado hacia los otros" en lugar de obsesionarlo consigo mismo. Ninguna persona egoísta o egocéntrica será un buen amante, no importa cual sea su temperamento. La verdadera evidencia de si un melancólico está caminando en el Espíritu es cuando quebranta aquel síndrome de egocentrismo.

2) Aprender a dar un amor incondicional, no un amor recompensado. Una esposa me dijo una vez que su esposo era un exigente innato. "Tiene una larga lista de cosas que hay que hacer en el cuidado de la casa, y si no saco un "sobre-saliente' antes de ir a la cama, no me quiere hacer el amor", decía, quejándose.

3) Evitar una actitud crítica y pesimista, que son los dos mayores problemas de un melancólico. Debido a su perfeccionismo, tiene a menudo normas irreales para sí mismo y para los demás. Esto, a su vez, hace que frecuentemente se desilusione cuando las cosas y las personas no alcanzan el nivel exigido.

4) Mantener una vida pensante sana y positiva (Fil. 4:8). Nunca debería permitirse una pauta de pensamientos vengativos y de autocompasión, sino siempre dar "gracias en todo" (1 Ts. 5:18).

5) Tener como cónyuge a una persona que no se ofende fácilmente y que puede alegremente alentarle cuando se sienta deprimido, darle seguridades acerca de su hombría cuando se sienta inseguro, y tomarse sus críticas con un grano de sal. Sabiendo que él tiene un humor cambiante, puede esperar pacientemente que pase un poco de tiempo para que cambie su talante.

6) Concentrarse en Dios y en agradecerle los puntos positivos de su cónyuge. El debe alentarla con regularidad con expresiones verbales de amor y aprobación. He observado a muchas esposas sanguíneas pasar por un cambio de personalidad debido a las constantes críticas de un marido melancólico. Desafortunadamente, cuando ha terminado, ni a Martín Melancólico le gusta su creación.

LAS RESPUESTAS SEXUALES DE LA ESPOSA MELANCOLICA   Marta Melancólica es una amante impredecible, porque tiene las mayores de las oscilaciones de talante. En algunas ocasiones puede ser tan excitante y estimulante como cualquier sanguínea. En otras, no tiene ningún interés por hacer el amor. Tanto puede recibir a su marido en la puerta y llevárselo directamente a la cama, como ignorar totalmente su llegada.

Marta Melancólica es la suprema romántica, y sus cambios de talante son tan evidentes como el sol de mediodía. Cuando se siente con ganas de amar, recurre a la cena a la luz de las velas, música suave, y un perfume penetrante. (Si está casada con un sanguíneo, la cosa puede funcionar, pero si su esposo es un colérico, tendrá problemas, porque con frecuencia detesta los perfumes.)

Aunque tiene la capacidad de gozar de un éxtasis de amor hasta alturas que asfixiarían a otros temperamentos, raramente se ve interesada en establecer marcas mundiales de frecuencia. Para ella, la calidad es siempre preferible a la cantidad. De todos los tipos temperamentales, es la más propensa a dedicarse a la ruleta sexual: esto es, dar amor como recompensa por un buen comportamiento. Sin embargo, ¡ningún hombre que merezca este nombre admitirá tal conducta!

La melancólica se ve frecuentemente acosada por una irreal mojigatería, especialmente si su madre tuvo algún problema en esta área. Puede que use falsos argumentos religiosos para excusar su abstinencia sexual; sin embargo, su verdadero problema se deriva, probablemente, de su resolución premarital de que el sexo es indeseable, y a que nunca se ha dado la oportunidad de conocer la diferente realidad. Es del tipo que deja el acto amoroso sólo para la propagación, raramente para el placer. Un estudio de las Escrituras le podrá mostrar la diferente concepción divina.

Marta Melancólica puede transformar cosas mínimas en gigantescos problemas. La incapacidad de su marido en llevar el balance de su cuenta corriente, su olvido en llevar a cabo un recado, o su descuido en tomarse un baño pueden perturbarla totalmente, y lanzarla a una frígida venganza. Siente que él no ha cumplido su parte, por lo que ella no tiene por qué cumplir la suya, y por ello se niega a hacer el amor. Lo que ella no sabe es que se está robando a sí misma del goce de hacer el amor y de la amante aprobación de su marido.

Di orientación a una esposa melancólica que no había hecho el amor con su

cónyuge durante varias semanas. Ella sólo tenía interés en hacer el amor por la
noche, pero para el momento en que ella estaba lista para ir a la cama, él ya se
había hundido en el sueño. Ella se quejaba: "Se mete en la cama cansado, y
nunca se toma el tiempo de bañarse o de cepillarse los dientes. Por la mañana,
me siento como un zombie y en cambio él esta anhelante. ¡Pero entonces no
puedo soportar el olor de su cuerpo ni su mal aliento!" Le sugerí que aprendiera
a aceptar a su marido, y no intentar cambiarlo. Esto era una amarga medicina
para una esposa, pero pronto descubrió que al cooperar con él, él estaba también
bien dispuesto a modificar hábitos por ella.

Otro problema común para Marta Melancólica es el de los celos. No dada a
"insinceros flirteos", frecuentemente se casa con un hombre abierto y amistoso
hacia todos. No es insólito que vuelva a casa con su marido después de una
fiesta sumida en un helado silencio, debido a que su marido "coqueteó con todas
las mujeres que había allí". Debido a que el ego de su marido es tan poco
alimentado en casa, busca imprudentemente esta satisfacción en las reuniones
sociales. Y frecuentemente puede pensar esto: "¡Nada de lo que hago satisface a
esta mujer!"

Sentado frente a la hermosa esposa de un rico y dinámico hombre de negocios
cristiano, me vi sobresaltado al oír como su melancólica esposa me preguntaba:
"¿Podría usted explicarme por qué soy tan celosa de mi marido incluso cuando sé
que no tengo razón alguna para ello?" Parece que había despedido a tres
secretarias sucesivamente, y que al final había contratado a la secretaria más fea que
había podido encontrar, todo ello debido a los celos de su esposa, pero ni ello
había resuelto su problema. Le respondí: "El problema no reside en su marido; lo
que pasa es que usted no se gusta a sí misma". Las lágrimas le corrían por las
mejillas al admitir sus fuertes sentimientos de auto-rechazo. Más tarde, su marido
comentó acerca de su vida amorosa: "Cuando sus infundadas sospechas la ponen
celosa, no puedo ni tocarla. Pero cuando se siente triste por sus acusaciones, no
puede amarme lo suficiente. ¡Nunca sé si esperar banquete o hambre!"

El mayor problema de Marta en la vida será su tendencia a la auto-compasión.
Una melancólica puede recibir el insulto o rechazo más ligero con pensamientos
de auto-compasión que la hunden en un estado de depresión hasta que llega a
no estar interesada en el amor ni en nada más.

La capacidad emocional de una melancólica es tan extensa que tiene el
potencial de ser una amante excitante y satisfactoria si sus puntos débiles no
ahogan los fuertes. Aquí hay algunas de sus necesidades específicas:

1) Una relación vital y eficaz con Jesucristo, caminando en su Espíritu, de
forma que pueda gozar del amor, de la paz y del gozo que El da para hacer de
ella una persona eficaz.

2) Una actitud agradecida por todas las bendiciones que Dios le ha dado,
nunca pensando ni verbalizando críticas por aquellas cosas que no la complacen.
Descubrirá que una actitud mental positiva combinada con la acción de gracias
puede darle una perspectiva más feliz en su vida y hacer de ella una persona más
placentera, para dicha de los demás. Esta actitud también la ayudará a aceptarse
a sí misma tal como es; la auto-condenación la destruirá. Es muy difícil que guste
a otros si no se gusta a sí misma.

3) La aceptación de su marido tal como es, permitiendo que Dios afectúe los
cambios que sean necesarios. Su sumisión a él no debería ser condicionada a su
conducta, sino por obediencia a Dios.

4) Aliento y seguridades amorosas de parte de su marido. Un marido atento y verbalmente expresivo que demuestra su amor en muchas otras áreas de su matrimonio tendrá recompensa en el área de la sexualidad.

5) Pedir a Dios que le dé un amor incondicional hacia su marido y la capacidad de amarlo hasta el punto de que olvide acerca de sí misma. Necesita darse cuenta de que el amor matrimonial es hermoso porque es el plan de Dios para los amantes casados. Nuestro Señor promete que la mujer que se dé sin reservas a su marido será amada. Dijo: "Dad, y se os dará" y "Todo lo que el hombre sembrare, eso también segará". Si una mujer siembra amor, ciertamente lo segará abundantemente.

6) La lección del perdón. Casi cada matrimonio duradero exige perdón a lo largo del camino. Debido a que una actitud implacable destruirá siempre cualquier relación, los cónyuges deben estar conscientes de que su armonía exige el perdón, y que Dios lo ordena. (Mt. 18:35, Mr. 11:25)

LAS RESPUESTAS SEXUALES DEL ESPOSO FLEMATICO

No se conoce demasiado acerca de la vida de dormitorio de Felipe Flemático. Es indudablemente la persona con la boca más cerrada del mundo, particularmente por lo que concierne a su vida privada. Lo que se sabe acerca de esta área proviene generalmente de un cónyuge enojado; por eso, la información podría estar mediatizada. Por ello, en justicia, todas las sugerencias que se hagan acerca de su estilo de hacer el amor tendrán que ser valoradas a la luz de un análisis deductivo y de informes de segunda mano. Su temperamento secundario tendrá también una poderosa influencia sobre su expresión, así como sus antecedentes y actitud mental.

Los hay que creen que debido a que un flemático es un comodón y propenso a ser inmotivado, que puede que no sea un amante demasiado fogoso. Pero esto puede no siempre ser cierto. Si el estudio de los hábitos del flemático puede dar indicaciones, veremos que por lo general consiguen más de lo que se les atribuye. Sencillamente, lo que sucede es que no son ruidosos ni atraen tanta atención hacia sus logros como otros temperamentos. Más bien, lo que hacen es hacer buen uso del esfuerzo ejercido. Cuando quieren hacer algo, lo efectúan de una manera exhaustiva y eficaz, de una manera discreta. Sospechamos que esta es la manera en que hacen el amor.

Una característica de los flemáticos debiera serles de ayuda en su vida amorosa: su gran amabilidad. Raramente, o nunca, pondrá Felipe Flemático en apuros a su esposa ni la insultará; el sarcasmo no es su forma de actuar. Las mujeres reaccionan bien, por lo general, a un hombre que les sea amable. Sobre esta base, no debería tener problemas en conseguir amor de su esposa, si lo desea.

Otro rasgo que es ciertamente una gran ventaja es que un flemático raramente se enoja y pocas veces crea irritación en otros. Si su ardiente cónyuge le pega gritos por cualquier causa, su respuesta por lo general apaga el fuego, porque es un maestro de "la respuesta blanda". Consiguientemente, la tormenta ya ha pasado al llegar la hora de ir a la cama, y puede actuar muy convenientemente como si nada hubiera ocurrido.

Los hombres flemáticos tienen frecuentemente un modo de conseguir que las cosas ocurran como ellos quieren si esperan lo suficiente. Son la paciencia personificada, aparentemente capaces de agotar a los demás con su espera para la acción. Su vida amorosa es probablemente así. Al ir apagándose la intensidad de sus impulsos sexuales juveniles, enseñan pacientemente a su cónyuge a que inicie el acto amoroso. Y puede ser que los flemáticos se acostumbren a una frecuencia de hacer el amor mucho menor que la media al enfriarse su impulso. Esto pudiera deberse al hábito. La frecuencia sexual en el matrimonio está frecuentemente relacionada con el hábito. Los que hacen el amor tres veces por semana desarrollan un hábito para este nivel de frecuencia. El tipo de vida de la misma persona podría cambiar, y podría pasar a ser un hábito semanal. Los flemáticos son singulares en su capacidad de desarrollar hábitos para todo.

Una observación que he efectuado acerca de los maridos flemáticos es que sus esposas se quejan en ocasiones acerca de lo insuficiente de la frecuencia. Las únicas esposas a las que he oído quejarse acerca de esta poca frecuencia en el acto amoroso son las casadas con flemáticos. Es difícil determinar si esta falta de intensidad en el impulso sexual tiene causas físicas, temporales, o si son el resultado de un callado resentimiento. Sin embargo, la mayor parte de estos hombres no son conscientes de lo importante que es para la auto-imagen y auto-aceptación de sus esposas que les hagan frecuentemente el amor, y de manera especial al hacerse mayores.

Hay tres áreas que pueden llevar al hombre flemático a serios problemas. En primer lugar, tiende a ser renuente a afirmarse y a asumir el liderazgo, a no ser que le sea impuesto. Cuando dirige algo, ejecuta sus tareas de manera admirable. Sin embargo, cuando deja de asumir el liderazgo en casa, su esposa puede llegar a desilusionarse mucho. La esposa que espera que tal marido asuma la iniciativa en el dormitorio pronto se sentirá rechazada. En ocasiones, pierde el respeto por su marido flemático debido a que no parece afirmar su hombría.

Una segunda área de peligro es el egoísmo del flemático, que lo hace tacaño, terco (de manera educada) e indulgente consigo mismo. Si se entrega a estas debilidades, puede provocar resentimientos en su esposa, que se quejará: "No me da suficiente dinero para la compra, y nunca me lleva fuera. Todo lo que hacemos es lo que él quiere que hagamos". Como ya hemos visto, el resentimiento apaga el amor.

La tercera área de peligro potencial para el flemático es que tiende a introducirse en un caparazón de silencio cuando las cosas no le van bien. Debido a que generalmente, encuentra difícil hablar acerca de lo que sea, es posible que encuentre aun más difícil enseñar a su cónyuge lo que encuentra excitante en el acto amoroso. Por ello, puede que soporte en silencio unas relaciones inferiores y que se robe tanto a sí mismo como a su esposa de las incontables experiencias de éxtasis amoroso que Dios desea que gocen.

El amable, apacible y gentil flemático puede parecer a los demás como una persona que ha conquistado sus debilidades, pero los que viven con él reconocen sus silenciosas necesidades. Estas son algunas de las más pertinentes en el área de su vida amorosa.

1) Una relación dinámica con Jesucristo que le motive a pensar en las necesidades de su esposa y familia, en lugar de entregarse a sus propios sentimientos y soledad.

2) Una actitud más agresiva en todas las áreas, especialmente en consideración a las necesidades de su esposa en el terreno sexual.

3) Una mayor expresión de su amor y aceptación de su esposa. Tiene que aprender a hablar más frecuentemente de sus propios deseos y necesidades,

especialmente si la pareja está afrontando problemas. Esta necesidad de comunicación exige esfuerzos especiales.

4) Una esposa que lo comprenda y que acepte su aparente falta de motivación sin resentimientos, y que utilice con tacto sus ardides femeninos para excitarlo en los momentos apropiados.

5) Una esposa que trate de adaptar su calendario metábolico al de su cónyuge para optimizar la vitalidad que él tenga, que aprecie las tendencias fuertes y silenciosas de su marido, y que reconozca la profundidad de su naturaleza, dando gracias por ella en lugar de irritarse ante su inclinación por la pasividad. Si ella empieza a reñirle, él se meterá en su caparazón y la dejará cerrada fuera.

LAS RESPUESTAS SEXUALES DE LA ESPOSA FLEMATICA

Como norma general, la persona más fácil de tratar en el mundo es un flemático, especialmente si es una mujer. Le encanta complacer a la gente y por lo general cede ante su más enérgico cónyuge antes que crear ningún problema. Queda fácilmente satisfecha y a menudo dirige su afecto y atención a sus hijos si surgen problemas entre ella y su marido.

Su pasiva personalidad caracterizará generalmente su vida en el dormitorio. Raramente iniciará el juego amoroso, pero, debido a que quiere complacer a su cónyuge casi nunca lo rechaza.

Una de las más poderosas influencias en la vida de una flemática, influencia que afectará profundamente su acto amoroso, puede ser el temor y la ansiedad que provoca. Una mujer así puede temer el embarazo (aunque no es para ella un problema obsesivo), las indiscreciones, verse en un apuro, y una multitud de otros dilemas reales o imaginados. Uno de sus temores es que su marido pueda perderle el respeto si se muestra deseosa o lanzada en hacer el amor, aunque por lo general la reacción del marido es precisamente la opuesta.

A pesar de su espíritu gentil, amable y placentero, Flora Flemática tiene varias necesidades a fin de llegar a ser una esposa y amante mejor:

1) Aceptar a Jesucristo como su Señor y Salvador. Muchas flemáticas encuentran difícil reconocer que son pecadoras (y actúan de una manera tan agradable que los otros probablemente estarán de acuerdo con ella, pero el fariseísmo ha excluído a muchos del reino de Dios). Al aprender a "caminar en el Espíritu" cada día, la mujer flemática conseguirá motivación para vencer su pasividad, amor para vencer su egoísmo, y fe para vencer sus temores. Cuando se vea armada de tales atributos por Dios, puede llegar a ser una excitante cónyuge.

2) Crear y mantener un interés en su compostura externa. Las madres flemáticas, frecuentemente, se cansan tanto después de la llegada de sus bebés, que descuidan su apariencia personal, su cabello, su atuendo, e incluso frecuentemente su línea. Cuando una esposa deja de interesarse en cómo la ve su marido, es evidente que ha perdido su auto-estima. El amor y respeto de su marido también bajarán. Una esposa no tiene por qué ser una belleza deslumbrante para mantener una alta consideracion de parte de su esposo, pero su apariencia noche tras noche indicará lo que ella piensa de sí misma y de su marido. Todos los hombres deberían apreciar el hecho de que su esposa se cansa algunas veces, pero cinco noches por semana es un abandono.

Algunas mujeres cristianas han utilizado 1 Pedro 3:3 como excusa para dejar que "su apariencia externa" decayera, para destrucción de sus matrimonios. Este pasaje dice que una esposa piadosa pasará más tiempo cultivando su vida espiritual que la física, pero en absoluto que tenga que descuidar ninguna de ambas. Recuerda, la mujer es la flor más hermosa en el jardín del hombre, e incluso las rosas tienen que ser cultivadas, podadas y cuidadas.

3) Flora necesita organizar su vida diaria y mantener un horario regular. Una esposa flemática encuentra más fácil que nadie el descuidar sus deberes domésticos, excepto la sanguínea. Le encantan las "pausas de café" con alguna vecina, y antes que se dé cuenta, el marido ha llegado a casa. Ya que los opuestos se atraen, no es raro que una esposa flemática genere tal resentimiento en su cónyuge más dado al detalle que ello llegue a afectar su vida de dormitorio. Su poco caritativo estallido puede provocar a la terca flemática a "no querer cambiar", generándose así más discordia. En consecuencia, tiene que entusiasmarse con el cuidado del hogar; su esposo la respetará y tratará mejor y, más importante, ella se respetará más a sí misma.

4) Ella necesita apreciar un marido atento, fuerte y gentil. Precisa de un amante que aprenda cómo funciona mejor la mujer y que se tome el tiempo para suscitar su orgasmo. Una vez que haya aprendido este arte, su deseo de volver a tener esta experiencia vencerá su tendencia a la pasividad, y puede aprender a ser una cónyuge excitante. Su marido necesita ser fuerte y gentil, de quien ella pueda recibir el valor para vencer sus temores, que la aliente en lugar de intimidarla. Un esposo prudente asegurará verbalmente a su esposa tanto de la valía que tiene como de lo mucho que la ama.

5) Necesita aprender a vencer su incapacidad para pronunciar las palabras que siente y a comunicarse con su esposo y familia. Las palabras no le acuden con facilidad, especialmente sobre las intimidades de su vida amorosa. Los flemáticos tienen que empujarse a sí mismos en cada área de la vida, y el hacer el amor no constituye una excepción. Flora Flemática tiene que recordar las necesidades de su cónyuge, y olvidar las propias; los dos serán más felices por ello.

OTRAS
CONSIDERACIONES
Hay una cantidad de otras cosas que influencian las reacciones sexuales armónicas durante los cincuenta años de una vida matrimonial. He observado que madres jóvenes que tienen dos o más niños en el hogar no están tan interesadas en hacer el amor como lo estaban a los veinte o como lo estarán a los treinta y cinco y cuarenta. En parte debido al agotamiento físico, en parte debido al temor al embarazo, su interés puede desvanecerse. Por otra parte, los hombres reaccionan ante las presiones. La pérdida del empleo puede apagar incluso el más poderoso impulso sexual masculino, lo mismo que las presiones financieras. En los treinta, los ascensos en la profesión pueden llegar a ser un dios para un hombre, haciendo que su comportamiento sexual venga a ser algo rutinario o deficitario. Y hay ocasiones en que nada de lo que haga la esposa podrá cambiarlo.

Una de mis observaciones, que son compartidas por otros consejeros con los que he tratado de este tema, es que las mujeres tienden a interesarse más en hacer el amor al ir pasando los años, en tanto que los hombres tienden a precisarlo con menor frecuencia. Esto es particularmente cierto después que los hijos han abandonado el hogar y ya no se siente necesaria para nadie más que para su marido. Es entonces que él viene a ser el especial objeto de su amor en todos los sentidos, incluyendo el sexual. En este punto, el acto amoroso viene

a ser una necesidad sicológica. ¿Y por qué no? Todos necesitan saberse
necesitados, y todos necesitan amor. Además, los niños están fuera del hogar y
los temores de ser descubiertos o interrumpidos, que la habían preocupado en sus
veinte y treinta años han desaparecido.

Durante la menopausia, una buena esposa puede venir a ser sexualmente
errática. Los cambios hormonales en marcha en su cuerpo, sobre los que tienen
poco o ningún control, pueden hacer que un día se sienta deseosa y fría al
siguiente. Su suministro acostumbrado de fluído vaginal puede secarse o
desbordarse en medio del acto amoroso. En esta etapa, todas las mujeres
necesitan mucho amor y comprensión. También necesitan ver a su médico. No
sólo puede ayudarlas a acortar este período de su vida, sino que les puede
recomendar una medicación que las ayude a controlar sus emociones y funciones
corporales. Muchas mujeres dan testimonio de que también son útiles en este
período fuertes dosis de vitamina E.

También los hombres necesitan paciencia al ir madurando. Para algunos
hombres, lo que los deprime sexualmente es la etapa de la jubilación. Sigue
siendo cierto que el órgano sexual de cada persona es el cerebro. Una vez que se
da cuenta de que su vida no ha terminado a los sesenta y cinco, puede continuar
activo sexualmente hasta pasados los noventa, si su salud se lo permite.

Cada pareja pasa por etapas, cambios, y ajustes en su vida sexual, al igual que
en todos los otros aspectos de su relación. Y aunque sus temperamentos no sean
la única influencia sobre sus respuestas sexuales, como ya hemos visto son
ciertamente unas de las más poderosas.

Los cuatro temperamentos poseen la capacidad de venir a ser cónyuges
amantes y gratificantes. Como hemos visto cada uno de ellos tiene sus áreas
fuertes y débiles. En consecuencia, cada uno de ellos es capaz de compensar en
una área de fortaleza o de desarrollar un problema en una área de debilidad. Por
esta razón, es útil que cada cónyuge conozca el temperamento del otro a fin de
que cada uno pueda tratar al otro de la manera más adecuada. Recuerda, ¡el
amor da! Cuando un cónyuge da amor, recibirá a su vez todo el amor que
precisa.

Una de las ventajas de conocer los cuatro temperamentos es que ello hace más
fácil apreciar por qué tu cónyuge actúa de la manera en que lo hace. A su vez,
ello te ayuda a aceptar sus debilidades individuales y a trabajar con ellas, no
contra ellas.

Tenemos una encantadora amiga sanguínea llamada Molly que me contó cómo
Dios usó los cuatro temperamentos para resolver un agravio continuo que estaba
dificultando su vida amorosa. Su marido, Pete, un melancólico-flemático,
inspeccionaba con regularidad como actuaba. Cuando él ponía su brazo alrededor
de ella en la cama, y ella se le arrimaba para adaptarse a su cálido talante, él le
preguntaba: "Molly, ¿cerraste con llave la puerta trasera y bajaste la calefacción?"
Aunque ella respondía: "Sí, Pete", él saltaba de la cama, se dirigía por el
comedor a la cocina, y comprobaba la puerta trasera y el termostato. Para
cuando había vuelto, el talante de ella era de hielo, y le daba la espalda. Esto
sucedía noche tras noche, excepto cuando él se excitaba eróticamente lo
suficiente como para olvidar hacer la enojosa pregunta.

Una noche, Pete, contable de profesión, llevó a casa varios formularios de
impuestos sobre la renta, los extendió sobre la mesa del comedor, y empezó a
trabajar. Molly se quedó de pie en la entrada del comedor, contemplando una

extraña actuación: cuatro veces hizo una suma de cifras, puso el resultado en una tira de papel, y la ponía boca abajo. Cuando hubo terminado, las puso todos boca arriba y se sonrió. Todas concordaban, por lo que escribió el resultado en el formulario del impuesto. En aquel momento, Molly se dio cuenta de que Pete no sólo comprobaba lo que ella hacía, ¡sino que se controlaba a sí mismo de una manera extremada! Ella estaba orgullosa de la reputación de su marido como contable preciso, y ahora se daba cuenta de que el empeño en la perfección que lo había llevado al éxito en los negocios era el mismo rasgo que lo impulsaba a controlar lo que ella hacía.

¡Aquella noche estaba dispuesta para él! El puso su brazo alrededor de ella, y ella se le arrimó como de costumbre. Pero cuando le preguntó: "Molly, ¿cerraste con llave la puerta trasera, y qué de la calefacción?", ella le respondió dulcemente: "Sí que lo hice, cariño, pero si quieres comprobarlo, por mí no hay problema". El se levantó y se dirigió a la cocina. Como de costumbre, la puerta estaba bien cerrada y el termostato a una temperatura más baja. Pero aquella noche, cuando se volvió a meter en la cama, ¡no se encontró con un helado témpano de hielo!

Una vez hayas diagnosticado el temperamento de tu cónyuge podrás cooperar con él amantemente en lugar de chocar con él, y disfrutarás de una prolongada y gozosa relación.

EL TEMPERAMENTO Y TU VIDA ESPIRITUAL

CAPITULO
QUINCE

El Temperamento y
los Dones Espirituales

Durante los últimos años se ha oído mucho en la
iglesia acerca de los dones espirituales. Mucho de esto ha sido saludable en el
sentido de que Dios quiere usar a todos sus hijos de alguna manera positiva en
su reino. También es útil para que todos se den cuenta de que tienen un
verdadero valor. Sin Dios en sus vidas, muchas personas no creen nunca que
llevan a cabo una contribución significativa a la vida. Un cristiano controlado por
el Espíritu no debería tener estos sentimientos.

Los maestros bíblicos no están en total acuerdo acerca de qué son los dones
espirituales y de dónde provienen. He estado silencioso acerca de este tema hasta
ahora, aunque he escrito varias veces acerca de la vida llena del Espíritu.
Básicamente, la razón era que deseaba que cuando publicara algo acerca de ello
quería tener mis pensamientos bien claros a fin de que mis ideas fueran una
ayuda positiva para los demás. Las diferencias entre los maestros bíblicos acerca
de este tema indican que nadie tiene aún la última palabra acerca de los dones
espirituales. Y después que hayas leído este capítulo no tendrás aún la enseñanza
definitiva. Pero tendrá relación contigo y con tu temperamento, y es de esperar
que te haga reflexionar y que te sirva de ayuda.

Ante todo, no creo que los dones espirituales sean cosas para las que no tienes
ninguna actitud antes de llegar a ser cristiano. Creo que son el control de
Dios sobre nuestro temperamento natural heredado, dirigiendo su utilización de
una manera que glorifique a su Hijo Jesucristo.

La mayor parte de los maestros bíblicos los tratan como si fueran adiciones,
cosas que no teníamos antes de recibir a Cristo y tener acceso al Espíritu
Santo para vencer nuestras debilidades. No estoy de acuerdo con este
planteamiento. Mi padre tenía una hermosa voz de cantante tenor irlandés y un
buen oído para la música (nada de lo cual he heredado yo). Podía tocar el piano
de oído y acompañarse a sí mismo. De manera que cuando aceptó a Cristo
siguió cantando, sólo que cánticos diferentes en lugares diferentes y para un
propósito muy diferente. Al conseguir el poder de Dios, pudo usar el talento que
ya tenía para comunicar el evangelio de Cristo y glorificarlo a El. Creo que ésta
es la forma en que los dones espirituales siempre funcionan, excepto que en
ocasiones usa dones o talentos que teníamos antes de la salvación, pero que

estaban sin usar y que pueden haber sido desconocidos. Por ejemplo, una persona puede haber tenido la capacidad de enseñar antes de su salvación, y sin haberlo sabido nunca. Su vocación puede no haberlo provisto nunca de la oportunidad de expresar aquel don, y ni sabía que lo tenía. Pero después de su salvación, el pastor o el superintendente de la Escuela Dominical, bajo la dirección del Espíritu Santo, puede haberle pedido que aceptara dar una clase, y antes de mucho tiempo tiene un don espiritual utilizado para la gloria de Dios. No ha conseguido un don nuevo; ha sido impulsado por el Espíritu Santo para que usara sus talentos naturales.

Lo mismo ha sucedido con personas que nunca creyeron que fueran oradores públicos, o que a causa de experiencias traumáticas en su infancia tenían demasiado miedo a hablar. Después de su conversión, Dios pone una carga en sus corazones para que prediquen el evangelio, y hacen un hermoso trabajo. ¿Un nuevo don? No, Dios desata las restricciones del temor que mantenían el talento natural en silencio antes de la salvación.

Existe una estrecha relación entre el talento y el temperamento humano. Hemos visto en nuestro estudio de los cuatro temperamentos que cada uno de nosotros tiene al menos diez fortalezas que heredó al nacer. (Personalmente, yo he observado al menos cinco más, además de la contribución del temperamento secundario, lo que hace un total de más de veinticinco talentos o fortalezas temperamentales disponibles para cada persona). Cuando una persona es tocada por el Espíritu Santo de Dios y tiene un punto fuerte en él que por el Espíritu es puesto a disposición de Dios, puede entonces ser usado en el área de su temperamento heredado natural.

Dios es abundantemente capaz de efectuar milagros y de hacer con cualquiera de nosotros lo que considere conveniente. Después de todo, es el Dios Soberano. Si El decide dar un talento adicional que no se tenía antes de la salvación, éste es su derecho divino. Pero por lo general usa nuestros talentos ya existentes, sea que los conociéramos con anterioridad o no. Lo que sigue, sin embargo, es mi definición de don espiritual.

Un don espiritual es el uso que Dios hace de los talentos naturales de un individuo cuando es tocado por su Espíritu Santo. Este uso siempre le dará la gloria a El. Los gobernantes, por ejemplo, ya lo eran antes de su salvación. Hubieran podido ser gobernantes aunque nunca hubieran llegado a ser cristianos. Ahora, sin embargo, que han llegado a ser hijos renacidos de Dios, ya no pisotean a los demás: gobiernan honestamente y su motivo básico ya no es el del egoísmo ni la codicia ni la soberbia. Los motiva el amor, la gentileza, y la paciencia. Lo mismo sucede con el vendedor de automóviles cuyo espíritu de carisma natural le hace posible vender un automóvil aunque esté mal pintado. Esta persona, cuando sea llena con el Espíritu Santo, puede tener el don del evangelismo y, si camina en el Espíritu, llevará a muchos al Salvador. Sin embargo, algunos que reciben el don del evangelismo estaban tan reprimidos sicológicamente, antes de la salvación, que no se habían dado cuenta de este potencial hasta que llegaron a ser llenos del Espíritu.

Además, el don del evangelismo es uno que todos los cristianos tienen en una u otra medida. He visto a las personas más introvertidas conducir a muchas personas a Cristo. Es asunto de obediencia, disponibilidad, persistencia en compartir la Palabra de Dios a través del poder del Espíritu Santo. Todo el que haya oído el evangelio puede recibir a Cristo, si decide hacerlo. La fe viene del oír "la palabra de Dios" (Ro. 10:17). Esto no significa que la fe venga de oír la palabra de una persona con el don del evangelismo, ni tampoco que la fe venga por oír la Palabra por medio de un sanguíneo. La fe puede venir al leer la Palabra de Dios sin la presencia de ningún instrumento humano, excepto en el sentido de dejar una Biblia en la habitación de un hotel o de imprimir tratados evangelísticos. En este sentido, todos los cristianos tienen el potencial del don del evangelismo, ya directa, ya indirectamente. Y creo que éste es el principal propósito por el que somos dejados en esta tierra, para ser usados por Dios para la evangelización. Cuando abren sus hogares para los estudios bíblicos, están ejercitando el don del evangelismo. La razón de que me extienda acerca de este don es doble: En primer lugar, para señalar que todos tenemos el potencial para usar este don espiritual. Pablo decía al tímido Timoteo:"Haz la obra de evangelista", y con él lo dice a todos nosotros.

TODOS LOS CRISTIANOS TIENEN TODOS LOS DONES La otra razón de haber utilizado el don del evangelismo como ilustración era la de señalar que todos tenemos todos los dones en uno u otro grado, dependiendo de nuestro temperamento. Los coléricos tienen el don de gobierno mucho más intensamente que el de servir o dar, pero pueden servir. Los que tienen el don de la misericordia no están generalmente dotados de una gran dosis del don de gobierno. Pero pueden gobernar, y siempre han ejercido mejor su gobierno cuando están controlados por el Espíritu Santo.

No estoy de acuerdo con la teoría sostenida por algunos maestros bíblicos de que todos recibimos un don espiritual y que deberíamos descubrir cuál es y ejercitarlo. Esta es una bonita teoría, pero no hay apoyo bíblico para esta idea y no concuerda con mis observaciones de las personas en el mundo real. Es más exacto reconocer que todos tenemos todos los dones, pero que dependiendo del temperamento individual tendrán diferentes prioridades. Para algunos, el gobierno será el primero. Para otros, servir será el primero. El conocimiento de tu temperamento te será de ayuda para determinar tus dones espirituales. Pero antes de empezar a señalar las varias prioridades de los dones en base del temperamento, deberíamos examinar la definición de los dones.

DEFINICION DE LOS DONES ESPIRITUALES Hay trece dones espirituales diferentes en operación en la actualidad que son mencionados en tres diferentes pasajes de las Escrituras. Estos dones no deben ser confundidos con los nueve frutos del Espíritu (Gá. 5:22-23). El fruto del Espíritu es los dones externos que nos son dados por el Espíritu de Dios cuando acude a nuestras vidas para fortalecernos, conducirnos y energizarnos. Nuestros dones espirituales son los rasgos naturales o talentos recibidos en el nacimiento y que ahora el Espíritu Santo utilizará hasta cierto punto en nuestras vidas, si nos ponemos a su disposición.

Los tres pasajes básicos que contienen estos trece dones espirituales son Romanos 12:3-9; 1 Corintios 12 y Efesios 4:11-13. Algunos se repiten en cada sección. Algunos, como los apóstoles, fueron sólo para el primer siglo. Los siguientes trece son los dones espirituales que creo que están en operación en la actualidad, junto con sus definiciones aplicadas a ti. Los que van con asterisco requieren un llamamiento especial de Dios para capacitarnos a utilizarlos en los oficios dados en la iglesia en la actualidad. Sin embargo, pueden ser usados de una forma paralela. Por ejemplo, puede que no seas llamado por Dios para pastorear un grupo de cristianos. No obstante, puedes estar sirviendo como maestro de Escuela Dominical, superintendente de departamento, o como líder juvenil, y llevar a cabo la obra de pastorear un grupo. Puede que no recibas el nombre de misionero-evangelista, y que estés, sin embargo, dedicado de una manera regular a la evangelización. Considéralos como dones ministeriales, y no los limites en tu mente a un oficio de la iglesia. Considéralos como áreas potenciales en las que puedes servir al Señor.

1. Misericordia: La capacidad de sufrir animadamente los dolores de otros, capacitándote a ministrar a ellos en su tiempo de necesidad.

*2. Pastores: Conducir, apacentar y proteger la grey de Dios.

*3. Maestros: Comunicación de la verdad bíblica; tu mayor gozo está en dar ayuda a otros a comprender las verdades de Dios.

4. Ayudas: La capacidad de anticipar de manera atenta las necesidades de los otros y de ayudarlos gozosamente en el cumplimiento de su llamamiento y deberes.

5. Sabiduría: La capacidad de aplicar los principios de la Palabra de Dios a los problemas prácticos y diarios y a las decisiones de la vida a fin de determinar la voluntad de Dios tanto para sí mismo como para los demás.

*6. Evangelismo: La capacidad de proclamar el evangelio a los individuos o grupos con el propósito de ganarlos para Cristo. En un sentido, todos los cristiamos poseen este don para uso directo o indirecto. El cristiano que nunca usa este don, hasta cierto grado tiene un cometido no cumplido.

*7. Profecía: Una predicación energizada por el Espíritu que expone claramente la Palabra de Dios primariamente a los cristianos, llamándolos a una vida de rectitud.

8. Exhortación: La capacidad de alentar, motivar, y fortalecer a otros en la fe, confrontándolos con su conducta, y para retarlos o aconsejarlos en conformidad con la voluntad de Dios tal como está revelada en su Palabra.

9. Conocimiento: La capacidad de aprender los hechos del universo creado por Dios y relacionarlos con su Palabra revelada.

10. Gobierno: La capacidad de conducir a otros en la administración
                              de la palabra de Dios. Tal persona tiene la capacidad
                              de alistar a otros en el servicio del Señor.

11. Discernimiento: La capacidad de distinguir entre verdad y error y de
                              tomar buenas decisiones.

12. Dar: La capacidad de ganar dinero y de darlo gozosamente
                              para la obra del Señor.

13. Fe: Una confianza singular en Dios, capacitándote a
                              emprender proyectos ordenados por Dios para
                              transformar una visión en un hecho.

Al madurar una persona en su vida cristiana, aumentará naturalmente en su eficacia para expresar estos dones. Las dos áreas sobre las que tienes control de la expansión de estos dones son la Palabra de Dios y la fe. Cuanto más conozcas de la Palabra de Dios, tanto mejor funcionarán estos dones en tu vida. Es como si Dios te los hubiera dado en tu infancia y tú debes ahora desarrollarlos. Estos dones los ejerces por la fe. Si das un paso de fe y los usas, se fortalecen. Dios te conduce "de fe en fe", de pequeños pasos de fe a pasos mayores. Enseña a un grupo pequeño y Dios te dará la oportunidad de enseñar a un grupo mayor. Así es con todos nuestros dones; tienen que ser usados o ejercitados regularmente.

EL TEMPERAMENTO Y LA PRIORIDAD DE LOS DONES ESPIRITUALES

El temperamento es uno de los factores que nos hace singulares y distintos de otros seres humanos. No sólo hay cuatro temperamentos básicos y doce combinaciones de temperamentos, como ya hemos visto, sino que algunas personas tienen tres temperamentos, y estos temperamentos aparecen en diferentes gradaciones (un sanguíneo al 70 por ciento y flemático al 30 por ciento podría ser algo diferente de un sanguíneo al 55 por ciento y flemático al 45 por ciento). Además, se deben considerar las diferencias entre los sexos, el I.Q.*, nuestra educación, y nuestros antecedentes.

Como se puede ver, son muchos los factores que concurren en hacer el verdadero tú. Por esta razón, es imposible predecir de una manera exacta qué escala de prioridades tendrá cada combinación temperamental. Sin embargo, con propósitos vocacionales y para ayudar a los cristianos a que hallen el lugar en su iglesia local para el que estén mejor equipados para servir al Señor, he dado prioridad en el "Ensayo de Temperamento Tim LaHaye" a los dones espirituales en base de las combinaciones de al menos dos temperamentos, uno primario y el otro secundario. He establecido arbitrariamente una proporción de 60 por ciento y 40 por ciento. Este parece ser un equilibro frecuente. Las siguientes son las prioridades que he hallado.

* Cociente de inteligencia.

San-Col
Misericordia
Evangelismo
Pastorado
Enseñanza
Exhortación
Profecía
Dar
Ayudas
Fe
Conocimiento
Discernimiento
Sabiduría
Gobierno

San-Mel
Misericordia
Evangelismo
Profecía
Enseñanza
Exhortación
Pastorado
Dar
Sabiduría
Conocimiento
Discernimiento
Ayudas
Gobierno
Fe

San-Flem
Misericordia
Evangelismo
Pastorado
Enseñanza
Profecía
Exhortación
Sabiduría
Dar
Conocimiento
Ayudas
Discernimiento
Gobierno
Fe

Col-San
Enseñanza
Exhortación
Gobierno
Profecía
Conocimiento
Discernimiento
Evangelismo
Fe
Dar
Pastorado
Sabiduría
Ayudas
Misericordia

Col-Mel
Enseñanza
Exhortación
Profecía
Gobierno
Conocimiento
Sabiduría
Discernimiento
Evangelismo
Dar
Pastorado
Fe
Misericordia
Ayudas

Col-Flem
Enseñanza
Exhortación
Gobierno
Profecía
Conocimiento
Sabiduría
Discernimiento
Dar
Pastorado
Evangelismo
Fe
Ayudas
Misericordia

Mel-San
Profecía
Exhortación
Sabiduría
Evangelismo
Pastorado
Misericordia
Enseñanza
Conocimiento
Gobierno
Dar
Ayudas
Discernimiento
Fe

Mel-Col
Profecía
Exhortación
Enseñanza
Sabiduría
Gobierno
Pastorado
Misericordia
Conocimiento
Discernimiento
Evangelismo
Dar
Fe
Ayudas

Mel-Flem
Sabiduría
Profecía
Enseñanza
Exhortación
Misericordia
Pastorado
Conocimiento
Gobierno
Ayudas
Evangelismo
Dar
Discernimiento
Fe

Flem-San
Misericordia
Pastorado
Enseñanza
Ayudas
Sabiduría
Evangelismo
Profecía
Exhortación
Conocimiento
Gobierno
Discernimiento
Dar
Fe

Flem-Col
Pastorado
Misericordia
Gobierno
Sabiduría
Ayudas
Enseñanza
Exhortación
Evangelismo
Profecía
Discernimiento
Conocimiento
Fe
Dar

Flem-Mel
Pastorado
Misericordia
Sabiduría
Ayudas
Profecía
Exhortación
Enseñanza
Gobierno
Evangelismo
Conocimiento
Discernimiento
Dar
Fe

Estas listas no son tan complicadas como pueden parecer, por el hecho de que sólo tienes que estudiar una, la tuya. Una vez hayas determinado tu combinación temperamental, sólo tendrás que examinar la lista que te pertenece para descubrir la lista prioritaria de tus dones espirituales. Una indicación sería que te apoyes en los resultados del capítulo 5, "Haciendo tu propia prueba de temperamento". Sin embargo, si quieres un análisis más riguroso de tus temperamentos primario y secundario y la lista apropiada de las veinticuatro áreas o más en las que puedes servir a nuestro Señor en tu propia iglesia y de las cincuenta vocaciones secundarias para las que estás más calificado, puedes solicitar el "Análisis de Temperamento LaHaye"que está disponible.

UTILIZANDO TUS DONES ESPIRITUALES

La anterior lista de prioridad indica la intensidad de los dones en tu vida. El primer don es el más intenso, tu don prioritario. Ten presente que tienes los trece dones, pero no con la misma intensidad. Es probable que te sientas más cómodo ejerciendo tus primeros cuatro dones, razonablemente cómodo llevando a cabo los siguientes cinco, pero los últimos tres o cuatro te pueden resultar difíciles. No los dejes a un lado al seguir la dirección del Señor para tu vida. Pero he observado que conseguimos nuestra mayor satisfacción en nuestra vida en el servicio del Señor en los tres a cinco dones prioritarios. Esto concuerda con la popular enseñanza actual de que aquello que haces que te da el mayor placer en la vida es probablemente el ejercicio de tu más significativo don espiritual.

Es mi oración que este capítulo te haya sido útil para localizar tus dones espirituales primarios. Ahora, dedícalos a Dios (Ro. 12:1,2; 6:11-13; 1 Co. 6:19,20). Contempla por la fe que El va a utilizar tu vida para glorificarle. Puede que te preguntes por qué he dicho repetidamente en este capítulo "glorificar al Señor Jesucristo". Es porque esta es la prueba de la obra del Espíritu Santo. Nuestro Señor dijo del Espíritu Santo: "El me glorificará" (Jn. 16:14). Si tú y yo cumplimos la voluntad de Dios en nuestras vidas, será para glorificar a Jesús. Y ésta es la razón de que nos diera su Espíritu Santo, que santificará tus dones y los usará para glorificar al Hijo de Dios.

CAPITULO DIESCISEIS

El Temperamento y tu relación con Dios

Todo cristiano, sea cual sea su temperamento, puede venir a ser una persona espiritual. Sin embargo, su temperamento influenciará tanto su espiritualidad como su expresión. Una cosa que hemos llegado a aprender ya en nuestro estudio del temperamento humano es que no todos hemos sido cortados por el mismo patrón. Somos individuos singulares. He estado dedicado al estudio del temperamento y de las personas por más de dieciocho años y hasta ahora nunca me he encontrado con dos personas que tuvieran la misma combinación de temperamentos. Cuando las personas acuden a Cristo, El los recibe tal como son y tiene el mismo plan para todos, hacerlos conformes a su imagen (Ro. 8:29). Esta es la verdadera espiritualidad.

¿Qué es Espiritualidad?

Antes que podamos examinar la influencia del temperamento en la vida espiritual de un cristiano, tenemos que determinar en primer lugar qué es la espiritualidad. Evidentemente, no es un sentimiento emocional que nos transporta a una relación mística con Dios. Es un estado del ser para cuyo desarrollo el Espíritu Santo precisa de tiempo para desarrollarlo en cualquier temperamento. Uno puede ser salvo en un instante y arrebatado en "un abrir y cerrar de ojos", pero se precisa de un largo período de tiempo para llegar a ser una persona espiritual.

Yo combino la madurez y la espiritualidad. Un cristiano recién convertido puede ser momentáneamente espiritual, pero sólo un cristiano maduro será espiritual en el sentido de la verdadera espiritualidad. Pablo tiene que haber tenido esto en mente cuando dijo a los corintios: "Y yo hermanos, no pude hablaros como a espirituales, sino como a carnales, como a niños en Cristo" (1 Co. 3:1). Estos cristianos de Corinto eran bebés debido a que seguían siendo carnales. No habían madurado ni crecido espiritualmente. Eran salvos, pero eran facciosos, críticos, contenciosos, y tenían otros problemas no asociados con una persona verdaderamente espiritual. Pablo había pasado mucho tiempo en Corinto con estas personas, pero no habían abandonado la influencia del mundo griego alrededor de ellos. En consecuencia, eran bebés cristianos, incluso mucho tiempo después de que hubieran debido ser cristianos maduros.

Deberíamos tener cuidado en no confundir la verdadera espiritualidad con la antigüedad. Como pastor por más de treinta años, conozco demasiado bien los problemas en que cae una iglesia local cuando elige a personas para sus juntas sobre la base de la antigüedad en lugar de la de la madurez espiritual. El sólo hecho de que un hombre esté en activo ofreciendo sus diezmos no lo califica para el servicio en la junta de diáconos, ni para ser pastor de la iglesia. La antigüedad puede calificar a uno para la jubilación, pero no hace de uno una persona espiritualmente madura.

Como contraste, tampoco se tiene que esperar una década para llegar a ser una persona espiritualmente madura. La mayor parte de los líderes cristianos del principio estaban activos en su liderazgo antes que hubieran pasado más de cinco o diez años de su salvación. En la actualidad vemos lo mismo. Tenemos cristianos de cuatro o cinco años que son mucho más maduros espiritualmente que algunos que se han pasado cincuenta años como miembros activos de la iglesia.

Un cristiano espiritualmente maduro es aquel que está controlado por el Espíritu Santo (Ef. 5:18) y manifiesta los nueve frutos del Espíritu (Gá. 5:22,23), que camina en santidad, que conoce la Palabra de Dios y que busca con diligencia hacer su voluntad porque le ama (Jn. 14:21). En tanto que ello precisa de tiempo, no precisa de toda una vida. El Apóstol Pablo pasó tres años en Arabia después de su conversión antes que Bernabé lo llevara consigo a Antioquía para empezar a servir como anciano. Para entonces, ya tenía la suficiente madurez espiritual como para asumir una posición como maestro de la Palabra. Varios años después, pasó a ser líder por sí mismo. Pero fue un proceso gradual.

Aunque es imposible decir cuándo una persona viene a ser espiritualmente madura, creo que podemos conseguir una indicación de 1 Juan 2:12-14, donde hallamos tres etapas de crecimiento comparadas con la vida espiritual: "hijitos", "jóvenes" y "padres".

Hijitos	**Jóvenes**	**Padres**

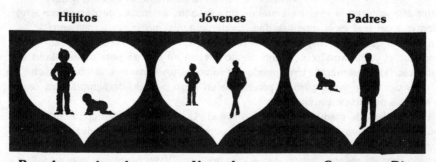

Pecados perdonados	**Vencedores**	**Conocen a Dios**

Un "hijito" o niño espiritual es el que ha nacido de nuevo. En tanto que la salvación es un don gratuito, el crecimiento espiritual es el resultado de crecer en la gracia y en el conocimiento de nuestro Señor, mediante el estudio de su Palabra y de la fe. Un "recién nacido", como Pedro lo llama, o "hijito" como lo denomina Juan, no será un cristiano victorioso la mayor parte del tiempo. Puede experimentar bandazos en su vida espiritual durante un tiempo, hasta que su entrega a la Palabra lo hace vencedor. Al llegar a este punto, es un "joven" en Cristo; esto es, vence al Maligno mediante "la Palabra de Dios (que) permanece en vosotros" con mayor frecuencia que es vencido. Nótese el proceso de crecimiento gradual. Finalmente, al ir esta persona alimentándose de la Palabra, caminando en el Espíritu en obediencia a esta misma Palabra, cree que esta fe está basada en el conocimiento de Dios, y viene a ser un padre de la fe. Una cosa es decir acerca de los padres: se reproducen espiritualmente en otras personas. Esto es el resultado de ser hechos conformes a la imagen de nuestro Señor. Así como El sirvió al Padre buscando lo que se había perdido, así debemos hacerlo nosotros, tanto directa como indirectamente.

En estos días en que todo es instantáneo, tenemos que comprender que no hay atajos para llegar a la madurez, ni a la física ni a la espiritual. Hay sin embargo una diferencia principal entre la madurez física y la espiritual. En el ámbito de lo físico es casi automática. Si tomas tres comidas diarias y te ejercitas y descansas de una manera razonable, madurarás de manera normal hasta llegar a adulto. Espiritualmente, depende de ti, el Espíritu Santo está a tu disposición, y tienes la Palabra para estudiarla (probablemente en cinco diferentes traducciones). La rapidez con que crezcas dependerá del tiempo que precises para aprender los principios, la sabiduría, y el conocimiento de Dios que se halla en su Palabra, y en incorporarlo a tu vida diaria.

De una cosa tengo una total certeza, y es que no hay ninguna madurez espiritual sin estudio bíblico. Puede venir por el oído en la iglesia, por la TV, por cassettes, por Escuela Bíblica, o por la lectura y meditación de la Palabra por ti mismo. Pero de la misma manera que no puedes crecer físicamente sin alimentos, tampoco puedes crecer espiritualmente sin la comida espiritual de la Palabra de Dios. Esta puede ser la causa de que la Biblia se refiera a sí misma bajo las figuras de leche, pan y vianda.

EL ESTUDIO BIBLICO PERSONAL Y TU TEMPERAMENTO   El éxito de tu vida espiritual depende de la eficacia de tu estudio bíblico personal, no de tu temperamento. Sin embargo, tu temperamento influenciará tus hábitos de estudio bíblico con tanta seguridad como influencia tus hábitos de comer físicamente.

Los sanguíneos son personas espontáneas e indisciplinadas que realmente tienen que esforzarse para poder ser constantes en cualquier cosa. Esto ciertamente incluye su estudio personal de la Palabra. Son tan rápidos en ver su importancia como cualquier otro temperamento, pero su problema reside en llevar a cabo de una manera regular aquello que saben que es importante. Son tan susceptibles a los estímulos externos y tan interesados en todo, que les es fácil dejarlo a un lado en busca de otras cosas. Y, mucho más que con los demás, la televisión puede ser el esclavizador del sanguíneo para perjuicio de su vida espiritual. El señor y la señora Sanguíneo son los que más que nadie tienen que aplicarse la norma que puede transformar su vida espiritual: "No Biblia . . . no desayuno". Esto es, deberían asumir esta norma: "Si no tengo tiempo para leer la Palabra de Dios en un día determinado, no me tomaré el tiempo de tomarme el desayuno. Si mantiene este compromiso, pronto desarrollará una vida devocional coherente.

Los coléricos, como regla general, son personas disciplinadas, pero el problema que tienen es que raras veces ven su necesidad de un estudio bíblico personal. La actitud que tienen es: "Voy a la iglesia a oír la Palabra de Dios, pero la Biblia es un libro antiguo y tengo tantas cosas importantes acerca de las que pensar que no tiene tanta importancia para mí". Esta puede ser la razón de que tantos coléricos sean espiritualmente superficiales y de que no experimenten crecimiento espiritual. Pueden ver lo importante que es para otros, pero creen que no lo es para ellos. E incluso cuando son conscientes de la necesidad de estar constantemente y a diario sumergidos en la Palabra, pueden hallar verdades que aplicar a otros, y no a sí mismos. Sin embargo, una vez que se quedan convencidos de que sin Dios su vida carece de razón, pueden empezar a desarrollar hábitos espirituales eficaces.

De todos los temperamentos, el melancólico es el más propenso a ser constante en su estudio bíblico diario, lectura y memorización. Por lo general, está interesado en todo lo que es bueno para él, y una vez esté convencido, trabajará sin descanso. Sin embargo, puede que se involucre en esto de una manera tan técnica que haga poco por aplicar la Palabra en su propia vida. O puede que se critique duramente por estar tan por debajo de aquello que la Biblia expone como una palabra de aliento y bendición. Una cosa que sugiero a todos los temperamentos es que mantengan un diario espiritual de lo que Dios les dice de una manera diaria. Es una manera sencilla, pero práctica, de ser edificados por la Palabra. De hecho, he desarrollado un diario espiritual que es sumamente útil para mantener este registro y ayudar a las personas a conseguir el máximo beneficio de su estudio de la Palabra.

Los flemáticos, el más agradable de los temperamentos, tienen un problema con la constancia. Se retrasan en todo, incluyendo su lectura de la Bibia. No se trata de que crean que no tiene importancia, sino que para el momento en que han leído el diario y han llamado por teléfono a sus amigos o han hecho unas cuantas chapuzas por la casa, es ya hora de ir a trabajar o a la escuela o a donde sea. Naturalmente, se sienten culpables cuando van a la iglesia, y prometen que cambiarán, pero rara vez cambian sus hábitos de lectura de la Biblia. Ni se les ocurriría ir a la iglesia sin llevar la Biblia consigo, pero raras veces la usan entre los domingos.

Los flemáticos tienen que darse cuenta de que deberían involucrarse en servir a Dios, y que no tendrán la profundidad espiritual para esto a no ser que se disciplinen a sí mismos y desarrollen una vida devocional constante. Una cosa he observado. El estudio bíblico regular no es algo que simplemente llegue a hacerse porque sí. Los que he observado constantes en su estudio diario de la Palabra apartan un tiempo específico, y por lo general en un lugar específico, y siguen una fórmula específica. Esto puede parecerle un poco regimentado a un flemático, pero nunca será consistente ante Dios ni desarrollará una vida devocional constante hasta que actúe así, al igual que sucede con los otros temperamentos.

LA VIDA DE ORACION Y TU TEMPERAMENTO

La oración es esencial para la vida espiritual del cristiano, tanto como la respiración lo es para su vida física. Todos los cristianos oran. La manera en que oran, sin embargo, es casi tan variada como las personas. Hay dos cosas esenciales que tienen una pronunciada influencia en tu vida personal de oración: 1) tu instrucción, y 2) tu temperamento.

La Biblia está llena de enseñanzas, mandatos e instrucciones acerca de la oración, desde "orad sin cesar" hasta "sean conocidas vuestras peticiones delante de Dios en toda oración y ruego, con acción de gracias". Hay cientos de promesas en relación con la oración. Parece ser el medio en que Dios bendice a sus hijos y suple sus necesidades. Si no has hecho un estucio bíblico acerca de la oración, deberías emprenderlo, y hallarás una inmensa abundancia de material con el que trabajar.

Pero no es sólo la instrucción formal en la Palabra lo que te da tus instrucciones acerca de la oración. Tu pastor-maestro o la persona que Dios envíe para instruirte en sus caminos tendrá una profunda influencia en tu vida de oración. Sus pautas de oración, por ejemplo, vendrán a ser el modelo de las tuyas. Cuando observes la vida de oración de un cristiano al que admires, tendrás con frecuencia propensión a considerar que su vida de oración es el secreto de su vida espiritual. Y esto, generalmente hablando, no es cierto. Su vida de oración es el resultado de la instrucción recibida, del modelo contemplado, de la vida espiritual y de su temperamento.

Recuerda, el temperamento influencia todo lo que hacemos. Este hecho debería quedar firmemente implantado en tu mente. No es el único factor, pero probablemente es el más importante. Y con toda certeza verás que en el caso de tu vida de oración el temperamento juega un importante papel.

Los sanguíneos son rápidos, impredecibles y espontáneos acerca de todo, ¿y por qué no en su vida de oración? Chispeante es el tipo que se levanta con los pájaros, y con un talante feliz, por lo que probablemente alaba al Señor por la mañana. Quizá incluso lo haga durante su ducha matutina. Por lo general, no le van mucho las listas o registros de oración, pero su versículo favorito es "Orad sin cesar". Para él, esto significa que no tiene que apartar un tiempo específico para la oración. Se dirige a Dios (y a las personas) siempre que se siente con deseos de eso y acerca de cualquier cosa que le venga en mente. Un sanguíneo me dijo: "Me siento culpable cuando prometo orar por alguien, y luego me olvido. Así que ahora oro instantáneamente en mi corazón, tan pronto como piden lugar en mis oraciones: 'Señor, bendice a esta persona'". Probablemente esto sea mejor que nada, pero no es mucho. Los sanguíneos, a no ser que sean retados de una manera especial, bien por el mismo Dios, bien por algún amigo que tenga una gran influencia sobre ellos, tienen por lo general una vida de oración más bien superficial. No les va demasiado la soledad ni la contemplación; por eso, prefieren pasar el tiempo con la gente que largos ratos con Dios.

Los coléricos son la actividad personificada. Al igual que Marta, preferirían pasar el tiempo sirviendo al Señor más que hablar con El. Su espíritu de autosuficiencia tiene una tendencia a limitar lo que tratan con Dios. Si pueden resolver qué hacer acerca de una situación determinada, preferirán hacerlo antes que hablar acerca de eso con su Padre Celestial. Sólo dejan "las cosas grandes", esto es, los proyectos o temas acerca de los que no saben como actuar, para orar acerca de ellos.

Una vez que un cristiano aprende en la escuela de los duros golpes (y esto es por lo general lo que se precisa) que tiene que encomendar "todo sus caminos" al Señor, desarrolla el hábito de orar mientras está haciendo alguna u otra cosa. El conducir, hacer deportes, trabajar, o cualquier cosa que no requiera concentración le es una oportunidad para orar. Pablo debe haber orado de esta manera; al ir de ciudad en ciudad debe haber "orado sin cesar". Uno de los enemigos de la vida de oración del colérico es su mente extremadamente activa. Tan pronto como empieza su tiempo de oración piensa en algo que se tiene que hacer. La mejor manera que he encontrado para resolver este problema es tener un cuaderno de notas al lado de tu silla o lugar donde oras y anotar cada idea que te venga a la mente mientras oras, a fin de que puedas volver de inmediato a la oración. Es la mejor manera de mantener la concentración en oración.

El hombre y la mujer melancólicos, sin embargo, son los que tienen la vida de oración más extensa. Parecen tener una capacidad para Dios y para la comunión con El que no tiene par en ninguno de los otros temperamentos. Encuentro instructivo que todos los profetas fueran melancólicos en uno u otro grado. Son famosos por su capacidad de comunicarse con Dios. El melancólico con una proporción de temperamento colérico recurrirá más a la vida de oración que cualquier otro temperamento. Goza con la soledad y la contemplación seria. Es fácilmente regimentado a horarios y estilos. Con frecuencia hará una lista de oración y orará constantemente. Como pastor durante muchos años, he descubierto que los santos con el ministerio de oración más eficaz eran por lo general melancólicos. No siempre. Dios puede darnos a cualquiera de nosotros una carga para ser guerreros de la oración, pero parece que los melancólicos tienen unos hábitos de oración más coherentes.

Hay, no obstante, un área que el melancólico tiene que trabajar, y es evitar que su tendencia a los bandazos emocionales o que su espíritu de crítica lo lleven a quejarse a Dios. Esto puede arruinar su vida de oración. Para él, más que para ninguna otra persona, es oportuna la exhortación de Pablo: "Dad gracias en todo, porque esta es la voluntad de Dios para con vosotros en Cristo Jesús . . . " Una vez que el melancólico desarrolla el hábito de orar con acción de gracias, que es una lección que todos nosotros debemos aprender, puede desarrollar una vida de oración muy eficaz.

El cristiano flemático puede también venir a ser un hombre o una mujer de oración si se pone en guardia contra su tendencia a la somnolencia. Puede gozar de la adoración, y ama a Dios, pero en el momento en que adopta una posición sedentaria, su enemigo es el sueño. Por esta razón sugiero que los cristianos flemáticos aprendan a orar caminando o de pie. Le van bien las listas de oración y a menudo es movido a compasión por las necesidades de los demás.

Una de las cosas que son de ayuda para el cristiano flemático es que le encanta la rutina. Le es difícil introducir la oración sobre una base regular en su vida, pero una vez que lo consigue y que desarrolla una rutina, le cuesta mucho olvidarla. No tiene menos dificultad que los otros temperamentos en llegar a ser eficaz como hombre o mujer de oración.

EL TEMPERAMENTO   Hace muchos años hice una interesante observación
Y EL VIVIR   en mi vida cristiana, y hoy aún no he visto nada que
POR LA FE   me lleve a contradecirla. Muy sencillamente: la fe es
                         más importante que la inteligencia o que el talento.
Llegué a esta conclusión al dar respuesta a esa pregunta: "¿Por qué parece que Dios use a unas personas más que a otras?" Creo que se trata de una pregunta muy legítima, como la segunda que tiene relación con ella: "¿Por qué Dios utiliza a algunas personas muy ordinarias más que a algunas de las que poseen más talento e inteligencia?" Esto no significa que Dios no use a personas dotadas. El Apóstol Pablo era evidentemente una persona dotada y con la mejor educación

disponible en aquellos tiempos, y Dios lo utilizó poderosamente. Pero también utilizó a Pedro, a Jacobo y a Juan, que eran personas ordinarias y "sin letras". He visto lo mismo en las iglesias en que he servido. He visto a Dios usar a brillantes eruditos y a personas con un talento muy mediocre y un bajo I.Q.*. Y he visto como algunos de estos últimos adelantaban a algunos cristianos muy inteligentes, así como a creyentes promedio.

Después descubrí el denominador común. Dios no hace acepción de personas; usa lo que sea, desde la asna de Balaam hasta el más sabio de los hombres que hayan vivido o que vayan a vivir. ¿Cuál es el común denominador? *La fe*. El mismo Dios ha dicho: "Sin fe es imposible agradar a Dios". Lo único que hace que un cristiano sea más que otro no es la apariencia, ni el cerebro, ni el talento, ni tan siquiera la oportunidad: es la fe. En el segundo libro de Crónicas 16:9 se nos dice que "los ojos de Jehová contemplan toda la tierra, para mostrar su poder a favor de los que tienen corazón perfecto para con él". En este contexto, lo "perfecto" que Dios tiene en mente es la fe. La mirada de Dios está continuamente activa sobre esta tierra, buscando a los hombres y a las mujeres de fe. El Nuevo Testamento nos dice que la cosa que Dios demanda en sus administradores es *fidelidad*.

Hemos visto ya que la fe viene por oír la Palabra de Dios. Viene también por el Espíritu Santo, porque es uno de los nueve frutos o resultados del Espíritu según Gálatas 5:22. Pero hay otra forma en que el don de la fe viene a nuestras vidas: de un paso de fe a otro (Ro. 1:17). Esto es, al tomar un paso de fe, éste aumenta nuestra fe para el siguiente paso. Las personas que nunca confían en Dios para el primer paso de fe nunca se harán fuertes en la fe, y Dios no los usará mucho, sean cuales sean las capacidades naturales que puedan tener. En Romanos 14:23 se afirma: "Todo lo que no proviene de fe, es pecado". Muchos cristianos limitan el uso que Dios puede hacer de sus vidas por el pecado de la incredulidad. En algunas ocasiones esto sigue la pauta de su temperamento.

Los sanguíneos son los más prontos a dar un paso de fe si están espiritualmente motivados. Pero tambien son los más rápidos en todo. Aventureros por naturaleza, no les es difícil, especialmente en su juventud, emprender nuevas aventuras o proyectos con gran arrojo. Y, cosa sorprendente, Dios provee sus necesidades y de una u otra manera bendice lo que les parece a otros un gesto aventurado, si el corazón de ellos es recto. No propensos a pensamientos complejos, les es por lo general fácil creer a Dios y dar un paso de fe.

Cuando se trata de ganar almas, el sanguíneo es el que lo tiene más fácil. Le gusta la gente, pocas veces se siente intimidado por nadie, y si está motivado espiritualmente estará bien dispuesto a compartir su fe. El éxito en ganar almas alienta su fe, y encuentra más fácil hacerlo la siguiente vez, hasta que alguien le hace una pregunta teológica en la que no ha pensado. A los sanguíneos les es más fácil que a nadie creer la Palabra de Dios y actuar en base de ella, al menos a corto plazo. Sin embargo, la constancia no es uno de sus dones.

Los coléricos pueden también ser hombres y mujeres de fe. Sin embargo, son personas tan visionarias y tan lanzadas a sus objetivos, y con un sentimiento tan grande de auto-confianza, que en ocasiones es difícil discernir si lo que tienen es

---

* Cociente de inteligencia.

una gran fe en Dios o en sí mismos. Si llegan a una verdadera fe en el Dios viviente, y a creer que El realmente está obrando en el día de hoy, no le es difícil por lo general aceptar la Palabra de Dios y aceptar para sí mismo las promesas de Dios. Por lo general no se ve perturbado por dudas teóricas ni por auto-críticas. En consecuencia, está dispuesto a aventurarse en un nuevo proyecto y a esperar que Dios proveerá. Una vez que ha probado la fidelidad de Dios al aventurarse con éxito en el primer paso, está listo para un segundo paso de fe. Y sus pasos tienden a hacerse más y más grandes. No parece haber límites a su visión si persiste en la Palabra y camina con Dios. Muchas de las organizaciones cristianas, sociedades misioneras e instituciones educativas cristianas fueron fundadas por coléricos o coléricos-sanguíneos que, como Pablo, "creían a Dios".

Los santos melancólicos pueden ir en cualquiera de las dos direcciones cuando se trata de la fe. O bien limitan a Dios con su incredulidad y no hacen nada, o bien intentan grandes cosas por Dios y las llevan a cabo. Todo depende del talante en que se encuentren entonces, y eso está, por lo general, influenciado por su vida espiritual. Desafortunadamente, les es muy difícil creer de una manera sencilla en Dios, por dos razones. Una es que están naturalmente dotados de una gran capacidad analítica y de plantear cuestiones teóricas que si se apremian hasta demasiado lejos los llevan a la duda. Y la otra es que a menudo destruyen su potencial para la fe por su auto-crítica. El señor Melancólico se siente generalmente indigno de las bendiciones de Dios, aunque pueda vivir una vida personalmente más piadosa que el sanguíneo y el colérico que se aventuran por fe. El melancólico tiende a sentirse indigno, y se pregunta, "¿Por qué yo?" El sanguíneo y el colérico tienden a decir: "¿Por qué no yo?".

La persona melancólica, con su pavorosa capacidad de analizar las cosas, puede prever más problemas negativos (reales o imaginarios) en cualquier problema que cualquiera de los otros tres temperamentos. Esto no es de ayuda para la fe. Necesita mantener su mirada fija en la suficiencia del Señor, no en los problemas previstos. El es el tipo de constructor que no sólo planificará en base de los precios más elevados del mercado, sino que programará en el presupuesto un 10 o un 15 por ciento adicional para cubrir los gastos inesperados. Al llegar a este extremo, la estimación del costo es tan elevada que no tiene recursos o fe para seguir adelante.

Una ventaja que tiene el melancólico es su vívida imaginación. Esta le puede ser de ayuda en dos maneras, si se concentra. En primer lugar, puede visualizar las historias de los héroes de la fe en la Biblia, y eso puede galvanizar su propia fe. En segundo lugar, si se obliga a sí mismo a mantener la mirada en la meta, la puede ver de una manera más vívida que los demás, y esto siempre tiene como resultado un movimiento hacia adelante. Tiene también muy buena memoria, por lo que una vez que ha tomado un paso de fe podrá recordar la fidelidad de Dios, que lo alentará a tomar otro paso de fe.

Vivir por la fe es posible, naturalmente, para el flemático, pero no es fácil. No leemos que Mateo, Bartolomé, Andrés, o Jacobo se lanzaran para salir de la barca y caminar sobre el mar. ¿Quién fue? El sanguíneo Simón Pedro, naturalmente. Hemos visto que el temor, la ansiedad y la angustia son el estilo de vida de muchos flemáticos. Es evidente que estas negativas emociones no hacen nada en favor de la fe, sino que la matan o intimidan.

Una de las cosas que contribuyen a las dudas del flemático y a su incredulidad es su actitud pasiva hacia la Palabra y su tendencia a dejar las cosas para después. Si se obligara a estudiar su Biblia, la Palabra edificaría fe en él; pero aunque cree en la necesidad que tiene de un tiempo de meditación y de quietud cada día, no es por lo general su hábito. En consecuencia, cuando se le abre la puerta de la oportunidad, carece de fe para entrar por ella. He conocido a cristianos flemáticos que han acudido veinte años a la iglesia y que nunca han hecho nada con respecto a un servicio activo. No se trata de que no amen a Dios o que no vivan una vida piadosa. Su problema es falta de fe. Siempre podían pensar en excusas suficientemente "respetables" para excusarse de la oportunidad de caminar por la fe. Careciendo del aliento de la fidelidad de Dios ante el primer paso de fe, es muy probable que no tome un segundo. Son personas capaces e inteligentes que se limitan por incredulidad, a no ser que caminen en el Espíritu y comiencen a confiar en Dios. Una vez que se embarcan en la vida de la fe, experimentan una nueva dimensión de la vida que se hace contagiosa. Incluso para ellos, un paso de fe conduce a otro. Al igual que sucede con el melancólico, tienen que desarrollar el hábito de fijar la mirada en Dios y en sus recursos, no en las circunstancias ni en su previsión de las consecuencias.

El Apóstol Pedro es a menudo ridiculizado por predicadores y maestros bíblicos por hundirse, al dirigirse caminando por el agua, hacia Jesús. La verdad es que, de todos los discípulos, él fue el único con fe suficiente para andar sobre el agua. Hasta el día de hoy, esta hazaña sólo ha sido llevada a cabo por el Señor y por Pedro. ¿Qué fue lo que marcó la diferencia? ¿Unos pies más grandes? ¿Más inteligencia? Naturalmente que no. Fue la fe lo que marcó la diferencia. Hubo un momento en que Pedro tuvo más fe que los otros discípulos, y anduvo sobre el agua.

¿Hay oportunidades que te has perdido debido a tu falta de fe? ¡Probablemente! A la mayor parte de nosotros nos ha sucedido. Esta es la razón de que debas desarrollar tu fe mediante un estudio regular de la Palabra y de un caminar en el control del Espíritu, siendo obediente a todo lo que tú sabes que Dios quiere de ti. Toma el paso de fe.

Cerciórate de eso. Nadie toma pasos gigantescos de fe que primeramente no haya tomado pasos de bebé. Dios nos conduce "de fe en fe".

EL TEMPERAMENTO Y LA SANTIDAD PERSONAL

Estos tiempos en que vivimos son de impiedad. Y desafortunadamente no oímos demasiado acerca de la santidad que Dios demanda de los cristianos. Esta es la causa, en mi opinión, de por qué está deslizándose tanta inmoralidad, carnalidad y mundanalidad en nuestras iglesias en la actualidad. Ten toda la certeza de esto: nadie madurará espiritualmente sin la práctica de la santidad mental, y hoy en día *hay que esforzarse mucho en esta área*. El mejor lugar donde empezar es examinar lo que la Palabra tiene a decir sobre ello. Considera lo siguiente:

Sed santos, porque yo soy santo. (1 P. 1:16)

Seguid la paz con todos, y la santidad, sin la cual nadie verá al Señor. (He. 12:14)

Puesto que todas estas cosas han de ser deshechas. ¡Qué clase de personas debéis ser en vuestra conducta santa y en piedad . . . ! (2 P. 3:11)

Así que, amados, puesto que tenemos estas promesas,
limpiémonos de toda contaminación de carne y de espíritu,
perfeccionando la santidad en el temor de Dios. (2 Co. 7:1)

La santidad no es fácil, pero es esencial. Y, al igual que con la fe, pequeños pasos conducen a pasos mayores . . . en ambas direcciones. ¡Y tu temperamento no sirve de ayuda! He observado que todos los temperamentos tienen problemas con la santidad mental, especialmente los hombres. Nuestro Señor enseñó a los hombres que no miraran a las mujeres con concupiscencia. Al hacerlo así, estableció cuál era la principal fuente de tentación para el hombre cristiano. Los hombres piadosos, sea cual sea su temperamento, han aprendido a mirar a las mujeres sin deseos. Es mirar con concupiscencia lo que constituye pecado. Un piadoso podrá contemplar a las mujeres con admiración, como puede contemplar de manera legítima cualquier objeto hermoso. Pero se precisa de disciplina mental y determinación espiritual para aprender a reconocer la línea de división entre contemplar y codiciar, y rehusar cruzarla. Y si fracasa, tiene que afrontar rápida y silenciosamente su pecado, confesarlo, y mirar a otra parte.

Los sanguíneos son tan receptivos y reactivos a la mirada que tienen que tener un especial cuidado acerca de lo que ven. Es malo y peligroso para todo cristiano ver películas sugerentes, tanto en el cine como en la TV, y la pornografía nunca debería tener ningún lugar en la vida mental del cristiano. Todos los temperamentos son vulnerables a los pecados sensuales; ésta es la razón de que sean relacionados en primer lugar en un catálogo de pecados en las Escrituras (por ejemplo, Gálatas 5:19-21). Pero para el sanguíneo hay un peligro más acusado.

Los coléricos creen que tienen una ventaja en su vida mental. Van más allá de la tentación a sus consecuencias, lo que generalmente tiene en ellos un efecto enfriador, a no ser que, con todo, traten de justificar en algo la inmoralidad, y entonces son capaces de cualquier cosa. Un experimentado cristiano colérico que conozco trataba de excusar su infidelidad echándole la culpa a su hermosa, pero frígida, esposa con el comentario: "Vivir con ella es como tener un delicioso plato lleno de caramelos que no se puede ni tocar". Una inteligente respuesta colérica, pero en realidad una impiedad sin disfraz.

Los melancólicos son los menos propensos de todos los temperamentos a permitirse o justificar pensamientos impuros. Por lo general, son tan estrictos en su auto-crítica como en las que hacen de los demás, y por ello tienden a calificar prestamente a los pensamientos impuros como pecado. Además, una vez han gustado el gozo de la comunión ininterrumpida con Dios, no están dispuestos a perderla por pensamientos impuros. Sin embargo, su tendencia a entregarse a la auto-compasión puede destruir su relación con Dios y hacerlos también vulnerables a todo tipo de pensamientos pecaminosos.

Los flemáticos parecen muy agradables y limpios, pero también son humanos. Si no tienen cuidado, también pueden ser barridos río abajo por la tentación a pensar impuramente. Tienden a pasar más tiempo en fantasías que cualquier otro temperamento. Si no se controlan, estas fantasías pueden transformarse en impuras, arruinando su vida espiritual.

El mejor reto bíblico que conozco a este respecto es 2 Corintios 10:5; practícalo a través de toda tu vida:

Derribando argumentos y toda altivez que se levanta contra el conocimiento de Dios, y llevando cautivo todo pensamiento a la obediencia de Cristo.

COMO AFRONTAS LAS AFLICCIONES

Todos afrontan aflicciones en la vida, incluso los cristianos controlados por el Espíritu. Nuestro Señor, que era perfecto y sin pecado, y en quien "el Espíritu reposó sin medida", fue afligido, contristado, dolido. Como sabes, ¡incluso lloró! Job, uno de los hombres más piadosos que jamás hayan vivido, sufrió la muerte prematura de sus hijos, la pérdida de sus ganados y bienes, e incluso de su salud como testimonio al hombre y a Satanás de que Dios puede suplir las necesidades del santo afligido.

También tú sufrirás aflicción, sino la has sufrido ya. La enfermedad y la muerte son una parte de la vida. Los insultos, daños y rechazos son comunes a todos los hombres, y los cristianos no están exentos de eso. Y tu primera reacción será frecuentemente resultado de tu temperamento. Digo primera, porque si eres un cristiano instruido en la Biblia, seguirás tu reacción natural con el tipo de reacción que la Biblia demanda, y esto es de gran utilidad.

Los sanguíneos estallan siempre que algo va mal, de manera que ésta es su primera respuesta a la aflicción. Las lágrimas, la ira o la risa son su acostumbrado repertorio instrumental, y no siempre en el momento más oportuno. De hecho, haré una confesión. Una de las cosas que *algunos* sanguíneos hacen que me irrita más es reír en los momentos y acontecimientos más inoportunos para eso. Es tan sólo una válvula de escape nerviosa que los ayuda a vivir con las presiones permitiendo que escape algo del vapor acumulado. Después de poco tiempo, se lanzan apresurados a hacer alguna otra cosa. ¿Has oído la historia acerca de un jugador de golf sanguíneo que estaba en el agujero 16, y que vio un cortejo funerario? Se descubrió y, poniendo la gorra sobre el corazón, se puso en posición de firmes un momento. Cuando su compañero le preguntó: "¿Era una persona amiga?" él contestó: "Sí. ¡Si hubiera vivido cinco días más hubiéramos podido celebrar nuestro veintisiete aniversario de casamiento!"

Huir de la realidad es una tentación para todos los temperamentos. Puede ser una tentación abrumadora para los sanguíneos, para gran enojo de sus amigos y seres queridos.

La reacción del colérico a la aflicción puede en ocasiones ser tan externa como la del sanguíneo, pero invariablemente reaccionará con: "¿Qué puedo hacer acerca de esto?". Bien explícita bien implícitamente. Puede estar dolorido por dentro, pero esconde sus verdaderos sentimientos con su actividad. No exhibe demasiada simpatía, y debido a que la mayoría de las aflicciones son compartidas por otros miembros de la familia puede llegar a ser un motivo de irritación y dolor para los demás.

Los melancólicos son predecibles en sus reacciones frente a adversidades inesperadas. Su reacción es: "¿Por qué yo?" o "¿Qué he hecho para merecer esto?", y a partir de esto, todo es una pendiente en descenso, al entregarse a una pauta mental negativa de auto-compasión que se desborda. Finalmente, sobreviene la depresión, para complicar aún más su vida y para quebrantar totalmente su comunión con Dios. Ser creativo puede ser una desventaja, cuando se permite que esta creatividad se transforme en negativa.

Los flemáticos parecen imperturbables, y casi lo son. Pero con todo, les duele por dentro. El mero hecho de que no griten, lloren ruidosamente, o rían histéricamente, no significa que no estén involucrados o que estén pasando por alto las dificultades que están afrontando. Simplemente, no es su estilo manifestarse exteriormente. Son propensos a aislarse y a dolerse en silencio. Su principal arma es el silencio.

¿QUE SE   Ya que todas las reacciones anteriores son erróneas,
DEBE HACER?   ¿qué se debe hacer? Oigamos las palabras de las
                 Escrituras: "Hermanos míos, tened por sumo gozo
cuando os halléis en diversas pruebas" (Stg. 1:2). En lugar de reaccionar en la carne (temperamento), reaccionemos en el Espíritu aprendiendo a alabar al Señor *en* todas las circunstancias. No **por** ellas, sino *en* ellas. ¡ésta es la diferencia! Hay circunstancias en la vida por las que no podemos dar gracias o " tener sumo gozo". Pero no hay ninguna circunstancia *en medio de las cuales* los cristianos no puedan tener sumo gozo ni darle gracias a Dios por El y por lo que El puede hacer en medio de la aflicción. La clave, sea cual sea el temperamento, es la dirección en la que miramos. Si sólo miramos al problema, que es la conducta habitual, responderemos conforme a nuestro temperamento. Pero si miramos a Dios, reaccionaremos en base del poder que tenemos en nosotros por el Espíritu.

Una cosa que hay que mantener presente, al valorar los efectos del temperamento de una persona sobre su vida espiritual, es el hecho de que todas las personas son una combinación de dos o más temperamentos. Consiguientemente, en sus reacciones a todas las situaciones habrá un efecto de combinación. Recuerda que los recursos de Dios son más que suficientes para cualquier combinación de temperamentos. Si un cristiano se vuelve poco espiritual, no puede echarle la culpa a su constitución temperamental, sino al hecho de que él ha rehusado recurrir a los adecuados recursos de Dios.

Tu talón de Aquiles

Ya hemos tratado con las debilidades de cada temperamento y cómo aplicar la vida controlada por el Espíritu a cada uno de ellos, a fin de que puedas apropiarte de los recursos que Dios ha puesto a tu disposición. Sin embargo, hay una debilidad que parece seguir una pauta sexual más que temperamental, y éste es probablemente el mejor lugar para considerarla.

Los hombres son diferentes, como ya hemos visto, en cuanto a su temperamento. Por eso, tendrán pautas de debilidad inducidas por su temperamento. Lo mismo es cierto de las mujeres. Pero hay un área en la que los hombres parecen más vulnerables que las mujeres, y viceversa. Me refiero a las finanzas y a la vocación con respecto a los hombres y niños, y a la familia con respecto a las mujeres.

FINANZAS   No hay nada que parezca poner más a prueba la fe
Y VOCACION   de un hombre que las presiones financieras o las
                 pérdidas o cambios económicos. Dios no sólo ha
ordenado que el hombre sea el principal proveedor y protector de la familia, sino que parece haberlo moldeado sicológicamente de forma que al verse amenazado

en estas dos áreas, esto constituye una amenaza a su vida espiritual. La angustia, inseguridad y frustración pueden atenazarlo, haciendo que sus reacciones compliquen sus problemas.

Las amenazas económicas pueden en realidad fortalecer al hombre si se vuelve de inmediato a Dios, pidiendo su poder y ayuda. Dios no nos dejará ni nos abandonará en estas horas de adversidad, y cuando nos veamos obligados a ponerlo a prueba, veremos que su provisión no sólo resuelve nuestro problema, sino que fortalece nuestra fe.

Walt era no sólo un miembro de la iglesia, sino también un buen amigo. Yo lo había discipulado personalmente durante varios meses, y estaba creciendo muy rápidamente cuando llegó el tiempo en que se iba para disfrutar de unas vacaciones de dos semanas en Yosemite con su familia. Cuando recogió su paga aquel viernes, se encontró inesperadamente con una carta de despido en la que se le decía que sus servicios ya no eran necesarios para la compañía, y que se le daba el despido después de 22 años de servicio.

Cuando su esposa dijo: "¿Qué vamos a hacer?", él dijo: "Nos vamos a Yosemite, como habíamos planeado. Hemos sido fieles en nuestro caminar con Dios, hemos contribuido el doble de lo normal este año durante nuestro programa de construcción de la iglesia. Estoy confiado en que nuestro fiel Dios proveerá". Así que Walt y su familia salieron de vacaciones, disfrutaron, cuando regresaron a casa con un día de anticipación el teléfono sonaba. Cuando lo descolgó, oyó que su supervisor decía: " Walt ¿dónde te habías metido? He estado intentando localizarte toda la semana. Queremos que acudas a trabajar el lunes en la Planta 2". ¿Qué crees que hizo esto por la fe de Walt? Hizo que un flemático se fortaleciera en la fe, tal como Dios había querido.

FAMILIA   Las mujeres, sin embargo, no están tan preocupadas por los problemas económicos, y la mayor parte de ellas no parecen tener tanta convicción acerca de la ocupación, etc., dependiendo esto, naturalmente, de sus circunstancias familiares. Pero ¿los niños, el matrimonio, la familia? ¡Esto ya es otro tema! Nunca les viene tal pánico a las mujeres como cuando sus hijos están en peligro, sea cual sea su temperamento. Estaba hablando con una encantadora madre de dos niñas adolescentes que había acabado de sufrir un incendio en su casa. Los dormitorios habían quedado totalmente bloqueados, y el fuego casi arrebató la vida a una de las hijas. La madre estaba tan aterrorizada porque su hija estaba aún durmiendo en su cama que se debatió en medio del humo y de las llamas para alcanzarla, casi perdiendo su vida. Sólo la llamada de una vecina que le dijo que la niña se había salvado, saltando sin daños por la ventana, la hizo volver de una muerte cierta. En aquel momento, la vida de la madre no le valía de nada si perdía a su hija.

No sólo el temor del fuego le hará hacer esto, sino cualquier amenaza a sus hijos. Otra mujer, divorciada, tiene todo tipo de presiones financieras, pero en primer lugar en su lista de prioridades se halla el bienestar de sus hijos. Esto no es insólito; constituye parte del instinto materno y de la verdadera femeneidad. Pero estas emergencias son en ocasiones más fáciles de sobrellevar que las prolongadas amenazas que la mujer afronta cada día. De manera particular, esto es cierto de la madre soltera. Su comprensible reacción de temor puede robarla de su vitalidad espiritual. O puede hacer que se entregue a una dependencia, aún más estrecha, de su Padre celestial.

A menudo se me acusa de tener mucha fe. Atribuyo buena parte de ella a mi madre viuda que encomendó sus inseguridades y problemas a Dios y desarrolló una fe permanente en su Padre celestial, que los hijos hallamos contagiosa.

Ten siempre en mente que los recursos de Dios son suficientes para todos los temperamentos de ambos sexos. Aprópiate de ellos. Son tuyos si tan sólo los tomas.

EL ULTIMO TERMINO   Muchos cristianos creen que son espirituales, pero no lo son. Algunos ni comprenden lo que es un cristiano espiritual, y algunos simplemente se engañan a sí mismos, creyendo que son espirituales porque van regularmente a la iglesia, dan sus diezmos, y son fieles cónyuges en el matrimonio. Una persona espiritual hará esto y mucho más. Una cosa que hará será caminar bajo el control del Espíritu Santo, cumpliendo así la voluntad de Dios (Ef. 5:17, 18; Gá. 5:16-18). Pero hay más que esto. De hecho, *este más* puede ser en último término la prueba definitiva de la espiritualidad.

La nueva revisión de 1977 nos da una nueva luz acerca de este tema traduciendo un conocido versículo de las Escrituras tan sólo un poco diferente. Uno de los primeros versículos que un cristiano memoriza es Romanos 12:1, 2. La revisión de 1977 traduce el primer versículo con mayor precisión, al poner "vuestro servicio de adoración espiritual" en lugar de "vuestro culto racional"

> Versión Reina-Valera 1977
> Así que, hermanos, os exhorto por las misericordias de Dios, a que presentéis vuestros cuerpos como sacrificio vivo, santo, agradable a Dios, que es vuestro servicio de adoración espiritual.
>
> No os adaptéis a las formas de este mundo, sino transformaos por medio de la renovación de vuestra mente, para que comprobéis cuál es la voluntad de Dios: lo bueno, lo que le agrada, y lo perfecto.

En último término, la prueba de la espiritualidad será: ¿Quién usa tu cuerpo? Esta es la cuestión central de la vida, ¿Quién usa tu cuerpo, Dios o Satanás? Una persona verdaderamente espiritual dedica su vida a Dios de tal manera, para cualquier uso que el Padre celestial quiera hacer de ella, que hará lo que sea preciso para venir a ser un "sacrificio vivo" o vaso de servicio viviente. Hará toda las cosas mencionadas más arriba, incluyendo vivir su vida bajo el control del

Espíritu Santo, obediente a todo lo que Dios le ordene. No contristará ni apagará al Espíritu Santo (Ef. 4:30-32; 1 Ts. 5:19) dando paso a sus naturales debilidades que ha heredado, sino que buscará de tal manera el reino de Dios (Mt. 6:33) que su vida estará a disposición, de Dios para .hacer todo aquello que el Señor demande. Su mente estará renovada de tal manera por el Espíritu Santo, por la Palabra de Dios que no se amoldará a los caminos de este mundo. Y puedes estar seguro de ello: él o ella, señor o señora Sanguíneo, Colérico, Melancólico o Flemático, *serán santos. La verdadera* espiritualidad, sea cual sea el conjunto temperamental en la que vaya envuelta, **siempre** irá **revestida** de santidad. Y aunque sea más difícil para algunos temperamentos, es posible para todos.

SECCION
Séptima

LOS MINISTROS TAMBIEN TIENEN TEMPERAMENTOS

CAPITULO
DIECISIETE

La influencia del temperamento en la predicación

Los ministros son tan diferentes como las personas, debido a que son personas. Dos ministros pueden haberse graduado del mismo seminario, tener la misma edad, e incluso parecerse; sin embargo, serán muy diferentes en su técnica de predicación y en su estilo pastoral. ¿Cuál es la causa de la diferencia? Que tienen diferentes temperamentos. A renglón, seguido de sus creencias teológicas (liberales o conservadoras), nada ejerce tanta influencia sobre el estilo de un ministro como su temperamento. Incluso su I.Q.* no tiene demasiado que ver con su estilo.

De entrada, quiero señalar que no hay ningún temperamento que sea mejor que otro en la obra del Señor. Sin embargo, unos temperamentos se ajustan en diferentes áreas de ministerio de mejor modo que otros. Pero ningún temperamento deja de tener su lugar en la obra de Dios. El ha utilizado los cuatro temperamentos en la época del Antiguo y Nuevo Testamento.

Pedro era un enérgico sanguíneo. Con todo, Dios lo usaba cuando estaba lleno del Espíritu. Saulo de Tarso, el colérico-melancólico perseguidor de la iglesia, era implacable, hasta que fue llenado por el Espíritu de Dios. Entonces vino a ser un poderoso instrumento de bendición en las manos de Dios.

Juan, el amado apóstol, era un idealista melancólico que sirvió a Jesucristo hasta que llegó casi a los 90 años de edad, según la tradición. Muchos de los fieles siervos de Dios han sido de temperamento melancólico. Bernabé, el pacificador y primer misionero con el Apóstol Pablo, debe haber sido el flemático, y Dios lo usó de una manera poderosa. No hay ningún temperamento que Dios no pueda usar o no vaya a usar si se *consagra plenamente* a hacer su voluntad.

La razón de que destaque esto en la introducción a este tema es para que todos comprendan que su temperamento es el adecuado para él. ¡Dios no comete errores! Nuestro temperamento no fue el resultado de una unión accidental de genes, sino el diseño creativo de un Dios amante y supremo.

---

* Cociente de inteligencia.

Habiendo sido pastor por treinta años y estudioso de los temperamentos por veinte, es lógico que quisiera ver ambas cosas en conjunto. En realidad, me introduje en este tema al ser invitado a hablar acerca de él en una conferencia de ministros. Cuando oí sus sonoras carcajadas cuando presenté los temperamentos sanguíneos y coléricos, supe que estaba poniendo el dedo en la llaga. Cuando fuí al campo misionero y hablé a más de 8.000 misioneros en 1977, me dí cuenta de que la mayor parte de ellos eran melancólicos y flemáticos. Al volver empecé a tomar notas, a hacer observaciones, y a hablar con obreros cristianos, sus cónyuges, y sus compañeros. Ahora ya no tengo duda alguna de que los ministros no solamente vienen en todo tipo de tamaños, formas y descripciones, sino que también vienen con una variedad de temperamentos y de combinaciones de estos temperamentos.

Es mi oración que este capítulo pueda ser el central de este libro, no sólo para mis amigos predicadores, sino para los muchos cristianos que tienen que oir sus sermones, trabajar con ellos, y acudir a ellos en busca de su ministerio en tiempos de necesidad. Es mi oración que los predicadores que lean este capítulo afronten el temperamento que Dios les ha dado y que vengan a ser conscientes de sus debilidades y fortalezas naturales, y que vayan entonces al Espíritu Santo para hallar el fortalecimiento de sus puntos débiles, a fin de poder sacar el máximo de los talentos que Dios les ha dado. Es también mi oración que los miembros de las iglesias acepten igualmente a sus pastores a la luz de sus temperamentos, y que colaboren con él en consecuencia.

Es con mucha frecuencia que oigo criticar a algún ministro, a causa de una debilidad temperamental (y ello con frecuencia a expensas de sus fortalezas). ¡No hay ningún ministro perfecto! Como muchos, son miembros de la raza humana caída, salvos y llenos del Espíritu. Es una congregación prudente la que trata de proveer a su pastor con el apoyo de los colaboradores que más necesita su temperamento, de manera que pueda pasar el máximo de tiempo haciendo las cosas que puede hacer mejor.

Desafortunadamente, en este libro no hay espacio para dar las doce combinaciones temperamentales que pueden heredar los ministros. Pero podemos tratar con los cuatro temperamentos básicos a la luz de tres áreas principales: (1) su estilo de predicación, (2) se estilo pastoral, y (3) sus principales necesidades, o las áreas en que debiera concentrarse para conseguir mejorarlas. Esta tercera parte está dirigida principalmente a los ministros, por lo que si eres un laico o una mujer, simplemente déjala de lado.

Conoce al Pastor Sanguíneo

Ya sabes que los sanguíneos son super-extrovertidos con un ardiente carisma, que pueden atraer a las personas casi para lo que sea. Muchos de ellos responden al llamamiento de Dios para el ministerio del evangelio, y por lo general vienen a ser buenos ganadores de almas. Si son disciplinados por el Espíritu Santo, pueden llegar a ser grandes evangelistas, pastores, o edificadores de la iglesia. Nadie hace una mejor primera impresión que un sanguíneo, y a menudo tiene una poderosa influencia sobre miles de personas durante su vida.

**EL ESTILO
DE PREDICACION
DEL MINISTRO
SANGUINEO**

El estilo de predicación de un pastor es por lo general
la parte más importante de su ministerio. Cada
semana tiene que dar un sermón de unos treinta a
cincuenta minutos, mañana y tarde, un estudio bíblico
el miércoles, y posiblemente uno o dos estudios
bíblicos más durante la semana. La mayor parte de su vida pública la pasa en el
púlpito, por la que examinaremos esta importante parte de su ministerio de forma
detallada. Encontrarás que la mayor parte de los predicadores sanguíneos son. . .

1. *Dinámicos y oradores galvanizadores.* Los sanguíneos son claros.
El pastor Sanguíneo usa este don en el púlpito cada domingo, y cautiva a su
congregación con sus palabras. Por lo general le gusta predicar acerca de temas
de interés actual, dependiendo de la instrucción que haya recibido.

2. *Entusiastas.* El entusiasmo del pastor Sanguíneo por la obra de Dios o por el
tema acerca del que está predicando es expuesto de una manera positiva, y su
espíritu contagioso tiene un efecto incendiario sobre su congregación.

3. *Sumamente emocionales.* El ministro sanguíneo es una persona muy
emocional, por lo que no creas que sea extraño que sus sermones estén llenos de
emoción. Las personas generalmente lloran durante sus mensajes, y él es un
temperamento muy propenso a llorar mientras relata sus propias historias. Tiene
una naturaleza tan compasiva que nunca está lejos de las lágrimas. Un ministro
super-sanguíneo con el que tengo amistad empezó a enjugarse las lágrimas
mientras me contaba una historia, y me dijo: "Los sanguíneos nunca estamos
lejos de las lágrimas. Podemos llorar ante las listas de la lavandería y con los
números de teléfonos". Este temperamento puede ser una bendición si es natural
y no exagerado. En tanto que los sanguíneos y flemáticos en la congregación
pueden gustar de este tipo de predicación, los coléricos y melancólicos por lo
general se sienten a disgusto con ella.

Cuando era chico, mi pastor era un llorón. Podía llorar a la caída de un
sombrero. Me disgustaba enormemente. De hecho, puedo recordar que en mi
adolescencia dije: "Cuando yo predique, jamás lo haré así", y
desafortunadamente no lo he hecho. Con moderación, puede ser una poderosa
herramienta para comunicar el mensaje del amor y de la misericordia de Dios.

4. *Fascinantes en sus relatos.* Nadie puede contar una historia mejor que un
sanguíneo; el pastor Sanguíneo puede hacer revivir una historia. Puede traer a la
vida los caracteres bíblicos, y puede señalar cada punto con una interesante
ilustración. Tiene que ser cuidadoso en no tomarse demasiadas libertades con el
texto o con los hechos reales. También le es preciso ser cuidadoso en no dar
demasiados detalles de una historia acerca de personas reales con las que puedan
estar familiarizados los miembros de su congregación, no sea que ponga en un
compromiso a alguien que esperaba que mantuviera su problema de forma
estrictamente reservada.

5. *Dramáticos.* Los sanguíneos son actores innatos; por ello, tendrán
propensión a lo dramático. Sus sermones estarán salpicados de historias bíblicas
dramatizadas. Nunca olvidaré a un evangelista que vino al campamento de
verano donde oí el llamado de Dios para el ministerio del evangelio. Dramatizó la
historia de David y Goliat. Durante un minuto él era el gigante, fiero y erguido en
su reto contra los soldados de Israel. Al siguiente minuto era el joven David
haciendo girar la honda y confiando en Dios. La siguiente cosa que vi era como
él actuaba como piedra, ¡lanzado a través de la escena, hasta chocar contra la

frente de Goliat¡ Repentinamente volvió a ser el gigante, cayendo de plano sobre sus espaldas, levantando una nube de polvo de la vieja alfombra de aquel edificio para las reuniones. Su dramatización se hizo realmente electrizante cuando personificó a David tomando la espada del gigante y cortando la cabeza del mismo. Es innecesario decir que jamás he olvidado la historia de David y Goliat.

6. *Extemporáneo.* A los sanguíneos les cuesta seguir un guion. Algunos no pueden ni limitarse al bosquejo. Las personas tienden a generar pensamientos extemporáneos en un sanguíneo. A no ser que seas un experimentado orador público, puede que no te hayas dado cuenta de eso, pero el hecho de enfrentarse a una audiencia crea una gran tensión en tu mente. Yo encuentro que algunos de mis pensamientos más creativos me vienen cuando estoy frente a una audiencia. Algunos temperamentos tienen tanto miedo de decir algo erróneo que apagan este poder hasta que pueden meditar cuidadosamente el pensamiento que han tenido. Pero no es así con el espontáneo sanguíneo. Todo lo que le pasa por la cabeza le sale generalmente por la boca. Si se excede y dice algo de mal gusto o inapropiado, su "ayuda idónea" conseguirá seguramente el valor suficiente para advertirle en casa.

Me he encontrado en la tarima con oradores sanguíneos que susurraban: "Lo cierto es que me gustaría encontrar algo que decir", o "no tengo ni la más ligera idea de lo que voy a decir". Pero cuando empiezan, uno nunca podría suponer que habían llegado mal preparados.

La audiencia siempre consigue sacar un mensaje del pastor sanguíneo.

7. *Evangelista carismático.* Los sanguíneos, más que cualquier otro temperamento, tienen el don del evangelismo. No pretendo con ello minimizar la obra del Espíritu Santo ni la necesidad de su poder en la experiencia de la conversión. Pero como pastor por muchos años, he tenido muchas reuniones evangelísticas en nuestra iglesia. Algunos las llaman "reuniones de avivamiento", otros "campañas", o una docena de otros nombres. Lo que más tengo presente en mi mente es la gran cantidad de personas que "iban al frente" cuando predicaba el evangelista sanguíneo, pero los pocos que persistieron para ser fieles siervos de Cristo.

Tuvimos una campaña que tuvo como resultado "167 decisiones por Cristo" en ocho días. Seis meses después sólo podía ver a 12 de los que habían pasado al frente. Ahora bien, que no se me interprete mal. El estímulo espiritual para la iglesia fue una bendición, y cada vez que se puedan conseguir doce almas (además de todo lo que se consigue para Dios de lo que nada conocemos) vale la pena toda la inversión de tiempo, talento y dinero. Pero me he dado cuenta de que muchos sanguíneos se pavonean de los "resultados" que se tabulan. Sin embargo, cuando el Espíritu Santo está obrando, no importa cuál sea el temperamento que tenga el predicador. Las personas irán a Cristo.

LAS DEBILIDADES POTENCIALES EN LA PREDICACION DEL PASTOR SANGUINEO Ya hemos señalado que todos los temperamentos tienen debilidades, ¡y lo mismo les sucede a los predicadores! Afortunadamente, nadie tiene por qué verse dominado por su temperamento, y esto incluye asimismo a los ministros. Este libro gira alrededor de este hecho. Considera las siguientes debilidades que tiene que afrontar el predicador sanguíneo.

1. *¡Palabras! ¡Palabras! ¡Palabras!* Los sanguíneos pueden usar más palabras para no describir nada que ninguna de las demás personas que conozco. Es de reconocer que hacen que la cosa sea más interesante, por un rato. Como sucedió con la pareja que salía de la predicación del pastor sanguíneo una mañana. La esposa dijo: "¡Oh, Pastor Sanguíneo! ¡Que sermón más maravilloso ha predicado hoy!" Más tarde, de camino a casa, el esposo colérico le preguntó a su mujer: "Así que te gustó el sermón de hoy. ¿Qué dijo?" La esposa lo pensó un momento y contestó: "No estoy segura, ¡pero lo hizo muy interesante!".

La mayor parte de los predicadores confunden "predicar" y "enseñar". La antigua versión de Reina-Valera de las Escrituras traduce por lo general ciertos pasajes como "Id por todo el mundo y predicad el evangelio", dando origen a la noción de que la predicación era enérgica, llena de colorido, dramática y poderosa. El sanguíneo puede hacer todo esto con palabras, sea que esté lleno o no del Espíritu, y muchas veces a expensas de la enseñanza de la Palabra de Dios. En realidad, el término griego "predicar" significa en realidad enseñar o comunicar la Palabra de Dios. No son las historias, las palabras ni la razón humana lo que convence de pecado de una manera permanente. Es la enseñanza o comunicación de la Palabra de Dios a otro individuo o a un grupo, en el poder del Espíritu Santo lo que Dios usa para convencer a los pecadores y redimir a los hombres.

2. *Jugar con las emociones.* Es una tentación para los sanguíneos usar su capacidad para hacer llorar a la gente o jugar con las emociones de una multitud. Como decía un ministro: "Esta mañana sondeé en busca de agua, y la encontré". La convicción del Espíritu Santo puede caracterizarse por una convincente exhibición de lágrimas. Pero una persona conmovida por un predicador sanguíneo puede tener la misma experiencia.

En justicia a los sanguíneos, se tiene que señalar que hay un lugar adecuado para la emoción, especialmente en lo que toca a la adoración, al arrepentimiento, y a la consagración. Con frecuencia se acusa a sanguíneos sinceros de manipular las emociones de la gente, cuando en realidad pueden ser extremadamente sinceros y conducidos por el Espíritu Santo. Así como los sanguíneos tienen que estar ciertos de que están conducidos por el Espíritu Santo, algunos de nosotros que no somos tan emocionalmente reactivos tenemos que tener comprensión hacia los sanguíneos y reconocer que el suyo es un don necesario en la iglesia.

3. *Egocentrismo y auto-exaltación.* Los sanguíneos no tienen la exclusiva del ego. Todos tenemos que luchar contra la carne, o nos veremos vencidos por ella de una u otra manera. Pero los sanguíneos tienen que tener un especial cuidado en no caer en el egocentrismo, con el que pueden llegar a ser repelentes y aburridos. El predicador que siempre cuenta historias personales que le hacen el héroe o el centro de la atención se desgasta rápidamente. Existe una delgada línea de separación entre la utilización de historias personales o en tercera persona y las ilustraciones significativas. Una ilustración personal tiene un enorme poder, pero puede haber exceso. La prueba que el sanguíneo debiera dar a su gente es: ¿Para quién es la gloria?.

En la actualidad, el ministerio no es conducente a la humildad. Hay mucha exaltación y adulación pastoral que se dirige al pastor, y que, si se toma personalmente, puede llegar a subirse a la cabeza de uno. Puede que suba al púlpito de una manera humilde, pidiendo a Dios que use su ministerio de una manera maravillosa. Después que Dios haya enviado la bendición, puede sentirse tentado a aceptar la alabanza por lo que en realidad ha hecho Dios.

La mayor parte de los líderes sectarios son sanguíneos que comenzaron a creerse sus propios recortes de prensa. Surge un gran peligro en el momento en que un sanguíneo desarrolla un complejo de mesías, porque por lo general consigue una cantidad de seguidores. Un verdadero hombre de Dios conducirá a la gente a Jesús, no tras de sí mismo. Dios lo usará como instrumento, pero el instrumento debería tener gran cuidado en nunca confundirse acerca de quién es el Señor y quién es el siervo. El pastor-siervo sanguíneo puede ser una bendición para cualquier congregación, y más tarde o más temprano su verdadera actitud se hara patente.

3. *Exagerados*. Si no es cuidadoso, el predicador sanguíneo puede "torcer la verdad" de tal manera que deja de haber relación entre lo que verdaderamente sucedió y la manera en que lo cuenta. Su tratamiento de los acontecimientos nunca es aburrido, pero puede que tampoco sea un hecho, y en particular si predica buscando el aplauso. Entonces es cuando cede a la tentación de "embellecer la verdad". Esto puede provocar un rechazo permanente en los oyentes melancólicos. Jesús dijo: "Sea vuestro sí, sí, y vuestro no, no" y el Apóstol Pablo dijo: "Hablad la verdad en amor". Un sanguíneo debería siempre vivir por esta norma: Si no es verdad, no lo digas.

4. *Falta de estudio*. Los sanguíneos están orientados a las personas, por lo que les es difícil encerrarse en una habitación y estudiar. Así que cuando entran en el ministerio tienen tendencia a dejar que las presiones de la obra personal, que les es más placentera, tomen precedencia sobre los hábitos de estudio. En consecuencia, para la mayor parte de los ministros sanguíneos, la noche del sábado y la mañana del domingo son un tiempo de pánico.

Conozco a un ministro que hacía los bosquejos de sus sermones con ocho años de adelanto. Es evidente que no era un sanguíneo. Para la mayor parte de los sanguíneos, el mayor problema que tienen cada semana es decidir el martes, a tiempo para que se pueda incluir en el boletín de la iglesia, lo que van a predicar el siguiente domingo. Como decía un sanguíneo: "¿Cómo sé lo que voy a predicar el domingo que viene? ¡Si todavía no es sábado por la noche!"

Esta dificultad en el estudio hace frecuentemente que el pastor sanguíneo sea un pastor de plazo corto. Como evangelista, puede apañarse con solo diez o doce sermones, siempre y cuando no se le invite a la misma iglesia más que un par de veces. Pero como pastor sólo necesita entre dieciséis y veinte meses en "quedarse sin combustible". O sea, éste es más o menos el tiempo que necesita en predicar todo lo que aprendió en el seminario o Escuela Bíblica. Entonces le llega el momento de pasar a su siguiente iglesia. Una denominación que conozco, que parece atraer a una gran cantidad de sanguíneos, tiene una tasa de mortalidad pastoral de alrededor de dieciocho meses. Se dice que el pastor evangelístico promedio se muda de iglesia alrededor de cada dos años y medio.

Una observación que he hecho es que los grandes edificadores de la iglesia no van a corto plazo. Se puede erigir una gran iglesia en cinco a ocho años, pero si se consigue se querrá uno quedar allí y disfrutar la obra. Y, como veremos, el estudio es la clave a la longevidad en la mayor parte de las iglesias.

Las personas no van a la iglesia para que las diviertan. Pueden quedarse en casa y dejar que los humanistas que controlan la televisión los diviertan. Van a la iglesia para aprender la Palabra de Dios, pero el pastor tiene que estudiar la Palabra para enseñarles algo, o dejarán pronto de ir.

5. *Repetición.* Esta última debilidad del sanguíneo que mencioné (y tiene otras) está basada en la anterior. A no ser que se dedique al estudio, tiene tendencia a repetir sus sermones. Ahora bien, soy consciente de que la repetición es una ayuda para la instrucción, pero llega un momento en el que la repetición viene a provocar aburrimiento, y la asistencia a la iglesia constituirá una prueba de esto. Una vez más, el estudio es la clave para las presentaciones originales y renovadas.

El Pastor Colérico

Como ya hemos visto, los coléricos son enérgicos líderes naturales. Parecen tener una ardiente energía, una cabeza llena de ideas, objetivos, proyectos, y visión. Son conductores, impulsores y generales de campo. La mayor parte de las personas los consideran interesantes, y algunos de ellos entran en el ministerio. Una de las expresiones en mi conferencia a los predicadores acerca de este tema que se gana la más estentórea de las carcajadas es: "Veréis que los más grandes generales del mundo, los más grandes dictadores, reyes, líderes, gángsters, y algunos predicadores, son coléricos".

EL ESTILO
DE PREDICACION
DEL MINISTRO
COLERICO

En contadas ocasiones, se precisa de más de un sermón para traicionar el temperamento colérico de un predicador. Le es imposible ocultarlo. Y como veremos, éste es el día del predicador colérico. Estos son algunos de sus rasgos en el púlpito.

1. *Predicador-maestro práctico.* A los predicadores coléricos les encanta enseñar la Palabra de Dios. Puede que no sean las personas más emocionales del mundo, pero una vez que ven la necesidad de enseñar la Palabra tienen una compulsión a enseñar a todo aquel que esté dispuesto a escuchar. El Apóstol Pablo es un ejemplo clásico de esto. Enseñaba la Palabra en las sinagogas, en anfiteatros e incluso en la cárcel, donde sólo su guarda podía oírle. Allí donde encontrara a alguien, allí se disponía a enseñar la Palabra.

Pocas veces se hacen culpables los coléricos de enseñar teología por amor de la teología. Les gusta aplicarla a la vida de los oyentes. Las cartas de Pablo a las iglesias son de esta manera; empiezan con una instrucción en la revelación de la verdad de Dios y acaban enseñando a las personas cómo vivir o cómo aplicar la revelación de la verdad de parte de Dios a sus vidas diarias.

2. *Comunicador compulsivo.* Por lo general, los coléricos no son los oradores que son los melancólicos, ni fascinantes como los sanguíneos. Están tan obsesionados con la comunicación de un principio práctico en el cual vivir o por un concepto vital o por una verdad de Dios para el día de hoy que se preocupan poco del estilo. Lo que quieren que sus oyentes reciban de sus mensajes son conceptos. Y harán todo lo que sea necesario para comunicar conceptos, teología o principios prácticos.

Los primeros ministros que vi usando diagramas para explicar la Palabra de Dios eran coléricos. No es insólito en ellos usar pizarras, diagramas cambiables y gráficos. El retroproyector está hecho a la medida del colérico. Acepta con toda presteza el lema de los pedagogos de que "recuerdas el 10 por ciento de lo que oyes y el 60 por ciento de lo que ves". Así que usa el retroproyector como si hubiera sido inventado para él. En tanto que el melancólico tendrá temor de usar el retroproyector por miedo a hacer faltas de ortografía y el sanguíneo será remiso a usarlo porque no puede limitarse a las ayudas visuales preparadas con antelación, el flemático parece no estar nunca dispuesto a usar uno. Pero el colérico cree que es el mejor instrumento educativo jamás inventado. Apenas si le preocupa que alguien critique su ortografía o el hecho de que haya puesto demasiadas cosas en una transparencia. Todo lo que le importa es usarlo para comunicar en formas que la gente recordará. "Línea sobre línea, un poquito aquí, otro poquito allá" es una forma de vida para este compulsivo comunicador. En contadas ocasiones asistirás a sus servicios sin aprender algo nuevo de la Palabra de Dios para aplicar a tu vida.

3. *Positivo y poderoso*. Un punto concreto acerca de los predicadores coléricos es que nunca tienes que preguntarte qué es lo que están tratando de decir. Te dice la misma cosa de ocho maneras diferentes y siempre con un énfasis positivo. Como me dijo un predicador colérico: "A la gente les tienes que decir la misma cosa al menos tres veces antes que se den cuenta de ella. Les digo qué es lo que les voy a decir, después enseño aquello, y luego les digo qué es lo que dije".

Son tan positivos y entusiastas acerca del evangelio que nunca te preguntas qué es lo que creen acerca de algo. Los melancólicos pueden servir a la audiencia una "ensalada de teología", esto es, pueden compartir con su audiencia las cinco interpretaciones diferentes de un pasaje. Nunca es así con un colérico. Solo da una: la suya. Sus oyentes están convencidos de que el cristianismo no es solamente una forma popular de vida y salvación: es el único camino.

4. *Serenos*. Los coléricos, como recordarás, sólo fluctúan emocionalmente alrededor de cinco grados anualmente. Sus conductos lacrimales apenas o nunca se usan; por ello, raramente van "en busca de agua". En lugar de eso, son más propensos a usar la afirmación positiva, los puñetazos sobre el púlpito, y el dogmatismo para martillear alguna verdad de manera que quede, que alguna historia emocional conmovedora, a no ser que alguien comparta con ellos la antigua verdad de que "la lógica hace pensar a las personas, la emoción las hace actuar". Una vez que este principio se hace camino a su cerebro, el colérico es lo suficientemente práctico como para llegar a la conclusión de que como motivador de la gente tiene que usar algo de emoción; en consecuencia, aprenderá a hacerlo así. Pero no cuentes con que nunca llegue a ser un contador de historias como el sanguíneo, y no esperes que derrame lágrimas durante un mensaje.

Esto no significa que no *sienta* las verdades de Dios. Al contrario, sus sentimientos corren lo suficientemente profundos como para entregar su vida a Cristo en tanto que tenga aliento. Y predica con el propósito de conseguir lo mismo en las vidas de sus oyentes.

5. *Largos, largos sermones*. Si te gustan los "sermoncillos de predicadorcillos" (en palabras del doctor Vance Havner), no te gustarán los sermones de pastor Colérico. No está muy inclinado a la música o a la adoración, por lo que cuando vayas a su iglesia puedes esperar un sermón entre los 45 y 70 minutos. Toma pluma y papel y toma notas, o te perderás algo, pero no esperes que sea breve. Cree que las verdades de Dios son tan esenciales y deben ser tan bien conocidas que se toma mucho tiempo para predicarlas.

Una ilustración humorística de esto me sucedió un domingo por la noche, cuando prediqué un mensaje de Día del Padre. Ya he confesado que tengo un temperamento predominantemente colérico, por lo que no te sorprenderá saber que había estudiado todos los mensajes dirigidos a los padres en el libro de Proverbios, e intenté meter demasiado en un solo sermón. Teníamos dos locales para nuestra iglesia; prediqué mi primer mensaje en Scott West y después nos dirigimos rápidamente en automóvil a Scott East, donde prediqué el mismo sermón por segunda vez. Por la razón que fuera, se había parado el reloj en Scott East, y yo había olvidado mi reloj de pulsera. Prediqué hasta que me cansé. Al entrar en el automóvil totalmente agotado, mi esposa se dirigió a mí, y preguntó: "¿Sabes cuánto rato has predicado esta noche?" "Alrededor de cincuenta minutos o una hora" contesté. Ella me dijo: "Has estado hablando una hora y veinticinco minutos por mi reloj".

A la siguiente mañana recogí al Presidente de la Junta de Gobierno para ir a nuestra reunión ménsual, y al entrar en el vehículo me dijo: "Pastor: ¿sabes cuánto rato predicaste anoche?" "Sí", contesté, "mi esposa me lo dijo. Pero no te preocupes, Ralph. Nunca he predicado tanto rato como el Apóstol Pablo, que predicó hasta que un hombre se cayó desde el tercer piso y se mató". A lo que mi amigo me contestó: "Pastor, cuando puedas hacer lo que Pablo hizo después, entonces lánzate y predica el mismo rato". ¡La perfecta apagadera para cualquier predicador colérico!

6. *Ilustrador práctico.* La mayor parte de los coléricos precisan el consejo del gran predicador, Charles Haddon Spurgeon, que los sermones son como edificios: necesitan ventanas para dejar que entre la luz en ellos. Las ilustraciones son ventanas para comunicar la verdad. Pero al colérico no le gusta usar ilustraciones enlatadas o historias emocionales de éxito. Le gusta usar experiencias prácticas diarias como ventanas para sus edificios de sermones. Un veterano predicador colérico me dijo: "Si usas tres ilustraciones vivas de personas reales, tocarás a todos los de la audiencia al menos una vez y en ocasiones dos". Creo que su punto es válido.

7. *En campaña abierta.* El tráfico en verdades no vividas no es para el colérico. No se contenta en predicar contra el pecado. Tiene que nombrarlo. Es más propenso a hablar acerca de los temas morales que están destruyendo nuestra sociedad que cualquiera de los otros temperamentos. Su voz colérica se levanta más frecuentemente en contra del aborto, de la homosexualidad, de la permisividad, y otras expresiones culturales del humanismo secular que cualquier otro temperamento. Puede que esta sea la razón de que los ministros coléricos estén atrayendo a más personas que ningún otro temperamento, y que por eso sus iglesias estén prosperando. Las personas reaccionan ante un hombre con convicciones que no teme predicar lo que cree, siempre y cuando pueda apoyar sus creencias y prejuicios en la Palabra de Dios.

Pero los coléricos pocas veces se contentan en hablar sólo acerca de estos temas. Quieren hacer algo acerca de ellos. Es con frecuencia, el pastor colérico, el que organiza a los otros pastores para dar una voz unida en oposición a la pornografía, a la violación de los derechos de los padres, y a la usurpación humanista del derecho de los contribuyentes a que a sus hijos se les enseñen sus valores en nuestras escuelas públicas sostenidas por los impuestos. Si la iglesia puede producir suficientes pastores coléricos para nuestro país, bien pudiera ser que la avalancha destructora del humanismo contra los valores religiosos de esta nación pudiera ser que sea detenida antes del siglo veintiuno. Afortunadamente, los temas se están clarificando y se están haciendo definidos, de manera que las personas de todos los temperamentos los pueden ver más fácilmente. Es de esperar que la iglesia de Jesucristo, sea cual sea su denominación, se despierte ante el hecho de que somos la única hueste de la nación con el tamaño suficiente para ir a las urnas y votar a los humanistas fuera de sus cargos y poner en su lugar a líderes consagrados a los valores morales tradicionales. Los coléricos no lo pueden hacer por sí solos. Necesitan los votos y la ayuda de todos los temperamentos. Pero todos juntos podemos cambiar el clima moral de nuestra nación. Por lo menos se lo debemos a nuestros hijos y a nuestros nietos. La próxima vez que oigas a un colérico hablar·acerca de estos temas, aliéntalo y disponte a colaborar con él. No será difícil. Todo lo que tenemos que hacer es motivar a los quince millones de cristianos sin registrar que hay en este país para que se inscriban, se informen, y voten. Cualquier temperamento puede hacer esto.

LAS DEBILIDADES POTENCIALES DEL PREDICADOR COLERICO A un predicador colérico le es casi imposible esconder sus debilidades potenciales en la predicación. Al igual que sucede con el sanguíneo, es un extrovertido. Por ello, sus debilidades reciben la misma exposición pública que sus fortalezas. Su contagioso espíritu positivo puede ser de gran belleza si sus potenciales debilidades no llegan a ser dominantes. Allí donde los predicadores coléricos han tenido éxito a lo largo de muchos años en el ministerio es porque han aprendido a vencer algunos de los cuarenta excesos o debilidades potenciales.

1. *Terco y cerrado.* En raras ocasiones encontrarás un colérico que no tenga una opinión fuerte acerca de cualquier tema importante. Es probable que no le importe el color de las cortinas que ponga su mujer en casa, pero puedes estar seguro de que tiene una opinión formada acerca de cualquier cosa que tenga que ver con su iglesia, denominación, ciudad y vecindario que tenga relación con su ministerio. Esta tendencia a las fuertes opiniones se transparenta en su predicación. Es de esperar que sus opiniones no sean simplemente el resultado de sus prejuicios intuitivos, sino que estén basadas en las Escrituras, sobre principios bíblicos.

A todos les gusta tener un ministro con convicciones firmes. El día del ministro superficial ha pasado hace ya tiempo. En un día en que la amenaza nuclear pende como una espada de Damocles, la gente quiere oír a alguien decir: "qué dice Jehová Dios". El problema es que los coléricos son tan dogmáticos por naturaleza que a menudo es difícil distinguir donde termina el mensaje de Dios y comienza el mal conducido dogmatismo del pastor colérico. El púlpito mismo es dogmático. Los coléricos lo hacen aún más dogmático, lo que puede pasar en tanto que tenga la razón. Su congregación tiene que confrontar sus enseñanzas con la Palabra de Dios. Y desde luego esto es lo que debieran hacer todos los creyentes (1 Jn. 4:1-4). Si un colérico es un predicador controlado por el Espíritu, no le importará que sus enseñanzas sean confrontadas con la Palabra de Dios. Sabe que es algo necesario.

2. *Autosuficiente y frío.* Pocas veces oirás acerca de un ministro colérico que se desmelene y de a conocer públicamente sus necesidades, fallos y fracasos a menos que haya sido verdaderamene humillado por el ministerio del Espíritu Santo. En su lugar exhibirá una actitud fría y autosuficiente en sus mensajes. La

respuesta dada por uno de los grandes evangelistas de una generación pasada es típica del tren de pensamiento colérico. Había estado llevando a cabo una agresiva campaña en contra del "diabólico ron", cuando el pastor de una de las iglesias que cooperaban con él le dijo: "Hermano, estás nadando contra la corriente", Billy Sunday contestó: "¡Pues entonces, "dénle la vuelta al río". Esto ilustra la actitud mental de la mayoría de los oradores coléricos.

3. *Sarcástico, cáustico y a menudo cruel.* Nadie puede ser más cruel que un colérico. Y el hecho de entrar en el ministerio no cura automáticamente este problema. Más bien, lo que sucede es que su problema queda más expuesto a la luz pública. Cuando es controlado por el Espíritu Santo, reconocerá esta tendencia y se cerciorará que sus críticas se reserven para aquellos que violan la Palabra de Dios. Incluso entonces, su condena puede resultar más cruel de lo que Dios ha pretendido jamás. La compasión, fruto del Espíritu, equilibrará esta tendencia.

4 *Campañas porque sí.* El Apóstol Pablo dijo: "Vuestra mesura sea conocida de todos los hombres. El Señor está cerca". El predicador colérico necesita reconocer esto en su predicación. Como hemos visto, por naturaleza le encantan las campañas, y es el temperamento más propenso a quedar motivado a alguna forma de activismo. Pero no se edifica la vida espiritual de una congregación con una dieta constante de oposición a los males morales y sociales de nuestros días. En tanto que algunos ministros ponen la cabeza en la arena, como avestruces, rehusando involucrarse, la tendencia del colérico es a involucrarse en demasía. Su comisión es a predicar el evangelio, enseñar la Palabra, edificar a los santos etc., y "reprender las obras infructuosas de las tinieblas" también es algo necesario, pero se necesita equilibrio.

Es indudable que yo disté mucho de ser perfecto en esta área durante mis veinticinco años de pastorado en San Diego. Me encontraba frecuentemente oponiéndome y exponiendo los males antibíblicos de nuestros días. Pero intentaba mantener el equilibrio. El pensamiento que frecuentemente me limitaba prudentemente a hablar en denuncia acerca de estos temas sólo como parte de mi mensaje era la realidad de que en cualquier domingo, en una audiencia de 2.500 personas, más o menos, seguramente debía de haber alguien que acudía por primera vez con una necesidad desesperada de Cristo o de alimento espiritual. Dieciséis millones de abortos son indudablemente un pecado que debe ser denunciado por un verdadero hombre de Dios. Pero la pareja que justo la noche anterior se vio confrontada con el pecado de infidelidad en su matrimonio necesita ayuda, como la necesitan las muchas almas necesitadas que acuden al servicio eclesial promedio.

Hay un lugar para las campañas desde el púlpito, pero en raras ocasiones merecerá el lugar principal en el mensaje, y ciertamente no a expensas de una solución a sugerir. La solución de problemas es el punto fuerte del predicador colérico. Necesita aplicar este don a sus mensajes de campaña. He observado que cinco minutos de campaña cada domingo hace mucho más efecto la mayor parte de las veces que todo un sermón acerca de estos temas.

5. *Demagogia.* El poder del púlpito puede hacer un líder de quien sea, porque el predicador es un portavoz de Dios. Para el colérico, esto puede llegar a ser una oportunidad para la demagogia. Y no importa lo mucho que se oponga la tradición de la iglesia y sus creencias expresas a esta práctica, un predicador con

un complejo de Dios puede desarrollar una dependencia de la congregación en él en lugar de en Dios.

El predicador, sea cual sea su temperamento, nunca debería perder de vista el hecho de que él es un instrumento en manos de Dios. El no es la fuente de la verdad, sino su canal. Si no tiene cuidado, puede empezar a aceptar la alabanza por los conceptos, preceptos y revelación, en lugar de comunicar humildemente la verdad.

La gente siempre ha tenido la tendencia a adorar a los líderes. La historia está llena de las resultantes tragedias. El ministro colérico necesita erigir cuidadosa y constantemente su predicación y ministerio en el Señor y en su Palabra, no en el poder de su misma persona y liderazgo. La verdadera prueba del ministerio de cualquier persona no es siempre cómo van las cosas mientras él esté allí. La verdadera prueba viene cuando él se va. En su ausencia podrás ver si ha edificado a las personas sobre el Señor o sobre sí mismo. El ministro ideal verá como su sucesor edifica sobre el fundamento que él ha puesto.

Conoce al Pastor Melancólico

De todos los temperamentos, el ministro melancólico es el que con más probabilidad cumplirá todos los requisitos académicos para el ministerio. Si lo ideal en su denominación es un título de doctor, ésta será entonces su meta, tan pronto como sienta el llamamiento de Dios para predicar. Los melancólicos no pueden lanzarse por ningún atajo. Además, tienen la dotación de inteligencia para ir a la par de los pensadores más complejos; es creativo y exhaustivo. De hecho, he observado que cuanto más elevadas son las exigencias académicas, tanto mayor es la cantidad de melancólicos que entran en aquel campo. Consideremos, por ejemplo, el campo de la medicina. Está abrumadoramente poblado por melancólicos. No creo que uno pueda conseguir pasar todos los cursos de medicina sin tener una elevada porporción de temperamento melancólico, bien como temperamento primario, bien como secundario.

Muchos grandes pastores, predicadores, teólogos y profesores de seminario han sido melancólicos, tanto en la Biblia como a través de la historia de la iglesia. Supuesto un mismo llamamiento de Dios a los cuatro temperamentos, parece que el temperamento melancólico es el que está más dispuesto a responder a Dios que cualquiera de los otros tipos temperamentales. Y por lo general, el mero ganarse la vida o tener éxito en ella no es un objetivo adecuado para un melancólico; quiere invertir su vida en algo eterno.

Esto me recuerda aquel veterano misionero a China, en los años treinta que fue contactado por la Compañía Petrolífera Standard para que fuera su representante en aquel inmenso país. El conocía el idioma y estaba aclimatado, pero rechazó la oferta. El representante de la compañía petrolífera aumentó cuatro veces su oferta económica, pero el misionero siguió rehusando la oferta. Finalmente, el hombre de la compañía dijo: "¿Qué es lo que no le gusta?" ¿Es acaso un salario demasiado pequeño? "¡Oh, no!", contestó el misionero con una risotada. "Es ya tres veces más de lo que gano ahora. El problema es que el trabajo es demasiado pequeño". No sé si aquel misionero era un melancólico, pero sí sé que la obra misionera es muy atrayente para los melancólicos, y que esto es lo que haría un melancólico. Cuando mi esposa y yo servimos en 1977, en 42 países a una sexta parte de la población mundial de misioneros, observamos que un gran porcentaje eran de temperamento melancólico.

Hay otro punto acerca del temperamento melancólico. Si camina con Dios, posee una increíble capacidad de tener comunión con él. Ahora bien, es cierto Dios puede transformarse en alguien muy personal para cada uno de nosotros, pero mi experiencia al hablar con melancólicos ha sido que más entre ellos parecen tener una vida vital de oración y que son más fieles en sus devociones diarias que los otros temperamentos. Esta capacidad para Dios puede explicar por qué todos los profetas fueron melancólicos. Nombra un profeta, cualquiera de ellos, y habrás nombrado a un melancólico. De Elías a Jeremías, de Jonás a Daniel y Juan el Bautista, todos ellos fueron melancólicos. No todos ellos lo fueron con la misma intensidad, porque unos eran más melancólicos que otros, pero no puedo pensar en ningún profeta cuyo temperamento primario no fuera melancólico. No puedo pensar en un solo profeta sanguíneo o colérico.

El problema que sí tiene un temperamento melancólico, y que le puede impedir responder al llamamiento de Dios, es su tendencia a considerarse poco, como el melancólico Moisés, que dijo: "¿Quién soy yo para que vaya a Faraón y saque de Egipto a los hijos de Israel?" Esta es la respuesta patentada del melancólico al llamamiento de Dios. Una vez que llega más allá de eso el hecho de que Dios está obrando en nosotros, no nuestra prudente manera de actuar, puede llegar a tener un fructífero ministerio de por vida.

Examinemos ahora su estilo de predicación. La mayor parte de los predicadores melancólicos tendrán algunas de estas características, si no todas.

1. *Dramático y conmovedor.* Los melancólicos tienen el sentido de lo dramático. Tienen sentimientos profundos y conmueven a la audiencia con la profundidad de sus sentimientos, Las cosas que predican significan mucho para ellos, y tienen la capacidad de comunicarlas a la audiencia. Las personas melancólicas tienen, frecuentemente, la capacidad de ser grandes actores. Parecen sumergirse en el papel o (carácter) y pueden personificar a otros. El predicador melancólico puede asumir subconscientemente alguna concepción que le viene de su infancia acerca de cómo debe comportarse en el púlpito un predicador piadoso de la Palabra, y que ha venido a ser su norma. Recuerdo bien mi primera visita a la Iglesia Presbiteriana de Hollywood. Después de la adoración con música y las Escrituras, el organista tocó una dramática introducción, se encendió el foco, y el alto y apuesto ministro se dirigió dramáticamente a los escalones que conducían al púlpito. Cada movimiento era dramático. Inclinó reverentemente su cabeza para una oración en silencio, con sus manos entrelazadas en pose de oración. Cuando finalmente se hizo cargo del púlpito, empezó a pronunciar una predicación magistral. Toda la escena era dramática.

Uno de los comportamientos que he observado en algunos ministros me han dejado perplejos durante años. ¿Cómo podían actuar de una manera tan sanguínea en la tarima, y en cambio tener tan poca personalidad una vez bajaban de ella? Un verdadero sanguíneo tiene una personalidad exuberante, tanto sobre la tarima como fuera de ella. Puede que la predicación la intensifique, pero es una persona burbujeante por naturaleza. No sucede esto con el melancólico que

asume un papel sanguíneo para el púlpito. Finalmente, descubrí qué hacía que
algunas personas actuaran abiertas y extrovertidas en el púlpito pero introvertidas
en la vida real. En el pasado habían visto a un sanguíneo en el púlpito y tomaron
por sentado que su estilo era la manera en que predica un predicador. Así, se
habituaron a asumir el papel de un sanguíneo en el púlpito. Se puede ver con
facilidad cómo esto podía arraigarse en el corazón y en la mente juvenil de un
muchacho melancólico. Si de niño creció en una iglesia a los pies de un ministro
sanguíneo, éste vino a ser el modelo de su actuación. De pasado, esto no
constituye una falta de sinceridad, sino que es verdadera sinceridad. Quiere ser lo
mejor predicador que pueda, por lo que aprende a predicar de acuerdo con lo
que él cree que es el estilo apropiado.

Conozco a dos grandes predicadores que constituyen buenos ejemplos. En el
púlpito son poderosos, positivos y galvanizadores. Pero una vez bajan de la
tarima, se transforman en personalidades grises. Afortunadamente para los dos,
tienen esposas que se interponen entonces, y que aportan las gracias sociales
necesarias para la vida en el ministerio.

2. *Grandes oradores.* No hay nadie que sea un mejor orador en el púlpito que
un melancólico. Tienen excelentes memorias y pueden aprender rápidamente
largas secciones de sus sermones. Un ministro bautista con un temperamento
predominantemente melancólico visitó nuestra iglesia y habló después conmigo.
Dijo: "He contado en su boletín cinco diferentes mensajes que va a dar esta
semana. ¿De dónde saca tiempo para memorizar tantos sermones?" Sorprendido,
le dije: "¡No he memorizado un solo sermón en mi vida!" El no se lo podía creer.
Para el predicador melancólico, las palabras, las frases y las pausas dramáticas
son de suma importancia; éste es su estilo. Y sus sermones están generalmente
salpicados de poesía. Le encanta la poesía. Muchos predicadores melancólicos
van ascendiendo en una pendiente dramática en su mensaje lleno de oratoria, y
lo coronan con un hermoso poema que remacha la verdad que están tratando de
comunicar.

3. *Homiléticos.* Todos los predicadores están influenciados por su instrucción y
por los modelos de actuación. Pero, más que nadie, el pastor melancólico estará
adicto a una forma de predicación, u homilética. Si se le enseñó que tres puntos,
seis historias y dos poemas constituyen un buen sermón, éste vendrá a ser su
estilo. Todos los mensajes irán marcados por método y planificación. Su
predicación puede parecer espontánea, pero raramente lo es. Su espontaneidad
le viene por lo general en la quietud de su estudio.

4. *Creativo.* El pastor melancólico es un pensador creativo. Esto es importante
para el miembro de la iglesia que ha asistido a los servicios con fidelidad durante
treinta años. La mente del melancólico tiene la capacidad de presentar unas
verdades conocidas de una manera singular y diferente cada semana. Por lo
general te verás impresionado por la calidad del sermón del pastor Melancólico.

5. *Mentalmente estimulante.* La mayor parte de los predicadores melancólicos
están dotados intelectualmente y atraen a personas de inteligencia y educación.
Sus sermones te harán pensar. Nunca te predicará sermones como los que llamo
"de taza de té", por su poca profundidad. Sus sermones tienen sustancia y
profundidad. Nunca llega sin preparación al púlpito, aunque personalmente nunca
cree que su preparación sea adecuada. Si se le dejara, estaría siempre
estudiando. Tiene la capacidad de perderse en los libros.

Si es conservador bíblico, observarás que utiliza mucho las Escrituras, porque su

dotada memoria le ayuda a comparar Escritura con Escritura. Y probablemente le
encantará utilizar historias del Antiguo Testamento para ilustrar su mensaje. Tal
como me dijo un predicador melancólico: "Para mí, la mejor predicación es la
que usa el Antiguo Testamento como libro de ilustraciones de Dios para iluminar
las verdades del Nuevo Testamento".

6. *Teológico y filosófico.* La compleja mente analítica del individuo melancólico
le hace amante de la filosofía. Calvino, Lutero, Melancton, Henry, Smith, y otros,
tenían un temperamento predominantemente melancólico. La mente melancólica
ve más allá del don libre de la gracia de Dios en Juan 3:16. Ve la soberanía de
Dios, sus atributos, la caída del hombre pecador, y la eternidad. Su tarea más
difícil al preparar sermones es ver lo sencillo.

7. *Socialmente consciente.* Ningún ministro es más propenso que él a
involucrarse en los problemas sociales del día. Es una persona que tiene un
interés genuino por los pobres. Es el pastor Melancólico el que con frecuencia
llama a la atención a la rica iglesia por pasar al gobierno federal la responsabilidad
de cuidar de los pobres, impedidos y ancianos mediante la asistencia social, los
cupones para comida y la seguridad social. Sus sermones despertarán tu
conciencia, y te harán valorar tu "verdadera religión" a la luz de las prioridades
bíblicas.

La dirección de su conciencia social será generalmente, resultado de su
teología. Si es un liberal, puede encabezar marcha o una sentada, o hacer una
huelga de hambre en favor de los derechos raciales, en contra de la
discriminación contra los homosexuales, por la reforma social, u otros males que
él asocia con un sistema de libre empresa, que él considera como la causa de la
codicia, del egoísmo, y de las desigualdades sociales.

Si es conservador, puede que haga campaña en favor de la "verdadera
piedad", "oración y ayuno por el arrepentimiento nacional", "un avivamiento
moral", o predicará en contra de "el holocausto del aborto". Tiende al legalismo,
y cualquier desviación de sus normas denominacionales, teológicas o religiosas
será objeto de sus críticas. El es la voz que nos llama constantemente a volver al
lugar de la verdadera religión, sin mácula ante Dios y los hombres. Es un purista
y esto se manifiesta clara y firmemente en sus sermones. La suya es una voz
sumamente neceseria en el púlpito moderno.

DEBILIDADES POTENCIALES DEL PREDICADOR MELANCOLICO	Sería ideal si no tuviera que exponer las debilidades de este temperamento, porque, por lo general, él es ya suficientemente crítico de sí mismo. No necesita que le acosen. La mayor parte de los predicadores

melancólicos nunca van a la cama con un sentimiento
de bienestar o de logro por un trabajo bien hecho o con el sentimiento de que
predicó un buen sermón, debido a sus normas irrealmente elevadas. Todos en la
iglesia pueden haber recibido una rica bendición por su mensaje, pero él se siente
angustiado por el punto que omitió o por la palabra que pronunció mal. No es
así con el predicador sanguíneo. Puede que haya predicado el peor sermón del
mundo, pero debido a que durante su invitación de veinticinco minutos diez
personas han acudido al frente, se va a dormir con un sentimiento de
entusiasmo. El pastor Melancólico se retira, frecuentemente, sintiéndose deprimido
porque "no lo hice mejor". Las siguientes son algunas áreas que tiene que vigilar

el ministro melancólico para llegar a ser el mejor instrumento para Dios que puede ser.

1. *Demasiado complicado*. Si hay algún ministro propenso a predicar más allá de la capacidad de su congregación, es el pastor Melancólico. Es un profundo pensador, y asume que todos los demás lo son. Los melancólicos son frecuentemente personas muy egocéntricas; por ello predican para sus necesidades en lugar de para las de su congregación. El vocabulario del melancólico es frecuentemente demasiado pesado para los carpinteros y lampistas de su congregación, porque usa términos teológicos que solamente aquellos que tienen instrucción teológica pueden comprender. La Academia hace esto por ti, y el melancólico, como ya hemos visto, tiene un gran apetito por la educación superior.

El doctor Henry Brandt, un sicólogo cristiano que ha sido un gran amigo mío, me contó la siguiente historia. Después de introducirse en la profesión de orientación, aconsejando a sus asociados en el trabajo cuando era ingeniero en la Sociedad Chrysler, sucumbió ante el consejo de otros que fuera a estudiar a la facultad (Escuela Graduada de la Universidad de Cornell). Entre septiembre y diciembre se ocupó en aprender toda la jerga sicológica y el vocabulario de su profesión. (Es una forma de academicismo comprensible solamente para los iluminados). Durante las vacaciones de navidad volvió a Detroit y visitó a algunos de sus amigos en la fábrica. Al irse, uno de ellos dijo con candidez: "Henry, no sé lo que están enseñando en aquella universidad, pero ya no te puedo entender lo que dices". El doctor Brandt dijo que se dirigió a su automóvil pensando acerca del comentario de su amigo, e hizo una decisión para toda su vida. "Nunca volveré a usar una palabra larga cuando una palabra simple sea suficiente". Esta puede ser la razón de que el doctor Brandt tenga una gran audiencia cuando muchos sicólogos aún están hablando entre sí.

Desafortunadamente, los seminarios son así, en los que el profesorado está constituido principalmente por eruditos melancólicos que pueden ceder ante la tentación de intentar impresionar a sus estudiantes empleando un vocabulario y una pauta de pensamiento complejos. En consecuencia, sus estudiantes se gradúan con un vocabulario que suena casi a extranjero para la congregación. La predicación no es un mero hablar; tiene que ser comprendida por los oyentes. Uno de mis hijos que está en el ministerio me pidió que asistiera en la capilla en su seminario, donde él y dos otros estudiantes predicaban sermones de diez minutos. No pude comprender qué era lo que aquellos jóvenes estaban diciendo. ¿Cómo podría entenderlos un laico sin instrucción? Esta predicación no edifica grandes iglesias.

2. *Teórico e idealista*. La teoría es buena, si funciona. Pero la mejor teoría del mundo carece de todo valor si no funciona. Y las teorías idealistas pueden verse frecuentemente sin relación con la vida en el mundo real. La exaltación de las vidas santas de Jeremías, Daniel, Pablo, y algunos otros que eran solteros y que podían así dar el 100 por ciento de su tiempo al servicio de Dios puede no ser la mejor ilustración a usar para retar a padres de familia a que asuman una norma diaria de conducta, particularmente cuando tienen niños pequeños que criar.

Una de las cosas más populares que he hecho para ayudar a las familias de una manera constante ha sido escribir una Guía Devocional Diaria para nuestra audiencia televisiva. En ella combino el sábado y el domingo, asumiendo que los lectores asisten a la iglesia el domingo. Entonces los reto a usarla bien personalmente, bien con sus familias, cuatro o cinco de los días semanales.

Un pastor melancólico tiene un problema con este proceso mental. El sabe que *idealmente* se debería tener las devociones cada día. Lo que no se da cuenta es que muchas personas se ven desalentadas por el ideal perfecto, y abandonan. Para el pastor colérico, tres días a la semana es mejor que nada. Esta razón es difícil de aceptar para un melancólico.

3. *Impráctico.* El cristianismo es práctico.
En 2 Timoteo 3:16 el Apóstol Pablo nos dice: "Toda la Escritura es inspirada por Dios, y útil para enseñar, para redargüir, para corregir, para instruir en justicia". Toda la Escritura es "útil" o práctica. Dios escribió su Biblia no solamente para ayudar a las personas a prepararse para la siguiente vida, sino para vivir en ésta. El verdadero cristianismo te ayudará a vivir una vida mejor. Esto se debería reflejar en la predicación.

A riesgo de parecer que estoy atacando a los seminarios, lo cual no es el caso, sí quiero señalar que es necesario poner un 'mayor énfasis sobre los aspectos prácticos. Es esencial la validez teológica, pero la verdad debería afectar la manera en que vivimos; y el sermón que no hace mejores hombres, padres, maridos, trabajadores y personas es demasiado impráctico. Nuestros seminarios tienen que ser más prácticos en su preparación de futuros ministros.

4. *Demasiado complejo.* Los detalles son importantes para la mente del melancólico, pero puede que no sean de interés para el asistente medio a la iglesia. El pastor Melancólico tiene dificultades en resistir la tentación de demostrar todo lo que dice con diez diferentes razones de por qué este punto es verdad. Cuando ha llegado a su siguiente punto, su congregación ha perdido el primero. Como veremos, necesita desarrollar el don de la simplicidad. Alguien ha dicho del predicador melancólico: "Puede ir más hondo, quedarse más tiempo en las profundidades, y salir más seco que cualquiera de los predicadores que conozco". Los predicadores así no tienen mucha congregación por mucho tiempo.

5. *Legalista.* Los perfeccionistas tienen por lo general un problema con el legalismo. Encuentran difícil predicar la misericordia y la gracia, pero les encanta predicar juicio, arrepentimiento y restitución. Los evidentes "no harás" de las Escrituras *no* son la base de los valores morales, pero el melancólico tiene la inclinación de levantar su pensamiento y sus razonamientos filosóficos al mismo nivel que los mandamientos explícitos de Dios, y tiende también a producir una prolongada lista de "harás" y "no harás" que son fundamentales en su sistema de creencia. Esta predicación pone a la gente bajo la servidumbre del tribunal de la opinión pública, haciendo que su victoria en Cristo sea el resultado de lo que otros piensan de ellos. Cuando el primer pensamiento de un cristiano es: "¿Qué pensará la gente?" es un legalista. Nuestro primer pensamiento debería ser siempre, "¿Le complace al Señor?"

Los legalistas encuentran frecuentemente difícil perdonar, e incluso más difícil aceptar el perdón de Dios. "El amor, el gozo y la paz", el fruto del Espíritu, no son el fruto del legalismo.

6. *Pesimista y negativo.* Los melancólicos, por naturaleza, no son optimistas de nacimiento. Bien al contrario, parecen dotados de una capacidad para esperar lo peor en cualquier situación determinada. El pastor Melancólico tiende a llevar consigo este rasgo negativo al púlpito, y si no es cuidadoso presentará un mensaje negativo. Encuentra más fácil criticar lo malo que alabar lo bueno. Esto

puede tener un efecto desmoralizador en la congregación. La tendencia de la
mayor parte de la gente es: "De todas maneras soy un pecador, no hay nada
bueno en mí así que . . . ¿para qué luchar? simplemente, cederé a mis apetitos
inferiores".

El cristianismo es un mensaje positivo, y ofrece esperanza a un mundo
agonizante. Por ejemplo, cuando mi optimista amigo, Bill Bright, fue conducido
por Dios para crear "Las Cuatro Leyes Espirituales", como una herramienta
increíblemente eficaz para el evangelismo personal, tuvo que alterar la pauta
pesimista que estaba muy arraigada en su tiempo. Hace treinta años el
procedimiento de ganar almas que se nos enseñó empezaba con este punto:
Todos han pecado, y están excluidos de la gloria de Dios. Bill incluyó este punto
en sus cuatro leyes, pero dejó éste para el punto *segundo,* después de haber
presentado a su oyente las buenas nuevas de su primera ley espiritual que "Dios
te ama y tiene un plan maravilloso para tu vida". Ambos puntos son esenciales,
pero al poner en primer lugar el amor de Dios, el mensaje entra positivamente,
en tanto que el antiguo mensaje era negativo y pesimista ya de entrada. Sin
embargo, ambas presentaciones son el evangelio. Todo reside en la manera en
que se presenta.

Este principio positivo tiene que ser incorporado en todo el estilo de
predicación del predicador melancólico. Una dieta de pesimismo, negativismo y
legalismo constituye un mensaje derrotista que sitúa al miembro de la
congregación bajo una pesada carga de culpa. Cierto es que hay ocasiones en
que es preciso exaltar la santidad, justicia y grandeza de Dios. Pero el amor de
Dios es un mensaje positivo y ha creado una actitud de esperanza dentro del hijo
de Dios. Cada sermón debería presentar un mensaje de esperanzas para los hijos
de Dios.

Los predicadores melancólicos tienen un potencial ilimitado, y, con el poder del
Espíritu de Dios en sus vidas, pueden ser una rica fuente de bendición para el
Reino de Dios. Pero a través de todo su ministerio activo tienen que resistir la
tentación de ceder ante las debilidades anteriores.

Conoce al Pastor Flemático

Las personas flemáticas no son generalmente oradores
oradores dotados. Esto no quiere decir que Dios no
pueda usar o que no haya usado nunca a flemáticos
para pastorear iglesias o para servir en su viña. Pero sí
sugiere que se trata en tal caso de la excepción no de
la norma. Ya hemos visto que Bernabé, uno de los
pastores de la iglesia en Antioquía, era flemático,
como también lo eran Andrés, Felipe, Bartolomé,
Mateo y otros. Es evidente que Dios los ha utilizado
en el pasado y que aún los utilizará. He conocido a
muchos pastores flemáticos, porque tienen muchos
rasgos que los hace adecuados para el ministerio. Y
cuando están llenos del Espíritu pueden ser una herramienta significativa en las
manos de Dios para el avance de Su Reino. Cuando son llamados a predicar,
éstos son algunos de los estilos del flemático.

1. *Tranquilo y sereno.* No esperes que el predicador flemático sea dinámico y poderoso. Pocas veces, o nunca, golpeará el púlpito con el puño para destacar algo. No es gritón ni amenaza; en lugar de ello, con calma y lógica, presenta su mensaje. Por naturaleza, no es excitable, y no es frecuentemente un predicador que entusiasme, a no ser que tenga una buena instrucción y trabaje a fondo al darlo. Cualquier persona puede aprender a usar potencia vocal y expresión corporal para comunicar un lenguaje acerca del que esté verdaderamente entusiasmada. Pero se precisa de instrucción; no le viene de manera natural al pastor Flemático.

2. *Bien organizado y sistemático.* El flemático tiene una mente bien organizada. Esta es la razón de que tantos flemáticos entran en los campos de la ingeniería, matemáticas, enseñanza y contabilidad. Este rasgo le acompaña en el ministerio, y marcará su enseñanza y predicación. Puedes estar bien seguro de que no empezará a tratar un tema para saltar a otro. Cada punto estará basado en su premisa inicial y llevará a su conclusión lógica. En tanto que no intentará convencerte con emoción o retórica, sí intentará convencerte con lógica.

Tampoco dejará cabos sueltos en su sermón; todo en él forma parte de un todo sistemático. Una observación que he hecho es que les encantan los sermones aliterados. Los predicadores flemáticos no están seguros de que un sermón sea inspirado a no ser que sea aliterado. Hay algo acerca de su predicación, y es que no hablarán hasta rendirte. Dirán lo que desean decir y esperan que apliques los puntos a tu vida. El flemático raramente predica sermones largos.

3. *Estudio bíblico de calidad.* Otra observación que he hecho acerca de los maestros bíblicos flemáticos es que dan material de calidad. Puede que no lo presenten de una manera muy inspiradora o atrayente, pero será exhaustivo. El sanguíneo o colérico promedio podría hacer dos sermones de 45 minutos de un buen mensaje de 30 minutos del pastor Flemático. Si puede mantener la atención de su audiencia, este pastor tiene una congregación que conoce su Biblia.

4. *Humor seco y aguzado ingenio.* Nadie tiene un mejor sentido del humor que el flemático, a no ser que se trate del sanguíneo-flemático. Estos dos temperamentos tienen un sentido del humor, pero los temperamentos flemáticos por sí mismos no lo verbalizan. El ministerio le da al flemático numerosas oportunidades para usar su seco ingenio. Ve humor en casi cada situación. La mayor parte de los grandes dibujantes de tiras cómicas son flemáticos. Es de gran valor para un predicador el ver las cosas con humor cuando es apropiado. El humor ayuda a las personas a visualizar la verdad, y probablemente les ayuda a recordarla.

5. *Esclavo de sus notas.* Las notas para sermones, tanto del melancólico como del flemático, son por lo general, lo suficientemente buenas como para publicarlas. Y debido a que el flemático carece de la dotada memoria del melancólico, recurre frecuentemente a leer su mensaje. Ello no es mala práctica si hace tres cosas: (1) Escribir notas con letra de tipo grande. La mayor parte de los flemáticos escribe con letra muy pequeña, demasiado pequeña para leerla en el púlpito. Hará bien la iglesia que le dé a su pastor flemático una máquina de escribir de tipo grande. Dará un gran impulso a su predicación. De otra manera, su congregación se acostumbra a ver sólo la parte superior de su cabeza al caer bajo la esclavitud de sus notas. (2) Memorizar los puntos principales, los poemas e ilustraciones, y usar las notas en estos puntos sólo como punto de apoyo.

(3) Familiarizarse con el texto que va a leer. Para el predicador flemático es una tentación asumir que su sermón está acabado cuando está escrito sobre el papel. Esto es solo cierto a medias. El otro 50 por ciento de su sermón es practicar en pronunciarlo.

Cuando un flemático predica un sermón sin poder, raras veces se debe a poco estudio. Es debido a que no practicó para proclamarlo, para hacerlo lo más interesante y convincente posible.

Un predicador que lee su sermón dará invariablemente un mensaje de mucha mejor calidad que el que habla extemporáneamente. Pero el orador extemporáneo puede dar más mensaje que el hombre rígidamente atado por sus superiores notas. El mejor mensaje del mundo no hará mucho a no ser que los oyentes estén despiertos y dispuestos para recibirlo.

6. *Bien fundamentado*. El predicador flemático encuentra muy difícil presentar un punto sin fundamentarlo exhaustivamente ante sus oyentes. En su vida personal, está entregado a los detalles y a las trivialidades. Como predicador tendrá una poderosa tendencia a lo mismo. Le es preciso explicar alguna verdad, pero alguna otra sólo tiene que ser afirmada. Si Dios lo dijo, es cierto. El pastor Flemático tiene la necesidad de discernir entre qué material tiene que ser incluido y dónde está rindiendo su creatividad ante su auto-indulgente inclinación de explorar trivialidades.

7. *Decoroso y conciliador*. Lo que los demás piensan tiene mucha importancia para un flemático. Por esta razón, en raras ocasiones presenta algo embarazoso para la congregación o se dedica a algo que pueda generar controversias. "Sigue la corriente" de su denominación y en pocas ocasiones trata de los males sociales o morales de su alrededor. No es luchador de suyo, sino un pacificador. El y los melancólicos se hallan, por lo general, en primera línea en las campañas a favor del desarme nuclear. Como dijo un orador flemático (no un ministro): "tenemos que asumir que los rusos apreciarán y corresponderán a nuestro gesto de desarmarnos". A un colérico le es totalmente imposible comprender este tipo de razonamiento. Él dice: "¿Cómo podemos confiar en que unos asesinos que han destruido a millones de sus propios compatriotas nos vayan a tratar a nosotros de manera diferente?" El conciliador y pacificador flemático no ve las cosas como realmente son, sino como desea que sean. Este rasgo se hace patente en su predicación.

Como regla general, los predicadores que son predominantemente flemáticos, con poco o nada de temperamento sanguíneo o colérico que les complemente, raras veces edifican grandes iglesias. La razón es que los flemáticos no son generalmente buenos predicadores; y la buena predicación es lo que en el día de hoy edifica grandes iglesias. Hay muchos lugares en la obra de Dios en los que son valiosos los rasgos del flemático. Muchos son buenos pastores; y son amados por su congregación. Pero, a no ser que busquen la llenura del Espíritu Santo para tener una suficiente disciplina para tratar con su tendencia a dejar las cosas para más tarde y con su falta de energía, no llegarán a la altura de su potencial.

Los ministros flemáticos resultan buenos pastores ayudantes. Son leales y fiables. Pueden llegar a ser excelentes consejeros y por lo general son muy queridos por su ministerio de visitación de hospitales. Funcionan al máximo cuando deben dar cuentas a alguien de sus esfuerzos de una manera periódica.

LAS DEBILIDADES DE LA PREDICACION DEL MINISTRO FLEMATICO

Todos deberían ser evaluados a la luz de su personalidad total. En realidad es injusto juzgar a ningún ministro sólo a la luz de su estilo de predicación; y en este libro no es esto lo que estoy haciendo. Porque evaluaremos a cada uno de los temperamentos a la luz de las dos principales fases del ministerio, la predicación y los deberes pastorales. Todos los ministros deberían ser considerados en ambas áreas. Incidentalmente, son muy pocos los pastores que se destacan en ambas categorías. El pastor promedio solamente se destaca, por lo general, en una de ellas. Como veremos, los ministros flemáticos tienen rasgos positivos que son de gran valor en su ministerio, pero la predicación no es uno de ellos, a no ser que el Espíritu Santo decida llevar a cabo una obra muy especial de modificación de temperamento en él, lo que naturalmente puede suceder y ha sucedido.

1. *No es inspirador, timidez, falta de energía.* Una de las debilidades principales del predicador flemático es que es tan tímido en su presentación que le falta garra. Puede presentar un punto increíblemente poderoso con un talante tan sereno y suave que su importancia casi se escapa a sus oyentes. Esta predicación, evidentemente, no es inspiradora. Para la mayor parte de las personas, si el predicador no se entusiasma con lo que está presentando, rara vez va a entusiasmar a su congregación. Eso no significa que los flemáticos no tengan intensas convicciones. Naturalmente que las tienen. Pero este hecho raramente se hace evidente en su estilo de predicar. Si examinas todo su servicio eclesial, verás que es decoroso, ordenado, el mismo cada semana, y carente de color, nada inspirador. Tampoco le gusta a él de esta manera, pero así es como él es.

2. *No emocional.* Los flemáticos son muy discretos con sus emociones, y de manera particular si uno de sus padres rechazó su afecto en sus años de infancia. Estos individuos se presentan como alejados o fríos. Este es un punto negativo muy serio para el púlpito. No digo que un ministro flemático tenga que evocar falsas emociones, pero sí que debería preocuparse en exhibir sus verdaderos sentimientos cuando sea apropiado.

3. *Seco y carente de interés o ligero y humorístico.* Los flemáticos pueden ser más cómicos que una muleta de caucho. La mayor parte de los cómicos famosos de todo el mundo son flemáticos. Se destacan por su humor seco y rápido ingenio. Los flemáticos no tienen que intentar ser humorísticos; lo son . . . si sus inhibiciones no apagan su espontáneo humor.

El pastor flemático lleva consigo este rasgo al púlpito. Algunos lo usan excesivamente para tapar su estilo de predicación natural seco y carente de interés. Cuando se usa junto con una enseñanza de calidad, puede ser una gran bendición, pero la tendencia de los flemáticos es tratar de gustar a las personas o complacerlas. Por eso, si un joven ministro flemático se da cuenta de que puede introducir humor en sus sermones para cubrir su falta de emoción y lo seco de su presentación, puede excederse para peligro de su ministerio.

Hay lugar para un humor limpio. Creo que Dios tiene sentido del humor. ¿Has visto alguna vez un perro de lanas francés? Es evidente que el diseñador del perro de lanas tenía sentido del humor. El problema es que enseñar la revelación de Dios es algo serio. No se trata de que no se pueda introducir el humor en momentos apropiados. Sin embargo, no se puede erigir un ministerio sobre el humor sin parecer ligero y frívolo. Es difícil tomarse en serio a un cómico. Y cuando el humor del pastor es introducido tan frecuentemente que su congregación no se lo puede tomar en serio, tanto él como la iglesia tienen un serio problema. Como sucede con todo lo demás en la vida cristiana, lo que debe tenerse en cuenta es la moderación. "Vuestra mesura (moderación) sea conocida por todos . . . " incluye el humor. Una buena norma para todos los ministros puede ser la siguiente: Es apropiado ser conocido como poseedor del sentido del humor, pero no es aceptable que un ministro sea considerado un cómico.

Sin embargo, la alternativa no es solución para el pastor flemático, o será tan seco que su congregación se le quedará dormida delante. Desde que dimití de mi iglesia después de 25 años para entrar en el ministerio televisivo, he llegado a una nueva apreciación de lo que es oír un sermón. Hay momentos, en los domingos por la mañana, en que la inclinación a dormirse es casi abrumadora. A no ser que el sermón del ministro sea retador e inspirador, muchos oyentes pierden la batalla y quedan vencidos por unos párpados de plomo. Esto no actúa en favor ni de la congregación ni del predicador.

4. *Evita temas.* Ya hemos visto que el pastor flemático rehúye la controversia y carece de garra. Por eso, con frecuencia evitará temas candentes. Puede que su congregación esté llena de inmoralidad, quebrantamiento de familias, mundanalidad y pecado, y en cambio él anunciará una serie de mensajes acerca de "La peregrinación en el desierto de los hijos de Israel". Por su propia naturaleza, los flemáticos no tienen el tono profético en su predicación, cuando el hombre de Dios clama en condena frente a la maldad del pueblo de Dios. Los melancólicos son los profetas-predicadores. Juan el Bautista es un buen ejemplo de ellos. El levantó su voz profética contra la inmoralidad del rey Herodes, aunque le costó la cabeza, pero eso no lo hubiera frenado. Un predicador melancólico como Juan hubiera hecho lo mismo aunque hubiera sabido el resultado por adelantado. No es así con el flemático. Es un pacificador tal que preferiría ni nombrar el pecado ni pedir disciplina cristiana por temor a las represalias.

Desafortunadamente, debe de haber muchos predicadores que tienen más temperamento flemático que el que admiten porque me he dado cuenta de que muchas iglesias son extremadamente renuentes a invocar la disciplina cristiana sobre aquellos que violan claramente las normas divinas del comportamiento cristiano. Me di cuenta de esto cuando nuestra junta de diáconos tuvo que expulsar a uno de sus propios miembros de la junta por haber dejado a su esposa para casarse con otra mujer de la que se había enamorado. Después de la acción de este diácono puse la nota en el boletín de la iglesia, y fui criticado por algunos de mis amigos, enemigos de las controversias, por "ponerlo en primera página" o por "hacer la nota demasiado grande". La condenación del pecado nunca es fácil. Pero he observado que los problemas no se desvanecen por sí mismos. Si no te preocupas de ellos cuando son pequeños, tendrás que ocuparte de ellos cuando sean gigantes. A los ministros flemáticos les cuesta aceptar esta realidad.

5. *Sin relación con la vida real.* ¡La predicación debería ser pertinente! El negociante necesita buena predicación para ayudarlo a ser un mejor negociante cristiano. El ama de casa y la madre tienen que ser confrontadas con la importancia de su papel en la vida. La Palabra de Dios tiene mucho que decir acerca de estos temas tan prácticos, y los predicadores tienen que enseñarlos. Pero los ministros flemáticos, muy a semejanza de sus amigos melancólicos,

tienen un absorbente interés en minucias. Parece que pueden pasarse todo el
tiempo hablando de cosas carentes de verdadera importancia. Pueden dedicar
grandes esfuerzos para describir trivialidades a expensas de lo relevante.

Algunos ministros flemáticos encuentran difícil el mirar de frente a su
congregación. Parece como si su gente los intimidara. Un pastor flemático que
conozco apenas si mira a su congregación. Mira sus notas, lee las Escrituras, mira
de lado a lado, echa miradas al suelo, al techo, al reloj, pero pocas veces mira a
la gente. Es innecesario decir que está presidiendo sobre una iglesia moribunda.
Pero esta práctica le roba de predicar a personas verdaderas y vivas. Cuando un
pastor mira a las personas directamente a los ojos, se ve inspirado por sus
necesidades, sus dolores y sus problemas. Dios le dijo al profeta Ezequiel: "No les
temas, ni tengas miedo delante de ellos". El ministro flemático tiene que dar oído
a esta indicación, debido a que es de los rostros de la gente que conseguirá
inspiración para predicar en conformidad a las necesidades de su grey.

CAPITULO
DIECIOCHO

Temperamento y Estilo Pastoral

Los predicadores son personas necesitadas, debido a que son humanos. Hemos visto que todos los temperamentos entran en el ministerio, llevando consigo tanto sus puntos fuertes como débiles. Los hemos visto reflejados en su estilo de predicación. Antes de detallar las necesidades de cada uno de estos temperamentos pastorales, deberíamos examinar la otra área de su ministerio que es casi tan importante como su predicación. Es su ministerio pastoral. Veremos que los que han heredado los mejores dones para la predicación pueden no tener los mejores dones para el pastorado. Incluso en este punto de nuestro estudio es bueno señalar que el Dios que llama a estos hombres a su obra es más que adecuado para proveer para su ministerio, sea cual sea su temperamento. Pero antes de pasar a los recursos disponibles para los ministros, deberíamos explicar sus rasgos pastorales heredados en base de su temperamento.

He observado que además de la predicación existen otras seis áreas importantes en el pastorado de una iglesia. Son el cuidado pastoral, el liderazgo, la administración, la orientación, la vida social, y la personal. Examinaremos cada uno de estos aspectos a la luz del temperamento.

El Pastor Sanguíneo y su Ministerio Pastoral

Los sanguíneos son personas orientadas hacia los demás. Por esta razón, los sanguíneos resultan frecuentemente buenos pastores; aman la grey de Dios. Les es fácil compartir sinceramente con los demás, y "llorar con los que lloran". Su contagioso espíritu inflama su congregación, que por lo general es efusivamente amistosa.

El espíritu del hombre en el púlpito es frecuentemente reflejado por las personas en la congregación. Es un estrechador de manos y palmeador de espaldas que hace que todos se sientan como en su casa. Su congregación hace lo mismo. Es imposible asistir a su iglesia sin sentir la bienvenida.

1. *El cuidado pastoral del ministro sanguíneo.* Los pastores sanguíneos cuidan de manera genuina de la grey de Dios. Por lo general tienen mucha energía; por eso, estar al corriente de las necesidades de una congregación en crecimiento es para ellos un reto, no una carga. Les encanta la visitación de hospitales; es el único temperamento que le gana la carrera a la cigüeña para ir al hospital. Una visita del pastor sanguíneo a los enfermos es por lo general más beneficiosa que una visita del médico del paciente. Y el pastor Sanguíneo no tiene ninguna medicina que dar. Como dice Salomón: "El corazón alegre constituye buen remedio". El pastor Sanguíneo tiene un corazón alegre. Su feliz optimismo casi puede hacer que el paciente se sienta mejor, en tanto que siga en la habitación. Este hombre, si permanece en la iglesia un tiempo prolongado, llegará a tocar cada familia de la iglesia en un tiempo de necesidad. Los pastores sanguíneos que se quedan largo tiempo son por lo general los más queridos por su gente.

Nadie es mejor para los funerales que el pastor Sanguíneo. No hay ningún temperamento que se sienta más en su casa en la capilla funeraria que el sanguíneo. Llora con los dolidos y consuela a los quebrantados de corazón. Tuve una vez a un pastor asociado sanguíneo, el difunto doctor Alan Smythe. ¡Todos lo querían! ¡Y cómo se hacía manifiesto en la capilla funeraria! Siempre tuve la impresión de que yo tenía tres cabezas y una mano en los tiempos de duelo. Pero no le sucedía así a Alan. Entraba directamente, consolando, alentando, y levantando los espíritus de los que habían sufrido la pérdida. No tenía que intentar actuar así, nadie se lo tuvo que enseñar. Le salía de forma natural. Los encargados de las pompas fúnebres en nuestra ciudad llamaban a Alan siempre que necesitaban un ministro, lo que le dio numerosas oportunidades para predicar el evangelio. Los sanguíneos que caminan con Dios resultan buenos pastores.

2. *Los pastores sanguíneos como líderes.* Los sanguíneos son demasiado espontáneos para ser líderes a largo plazo. Como hemos visto, parecen tan buenos líderes en la universidad que los eligen como "el hombre con mayor probabilidad de triunfar". Pero en mis años en una facultad universitaria cristiana tres de los cuatro sanguíneos que elegimos fracasaron en la vida. Los sanguíneos se encuentran con dificultades para actuar de una manera constante.

El pastor sanguíneo es enérgico, y frecuentemente da a la gente la falsa impresión de que es un buen líder, pero su falta de atención a los detalles le impedirá llegar al éxito a no ser que algunos de los hombres de negocios, miembros de la iglesia, que le tengan gran afecto, tomen como un proyecto espiritual el ayudarle a triunfar. Ellos llevarán a cabo su planificación a largo plazo, de lo que él es incapaz. Le ayudarán con su selección del personal porque los sanguíneos son muy malos jueces de personalidades. Sienten afecto por todos y no dejarían de contratar a nadie.

Sin un grupo de apoyo que mantenga en alto sus manos y que dé fuerza a su liderazgo, el pastor Sanguíneo es bueno por lo general sólo para un ministerio de tres a cinco años. A no ser que esté excepcionalmente bien dotado, su carisma natural sólo puede inspirar a una congregación a que lo sigan por este período de tiempo. A su gente le es difícil seguirlo al lanzar nuevos proyectos y campañas cuando tiene una historia de nunca acabar lo que ya ha comenzado. Los sanguíneos pueden ser buenos hombres-escaparate, pero por sí mismos no son buenos líderes. El problema es que creen que lo son. En consecuencia, no aceptarán ayuda ni cuando les sea ofrecida.

3. *La administración del sanguíneo.* Una iglesia en crecimiento es en la actualidad una importante empresa. Cuando dejé mi congregación en 1981 teníamos un presupuesto mínimo total para la iglesia, el instituto superior, el sistema escolar, el centro de ciencia, el centro de jubilación, y otros ministerios relacionados de 10 millones de dólares, y 337 empleados. La mera selección de personal consume enormes cantidades de tiempo.

¡Los sanguíneos no nacen administradores! De hecho, son desastres administrativos en potencia. Aborrecen los detalles, no pueden mostrar puntualidad, no funcionan en base a un plan, sino que responden al capricho del momento. No pueden seguir horarios y son fiscalmente irresponsables. La mayor parte de los sanguíneos mantienen a su iglesia continuamente en deuda. Lo achacan a la dirección del Señor, pero la verdad es que en muchas ocasiones se debe a excesivos gastos y una planificación deficiente. Si no fuera por el hecho de que son buenos en conseguir dinero, muchos sanguíneos se verían obligados a hacer pasar a sus iglesias a través del procedimiento de quiebra.

El aumento de las deudas no parece preocupar al sanguíneo. Puede dormir por las noches aunque el ministerio que encabeza pueda ser, financieramente, como un camión sin frenos precipitándose cuesta abajo. Como ya he dicho antes en este libro, "Los sanguíneos nunca sufren úlceras; se las dan a los demás". La política administrativa del ministro sanguíneo provoca a menudo úlceras a las personas escrupulosas asociadas con él. El desorganizado estilo administrativo del pastor sanguíneo lo lleva finalmente a un conflicto con las brillantes personas de negocios de su congregación. Cuando se hace consciente de su desaprobación, en particular si son miembros de la junta, sabe que tiene que hacer algo. Su reacción es interesante. Los invita a salir para tomar café. No suscita los problemas que le acucian. Tan sólo se atrae a sus detractores, "goza de comunión" con ellos, y sigue feliz su camino pensando que ha resuelto el problema. Y lo ha resuelto, por tres semanas más.

Nunca esperes que un sanguíneo te escriba una carta. Es un hombre de teléfono, no un escritor. No se trata de que no te tenga afecto, o que crea que no eres importante; sólo que no se puede preocupar por detalles poco importantes como los de responder cartas. La falta de disciplina *puede* influenciar todo en su vida, a no ser que sea lleno del Espíritu Santo.

4. *El pastor sanguíneo como consejero.* Todos los ministros dan orientación, sea que hayan recibido instrucción para eso, sea que no, sea que su temperamento sea adecuado para eso, sea que no. Los pastores sanguíneos, como norma, no son buenos consejeros, no debido a que no estén interesados en las personas, sino porque están orientados hacia grupos grandes. Para ellos "todo el mundo es un escenario", y aunque pueden funcionar ante una multitud de una sola persona, no es su diversión favorita. Además, para ser un buen consejero se tiene que mantener un horario regular de despacho de orientación pastoral, se tiene que se prolijo en tomar notas durante una entrevista, se tiene que examinar el tema exhaustivamente y comprobar los consejos espirituales que se le dan a la persona que acude en busca de orientación, y se tiene que escuchar el tiempo suficiente para diagnosticar el problema antes de dar las perlas de la sabiduría. Todo esto es casi imposible para un impaciente sanguíneo de fuertes opiniones que además tiene una capacidad de atención corta. Solamente precisa de 90 segundos en una entrevista para evaluar la situación, decidir quien tiene la culpa, y atribuir responsabilidades. Desafortunadamente, por lo general, se equivoca. Y

si el que busca orientación empieza a llorar, se acabó. Es muy sensible a las lágrimas, y por lo general derrama unas cuantas de las suyas en respuesta. Naturalmente, para él la persona que llora es la parte inocente.

Por lo general, una entrevista de una hora con un consejero sanguíneo consistirá en una explicación tuya de cinco minutos, en tanto que él habla 55 minutos o más. Todo lo que le digas le recuerda algo que sucedió en su vida o en su infancia. Cuando tu hora ha terminado, sabes tú más acerca de él que él acerca de ti. Y es una persona tan orientada hacia los demás que le es difícil confrontar a los demás con la verdadera causa de su dificultad, incluso si consigue diagnosticarla.

Los sanguíneos tienen buenas intenciones, y desean sinceramente ayudar a los demás. Pero la orientación no es por lo general la mejor manera que ellos tienen para lograrlo, a no ser que se hayan disciplinado lo suficientemente como para recibir la instrucción adecuada y para aprender los principios divinos que necesitan las personas para corregir sus vidas. Por lo general, no tendrá en esta fase del ministerio el éxito que tiene en otras.

5. *El pastor sanguíneo y la vida social de la iglesia.* A los pastores sanguíneos les encanta la vida social de la iglesia, y es ahí donde verdaderamente resplandecen. Allí, donde haya personas y él se halle en el centro de la atención, se siente entonces entusiasmado. Le encantan las fiestas, las reuniones, o cualquier excusa para "el compañerismo". El hecho de que tenga que desaprovechar un valioso tiempo para el estudio o la administración para asistir a un acto social de la iglesia nunca lo detiene. Tiene que ir a donde está la gente.

Y por lo general su congregación lo ama. Tiene aquella encantadora capacidad de mirar a los ojos de las personas y de hacerles sentir que son las personas más importantes del mundo. Puede que no sea un buen consejero, pero es encantador; y en la época fría e impersonal en que vivimos, esto es muy importante para muchas personas.

Al pastor sanguíneo le encantan las comidas de compañerismo, las cenas de la iglesia, las merendolas, o lo que uno quiera llamarlas. Sabe que si puede reunir a la gente con él, puede hacer felices a la mayor parte de ellos, y así lo hace. Siendo el maestro de los discursos espontáneos, es un tiempo divertido que no requiere ninguna preparación de su parte, y hace con ello una de las cosas que más le gusta: hablar. ¡Ah, y las meriendas campestres de la iglesia! Allí es donde verdaderamente brilla. Es un hombre feliz, y tiende a edificar una iglesia feliz.

Hay unos pocos peligros en el estilo ministerial del sanguíneo que le pueden meter en aprietos al ir creciendo la iglesia en membresía. Si muestra demasiada atención hacia las nuevas personas, pronto adquiere la reputación de "tener favoritos" o de "no interesarse en los antiguos miembros de la iglesia". Los sanguíneos son grandes besucones de bebés, y en ocasiones se vuelven olvidadizos de la edad de estos bebés. Es "un abrazador" por naturaleza, y si no tiene cuidado adquirirá la reputación de ser sospechosamente afectuoso con las mujeres. Cuando esto suceda, perderá la confianza de muchos de los hombres de su iglesia. Es un pastor prudente el que cultiva una sana relación de amor con su esposa, y pone en claro a su congregación que ella es la mujer en su vida. Esto impide que cualquier mujer frustrada en la congregación intente atraérselo, relaja a los maridos, y hace mucho por la imagen propia de su esposa.

Una de las áreas más evidentes de la vida social de la iglesia que puede provocar problemas reales para el pastor sanguíneo es el comer. Le encanta la comida, y los actos sociales de las iglesias pueden reunir los alimentos con mayor cantidad de calorías en la tierra. Cada dama trata de ganar a sus amigas en la preparación de los platos más deliciosos y más calóricos que pueda. Y, naturalmente, el pastor sanguíneo tiene que probar algo de cada receta. Así que, según la iglesia va creciendo, también él crece con ella. La mayor parte de los sanguíneos tienen problemas de obesidad. Creen que es "un problema glandular", pero no son las glándulas las que alcanzan aquella segunda porción de postre. Los predicadores sanguíneos llegan a tener 15 kilos de más para la época que llegan a los treinta años, y van ganando peso cada año.

La vida social de la iglesia ha sido un quebradero de cabeza desde la época en que en Hechos 6 algunas de las viudas eran descuidadas cuando se servía la comida. Pero no sé como resolver este problema. No se pueden detener las actividades sociales de una manera total. Los cristianos necesitan comunión; y es evidente que no tenemos que dejarle al mundo sólo que provea a esta necesidad de sus vidas. Pero tenemos que andar con cuidado con las prioridades y vigilar que la vida social de la iglesia no llegue a ser la principal. Ninguna buena iglesia ha sido edificada sólo sobre una fuerte vida social.

6. *La vida personal del pastor sanguíneo.* Ahora sí que nos vamos a meter en problemas con nuestros amigos ministros sanguíneos. Pero es mi intención equilibrar la balanza, escribiendo una sección similar acerca de cada uno de los otros tres temperamentos. No se puede separar la vida personal de nadie de su vida ministerial, porque ante todo y en primer lugar un hombre de Dios debería ser "ejemplo a los creyentes". Desde luego, es humano, pero Dios espera que los pastores y obreros cristianos sean ejemplos de lo que enseñan. He descubierto que no se puede enseñar una cosa y predicar otra con la vida sin perder la auto-estima. El ministro que la haya perdido se encuentra en un camino resbaladizo que hace que le sea muy difícil subir al púlpito.

Es difícil saber donde comenzar acerca de la vida personal de este encantador, amistoso y abierto ministro con el contagioso espíritu sanguíneo. Todo lo que hace es tan evidente que es imposible pasarlo por alto. Y, al leer esta sección, ten presente que no hay ningún sanguíneo que sea totalmente igual al que describo. Aquí doy un cuadro de todas las debilidades de muchos ministros sanguíneos que he observado a lo largo de los años. Y tanto sus antecedentes como su instrucción pueden tener una poderosa influencia en su estilo pastoral.

Por naturaleza, los sanguíneos viven de una manera extravagante, difícil de sostener con el salario de un ministro; debido a esto se encuentran siempre con deudas. No tiene ninguna resistencia frente a los vendedores y lo desea todo, sea que lo necesite o no. La compra a crédito está hecha a la medida del sanguíneo, que en realidad debería asumir la política de pagarlo todo al contado, excepto la casa y el automóvil. Esto sería útil para todos los temperamentos. Esta debilidad por las cosas ha arruinado a muchos predicadores sanguíneos. Se ve obligado a hacer trabajos extraordinarios o a procurarse otras formas de aumentar sus ingresos, y esto no siempre para el mayor provecho de su iglesia; o, aun peor, puede verse imposibilitado de pagar sus deudas.

Un área significativa de su vida personal que todos los sanguíneos deben vigilar estrechamente es su moralidad. Nada eliminará más rápidamente a un ministro del ministerio, y con toda justicia, que una caída moral. Debería ser un ejemplo de todas las áreas. Pero tiene varios problemas que otros no experimentan en el mismo grado. Debido a que es un representante de Dios que enseña a otros acerca de temas espirituales, muchas mujeres tienden a bajar la guardia cuando están con el ministro. La mayor parte de las mujeres saben que en todos sus tratos con los hombres deben ser guardianas de sus relaciones. No debería ser de esta manera, pero así es. Pero frente a su ministro cede esta responsabilidad de guardarse debido a que lo considera su líder espiritual. Esto podría ser peligroso para los dos y para toda la iglesia. Incluso el mejor ministro sanguíneo sigue siendo un hombre. Nunca debería permitirse entrar en ninguna situación comprometedora ni tentadora.

Si las mujeres buenas son una tentación, ¿qué acerca de las que no son tan buenas? Incluso en la iglesia puede haber una mujer sicológicamente dependiente que pone en un pedestal al hombre en el púlpito, idolatrándolo, y que después, consciente o inconscientemente, decide seducirlo. O puede albergar fantasías acerca de él, y esto puede tener el mismo efecto sobre la conducta de la mujer. Cuando ella va en busca de consejo, el pastor sanguíneo no sospecha nada. Siendo emotivo por naturaleza, refleja las emociones de interés, compasión y amor cristiano. Ya a propósito, o bien inconscientemente, la aconsejada empieza a reflejar una respuesta, y empieza así el magnetismo emocional.

A lo largo de los años he estado involucrado sólo pocas veces con transgresiones morales de ministros. Afortunadamente, no es cosa tan común como uno pensaría entre los sanguíneos. Pero una sola cesión frente al pecado ya es demasiado, y lo incluyo aquí debido a que los sanguíneos son más vulnerables que los demás, y debido a que constituye una tragedia cada vez que ocurre algo así.

Otra área de su vida personal en la que los ministros sanguíneos pueden perder su testimonio es la murmuración. Los sanguíneos tienden a gustar de la suciedad o de la información confidencial, y pueden ganarse la reputación de traicionar confianzas. Esto puede ser fatal para su ministerio de orientación. En realidad he llegado a oír decir a miembros de una iglesia: "Nunca iría a pedir orientación a nuestro pastor por miedo de que nuestra historia fuera usada como una ilustración en un sermón ante toda la iglesia, o que la contara a otros". No es de extrañarse de que muchos cristianos vayan a consejeros seculares en busca de ayuda. ¿Quién quiere que su secreto venga a ser un tema de interés prioritario en la iglesia?

Otra área personal en la que el pastor sanguíneo puede arruinar su ministerio es su temperamento. En tanto que posiblemente nunca guarde rencor una vez que ha estallado acerca de un tema, su explosión no le es de ninguna ayuda para su testimonio. Cierto, en su trabajo se encuentra con muchas frustraciones. Pero las iglesias no son algo singular. Todas las organizaciones con personal son capaces de producir frustraciones. El pastor sanguíneo que "se vuelve lívido de rabia" y "estalla" estará pronto buscándose otra iglesia, por muy buen predicador que sea.

La última área personal que consideraremos es la familia del pastor. Es aquí donde se revela el verdadero hombre. Si no camina en el Espíritu en casa, puede llegar a perderlo todo. Su manera divertida, confiada y enérgica pueden hacerlo muy querido para sus hijos, en tanto que no se entregue tanto a su trabajo que no le quede tiempo para ellos. Y su ego puede no ser conducente a fortalecer un amor duradero hacia su mujer. Le es tentador dejarse llevar por la calidez de una congregación amante que no lo conoce de verdad y atraerse la fría mirada crítica de su esposa melancólica que sí lo conoce. (Como vimos en nuestro capítulo acerca de la atracción de los opuestos, los sanguíneos se casan frecuentemente con melancólicas, y esto puede ser un factor muy crítico.) Este espíritu puede contribuir a que se sienta "más cómodo" fuera de casa que con su familia y puede ser también una razón subconsciente de que tienda a descuidar su familia por su iglesia.

El pastor sanguíneo puede alcanzar mucho éxito y ser muy eficaz como ministro. Nadie está mejor dotado de la capacidad para comunicar la Palabra de Dios. Sin embargo, nadie está constituido sólo por puntos fuertes. Y a no ser que permita que el Espíritu de Dios modifique sus debilidades, nunca vivirá a la altura de su potencial.

Los ministros sanguíneos, al igual sucede con los otros temperamentos, tienen muchas necesidades, todas las cuales pueden ser cubiertas por Dios, que tiene recursos más que suficientes para eso. Después de haber examinado los deberes pastorales de los otros temperamentos, examinaremos los recursos divinos de una manera detallada.

El Pastor Colérico y su Ministerio Pastoral

Los coléricos son temperamentos impulsores, orientados a objetivos y activistas. El pastor colérico lleva consigo todo este impulso y un montón de debilidades al ministerio. Como regla general, su congregación lo admira y respeta al tiempo que le teme. No se le conoce por permitirse incompetencias a sí mismo, ni por disculparlas en los demás, y es un incansable motivador de personas. Su congregación nunca carece de campañas, proyectos o metas. Como me aconsejó un ministro colérico cuando yo era joven: "Mantén siempre en marcha un proyecto para tu gente. En el momento en que no los tengas ocupados en algo, tú vienes a ser el proyecto de ellos". Hay poco peligro de que esto le suceda al pastor colérico, porque su vida es un proyecto continuo.

Si él creció en una iglesia intensamente evangelística o si fue a un seminario que lo era, tendrá un continuo programa evangelístico en marcha en su congregación. Sabe que una manera de edificar una iglesia es conseguir que al menos el 10 por ciento de los miembros compartan eficazmente su fe y ganen almas. Todos los visitantes de su iglesia son visitados al cabo de una semana o diez días, e instruye a los que hacen la visitación a que consigan que aquellas personas firmen como miembros.

1. *Cuidado pastoral.* Los ministros coléricos no son personalmente buenos pastores, aunque su capacidad organizativa y de liderazgo les provee por lo general de un buen pastorado de la grey por parte de los mismos miembros. No tolera a diáconos que no actúan como tales. Los instruye y los sitúa en grupos de pastorado, asignando una cantidad razonable para ser pastoreada por cada diácono. Pero es tan frío personalmente que los que tienen mayores necesidades tienen miedo de ir a él. Tienen miedo de que él tiene tanto dominio propio que no podría comprender a aquellos que tienen dificultades o problemas que no pueden afrontar. Y los coléricos, a no ser que sean tocados por el Espíritu de Dios, no despiden ningún sentimiento de compasión.

Esto no significa que no estén interesados por las necesidades de su gente, sino que su reacción es organizar algo para resolverlas. Delega las responsabilidades, lo cual incluye el cuidado pastoral. No es la persona más sensible del mundo, por lo que la visitación hospitalaria no es su fuerte. La lleva a cabo, porque es lo que se espera de él, pero no la disfruta de verdad porque no se siente cómodo en una habitación de un enfermo, como tampoco en la capilla funeraria. Si estuviera en su mano, los "sanaría" a la manera en que lo hacía el Señor, a fin de poder volver a su trabajo.

Pronto se quema con los bautismos y las bodas, y trata de delegarlos en otros miembros del personal. Las dedicaciones de niños son un duro trabajo para un ministro totalmente colérico, porque ésta es una ocasión en que no está al control de la situación. Los bebés son impredecibles. Además, yo me pregunto si es que ellos se dan cuenta de su talante arisco, y es eso lo que los hace llorar.

Para ser justos con el pastor colérico se ha de decir que él protegerá la vida espiritual de la congregación mejor que cualquier otro. Si encuentra que un maestro de Escuela Dominical está enseñando algo erróneo, no espera que juntas o comités resuelvan el problema. Lo resuelve él. ¡Aquel maestro recibe los papeles de despido hoy! Si surge inmoralidad en la congregación, llama a los individuos, y los enfrenta con su pecado. Por lo general les da dos opciones: "Arrepentíos aquí y ahora, o sed expulsados públicamente de la iglesia". Conozco a un habilidoso pecador que sabía lo que sucedería si dejaba a su mujer, por lo que la convenció para pasar sus membresías a otra iglesia. Entonces, cuando ya estaban a salvo del control de su pastor colérico, la dejó. Esto, sin embargo, no impidió que el anterior pastor contactara con el nuevo ministro y le dijera lo que tenía que hacer con aquel hombre.

Los ministros coléricos cuidan de su gente, dándoles oportunidades públicas para su crecimiento, incluyendo clases, estudios bíblicos, materiales devocionales diarios, libros y otras ayudas, pero son débiles en la faceta de tocar de una manera personal las vidas de la gente.

2. *Liderazgo*. Nadie tiene un liderazgo más enérgico que un colérico. Esta es la razón de que en la industria reciba el nombre de "Enérgico Líder Natural". Así que cuando un ELN es llamado al ministerio, llevará consigo esta capacidad de liderazgo a la iglesia. Su versículo favorito en relación con esto es la orden de Pedro a los "pastores o ancianos" a "apacentar" la grey de Dios. Puedes estar seguro de esto: él será quien ejerza la supervisión. Y está atraído por las palabras de Pablo de que un buen pastor es aquel que "gobierna bien". Así que gobierna en nombre del Señor, olvidando que incluso si el Señor no lo hubiera ordenado, gobernaría porque él es un gobernante.

El peligro en el ejercicio de este don es que el pastor colérico carnal puede llegar a ser muy dictatorial. Sabe que la forma más eficaz de gobierno es la dictadura, y le encanta este tipo de eficacia. Esto puede ir en detrimento de la selección del personal, porque puede permitirse la tendencia colérica de seleccionar a personas a las que pueda dominar. No sólo se rodea de personas menos competentes de lo que debería, sino que además tiende a sofocar su actividad. El mejor líder es el que aprecia el talento en otras personas y les da la libertad (dentro de unos límites específicos) para expresar su creatividad. Cada colérico tendrá su propia versión de estos límites específicos.

El problema que surge con un dictador-pastor es que repelen a los potenciales líderes y limitan el potencial creador de la iglesia a una sola persona. Esto pronto conduce a una iglesia estereotipada. Desafortunadamente, algunos ministros coléricos están dotados intelectualmente de una manera tan increíble que pueden seguir así. ¡Pero los imitadores deberían tener cuidado! Conozco a un ministro colérico que da seminarios y conferencias a pastores acerca de cómo edificar una gran iglesia, y se usa a sí mismo como ejemplo. Debido a que funciona con él, muchos hombres jóvenes vuelven a su lugar e intentan seguir su estilo dictatorial, y son despedidos de su iglesia. Lo que estos hombres no llegaron a comprender es que fue su predicación, increíblemente buena, lo que edificó su iglesia, no sus prácticas dictatoriales. Su iglesia creció a pesar de su práctica dictatorial.

La prueba de un buen líder es si es además un buen seguidor. Más tarde o más temprano, todos tenemos que seguir a alguien. Un buen líder aceptará y seguirá en ocasiones las sugerencias de otros. El ministerio es tan complejo en la actualidad que nadie tiene todas las respuestas. Un buen líder reconoce que para conseguir el éxito tiene que dar oído a otras personas y cooperar con ellas. Un tipo demagógico dictatorial no cree esto.

La capacidad del ministro colérico para motivar a las personas puede llegar a hacer de él un verdadero déspota. Si no tiene cuidado, pronto aprenderá cuáles son los trabajadores potenciales en su iglesia, y los abrumará tanto de trabajo que no tendrán tiempo para su familia, para sus ocupaciones, ni para nada más. Este es el punto en el que el servicio cristiano deja de ser gozoso y se transforma en trabajo de iglesia.

Algo del éxito que tiene el pastor colérico en la actualidad se debe a que sabe a dónde se dirige y qué es lo que quiere conseguir, ya que tiene la capacidad de traducir esta visión para su gente para poderlos motivar. Este es un buen liderazgo, y Dios está utilizándolo para impulsar el Reino de Dios en el siglo veinte.

3. *Pastores y administradores coléricos.* El ministro colérico es por lo general un buen administrador, especialmente si tiene una buena instrucción en gestión. Desafortunadamente, es sólo en los últimos años que los seminarios han incluido este aspecto en su temario. Quizá una de las razones por las que algunas de las mayores iglesias del país, en la actualidad, están encabezadas por pastores coléricos es que este temperamento es el más apropiado para afrontar la administración de la iglesia sin poseer una instrucción apropiada para eso. Y la iglesia en crecimiento, de nuestros días, precisa de una enorme cantidad de administración.

Los coléricos no son perfeccionistas, y para algunos administradores eso puede constituir una ventaja, y de manera especial si tiene perfeccionistas trabajando bajo sus órdenes. Su punto fuerte en administración es que tiene una buena visión para la selección de las tareas prioritarias en las que invertir el tiempo. Los coléricos, como todos los demás, sólo disponen de 24 horas diarias. Aunque les gusta que la gente crea que trabajan muchas horas y muy duramente, no siempre son los tipos más trabajadores. Sin embargo, tienen propensión a concentrarse en los temas prioritarios de la vida, en tanto que los perfeccionistas se pasan el tiempo perfeccionando lo innecesario, o al menos lo no tan importante.

Un motivador de éxito acuñó la siguiente frase: "De la producción a la perfección; nunca se puede ir de la perfección a la producción". Es más fácil para un colérico seguir este consejo que para otros. Concibe un proyecto, lo lanza antes que esté verdaderamente listo, y después trata de mejorarlo sobre la marcha. A menudo pienso en esto a la luz de las doce diferentes organizaciones cristianas que he fundado mientras pastoreaba iglesias. En 1965 me sentí con la carga de fundar un instituto cristiano de enseñanza media. En marzo, decidí que era el momento de empezar. Lo planeamos en la primavera, la iglesia lo aceptó en julio, lo anunciamos en agosto, y empezamos en septiembre. Hoy en día consiste de un sistema educativo con diez escuelas, incluyendo dos institutos de enseñanza media formalmente acreditados, que probablemente son los mayores de este tipo en todo el país. Lo mismo sucedió en 1970 cuando fundamos el Christian Heritage College. Lo concebimos en enero, lo planificamos en mayo, lo lanzamos en julio, y abrió sus puertas para las clases en septiembre. En la actualidad, esta institución de enseñanza superior tiene más de 500 estudiantes. Desde luego, si hubiéramos esperado otro año, hubiéramos estado mejor preparados para las clases, pero, por otra parte, también hubiéramos tenido más tiempo para estudiar los problemas potenciales que íbamos a tener que afrontar, y hubiéramos podido sentir temor de comenzar. Afortunadamente para mí, el Señor condujo a unas personas muy capaces por mi camino para recoger las pelotas sueltas y los detalles enojosos para conseguir llevar a buen fin mis proyectos, de manera que me pude lanzar a iniciar otros proyectos.

Todos los ministros coléricos necesitan un secretario fenomenal, y tan pronto como la iglesia sea lo suficientemente grande como para permitirlo, deberían contratar a un pastor asistente para ayudar a anudar los cabos sueltos que el pastor Colérico deja tras de sí en sus numerosos proyectos. Una cosa acerca del personal que trabaja con él: ¡Todos deben ser más perfeccionistas que él!

Una de las preguntas que se me han hecho acerca de los directores coléricos (y los pastores deben ser incluidos en esta categoría) es: "¿Son buenos para delegar algunas de sus tareas a otras personas?" He estudiado este extremo extensamente y he llegado a dos conclusiones: (1) La delegación es un arte que debe ser aprendido bien por enseñanza, bien por experiencia, pero (2) que su temperamento secundario determinará lo difícil que le sea aprenderlo. La combinación que aprende con más facilidad a delegar es el pastor ColSan. Tiene la suficiente orientación hacia otros del sanguíneo como para disfrutar de sus éxitos. El pastor ColSan cree que parte de su llamamiento de parte de Dios es ser un empresario cristiano que crea oportunidades para que otros cristianos sirvan al Señor. Se deleita en confiar sus proyectos a otras personas una vez que los ha iniciado. Es uno de los primeros en aprender que "se consigue hacer más a través de otras personas".

El pastor ColFlem es un administrador muy eficaz, pero encuentra más difícil aprender a delegar. Por lo general necesita la presión de trabajos sin terminar para pasar algunos de sus deberes a otros. Y cuando lo haga será un cuidadoso "controlador". Por otra parte, en los proyectos que impulsa quedan muy pocos cabos sin atar.

El pastor ColMel encuentra muy difícil delegar en nadie. Disfruta con el trabajo que hace y está seguro de que nadie lo haría tan bien como él. Como veremos, los melancólicos encuentran difícil delegar nada por lo perfeccionistas que son. Algo de esto afecta al pastor ColMel.

Uno de mis queridos amigos encabeza uno de los mayores ministerios de misiones del mundo. Si dijera su nombre lo reconocerías de inmediato. En una época en que estaba sufriendo una sobrecarga de trabajo, debido a que su creciente organización estaba alcanzando un nivel que exigía algunas reestructuraciones de su ministerio, contrató a dos cristianos expertos en gestión

para estudiar todo lo que estaba involucrado y para aconsejarlo acerca de qué
hacer para resolver el problema. Después de entrevistar a todos sus directores de
departamento y de estudiar cuidadosamente su trabajo, pidieron una entrevista
con mi amigo, y le dijeron: "Los expertos han observado que el mayor número
de personas que puede tener un gerente que se relacionen directamente con él es
9, y usted tiene a 23 que son directamente responsables ante usted". A lo que él
respondió característicamente "No lo entiendes; yo soy una excepción". Hoy día,
es posible que tenga a 33 directamente responsables ante él. Es una persona
increíble, que probablemente morirá joven. Es una persona adicta al trabajo, o no
conseguiría llevar a cabo todo lo que hace. Los temperamentos Col-Mel son así.

3. *El pastor colérico como consejero.* Es imposible tipificar la capacidad o el
estilo de orientación del ministro colérico. Mucho dependerá de su instrucción y
experiencias en las etapas tempranas en su formación ministerial.

Hay ministros coléricos que son tan impacientes que rehúsan dar orientación
alguna, y prefieren contratar a un especialista en su personal para que sea
consejero a dedicación exclusiva. A un famoso pastor colérico le preguntaron en
un seminario para pastores: "Con todo lo que tiene en marcha, ¿cómo encuentra
tiempo para aconsejar a su congregación?" A esto respondió: "No doy consejo a
nadie. Si quieren hablar conmigo, pueden venir a mi despacho después del
servicio nocturno, y les doy orientación durante un par de minutos". A no ser
que conozca algunos trucos que nunca he oído, esto no resulta en la mayor parte
de las iglesias. Y desde luego no servirá de ayuda a las personas que sufren.

En realidad, el ministro colérico puede aprender a ser un buen consejero si se
dedica a ello. Tiene una perspectiva práctica y por lo general puede ver a través
de la complejidad del pensamiento del aconsejado, y dirigirse directamente al
problema. Pero en ocasiones es tan analítico que se pierde en una serie de
callejones sin salida.

Uno de los problemas es que su mente divaga a lo largo de la entrevista. Su
mente está llena de metas, objetivos, y siempre que la cita de aconsejamiento
llega lo hace en un momento inoportuno, porque hay otras 89 cosas que debería
estar haciendo. Por eso, tiene que luchar contra la tendencia de su mente a
divagar, a su trabajo sin acabar, mientras su interlocutor comparte sus problemas.
He descubierto que el hábito de tomar notas durante la entrevista es de gran
ayuda en profundizar la concentración.

Otro problema que puede afrontar es el de la impaciencia. Los coléricos por lo
general, tienen su vida "coherente", y no puede comprender por qué los otros no
la tienen así. Tiende a evaluar a los demás a la luz de sí mismo. Este puede ser
un problema serio. El es decidido, y no puede comprender por qué los demás no
lo son. Por lo general puede evaluar rápidamente los problemas y encuentra difícil
luchar con objetivos carentes de un fin. Pero si aprende a tener paciencia y está
dispuesto a oír a los que van en su busca hasta que terminen, puede hacerles
mucho bien.

Tiene también la tendencia a ser intolerante con las debilidades y se queda
cortado ante las lágrimas. Si no tiene cuidado, puede mostrarse muy dictatorial.
Los que no siguen su consejo no son vueltos a recibir con agrado.

Una de las buenas características de un ministro consejero colérico es que él,
más que ningún otro temperamento, es propenso a dar "deberes" espirituales a
su aconsejado. Esto acelera la cura. Le asigna lecturas bíblicas, memorización,
asistencia a la iglesia, lectura de libros, y audición de cassettes. Y tiene la energía

de ordenar que ello sea hecho antes de la siguiente entrevista. Esta parte de su ministerio de orientación puede ser de gran eficacia para llevar a cabo el cambio deseado en la conducta y actitud de la persona.

5. *El ministro colérico y la vida social de la iglesia.* Para el ministro colérico, la vida social de la iglesia es un mal necesario que debe tener algún propósito, o deja de tener todo interés en ella. Personalmente, no necesita "compañerismo" con nadie, y puede que no vea su necesidad para los demás. Después de llegar a su iglesia, puede que no comprenda el propósito original de algún grupo, y se dedicará a eliminarlo después de su llegada, bien porque ha abandonado su propósito original o porque está en desacuerdo con aquello. Cuando comienza una actividad social, siempre encuentra a alguien que se preocupe de los detalles, y le asigna algún propósito espiritual. La comida o el acontecimiento tiene que ser bien para ganar almas perdidas, para instruir a ganadores de almas, para que las personas nuevas se familiaricen con la iglesia para que vengan a ser miembros, o para recaudar fondos. Las reuniones sin un propósito específico son algo que no se debe permitir. A no ser que tengan objetivos, él no aparecerá, o, si aparece, será porque le dan una oportunidad para promover algún proyecto en el que está trabajando.

Un pastor colérico que conozco impulsó un programa de cenas de gran éxito para su iglesia, que tuvo como resultado que cientos se convirtieron a Cristo. La condición para asistir era que se tenía que invitar al menos a una persona inconversa para estar en la misma mesa. No sólo entraron muchos extraños en aquella iglesia por primera vez, sino que cada hombre inconverso casado con una esposa cristiana que acudía a aquella iglesia recibió una invitación personal. Otro ministro que conozco usa un banquete de este tipo por Navidad, cada año, para recaudar más de 100.000 dólares para los ministerios educativos de la iglesia.

6. *La vida personal del pastor colérico.* La vida espiritual personal de cualquier ministro va a tener una influencia vital sobre su ministerio. La clave de esta vida es sus prácticas devocionales, incluyendo el estudio regular de la Biblia y la constante oración. Los coléricos son frecuentemente intensos en el estudio bíblico, pero débiles en la oración. Creen en ella, pero se toma demasiado tiempo de sus ocupados horarios. Además, cada vez que se arrodillan a orar, su activa mente suscita todo tipo de actividades. Para muchos coléricos, su vida de oración consiste en poco más que en planificar sus actividades diarias. O puede que asuman la práctica de orar por las cosas grandes de su vida y ministerio, y planificar por sí mismos las cosas rutinarias. Como le decía un ministro colérico a otro: "¿Para qué orar acerca de esto? Es lógico ir adelante y llevarlo a cabo".

Emocionalmente, los coléricos tienen un problema con la ira. Ya lo he dejado claro en este y en otros libros acerca del temperamento. Puede estallar tan rápido como el sanguíneo, pero, a diferencia del sanguíneo, pocas veces perdona y casi nunca olvida un insulto, un daño o un rechazo. Chocará con los miembros voluntariosos de la congregación y usará su ira para inducir a todos a tomar su puesto en la formación. Es particularmente vulnerable ante las mujeres coléricas de la congregación que intentan dominarlo. Si quieres ver como saltan las chispas, tan sólo fija tu mirada en un ministro colérico que es llamado a una nueva iglesia en la que una voluntariosa mujer colérica "ha gobernado sobre la nidada" durante años. Ninguna iglesia tiene sitio para dos líderes dominantes, y él tiene el concepto de que le pagan para dominar. Ella será la primera persona en la congregación en volverse contra el nuevo ministro.

Moralmente hablando, la mayor parte de los ministros coléricos viven una vida tan derecha como una flecha. Mantienen sus compromisos, y esto incluye sus votos matrimoniales. Una ventaja que tienen sobre el encantador ministro sanguíneo es que las mujeres de la congregación, por general, les tienen miedo en lugar de sentirse físicamente atraídas a ellos. Otra ventaja que tienen es que de suyo no son "tocones", y ello incluye en particular a las mujeres de la congregación. Sin embargo, cuando un colérico se hunde moralmente y comete adulterio, he observado que lo que intentan es justificarlo. Bien su esposa "es fría y no está interesada en el sexo" o le echa las culpas a "las presiones del ministerio" o, como un hombre que conozco, echan la culpa "al marido de aquella mujer". Pero felizmente puedo decir que tales ministros coléricos están en franca minoría. La abrumadora mayoría de ministros coléricos que conozco, y conozco a muchos, viven una vida piadosa. No son perfectos, desde luego, pero aman al Señor, les encanta servirlo, y disfrutan tanto con su trabajo que no harían nada para ponerlo en peligro.

La iglesia del tamaño medio no puede desde luego ofrecerle al ministro colérico promedio el suficiente reto para retener su atención todo el tiempo. Por esto, invertirá sus energías en actividades externas. Para él, "el campo es el mundo" y todo lo que pueda concebir en el servicio del Señor debiera ser llevado a cabo usando la iglesia local como su base. Esta es la razón de que por lo general tenga 89 hierros en el fuego a la vez. La mayor parte de estas empresas tienen relación con la iglesia, o al menos son actividades cristianas.

Nunca olvidaré al emprendedor ministro colérico que me recogió un día en el aeropuerto. Mientras conducía por la ciudad me dijo: "Quiero parar un momento en mi agencia de viajes antes de ir a la iglesia." Creí que con aquello quería decir lo que yo quiero decir con eso. Mi agencia de viajes es el lugar donde yo voy para que me preparen mis billetes de avión. ¡No para él! El era el dueño de la agencia. Más tarde, descubrí que tenía otras seis sociedades, todas ellas relacionadas con la iglesia: una compañía inmobiliaria dedicada a la construcción de iglesias, una firma de arquitectos con el mismo propósito, una institución crediticia eclesiástica, y otras. ¡Y tenía la iglesia más floreciente de la ciudad! Cuando le pregunté cuál era la relación de la agencia de viajes con la iglesia, me dijo: :"Hago muchos viajes para ministrar a misioneros, y la agencia me da los viajes gratis". ¿Quien si no un colérico pensaría de esta manera?

La parte más poco desarrollada de la vida de un ministro colérico es su vida familiar. Es un perenne adicto al trabajo cuyas actividades eclesiales le dan la excusa para dedicarse a su primer amor, el trabajo, y esto por lo general a expensas de su familia. No le cuesta mucho intimidar a su esposa al silencio, y a menudo a la frigidez como represalia para su dominio y ausencia constantes. La mayor parte de ministros coléricos extrovertidos se casan con tímidas esposas introvertidas. Por eso, tiende a perderse en el trabajo mientras ella se dedica a la casa y a los hijos. A no ser que él aprenda algo acerca de la vida llena del Espíritu, con frecuencia llegan a ser extraños solitarios el uno para el otro para la época en que sus hijos abandonan el hogar.

No es raro que el hijo de un colérico aborrezca la profesión de su padre, sea la que sea, porque le roba del padre que hubiera debido tener. Esta es la principal razón de que sean pocos los jóvenes que en la actualidad acepten para ellos la profesión de su padre. Esto incluye también el ministerio, a no ser que la persona tenga en su juventud una experiencia espiritual profunda que le abra al llamamiento de Dios. Los padres coléricos tienden a ser excesivamente dominantes, sin el amor necesario que sus hijos necesitan como compensación, lo que tiende a generar rebelión en sus corazones, primero contra su padre, después contra Dios. A no ser que sea conducido por el Espíritu en el hogar, esto puede afectar seriamente su vida familiar.

Incluso las vacaciones no le dan placer al pastor colérico. Como norma, no le gusta hacerlas, sino que las combina con oportunidades para hablar a grupos. Su idea de unas vacaciones de un mes (si es que alguna vez accede a tomárselas) es: dos conferencias bíblicas de verano, tres reuniones eclesiales de fin de semana, y un viaje en automóvil de 10.000 kilómetros. Por lo general, su familia llega de sus vacaciones tan extenuada que necesitan unas vacaciones para recuperarse de estas vacaciones.

La parte externa de la vida familiar de un ministro colérico raras veces causará alarma en su iglesia. Es lo que sucede tras las puertas cerradas que puede ser peligroso. Afortunadamente, todos los ministros son diferentes, incluso aquellos con igual temperamento. Al igual que sucede con todos los temperamentos, si camina en el Espíritu su vida familiar será una bendición para cada miembro de la familia. Y por lo general ha tenido la bendición de casarse con una esposa gentil y amante que es una super-madre que aprende a aguantarlo por amor al Señor.

El Pastor Melancólico
y su Ministerio Pastoral

Los melancólicos están más que dotados y son más que creativos; sienten el impulso a servir a los demás, particularmente si han sido liberados por el Espíritu Santo de su autocontemplación. Son sensibles al Espíritu de Dios y, como hemos visto, necesitan una causa mayor que ellos mismos, a la que se puedan entregar de por vida. El llamamiento al pastorado es por lo general una misión de por vida en la que se lanzan con todo su ser. Pueden sumergir todo su rico temperamento en el ministerio de impulsar el Reino de Dios, en tal manera que es difícil separar al pastor melancólico y su ministerio. Para él, el ministerio es su misma vida.

1. *Su ministerio de cuidado pastoral.* Si quieres un modelo del pastor ideal que visita a los enfermos, consuela a los quebrantados de corazón, y que suspira por los perdidos, éste es el pastor Melancólico. Es un visitante tan constante del hospital local que todos los administradores lo reconocen. Se ve profundamente conmovido por las almas sufrientes de su congregación, y tiene una forma especial de consolarlos mediante la Palabra de Dios y la oración. Hay algo acerca de ver a un miembro de la iglesia echado impotente en la cama que hacer surgir su simpatía e interés, de tal manera que se abre a ellos y los toca en sus horas de desesperanza.

Es bueno para los funerales, no tan efusivo y contagioso como el sanguíneo, y nunca hablará hasta aburrir a la gente. Sabe intuitivamente que no se tiene que persistir en una conversación sin contenido para consolar a las personas. Se da cuenta de que el hecho de estar presente cuando las personas sufren proyecta el mensaje de que está interesado. Y realmente lo está. Sacrifica de todo corazón su tiempo personal, sus vacaciones, y a su propia familia, para ministrar a los necesitados.

Sus servicios eclesiales están llenos de adoración. Le gustan los servicios bien estructurados, los llamamientos formales a la adoración, los interludios musicales (Bach, Beethoven, y compositores del siglo 17). Tiene un gran sentido de la estética. Sus servicios comienzan puntuales y terminan a la hora. Por lo general, concede una gran importancia a los himnos corales, a la vestimenta formal y al ambiente. En raras ocasiones dejará el púlpito a otro orador, por temor a que no se cuide de una manera adecuada de las necesidades de su gente.

2. *Su estilo de liderazgo.* A no ser que su temperamento secundario sea colérico o que haya tenido una instrucción apropiada, el pastor melancólico no es por lo general un buen líder. Se siente derrotado con demasiada facilidad ante la desaprobación de los demás. Lo que piensen de él las personas de la iglesia le es demasiado importante para enfrentarse con ellos cuando resisten su liderazgo, incluso cuando se siente guiado por Dios y sabe en su corazón que lo que está tratando de hacer es para el bien de la iglesia. Tiene que aprender que "la puerta de la oportunidad siempre gira sobre los goznes de la oposición", y que siempre habrá los que estén dispuestos a oponerse. No son de suyo líderes enérgicos natos.

Dicho esto, se debería señalar también que los ministros melancólicos pueden, en ocasiones, ponerse a la altura del reto de la grandeza, si esto es necesario para impulsar el Reino de Dios. Constituyen una paradoja, como el melancólico profeta Elías, que no rehuyó enfrentarse públicamente con todos los profetas de Baal en nombre de Dios, pero que más tarde se escapó atemorizado de la malvada reina Jezabel, que lo aborrecía. (No estoy seguro de si esto sugiere que la desaprobación de las mujeres es más significativa para él que la de los hombres).

Un pastor melancólico que conozco, un gran maestro bíblico, ha llevado con éxito el pastorado de la misma iglesia durante más de veinticinco años. Cuando fue llamado a aquella iglesia, conocía su historia de divisiones y de airadas reuniones de administración. Había oído historias de miembros blandiendo los puños frente a los rostros de los otros. Por eso, oró intensamente, aceptó el llamamiento, y al dirigir la primera reunión de administración puso ya desde el principio una cosa en claro. Dijo: "Como moderador de esta reunión y pastor de esta iglesia, sé que queréis que os mantenga lejos de contristar al Espíritu Santo de Dios. De manera que si alguno habla enfurecido en esta reunión, me veré obligado a suspenderla hasta el mes que viene para esta fecha cuando reemprenderemos nuestra reunión". Se precisaron cuatro meses para que aquella iglesia se diera cuenta de que lo decía en serio. Finalmente, los convenció de que incluso los negocios de la iglesia, podían ser arreglados en el Espíritu. Literalmente, transformó la vida de aquella vieja y decadente iglesia; y en la actualidad, es una de las congregaciones principales de aquella denominación.

El tema de delegar es la piedra de tropiezo que limita a menudo el gran potencial de un ministro melancólico. Como ya hemos visto, es muy renuente a delegar en otros lo que cree que es su responsabilidad. Al ir creciendo el ministerio, hay más y más demandas sobre su tiempo, por lo que trabaja más y más en lugar de permitir que otras personas de confianza le ayuden. Dos de las razones por las que le cuesta delegar es que es un perfeccionista que teme que los otros no harán bien el trabajo, y porque tiene miedo de que otra persona pueda robar los afectos de su gente.

Moisés, como podrás recordar, tuvo, no pocos problemas, con esto en el desierto. Grandes colas de gente se formaban esperando que él dispensara decisiones de justicia civil. Estaba cansado de continuo y no podía llevar nada a cabo. Fue entonces cuando Jetro, su suegro, intervino y sugirió que designara a setenta ancianos para que oyeran las quejas de la gente. Es evidente que setenta eran de más ayuda que lo que él hubiera podido llevar a cabo, pero al melancólico Moisés le costó aceptar esto. Y eso mismo le sucede al pastor melancólico. Tiene que aprender que siempre "se hace más a través de otras personas" que lo que uno puede hacer por sí mismo.

Las diferencias de temperamento me son muy fascinantes con respecto a esto. El pastor colérico preferiría conseguir diez personas que hicieran el trabajo, incluso si sólo lo hicieran al 80 por ciento de la pauta que él se aplica a sí mismo. No es así con el melancólico. Preferiría que cada trabajo se llevara a cabo al 100 por ciento de la norma, incluso si tiene que hacer él todo el trabajo.

3. *El estilo administrativo del pastor melancólico.* los melancólicos son interesantes administradores. Y, de nuevo, la instrucción que hayan recibido tendrá mucho que ver con su estilo. Pero recordemos que un melancólico es un perfeccionista, y esto es de esperar en su administración y gestión. Nadie puede llevar a cabo más papeleo que el pastor Melancólico. Su personal echa un suspiro de alivio cuando la fotocopiadora de la iglesia se avería. Por lo general, es la primera persona en llegar al trabajo por la mañana, y el último en irse por la noche. Está regimentado por un horario, dedicando ciertos días a ciertas tareas. El colérico asigna a cada miembro del personal un día a la semana para visitación hospitalaria hasta que tiene a seis personas trabajando con él, y entonces deja de hacer él las visitas al hospital. No es así con el melancólico. Incluso si tiene a doce empleados y dos visitadores cada día, se preocupará con todo de visitar a tantos como pueda, y se sentirá culpable porque no puede visitar a todos. Es propenso a hacer esto con todo.

Como gestor de personas, es un "controlador". Su estilo es supervisarlo todo estrechamente. No así el colérico, que está interesado en los resultados. El ministro-gestor melancólico se sienta con su personal pastoral o líderes voluntarios, repasa cada detalle, establece líneas maestras y objetivos, y después los supervisa con periodicidad, y en el ínterin lo mira todo por encima de sus hombros. Puede que no exprese críticas verbalmente, de la manera en que lo harían un sanguíneo o un colérico, pero su desaprobación se hace patente, se respira. Y para muchos temperamentos, esto puede ser aún más desvastador.

Personalmente, su escritorio es una zona catastrófica. Si entras en su oficina, su escritorio está sepultado debajo de una montaña de papeles, informes, cartas, programas, etc. A pesar de todo, sabe donde está todo. Cumple sus plazos y es capaz de reunir una cantidad increíble de información de sus montones y residuos de escritorio. A este estilo lo llamo "un desorden ordenado". Pero ¡a quién le importa lo que parezca, en tanto que se lleve a cabo el trabajo!.

Una amiga es la presidente de una gigantesca compañía, y mantiene de continuo un escritorio que no se puede ver debajo de todo el papel acumulado. De hecho, tiene dos oficinas, una de ellas donde trabajar. Cuando entré en su oficina, ella miró a su escritorio, con sus montones, y dijo: "Siempre sospecho de los ejecutivos que mantienen un escritorio limpio. ¡No me creo que tengan nada que hacer!" Los melancólicos tienen una multitud de cosas que hacer, y mantienen un escritorio repleto para demostrarlo. Sin embargo, encuentran el tiempo para mantener su correspondencia al corriente.

En años recientes, los pastores melancólicos nos han enseñado algo a todos acerca de aprovechar el tiempo. Tienen clases para todo. En su búsqueda de ser exhaustivos, han proyectado clases para membresía, clases de instrucción de catecúmenos, clases de instrucción prematrimonial, clases de orientación pastoral, seminarios para diáconos, consejeros de junta, diaconisas, o cualesquiera de los oficios laicos en la iglesia. No se puede entrar en su iglesia, piscina bautismal, o junta oficial sin pasar por clases. No estoy atacándolos, quiero que esto quede claro. Yo mismo llevé clases de este tipo cuando estaba en el pastorado. Sólo que todos sacamos esta idea de nuestros amigos pastores melancólicos. Conozco a un pastor melancólico que exige ocho clases prematrimoniales antes que nadie se pueda casar en su iglesia. Y con lo elevada que está en la actualidad la tasa de divorcios, incluso entre cristianos, ¿quién puede decir que ésta no es una buena idea?

4. *El estilo de orientación del pastor melancólico.* Los pastores melancólicos resultan buenos consejeros. Son pacientes, se interesan, y dan al aconsejado toda su atención. Todo lo que hace consigue su atención concentrada, y esto es necesario para ser un buen consejero. Es lento en llegar a juicios morales y no es abrasivo cuando asigna la culpa o cuando ofrece remedios terapéuticos. Escucha cuidadosamente, lo evalúa todo con aquella memoria retentiva de que disfruta, y analiza toda la situación de manera cuidadosa.

Las sesiones de orientación con el pastor Melancólico toman mucho tiempo. Su primera entrevista para llegar a familiarizarse precisa de unas dos horas. Hay formularios que llenar, detalles que conocer, y temas que tratar acerca de los que puedes no haber pensado en treinta años. Tiene que saberlo todo de ti antes de poder diagnosticar con precisión tu problema. Después te tiene que ver con regularidad, supervisarte cuidadosamente, y cerciorarse de que estas siguiendo sin falta su consejo y sus instrucciones.

A pesar de la condición de su escritorio, mantendrá un archivo exacto; y si vuelves al cabo de diez años, tendrá a disposición todos sus registros. El pastor MelFlem, con su gentil espíritu y sus formas suaves, puede ser el mejor temperamento para una vida dedicada enteramente al ministerio de orientación. De una cosa puedes estar seguro: se tomará tu problema en serio e intentará diligentemente no ofenderte.

Una de las debilidades del consejero melancólico es que, a semejanza del sanguíneo, tiende a sentir simpatía por los que se revuelcan en la auto-compasión. ¡Esto es lo último que necesitan! Ya están sintiéndose suficientemente dolidos por sí mismos; ésta es la razón de que se sientan frecuentemente deprimidos. Y cuando un consejero simpatiza con ellos, su inclinación es pensar: "Tenía razón de sentirlo por mí mismo; incluso mi consejero lo siente por mí". No importa el temperamento que tenga el consejero que comunica este mensaje; es mala orientación. Pero la confrontación es terrible para el melancólico. Confrontar a un aconsejado que siente auto-compasión con su terrible pecado de auto-compasión y sus dañinas consecuencias es duro para todos. Lo sé; lo he tenido que hacer más de mil veces. Pero si quieres ayudar a las personas que sufren depresión, esto es lo que tienes que hacer. Y los melancólicos encuentran esto tan duro que a menudo recurren a sesiones de orientación más y más prolongadas para suavizar el problema, y luego acaban haciendo lo que debían haber hecho en primer lugar, la difícil tarea de la confrontación.

Un problema personal que encuentran muchos melancólicos es la dificultad que tienen en dejar los problemas de sus aconsejados en la oficina de orientación. A ninguna familia le es preciso vivir con la acumulación emocional de siete u ocho experiencias de orientación al día. No sólo le hará su super-escrupuloso espíritu compartir las cargas de aquellos a los que aconseja incluso cuando llega a casa por la noche, sino que además no puede soportar la culpa del fracaso. No me importa lo fenómeno que seas como consejero, te vas a encontrar con fracasos humanos. Los matrimonios que remiendes pueden volverse a desgarrar más tarde. Los jóvenes drogadictos a los que has ayudado a vencer el hábito pueden volverse otra vez a las drogas, y sufrir una sobredosis. Los deprimidos pueden volver a sus antiguas pautas de pensamiento e intentar, o incluso lograr, suicidarse. El ministerio de la orientación es un trabajo duro, y los pastores melancólicos se toman estos fracasos de una manera muy personal. Su primer pensamiento es: "¿Dónde me equivoqué?" o "¿Qué pistas dejé de advertir?" o "¿Qué hubiera debido hacer de forma diferente?" Y aunque se siente cargado de culpa y deprimido por su fracaso, puede que haya hecho todo tal como debía; nadie puede predecir cómo otra persona va a ejercitar su libre voluntad. ¡Esta área pertenece a Dios!

Una nota final para que nadie se desanime de entrar en el ministerio de orientación. Hay una bendición que no se anuncia al ser un consejero. Creo que hace a uno mejor persona, esposo, padre. Al oír los dolores y quejas de los demás, es imposible ser tan impersonal como para no pensar en ocasiones: "Yo he sido culpable de decir cosas similares a mi esposa" o "me pregunto si me he comportado de esta manera con mis niños". Un hombre de Dios escrupuloso será mejor persona al pasar el tiempo en la oficina de orientación con otros.

5. *El pastor melancólico y la vida social de su iglesia*. El pastor melancólico no lucha contra la vida social de su iglesia. Puede que sea solitario por naturaleza y crea que tiene poca necesidad de pasar un rato social (aunque sí que lo necesita), pero está en la iglesia siendo tan usado por Dios para ministrar a los demás que alentará una vida social activa. Reconoce que las personas que pasan tiempo juntas mejoran sus relaciones, y trata de inspirar tantas oportunidades para estas actividades como puede.

Puede que personalmente no se sienta cómodo en actividades sociales, fiestas o reuniones, debido a que no está ávido de conversación; pero una vez que asume el papel de pastor puede estar a la altura de las circunstancias. Para él, todas las reuniones sociales deben tener algún significado espiritual también, y dejar tiempo para estudio bíblico y oración. Pero casi nunca interrumpirá la tradición de su congregación acerca de esto, a no ser que tenga intensas convicciones bíblicas, o de otra naturaleza, en contra de ellas.

6. *La vida personal del pastor melancólico*. Una cosa que todos esperan de su pastor es que viva una vida piadosa, y esto es probablemente más fácil para el melancólico que para ningún otro temperamento. Tiene una enorme capacidad de caminar con Dios. Puede aprender a comunicarse con El a un nivel sumamente entrañable y tiene por lo general una vida plena y rica de oración, en tanto que se siente de continuo demasiado mundano o carnal. Será probablemente más constante en sus devociones diarias que cualquier otro tipo temperamental.

Tiene una elevada norma de moralidad, tanto para sí mismo como para su congregación. Su vida mental se considera generalmente pura, y se guardará legalistamente de todo lo que pueda inflamar artificialmente sus pasiones carnales. No podría soportar la culpa de la infidelidad matrimonial, lo que tiende a ser su salvaguardia cuando se enfrenta con tales tentaciones.

Como su primo flemático, tiene un problema de temor o ansiedad, y en raras ocasiones se siente seguro en su congregación. Si un ministro invitado es usado por Dios de una manera conmovedora entre la gente, tiende a sentirse amenazado. Puede pensar más en su insuficiencia que en el talento del visitante, lo que no ayuda en nada a su confianza en sí mismo. Se toma personalmente los momentos bajos de la congregación (y todas las iglesias tienen temporadas de éstas) y en raras ocasiones se atribuye los momentos altos, porque sabe que debería ser aún mejor. Si aparecen pendencias, murmuración o luchas entre grupos en su congregación, se lo toma de forma personal, como le sucede con los matrimonios deshechos o con cualquier forma de mundanalidad por parte de los miembros.

Puede ser fácilmente desalentado por la oposición de otros, en particular de los que tienen posiciones de liderazgo. No puede enfrentarse con la derrota y casi nunca abandona su iglesia cuando las cosas marchan mal. Su intenso sentido de la lealtad lo ataría a un barco hundiéndose, por lo que si una iglesia dinámica con un hermoso auditorio en un vecindario floreciente lo llamara, estaría casi seguro de que ésta no es la voluntad de Dios. Excepto por su esposa sanguínea, que lo apremia: "ora acerca de esto mientras yo hago las maletas", se quedaría en la desalentadora obra por el resto de su vida. Los pastores melancólicos se quedan a menudo más allá del alcance de su ministerio en una iglesia. En cambio, los coléricos actúan de forma inversa. Si el llamado no les viene de una mayor y mejor oportunidad y dándoles un salario más elevado, están seguros de que no es de Dios. El pastor sanguíneo, sin embargo, salta a la primera oportunidad que se le presenta sin importar de donde venga. Su esposa melancólica es por lo general muy buena haciendo equipajes. Tiene mucha práctica.

Los lunes son, por lo general, días de descanso para el pastor melancólico. Esta es la razón de que, durante años los ministros han tenido el hábito de tomarse el lunes para descansar. Los ministros melancólicos nos lo enseñaron así en el seminario. Es bastante sencillo. Cada domingo constituye el objetivo de toda la semana de trabajo de cada pastor. Su trabajo primario es alimentar a la grey de Dios. El melancólico tiende a decaerse después de haber llevado a buen fin un proyecto, por eso el lunes se siente agotado física y emocionalmente. El sanguíneo se siente tan agotado que ya se encuentra en el campo de golf a las 7 de la mañana del lunes, en tanto que el colérico se está lanzando a toda velocidad hacia algún Instituto Bíblico donde está programado para dar una serie de conferencias. No así el melancólico; está "deshecho".

Personalmente, creo que esto reside en un 99 por ciento en la mente. Si uno cree que va a estar deshecho el lunes, lo estará. Pero si uno tiene el plan de trabajar, el lunes, podrá hacerlo. Creo que los ministros deberían tomarse el sábado para estar en casa con los niños cuando están libres de la escuela. Pero a mí me es fácil decir todo esto . . . no soy melancólico.

Una área en la que tiene que vigilar el pastor melancólico es en la de no descuidar a su familia. Todas las relaciones necesitan de tiempo para su cultivo. Los melancólicos pueden resultar buenos maridos (si no son persistentemente críticos), pero para ello se precisa de tiempo. Las esposas de ministros melancólicos adictos al trabajo se resienten en ocasiones contra la iglesia porque él es tan trabajador; pero él se siente culpable si tiene libre para pasar el tiempo en casa alguna noche.

El pastorado está tan estructurado que uno nunca llega a casa con todo el trabajo acabado. Cada noche, durante 25 años, cuando llegaba a casa, había cosas en aquella iglesia que podía, y en algunos casos debía, haber llevado a cabo. Pero el sueño es una necesidad para cada temperamento, lo mismo que el tiempo pasado como esposo y padre. Y eso incluye el estudio. Un melancólico tiene la capacidad de perderse en los libros y disfrutarlos. Le encanta la lectura, la investigación, y excavar información. Pero tiene que dejar esto para un momento y lugar apropiados.

Los ministros melancólicos tienen un gran potencial como pastores si, como los demás, rehusan ceder a sus debilidades y caminan en el Espíritu.

El Pastor Flemático
y su Ministerio Pastoral

Los flemáticos son las personas serenas, tranquilas, nunca excitadas y superintrovertidas que aguantan bien y que son conocidas por su paciencia, diplomacia y buen sentido del humor. No son demasiados los fuertes flemáticos que entran en el ministerio de predicación porque la misma naturaleza de la obra demanda un extrovertido. (Los porcentajes de temperamento juegan aquí un importante papel. Si, por ejemplo, una persona es un 55 o un 60 por ciento flemático, podría aprender a ser un buen orador público. Si es flemático al 85 o 90 por ciento, es ya dudoso.) Sin embargo, hay muchos lugares para los flemáticos en la obra del Señor. Un alto porcentaje de misioneros son flemáticos. Y muchos de ellos pasan a ser pastores asociados o asistentes. Los misioneros serán examinados más tarde. Aquí consideraremos a nuestros gentiles y diplomáticos amigos, como hemos hecho con los otros tres temperamentos, a la luz del ministerio pastoral. Muchas iglesias, después de un ministerio tempestuoso y agitado bajo la dirección de un colérico o sanguíneo carnales, podrían beneficiarse del suavizador ministerio de un pastor flemático lleno del Espíritu.

1. *Su ministerio pastoral.* Como el melancólico, el flemático tiene el don de servir en lugar elevado en su lista prioritaria de dones espirituales, lo que con frecuencia le hace mucho mejor pastor que predicador. Es un diplomático pacificador que tiene una manera especial de transformar la iglesia o junta de gobierno más intratable en un grupo lleno de armonía. No lo hace con fanfarria ni con crisis, sino de una manera muy gentil.

Los flemáticos brillan en el hospital. Pueden eliminar todo lo demás de sus mentes y pasar un día entero de hospital en hospital y de cama en cama, y disfrutar con esta actividad. Aún más importante, hacen saber a la persona que visitan lo que les encanta poder servirla. El pastor colérico hace que el paciente se sienta culpable por robarle su precioso tiempo. El pastor flemático tiene su manera de hacer sentir que se siente feliz de tener esta oportunidad de visitarle en esta hora de necesidad.

Los pastores flemáticos casi nunca ofenden a nadie. Nunca ponen en aprietos a su congregación y siempre harán lo que se considera "decoroso". Es excelente en arreglar estropicios y se dirigirá con presteza a la persona que cree que pueda estar molesta.

Sin embargo, a no ser que su iglesia tenga varios estudios bíblicos agresivos, no esperes que la iglesia vaya a batir todas las marcas de crecimiento bajo su conducción. El ruido, las campañas de promoción, y los concursos de asistencia no entran dentro de su estilo. A no ser que la iglesia tenga un comité de publicidad, ni siquiera pondrá la iglesia en un anuncio en la página eclesial del diario, y ni se le ocurriría poner su fotografía en el anuncio. Es un anti-anunciante. Ahí es donde los reflexivos laicos pueden ser de gran ayuda.

No es un conductor ni un impulsor; no es su manera de actuar. La ventaja de ello es que los miembros de la congregación tendrán una mayor oportunidad de utilizar sus dones espirituales bajo su liderazgo. No parece sentirse amenazado por aquellos que quieren dirigir algun área en tanto que sean personas motivadas espiritualmente. Y cuando alguien trata de empujarle a algún programa o plan que él no quiere seguir, no lucha contra ellos ni estalla de la manera que lo harían el colérico o el sanguíneo. Sencillamente, ¡no lo hace! Pero lo deja de hacer de una manera agradable.

Muchos creen que por el hecho de que "sigue la corriente" a algunas personas voluntariosas es una persona fácil de zarandear. No es verdad; es un pacificador que sólo lucha cuando es absolutamente necesario. Ha aprendido que la diplomacia puede ahorrar guerras, y desde luego no le gusta luchar. Luchará como último recurso, pero sólo acerca de temas importantes.

Uno de sus mayores problemas es mantener vivo el espíritu evangelístico en su iglesia. El sostenimiento de un programa de llamada eclesial es una lucha para cualquier pastor, sea cual sea su temperamento. Los coléricos triunfan debido a su obstinada determinación. Pero después de unos cuantos intentos, el pastor flemático entierra el programa para deleite del 97 por ciento de la congregación, que de todas maneras nunca participó. Tiene un sentimiento de culpa por esta deficiencia, pero raramente consigue hacer algo acerca de ella.

Muchas iglesias se han beneficiado por el ministerio del pastor flemático. Y muchos sucesores han segado la cosecha de sus labores. Yo fui uno de ellos. El Rev. Homer Grimes era de este tipo. Todos lo querían; casi no había dejado ningún enemigo cuando yo empecé mi pastorado de 25 años en San Diego. El había pastoreado aquella iglesia durante seis años. La iglesia no había crecido de manera particular en aquel período, porque al examinar los antiguos registros descubrí que durante los cuatros años antes que yo llegara los ingresos habían oscilado entre los 47.000 y 46.000 dólares.

En justicia se ha de decir que estuvo muy enfermo en aquel tiempo. Pero, ¡cuánto lo querían!

De hecho, era exactamente lo que aquella iglesia necesitaba. habían sufrido una división de lo más trágica y contenciones eclesiales antes de llamar a Homer. El acudió allí y los amó. Su ministerio fue el de poner aceite en aguas agitadas. Cuando llegué, después de seis años, la congregación estaba en perfectas condiciones para empezar a crecer de una manera dinámica. Mucho de lo que Dios hizo en los años que siguieron es un tributo al fiel servicio de aquel hombre afectuoso.

Me gustaría aquí incluir una nota personal. Cuando yo tenía 21 años, estaba contendiendo con el Espíritu de Dios acerca de qué hacer con mi vida. Había sido llamado a predicar cuando tenía quince años, pero a los veintiuno decidí que quería ser abogado. Recuerdo haberle dicho al Señor: "Si me permites ir a la facultad de Derecho, volveré y me presentaré candidato a fiscal de distrito por Detroit, y limpiaré esta ciudad". Pero Dios tenía planes diferentes para mi vida. Un domingo por la mañana asistí a la iglesia local de mi joven esposa, la Iglesia Bautista de Highland Park. Durante la invitación, el doctor William Coltman, el pastor, condujo la invitación con el cántico "¿Qué te daré, Señor? Tú lo has dado todo por mí. No sólo una parte, sino *todo* mi corazón, *todo* te lo daré". Allí sentado en el piso oí al Espíritu llamándome de nuevo, y le di *todo* mi corazón para el ministerio. Fue una experiencia profundamente conmovedora que rectificó mi rumbo y afectó el resto de mi vida. ¡El Rev. Homer Grimes había escrito aquel cántico! ¿Quién hubiera podido soñar que en la providencia de Dios un día llegaríamos a pastorear la misma iglesia!

2. *El estilo de liderazgo del pastor flemático.* Los flemáticos son renuentes a ejercer el liderazgo. Pueden ser líderes capaces si son llamados a eso, pero no se presentan voluntariamente. En su fuero interno desearían que otros se ocuparan de eso. Así que cuando entran en el ministerio, no vienen a ser líderes enérgicos, debido a que los flemáticos no son agresivos acerca de nada.

Uno de los problemas que tienen los flemáticos es que no son muy decididos. Esto es particularmente cierto de los temas vitales que tienen que ser afrontados. La crítica más constante que reciben los pastores flemáticos, por parte de personas que realmente los aprecian, es: "No se compromete nunca a nada; no podemos conseguir que tome una decisión". Parte de su problema es su temor a ofender a alguien. Siempre que se tiene que tomar una decisión importante habrá personas a las que no les gustará. Esto nunca es causa de preocupación para un colérico, pero sí para un flemático. No le gusta que nadie se moleste a causa de él.

Esto no significa que los flemáticos no pueden ser buenos líderes. Con la instrucción apropiada y el valor recibido de Dios para llevar a cabo la desagradable tarea de tomar decisiones desagradables cuando es necesario, pueden llegar a ser líderes muy eficaces. De hecho, uno de los beneficios colaterales de su renuente liderazgo es que tiende a atraer a algo del liderazgo natural de la iglesia al servicio, en tanto que los temperamentos más agresivos tienden a apagar el liderazgo natural

Probablemente, uno de los inconvenientes más serios de un liderazgo flemático, e incluso este aspecto puede ser vencido, sea su falta de visión. Es una persona dada al *status quo*. Es una persona rutinaria; el lanzamiento de nuevos y aventurados proyectos y de atrevidos esquemas nuevos, que nunca han sido intentado antes, no es su estilo. Sin embargo, se debería recordar que muchas y buenas iglesias en la actualidad disfrutan del liderazgo de un pastor flemático. He predicado en hermosas iglesias que fueron construidas durante el ministerio de pastores flemáticos. Y lo hermoso acerca de su liderazgo es que en tanto que no baten marcas mundiales, tampoco dejan cristianos heridos ni psiques dañadas o espíritus quebrantados tras su paso.

3. *El estilo administrativo del pastor flemático.* Los flemáticos, son por lo general, personas eficaces y buenos organizadores. Como decía un miembro de una iglesia: "Nuestro pastor tiene organizado hasta el polvo de su escritorio". Como hemos visto, trabaja bien con la gente, resuelve diplomáticamente todos los

conflictos de personalidad, y nunca acude sin preparación a las reuniones de las juntas. Parece prever qué cuestiones van a suscitarse o debieran ser suscitadas, y por lo general tiene las cifras y los hechos que necesita para tomar decisiones. Los miembros de la junta le tienen gran afecto porque en raras ocasiones permite que las reuniones que él preside se salgan por la tangente, y por lo general levanta la sesión a tiempo. Un moderador flemático que conozco preparaba una agenda para cada reunión de diáconos y asignaba una cierta cantidad de minutos para la consideración de cada punto.

Es probable que los inconvenientes mayores de su estilo administrativo sea su repugnancia a tomar decisiones y su reticencia a enfrentarse con las personas cuando lo necesitan. En ocasiones, dejará que un problema de personalidades en el seno de su personal se vuelva intratable debido a que no le gusta la confrontación. Hay ocasiones en la vida de un cristiano en que el despido de un empleado es la única solución posible. Esto es muy difícil para el pastor flemático. Con frecuencia mantendrá a esta persona en la nómina y hará que los demás trabajen a su alrededor. Pero esto pocas veces resuelve nada. Tengo un amigo pastor flemático que despidió a su conserje. Visitamos su hogar pocas horas después, y mi amigo estaba al borde de las lágrimas. Más tarde supe que le había sentado tan mal que había ido a la casa de aquel hombre, le había pedido excusas y le había devuelto su trabajo. Seis meses después tuvo que volver a pasar por la misma experiencia de despedirlo. ¡Esto es mala gestión! Sin embargo, hay ocasiones en que se llega a una situación de bloqueo con un empleado, y éste tiene que ser despedido. Cuando llega tal situación, lo mejor que se puede hacer es llamarlo a las 4 de la tarde, hablar con él, explicar lo que tienes que hacer, orar con él, y después despedirlo. Siempre le damos un cheque por las vacaciones acumuladas, los beneficios, y la paga de dos semanas. Pero quiero que retire sus papeles y que se haya ido al acabar el día. Nunca es bueno mantener a nadie durante un tiempo cuando se le ha dado el despido; envenenan a todos los que tienen a su alrededor. Los flemáticos pueden aprender a actuar así si llega a ser necesario. Pero nunca les será fácil hacerlo (y desde luego nunca es fácil para ningún temperamento).

4. *El estilo de orientación del pastor flemático.* Los pastores flemáticos tienen un verdadero don para la orientación. Son personas gentiles y no amenazadoras que escucharán pacientemente las penas de los demás. Ningún otro temperamento es tan adecuado para seguir las técnicas rogerianas de aconsejamiento (a directivas). El peligro de este tipo de aconsejamiento es que no funciona a no ser que en último término el consejero confronte al individuo con el espejo de la Palabra de Dios y lo rete a cambiar su conducta. Los consejeros flemáticos disfrutan la faceta de escuchar, pero no la de confrontar. Sin embargo, se debe reconocer que pueden aprender a hacerlo.

Como sucede con el resto de su eficaz vida, el programa de orientación de un ministro flemático será muy ordenado. Por lo geneal se tienen 55 minutos en su oficina de orientación. Uno habla durante 45 minutos, él habla durante 10, te da literatura y una receta espiritual sobre la que basar tu cambio. Después se toma un descanso de 5 minutos antes de ver al siguiente consultante.

Su estilo no amenazador y no interruptor permite frecuentemente que los consultantes más tímidos le abran su corazón y le revelen cosas que nunca han compartido con nadie más. Un ministro flemático consagrado a la Palabra de Dios como guía decisoria para la vida humana y toda su conducta puede ser un buen consejero. No se edificará una gran iglesia por medio de la orientación, pero desde luego se puede prestar ayuda a muchas personas. Muchos de los pastores actuales en el personal de las iglesias, como pastores asociados dedicados al ministerio de la orientación a dedicación exclusiva, son flemáticos.

5. *El ministro flemático y la vida social de la iglesia.* La vida social de la iglesia no toma una posición alta en la lista de prioridades del ministro flemático. Puede tomarla o dejarla. No obstante, si es una tradición de la congregación, la seguirá y hará acto de presencia en todos los actos sociales. Siempre hace lo que los demás esperan de él, y si su predecesor asistía a todas las actividades sociales, lo mismo hará él.

Puede que no diga nada, como tampoco intentará cambiar ninguna costumbre establecida. E incluso si no sirve para nada, tampoco le dará fin. Hacer lo que está aceptado es a menudo algo demasiado importante para él. En esto, naturalmente, es en lo que le sirven de gran ayuda las juntas y los comités.

6. *La vida personal del ministro flemático.* Los flemáticos no son demasiado disciplinados por naturaleza, aunque un ministro flemático pueda tener una mayor motivación espiritual a la disciplina que otros. Nunca constituye un embarazo para su iglesia, ni en su vida pública ni en la privada. Siempre paga sus deudas, y no es un malgastador extravagante. De hecho, es ahorrativo. Su temperamento es que cuando hace el presupuesto incluirá 50 o más dólares al mes para ahorros. Tiene gran conciencia de la seguridad.

Una área de preocupación debería ser su familia. En tanto que muchos flemáticos han criado hijos ejemplares, muchos otros han sido tan débiles en su aplicación de la disciplina que su hijos son intratables y salvajes. Esto puede ser una verdadera aflicción para el pastor y su esposa y un embarazo para su congregación, en particular cuando los hijos sean adolescentes.

Moralmente hablando, el ministro flemático casi nunca avergüenza a su familia ni a su iglesia. No es agresivo acerca de nada y esto incluye su actividad sexual. Además, ser decoroso es una de sus principales metas en la vida.

Su falta de visión para su iglesia afectará a su familia, excepto allí donde su más agresiva esposa pueda motivarlo, tanto a él como a la familia, en sus empresas personales. Por naturaleza, es propenso a la ansiedad, y sus temores le impiden aventurarse demasiado lejos. No es el tipo de ministro que permite que exigencias externas lo aparten de la congregación demasiado tiempo a lo largo del año. Su iglesia desea a menudo que aceptara otros compromisos para hablar fuera. Pero sus temores a la comparación o sus inseguridades acerca de que otros ministros le sustituyan cuando él esté fuera lo mantienen en la base la mayor parte del tiempo. Incluso cuando se va de vacaciones o habla en alguna otra iglesia, raramente seleccionará a un predicador dinámico para que ocupe su púlpito.

Cuando aprenda a caminar en el Espíritu y a vencer sus temores, timidez e inseguridades, podrá tener un ministerio muy positivo.

En raras ocasiones descuida el ministro flemático a su familia. No es una persona que mire en varias direcciones al mismo tiempo. En lugar de eso, vive una vida más estructurada y rutinaria. Por lo general no programa reuniones nocturnas extraordinarias, y por eso está más en su casa con su familia que los otros temperamentos. Debido a que es una persona feliz, ingeniosa, y no amenazadora, sus hijos tienen una buena relación con él. Por lo general, es un buen padre que pasa mucho tiempo con sus hijos. Y una vez ha aprendido un equilibrio adecuado entre la disciplina y el amor, sus hijos crecen para su gozo, para el de su iglesia, y para el Señor.

El temperamento
y el servicio misionero

Probablemente no será una sorpresa para nadie enterarse de que la mayor parte de los misioneros del mundo han sido flemáticos o melancólicos. Muy pocos de ellos son coléricos o sanguíneos. Si conoces los campos de misión del mundo y si conoces los cuatro temperamentos, pronto comprenderás por qué. El mundo occidental es predominantemente colérico-sanguíneo. Los coléricos y sanguíneos generan el ritmo y contribuyen mucho al estilo de vida, y debido a sus antecedentes nórdico-europeos tienden a predominar. O al menos los temperamentos más pasivos tienden a quedarse atrás y a dejar que ellos se echen a la cabeza.

Pero no es así en los campos misioneros del mundo. En la India, en Africa, y en gran parte del Oriente, lo mismo que en muchos países del Tercer Mundo, la cultura es mucho más pasiva y "relajada".

Los sanguíneos y coléricos se ven por lo general inadaptados en tales culturas, excepto en situaciones específicas que exijan sus singulares talentos.

No pretendo ser una autoridad en misiones, pero he sido un pastor interesado en este campo durante muchos años. Dios ha usado mi ministerio para conseguir más de 200 candidatos misioneros, y he conseguido recaudar varios millones de dólares para misiones, así como también he tenido la oportunidad de tomarme dos largos viajes misioneros en los que he tratado de servir a estas dedicadas personas. En una de estas giras, mi esposa y yo hablamos a más de ocho mil misioneros y llevé a cabo una encuesta voluntaria de temperamento en más de mil de ellos, que usé en mi tesis doctrinal en la escuela de posgraduados. Además, he hablado extensamente acerca del tema con mi cuñado, el Rev. Bill Lyons, al que contraté en el personal como Pastor de Misiones en nuestra iglesia, y que asimismo actúa como Director del Departamento de Misiones en el Christian Heritage College. El y su esposa fueron eficaces misioneros en Taiwan por más de veinte años.

El motivo de decir todo esto no es el de impresionar, sino señalar que soy amigo de misioneros, y que he comprobado lo que voy a decir a continuación con otros que conocen el campo misionero. Sin embargo, esto no significa que nuestro Dios soberano no pueda o no vaya a llamar a quien El quiera, sea cual sea su temperamento, a su viña. Pero me he dado cuenta de que raras veces pone Dios varas redondas en agujeros cuadrados.

Cuando pasamos nueve meses de nuestras vidas hablando en cuarenta y dos países del mundo en 1977, mi esposa y yo sólo descubrimos a dos misioneros varones sanguíneos. Hallamos a varias mujeres misioneras sanguíneas, casadas con hombres melancólicos. Es por esto que se hallaban allí. Uno de los hombres sanguíneos vivía en Hong Kong, hijo de padres misioneros. Era un hombre piadoso, un elemento positivo para su misión y la vida del grupo. Era un deleite para los otros misioneros, que lo eligieron Presidente del Campo. No era el mejor líder, pero debido a su rica vida espiritual y a su magnetismo personal, era una bendición para los demás en su misión. El otro estaba en La Paz, Bolivia, donde el presidente de la misión era el hombre encantador que mantenía a los cambiantes gobiernos en paz como los muchos misioneros que trabajaban fuera de La Paz. Era una de las personas llenas del Espíritu más afables y atrayentes que conocí en todo el viaje.

Conocimos a unos pocos coléricos, como el joven en Singapur que llevó a más de seiscientas personas (principalmente parejas asiáticas) a nuestro seminario. ¡Qué visión! Me dijo: "Si hace un círculo de dos mil millas centrado en Singapur, encerrará dentro de él a la mitad de la población mundial. Si queremos alcanzar al mundo para Cristo, ¡tendremos que hacerlo desde Singapur!" Y tenía un plan de batalla. La mayor parte de sus jóvenes conversos hablaban tres idiomas: inglés, malayo, y su lengua materna (chino, japonés, indonesio, o cualquier otra dependiendo de la procedencia de sus padres). Mi amigo ministro colérico no había aprendido ninguna lengua extranjera, pero tenía un ministerio muy eficaz con los estudiantes universitarios y graduados, casi todos los cuales hablan inglés. Los discipulaba en la Palabra y los instruía en evangelismo para comunicarse en las tres lenguas. Y había visto ya a 127 de estos jóvenes volver a la tierra de su origen para compartir las Buenas Nuevas del amor de Dios.

Otro colérico que recuerdo en Corea estaba involucrado en plantar iglesias, campamentos de verano para los jóvenes, escuelas cristianas para los chicos de los misioneros, radio, publicaciones, impresión y venta de libros. Lo último que supe de él era que estaba intentando meterse en la obra del video.

En total, conocimos a dos sanguíneos y a alrededor de diez coléricos; todo el resto parecía estar constituido de temperamentos melancólicos y flemáticos. ¿Por qué tan pocos sanguíneos y coléricos? le pregunté a mi cuñado. Bill me dijo: "La mayor parte de las veces los sanguíneos y coléricos se encuentran inadaptados en el campo misionero. Hay algunos trabajos que pueden hacer, pero no demasiados. Nunca he visto a ningún sanguíneo en nuestra parte del Oriente, y todos los coléricos que he visto se han quemado con los orientales en ocho o diez años".

Al principio pensé que quizá el problema residía en que los extrovertidos carecían de la suficiente dedicación para ir al campo misionero, pero entonces recordé un climax espiritual en mi vida durante mis años universitarios cuando me entregué a Dios para ir como misionero, sólo para descubrir que El no me quería como misionero. Sólo quería que estuviera *dispuesto* a serlo. Tan pronto como le di un "sí" para toda la vida, dejó de hablarme acerca de aquello. Y he descubierto que mi experiencia no es insólita, sino que la mayor parte de pastores de éxito pueden relatar una experiencia similar.

¿Cuál es la razón? No sé toda la razón, pero estoy seguro de que Bill está en lo cierto. Los que tenemos temperamento ColSan o SanCol no somos adecuados para la obra misionera en la mayor parte de las culturas, especialmente en las sociedades más pasivas. (América del Sur y otros países latinos pueden ser distintos). La mayor parte de nosotros nos desalentamos si no vemos resultados tangibles en un período razonable de tiempo.

No estoy seguro de si mi temperamento podría aguantar cinco meses en Venezuela predicando cada domingo por la mañana y por la noche, además de los miércoles por la noche antes que *nadie* asistiera a la iglesia excepto la propia esposa y los dos hijos pequeños. U otros dieciocho meses antes del primer convertido. Nunca podría pasarme veinticinco años aprendiendo un lenguaje para predicar a doscientas personas porque esto sea todo lo que quede de una tribu. Sé que nunca podría pasarme muchos tediosos años aprendiendo cómo traducir la Biblia para una tribu que no tiene lenguaje escrito, cuando se tiene que inventar uno, traducirla a él, y después enseñar a la gente a leer. O arrriesgar la vida durante años entre los indios Chamula cuya tribu de cincuenta mil personas mata a los intrusos blancos. La lista se hacer interminable con más de dos mil tribus. ¡Pero alguien tiene que hablarles a ellos de Jesús! La Biblia promete que habrá conversos de toda lengua y tribu y nación (Ap.7:9) en el cielo. Gracias a Dios por los consagrados misioneros que Dios ha suscitado en los últimos tres siglos para alcanzar a las naciones del mundo; y la mayor parte de ellos parecen ser de los temperamentos melancólico y flemático.

A principios de mi ministerio, me interesé vitalmente en la obra de los Traductores Wycliffe de la Biblia. Muchos de los noventa misioneros que nuestra iglesia sostenía eran gente de Wycliffe. ¿Has conocido alguna vez a un traductor que no tuviera un temperamento melancólico, o flemático, o ambos? No estoy seguro de que podrías pasar la escuela de traductores sin un elevado porcentaje de temperamento melancólico o flemático. Después, uno debe ganarse pacientemente la confianza de la tribu, aprender a hablar con ellos, y traducirles el Nuevo Testamento a lo largo de un período de diez o veinte años. Durante este tiempo te enfrentas con los peligros de la disentería, malaria, mordeduras de serpientes, de ahogarte, del mal tiempo mientras vuelas en pequeñas avionetas, e incluso la posibilidad de morir de accidente en una autopista de los Estados Unidos durante el año de gira de informes. ¿Quién sino un melancólico o flemático podría o decidiría pasar por todo esto?

CAPITULO
DIECINUEVE

Los Recursos
del Ministro

El principal propósito de todo este estudio acerca de los temperamentos es descubrir nuestras debilidades, a fin de poder acudir al Espíritu Santo de Dios para recibir sus fortalezas. Creo que de una manera práctica esto es lo que Dios quiere decir cuando ordena: "Andar en el Espíritu" o "Vivir en el Espíritu". Cuando vivimos en el Espíritu, no nos vemos continuamente vencidos por nuestras debilidades naturales, sino que las vencemos con sus fortalezas. Pero tenemos que estar dispuestos a dejar que el Espíritu de Dios controle nuestras vidas y obre directamente sobre aquellas áreas que no le complacen. Sus recursos son más que adecuados... ¡incluso para ministros!

Las necesidades básicas
del ministro sanguíneo

Cualquier evaluación de las necesidades del sanguíneo tendrá que comenzar por la auto-disciplina. Este es un grave problema que lo acosa toda su vida, y a no ser que consiga la victoria su falta de auto-disciplina le impedirá llegar a alcanzar todo su potencial para Dios. Se debe tomar muy en serio esto: la auto-disciplina es más importante en la vida del siervo de Dios que la inteligencia, la creatividad o el talento.

Cuando enseñé la clase de estudio bíblico de los jugadores de fútbol del equipo Chargers de San Diego, hice una observación. Todos los jugadores del equipo eran atletas dotados, o no estarían allí. Pero los mejores atletas no eran siempre los que eran elegidos para el partido. Los atletas con éxito eran los que aprendían a disciplinarse de una manera constante.

Lo mismo sucede con los ministros sanguíneos que logran actuar con éxito. La razón de que sean poderosamente utilizados por Dios en tanto que sus amigos fracasan se basa sencillamente en la autodisciplina. El pastor Sanguíneo tiene que disciplinarse a sí mismo en cada área de su vida. Si es obeso, este es un buen aspecto en el que empezar, porque eso puede frenarlo, reducir su vida, robarle su salud, y entorpecer su testimonio. Cuando pone su cuerpo bajo control, sus amigos y miembros de la iglesia lo observan. Puede que nunca sea esbelto como sus amigos melancólicos y flemáticos, pero tampoco tiene porque permitirse entre veinticinco y cincuenta kilogramos más que los que le pertenecen. Puede conseguirlo evitando los dulces, las féculas, y repeticiones y practicando el paso ligero de unos tres kilómetros al día, un pequeño precio a pagar para alargar su ministerio y aumentar su eficacia.

Los sanguíneos tienen también que disciplinarse con respecto a encontrarse a diario con Dios y su Palabra. Las devociones regulares están en la lista de todos como una necesidad diaria para ser un hombre de Dios, y ningún sanguíneo estará en desacuerdo con esto. El hacerlo con regularidad ya es otro asunto. Pero si lo hace, le será de ayuda para ser más disciplinado en otras áreas de su vida, y hay una manera sencilla de cumplir esta demanda que siempre funciona con los sanguíneos. Lo he compartido con muchos. Todo lo que tiene que hacer es tomar una resolución inquebrantable: "No Biblia, no desayuno". Si se levanta demasiado tarde o está demasiado ocupado para alimentar su vida espiritual aquel día, todo lo que tiene que hacer es pasarse sin desayuno. El próximo día ya se levantará más temprano, y podrá disfrutar de ambas cosas.

También le es preciso disciplinarse con respecto a las damas. Más que cualquier otro temperamento, tiene que evitar estar a solas con otra mujer que no sea la suya, y le es preciso evitar tocarlas, galantearlas o ser demasiado complaciente hacia ellas. Muchas de las tentaciones que afrontan los sanguíneos son de su propia fabricación.

¡ESTUDIO! ¡ESTUDIO! ¡ESTUDIO!　　　　Una de las áreas más transformadoras del ministerio en su vida que tiene que ser disciplinada es la de sus hábitos de estudio. Ya hemos visto como los sanguíneos son por lo general pastores de plazo corto. Cualquier sanguíneo podría alargar su ministerio y hacerlo mucho más eficaz si se autodisciplinara a estudiar, estudiar y estudiar. Y profesionalmente le sería de gran utilidad si lo hiciera así.

En años recientes, los mismos ministros han hecho público ante sus congregaciones el hecho de que para ser eficaces necesitan tiempo para estudiar. Estoy convencido de que ésta es la cosa más importante que hacen, y bien pudiera ser la primera. La predicación del ministro es su responsabilidad prioritaria cuando es llamado a pastorear una iglesia. Es a través del púlpito que hace su mayor inversión en las vidas de su congregación. Pero tiene que estudiar a fin de tener algo significativo que predicar.

Creo que cada ministro debería estudiar desde las 8 de la mañana hasta las 11.45, *sin interrupciones*, cinco días a la semana. Debería instruir a los miembros de su congregación a que no lo llamen hasta la tarde. Son muy pocas las cosas que exigen un tratamiento urgente, a pesar de lo que crean algunos miembros coléricos de la iglesia. Debería entonces instruir a su esposa y secretaria a que protegiera estas tres horas y tres cuartos a no ser que se trate de un asunto de vida o muerte. Tiene que dejar de tomar el teléfono cada vez que suena. Desconéctalo, o pon un almohadón encima de él. Su responsabilidad más importante cada mañana *no* es hablar con otras personas, sino redimir el tiempo en su estudio con Dios, con la Palabra de Dios, y sus sermones. Los apóstoles tuvieron éxito porque dijeron: "Y nosotros nos dedicaremos asiduamente a *la oración y al ministerio de la palabra*" (Hch. 6:4).

Este tipo de estudio disciplinado puede ser habitual. Al principio, el sanguíneo tiene que forzarse a quedarse en su estudio y a leer, estudiar y trabajar. Es tan agitado e inquisitivo que tiene el impulso de ir a alguna parte y hacer algo en lugar de estudiar. Al resistir esta tentación, incluso el pastor más sanguíneo aprenderá gradualmente algunos buenos hábitos de estudio. Hasta que llegue al punto en que se sienta carente de preparación si no pasa entre cuatro a ocho horas para cada mensaje, no ha aprendido buenos hábitos de estudio. Un truco que me gusta pasarles a los sanguíneos es estudiar en una habitación desnuda. Ni cuadros, ni lemas, ¡nada! Y no tengas nada en tu escritorio que no tenga que ver con lo que estás haciendo. ¡No necesitas distracciones! La mente sanguínea es tan reactiva y rápida que una fotografía de las vacaciones del año pasado en la pared le puede robar treinta minutos de valioso tiempo de estudio. Y debería mantener un reloj allí. Esto es, debería observarlo y apuntar a qué hora empieza el estudio y a qué hora acaba. Yo lo hago cuando escribo. Cuento el tiempo que paso en cada página. Necesito una media de treinta minutos para escribir una página en borrador. El hecho de cronometrarme aumenta mi concentración y me espolea.

Cada temperamento tiene sus propios problemas con el estudio, pero las anteriores sugerencias serán de utilidad para todos. Otra observación que he hecho es que los pastores de las grandes iglesias de la actualidad, que son conocidos como sobresalientes predicadores de la Palabra, siguen un plan similar al anterior. No se les puede contactar por la mañana y llevan a cabo su pastorado, administración y liderazgo por la tarde. En raras ocasiones sacrificará un hombre con esta vocación su tiempo matinal de estudio, incluso para atender llamadas de larga distancia. Y todos los miembros de la iglesia actuarán positivamente con su pastor, protegiendo sus horas tempranas siempre que sea posible.

ACABA
LO QUE COMIENCES

Otra cosa en la que necesita trabajar un sanguíneo es en acabar lo que comienza antes de empezar algo nuevo. Es deliciosamente entusiasta y deseará involucrarse en más cosas que las que pueda llevar a cabo cualquier ser humano. Necesita tomar tiempo cada día para orar acerca de los muchos retos con que se encuentra. Al "encomendar su camino" al Señor, Dios le dará la señal de en qué quiere que pase su tiempo. Al sanguíneo promedio le hace falta bastante tiempo para darse cuenta de que no toda puerta que se le abre le ha sido abierta por el Señor.

También tiene que aprender a confiar en Dios y no en su propias capacidades naturales. Ahí es donde le ayudará una vida devocional disciplinada. Y necesita trabajar en el aspecto de "hablar la verdad en amor", esto es, evitar las hipérboles, la exageración, e incluso la excesiva alabanza a los demás.

En último lugar, pero en absoluto menos importante, el pastor sanguíneo necesita "andar en el Espíritu" para vencer su tendencia a tener la cabeza caliente y a encolerizarse repentinamente. Es una persona reactiva y abierta que emite su ira cada vez que la siente. La Biblia nos enseña a evitarla, a "cesar de la ira", o "dejarla". El "amor, gozo, paz y dominio propio" del Espíritu le cambiarán en cuanto a esta faceta.

Las necesidades básicas
del ministro colérico

Nadie es perfecto (espero que este mensaje llegue claro y fuerte en este análisis de los temperamentos), y esto incluye a los ministros. Todos tienen sus talentos individuales y sus varias necesidades según su temperamento.

Uno de los problemas con el temperamento colérico, sea cual sea su profesión, es que cree que no tiene ninguna necesidad. Es la persona que cree: "Los otros tienen necesidades, ¡pero no yo!" Tiene el estilo de "Nadie va bien, excepto yo". Y los ministros coléricos no son diferentes. Puede que exteriormente parezcan muy coherentes, pero, creedme, tienen también sus problemas.

Como el sanguíneo y todos los otros temperamentos, el ministro colérico necesita un tiempo devocional regular para dejar que Dios le hable. Siendo disciplinados por naturaleza (o por temperamento), él y el melancólico son los más propensos a tener constancia en la práctica de tener un tiempo diario de estudio bíblico. A diferencia del melancólico, no desarrolla de una manera natural una vida de oración vital; esto es, tiene que aprender a tenerla. Pero su problema es que su lectura y estudio regular de la Biblia no le da tanto beneficio como a los demás porque no la internaliza, no se aplica a sí mismo las lecciones de la Palabra de Dios. Cuando descubre algo retador en la Palabra, es por lo general algo que quiere usar para predicar a otros, cuando en realidad necesita aplicárselo ante todo a su propia vida.

Necesita dejar que Dios ponga compasión en su vida. Un ministro sin compasión es como un robot o una máquina. Aprieta el botón o dale cuerda, y ahí sale el mensaje del día. Un mensaje de Mahoma o de Buda sería casi igual de desafiante. Le es preciso desarrollar una compasión como la de Pablo, que iba de casa en casa advirtiendo a las personas con lágrimas a que se volvieran a Cristo. Le es preciso darse cuenta de que es un embajador de Cristo, comunicando los pensamientos de Dios, no creando otros nuevos.

Esta es la razón de que el amor del Espíritu Santo sea una necesidad tan grande para la vida del colérico. Necesita en primer lugar reconocer que carece de compasión (estoy seguro de que su esposa, escondida emocionalmente dentro de su concha, estará dispuesta a reconocer este hecho) y hacer una petición diaria por el Espíritu Santo. Como dijo el salmista, "Irá andando y llorando el que lleva la preciosa semilla; mas volverá a venir con regocijo, trayendo sus gavillas". No son las lágrimas las que consiguen nada; es el espíritu de compasión que causa las lágrimas, lo que Dios utiliza.

Al ir creciendo su espíritu de compasión, el ministro colérico verá las necesidades de su grey, los atenderá en sus penas, y se tomará el tiempo para alabarlos y para alentarlos. Me he dado cuenta de que, por razones que desconozco, las personas buscan involuntariamente la aprobación de los coléricos. Puede ser debido a que ellos asumen por lo general un papel de líder y las personas los miran como sobre un pedestal, o puede que emitan el espíritu de confianza en sí mismos y de coherencia. Sea lo que sea, la mayor parte de las personas necesitan palmadas de aprobación e involuntariamente las esperan de los líderes coléricos. Los niños necesitan las palmadas de sus padres, y los adultos son frecuentemente sólo niños que han crecido, y que tienen las mismas necesidades emocionales. Un colérico lleno del Espíritu aprenderá a dar palmadas en la espalda. Los miembros de la iglesia lo necesitan de su pastor. Con frecuencia oyen sus palabras de condena desde el púlpito. En persona necesitan su aliento y consuelo, y no solamente cuando están sangrando. La aprobación es siempre apropiada después de haber llevado a cabo una tarea difícil o después de haber finalizado un objetivo a largo plazo. Los ministros coléricos tienen que estar conscientes de que las personas necesitan su aliento no sólo por quienes son, sino por Aquel a quien ellos representan.

Otra cosa que necesita es confiar en Dios para todo. Su tendencia natural es decir: "Esperaré en Dios para las cosas importantes de la vida, las cosas que no puedo solucionar por mí mismo; pero yo me encargaré de las cosas diarias". Si intentas servir a Dios con tu capacidad, te dejará hacerlo. Pero si confías en El, esperando su poder sobrenatural, también te lo dará. Dios parece adaptar sus tratos con nosotros en base de las necesidades que reconocemos. El colérico necesita aprender a "reconocerlo en **todos** sus caminos".

Por último, pero en absoluto no lo menos importante, el pastor colérico necesita "andar en el Espíritu" para conseguir la victoria de Dios sobre sus problemas continuos con la ira. La ira constituye una parte tal del temperamento del colérico que en cualquier ocasión que veas a un colérico que no responde con ira ante la adversidad, estás observando una demostración de una vida llena del Espíritu en acción. El mero control de la expresión de la ira con el poder de su decidida voluntad no es una respuesta. Sus pensamientos se envenenan, y al final monta en cólera. Necesita memorizar Efesios 4:30-32 y poner este pasaje en práctica.

Una conversación de lo más reveladora tuvo lugar en la cama una noche unas pocas semanas después de haber sido llenado con el Espíritu por primera vez en mi vida adulta. Eran las 12:30 de la medianoche. Bev ya estaba en la cama, y me dijo: "¿Cómo ha ido tu reunión administrativa?" "No muy bien", le repliqué. "Rechazaron mi propuesta de añadir otro empleado al personal, retrasaron mi programa de visitación veraniego, y en realidad no quieren que comencemos una escuela cristiana". Gradualmente, mi respiración se fue haciendo más pesada y estaba ya casi dormido cuando su voz rompió el silencio preguntándome: "¿Qué estás haciendo?" "¡Estoy tratando de dormir!" y entonces ella me dijo lo que en realidad me había querido decir: "¿Quieres decir que no estás encolerizado y enojado por todo esto?" Y los dos estallamos en risas. Por primera vez en mi ministerio no me sentía enojado ni encolerizado por un rechazo de una junta. Para mí, esto era la obra del Espíritu Santo. No abandoné ninguno de estos proyectos, pero tampoco me sentí perturbado por su rechazo. Deseo esta experiencia para cada ministro colérico.

Las necesidades básicas del ministro melancólico.

El melancólico es un perfeccionista, pero como le sucede a todos los demás, dista mucho de ser perfecto. También él necesita el toque del Espíritu de Dios para vencer sus debilidades.

Como todos los demás temperamentos, al pastor melancólico le es preciso disciplinarse a sí mismo en la vida devocional. Como le sucede al colérico, el pastor melancólico es propenso a ser constante en la práctica de sus devociones o estudio bíblico, pero encuentra difícil aplicarlo positivamente. Todo lo que ve en la Palabra de Dios sólo lo convence de que está muy por debajo de las normas de Dios. Así que, en lugar de conseguir unos conocimientos nuevos e inspiradores de la Palabra, propende a ser activado a un proceso de introspección que le hace examinarse y diseccionarse capa por capa. Puede salir de sus devociones más fuera de comunión que cuando las comenzó, porque da alimento a su complejo de inferioridad. O puede que se siente para llevar a cabo su estudio devocional, y verse lanzado a una cuestión doctrinal intrincada y sutilísima o un asunto legalista que alimenta su espíritu de crítica que es ya de por sí excesivamente activo. Esto lo único que hace es envenenarlo en lugar de comunicarle "amor, paz y gozo".

Nadie es tan apto para tener una mayor vida de oración que el ministro melancólico. Es la persona que te dice que te va a apuntar en su lista de oración y que lo hace. Por lo general, tiene la lista de oración más larga de la ciudad. Pero si abriga su tendencia temperamental, se levantará de sus rodillas en peor condición de la que empezó. Porque si no es cuidadoso su vida de oración puede transformarse en una sesión de quejas. Puede pasar la mayor parte de su tiempo lamentándose ante Dios por las cosas que la gente hace, por las circunstancias de su iglesia o de su vida, o incluso por la forma en que Dios lleva las cosas a cabo. Para estas personas, la oración puede constituir un peligro que las deja deprimidas.

Lo que tiene que aprender es el arte de la acción de gracias en la oración. Son muchos los pasajes del Nuevo Testamento que ponen en claro que toda oración debería ser hecha con acción de gracias. Y todos los que conozcan la Biblia sabrán que en cada circunstancia de la vida hay algo por lo que podemos dar gracias a Dios, incluso si sólo fuera el hecho de que Dios nos ama y de que puede hacer algo acerca de la situación. Pero la oración sin acción de gracias puede ir en detrimento propio.

También tiene que cultivar la práctica de "gozarse siempre". No es de suyo una persona gozosa y se volverá en deprimida si se deja llevar por su propia pauta natural. Decididamente, le es necesario obedecer el mandamiento: "Regocijaos en el Señor siempre. Otra vez digo: ¡Regocijaos!" (Fil. 4:4)

Esto tendrá consecuencias sobre otra de sus necesidades, la de aprender a aceptar a las personas como son, criaturas pecadoras y caídas de la raza humana. Se toma los fallos de las personas con demasiada seriedad y demasiado personalmente. Es propenso a criticar a las personas en su mente, y eso es casi tan devastador como criticarlos verbalmente.

Todos impactamos con nuestros sentimientos a los demás. Lo que tú pienses lo emitirás emocionalmente como mensaje a otros. Una de las razones de que los sanguíneos sean tan buenos vendedores es que exudan confianza, bienestar e interés en ti. Los melancólicos son propensos a exudar negativismo, pesimismo y crítica, lo que vuelve a la gente en contra de ellos. La manera de cambiar el mensaje que se exuda es cambiar lo que se piensa. Eres lo que piensas.

Otra cosa que el pastor melancólico necesita desarrollar es una piel de rinoceronte. Recuerdo que cuando vine a la iglesia en San Diego una dama me dijo: "Uno de nuestros viejos pastores, el doctor Culver, solía decir: "Si uno va a ser pastor de esta iglesia mejor será desarrollar una piel de rinoceronte". Necesité sólo seis semanas para descubrir qué era lo que quería decir. El ministerio es un lugar difícil para un predicador tímido, y los melancólicos tienen por lo general la piel muy sensible. El pastor, por la misma naturaleza de su posición, es el blanco perfecto de las críticas, de los sarcasmos y en ocasiones de la crueldad de miembros carnales de la iglesia. El debe estar preparado para eso, y para evaluar a sus críticos. Cuando una persona espiritual lo critica, debería prestarle oído. Cuando un cristiano carnal suelta su bilis, se trata por lo general de "uvas agrias" a las que no debería hacer caso.

El pastor melancólico es el único temperamento que conozco que necesita desarrollar el don de la simplicidad. Sus dones naturales, como ya hemos visto, tienden hacia la complejidad. Necesita dejar de pensar en complacer la mente del profesor universitario como lo hacía en la universidad y en el seminario al preparar mensajes y trabajos. Ahora tiene que desarrollar la capacidad de hablar al hombre de la calle, como lo hacía Jesús. Además, hay alrededor de 225 millones de hombres de la calle en este país. Encuentro que es útil elegir a un buen trabajador estable de la congregación, con el bachillerato acabado, y predicarle a él. Esta predicación es comprendida por casi todos los asistentes. Y te quedarás sorprendido de cómo Dios utilizará tu mensaje para tocar a los muy instruidos también. He descubierto que la Palabra de Dios puede hablar a las necesidades de cualquier persona. Pero tiene que ser relacionada con la vida de una manera práctica.

Y, naturalmente, el predicador melancólico tiene que aprender asimismo a caminar en el Espíritu para conseguir la victoria sobre sus tres principales problemas emocionales: la ira, el temor y la depresión. Ya cubrimos esto más a fondo en un capítulo anterior. Aquí tan sólo quiero señalar que no se puede caminar en el Espíritu con las actitudes mentales de la ira, ansiedad, o auto-compasión. Estas no van juntas con el amor, el gozo y la paz. Los ministros melancólicos pueden ser grandes hombres de Dios si "caminan en el Espíritu.

Las necesidades básicas
del ministro flemático

Es imposible cubrir todas las necesidades de todos los temperamentos. Sólo he tratado de tocar los que creo que son más significativos. Esto también será el caso con el ministro flemático.

La auto-disciplina no es la tónica del temperamento flemático, como ya hemos visto. Así que cuando entra en el ministerio, le viene a ser de importancia capital desarrollar una vida devocional disciplinada para ayudar a disciplinar las otras áreas de su vida y para ayudarle a ganar el valor y la fe que precisa de Dios para afrontar las situaciones que encontrará en su iglesia. La Palabra de Dios da fe, y solamente ella le ayudará a vencer sus temores, ansiedades, dudas y angustias. En realidad, los flemáticos tienen una tendencia mental práctica y carecen de algunas de las complicadas tendencias del melancólico que anularían los beneficios de una buena vida devocional. Su problema es sencillamente el de dedicarse a llevarla a cabo. Puede ser el mejor carácter del mundo en dejar las cosas para más tarde, y las devociones diarias son algo que descuida para su propio peligro espiritual.

El pastor flemático necesita olvidar lo que las personas piensan y dicen. Debería mirarles directamente a los ojos y recordar que ellos tienen derecho a sostener sus opiniones de la misma manera que él tiene derecho a mantener las suyas; pero que él es, bajo Dios, el pastor de la iglesia, y que allí se quedará hasta que Dios disponga lo contrario. Cuando se trata de tomar decisiones, debería parar de pensar tanto en las consecuencias, y hacer lo que es recto, y esperar que Dios le cuide de las consecuencias.

Si las cosas le van mal, o si se interponen personas contra él, necesita mirarlas francamente a los ojos y asumir la total responsabilidad por su decisión. Una tendencia que tienen algunos flemáticos es la de dar excusas por sus errores o echar la culpa a otros. Un buen líder no siempre está en lo cierto, pero nunca echa la culpa a otros por lo que considera sus propios fracasos.

Un hábito que desearía para cada ministro flemático es el de pensar a lo grande y de poner elevadas metas para sí y para su ministerio. En algunas ocasiones parece que teme tanto a los fracasos que sólo intenta cosas sumamente fáciles, para el caso de que si Dios le falla pueda conseguir llevarlas a cabo por otros medios. Esto no es fe; esto es limitar a Dios con la incredulidad. Es un flemático sabio el que comprende que una de sus debilidades es pensar en pequeño; por eso, debería doblar todo lo que intenta. Gradualmente aumentará su visión incluso acerca de esto, debido a que Dios nos conduce "de fe en fe". Cada vez que ve la fidelidad de Dios cumpliendo más que lo que había completado originalmente por la fe, recibirá más valor para intentar aún más la próxima vez.

Y, finalmente, el pastor Flemático debería "caminar en el Espíritu" diariamente, y vencer así su tendencia auto-limitadora a tener ansiedad acerca de todo y a limitar a Dios con su incredulidad. "Porque no nos ha dado Dios espíritu de cobardía, sino de poder, de amor y de cordura" (2 Ti. 1:7). Si Dios no lo diera, ¿de dónde vendría? Sólo hay dos posibilidades: del espíritu del hombre o de Satanás. Para la mayor parte de los flemáticos, es el espíritu del hombre obrando a través de su temperamento. Y cada vez que ceden a la tentación de limitar a Dios por el temor a la incredulidad, se hace más fácil volverlo a hacer. Esta es la forma en que desarrollamos hábitos, sean buenos o malos. Es hora de que empecemos a confiar en Dios sobre una base diaria y que dejemos que Dios demuestre que El es abundantemente capaz de hacer *más* de lo que nosotros podemos pedir o pensar.

El hilo común

Es de esperar que te hayas dado cuenta de dos hilos comunes que necesitaban los cuatro tipos de ministros. Los necesitan porque son las dos principales necesidades de cada temperamento. Y el temperamento de un ministro es la fuerza aislada más poderosa en la conformación de su ministerio. Las dos necesidades son éstas: (1) el estudio auto-disciplinado de la Palabra; (2) caminar a diario en el Espíritu.

Cualquier temperamento, o combinación de temperamentos, tendrá su propio conjunto de debilidades dependiendo de los antecedentes, de la educación, de la instrucción recibida en la infancia, y de las muchas experiencias que haya pasado por la vida. Pero las necesidades consideradas en este capítulo son las más comunes de los cuatro temperamentos básicos. Cada predicador encontrará su propia pauta y particularmente su propio "pecado acosador". Pero éstas se presentan para convencerte de que sea que se trate de tu más gran debilidad o de una debilidad comun, el Espíritu Santo tiene poder para vencerla. Esta es la razón de que la Biblia diga que la mayor necesidad que todos tenemos es la de "caminar en el Espíritu".

Cualquier combinación de temperamentos puede ser una eficaz herramienta en manos de Dios si la persona incorpora los dos ingredientes anteriores en su vida personal, y después halla y hace la voluntad de Dios. Nunca te quejes ante Dios por el temperamento que te dio. No hay temperamentos ni mejores ni peores que otros. Dios no comete errores; tienes exactamente la combinación temperamental que quiere que tengas. Ahora te toca a ti dejar que El te use al máximo de tu potencial.

SECCION *Octava*

LA HISTORIA DE LOS CUATRO TEMPERAMENTOS

CAPITULO VEINTE

La herencia del temperamento

Me es particularmente fascinante que la primera mención en toda la literatura acerca de las cuatro clases de personas se halle en la Biblia. Cuando comencé a hablar y a escribir acerca de los cuatro temperamentos, descubrí que había unos pocos escépticos de la teoría en la comunidad cristiana. El hecho de que la teoría sea tan compatible con la visión bíbilica de la naturaleza humana, de la caída, de la carne, "del pecado, "del pecado que nos asedia", y de nuestra necesidad del poder extrínseco de Dios, obrando en nosotros para fortalecer nuestras debilidades, fue suficiente para mí. Pero eso no era satisfactorio para algunos de mis amigos. Querían el capítulo y el versículo. Bien ¡lo encontré! Y, por primera vez, lo pongo en letras de imprenta.

Se ha de tener presente, sin embargo, que esta referencia bíblica es embriónica, por lo que no se debe esperar demasiado. Después de todo, fue escrita seiscientos años *antes* del nacimiento de Hipócrates, y sólo exhibe que los antiguos veían a cuatro tipos de personas. El escritor bíblico que voy a citar no toca ni siquiera las fortalezas de los cuatro temperamentos; sólo trata de sus debilidades. Pero todo el que esté familiarizado con la antigua teoría de los cuatro temperamentos los reconocerá de inmediato.

Salomón, el hombre más sabio que jamás haya vivido, escribió la mayor parte del libro de Proverbios. Pero los dos últimos capítulos son adscritos a un hombre llamado Agur. No estamos seguro de quien era, aunque la mayor parte de los eruditos bíblicos asumen que fue un sabio de Israel aproximadamente contemporáneo de Salomón. Puede que hubiera sido anterior a Salomón; de ahí que sus dos capítulos fueran unidos a los proverbios de Salomón. Fuera quien fuera, vio que las personas quedaban divididas en cuatro categorías básicas.

La fraseología interpretada por la revisión de 1960 de Reina-Valera no es clara. Pero la *Revisión de 1977*, que contiene una serie de mejoras sustanciales con respecto a las precedentes, afirma más claramente que "hay gente", o, como dice la versión Standard Americana: "Hay un tipo de gente", lo que se repite cuatro veces. Lo que sigue es mi análisis de lo que estaba diciendo el autor inspirado, *mucho tiempo antes* que nadie hubiera pensado en los cuatro temperamentos tal como fue desarrollado por Hipócrates: El temperamento melancólico: "Hay gente que maldice a su padre y a su madre no bendice" (Pr. 30:11). Esto es muy típico del temperamento melancólico, ingrato y crítico; estas son probablemente sus dos debilidades más significativas. Es el niño melancólico el que ni bendice a sus padres ni les tiene gratitud. En lugar de eso, les echa la culpa misma de haber nacido. Si un melancólico puede vencer su tendencia a las quejas, a la crítica y a encontrar culpa en todos lo que encuentra a su alrededor, su personalidad y potencial quedarán transformados. El temperamento flemático: "Hay gente pura en su propia opinión, si bien no se ha limpiado de su inmundicia" (Pr. 30:12) En este versículo, Agur está describiendo a la persona flemática. El flemático está por lo general desconectado emocionalmente de los que están a su alrededor. Es el "frío espectador" que no experimenta altibajos en sus emociones. El problema que tiene el flemático es que con frecuencia no puede ver sus propios pecados. Es el más difícil de alcanzar para el Señor. Literalmente, "es puro en su propia opinión", y sin embargo " no se ha limpiado de su inmundicia".

El flemático es el más agradable de todos los temperamentos. En pocas ocasiones tienen que pedir perdón por nada que hayan dicho o hecho, debido a lo tranquilos y pasivos que son. Son decorosos, gentiles y no competitivos. Pero me he dado cuenta de que también ellos tienden a darse cuenta de lo "buenas personas" que son. Me acuerdo muy bien de cuando compartí el evangelio de Cristo con un médico. Finalmente, pudimos darle respuesta convincente a su escepticismo acerca de la deidad de nuestro Señor, convenciéndolo de que Jesús realmente había resucitado de entre los muertos. Pero para mi asombro, me dijo: "Pero yo no necesito esto como mi mujer y a mis chicos. ¡No soy tan malo! Mantengo mi palabra, pago mis deudas, no creo que tenga ningún pecado que deba ser perdonado". Es innecesario decir que era un flemático. (Nota: afortunadamente, acudió regularmente a la iglesia con su familia, y un día fue convencido de su pecado por el Espíritu Santo y salió para recibir a Cristo. Ahora los dos nos reímos de su anterior fariseísmo flemático).

El temperamento sanguíneo: "Hay gente cuyos ojos son altivos y cuyos párpados están levantados en alto". (Pr. 30:13). En el versículo 13 el escritor está haciendo una observación acerca de los que tienen un temperamento sanguíneo. Está hablando de una persona que se alaba a sí misma. El sanguíneo es una persona alegre que disfruta genuinamente de la vida. Pero una de sus debilidades es que piensa demasiado en sí mismo. Cae en ser egocéntrico; tiene un problema muy fuerte con su "ego".

El temperamento colérico "Hay gentes cuyos dientes son espadas, y sus muelas cuchillos, para devorar a los pobres de la tierra" (Pr. 30:14). El versículo 14 describe al colérico típico; tiene una lengua acerada, cáustica y sarcástica, y un talante iracundo, tendiendo además a mostrar un espíritu crítico. Si alguna vez te has visto atormentado por un colérico, sabes lo que es encontrarte a merced de una persona cuyos dientes son como espadas que devoran a los afligidos. Pero el Espíritu de Dios puede hacer mucho para mejorar las debilidades de un colérico, como puede hacerlo para cada temperamento.

Por lo que yo conozco, es poco lo que se sabe acerca de la división de las personas en cuatro categorías diferentes después que fuera escrito el libro de Proverbios. Durante los años silenciosos de los profetas hebreos (de Malaquías a Juan el Bautista), fueron los griegos los que empezaron a registrar sus observaciones de que las personas tendían a clasificarse en cuatro categorías.

Los pensadores griegos y la teoría de los temperamentos

Cuando observamos la historia de la teoría de los temperamentos, encontramos que los griegos encabezaron la acción de categorizar y describir los cuatro temperamentos.

Hipócrates (460-370 a.C.): La mayor parte de los historiadores atribuyen a Hipócrates, el padre de la medicina, la primera relación detallada de los cuatro tipos temperamentales. Con todo, Hipócrates estaba simplemente desarrollando sobre las bases formuladas por anteriores filósofos griegos.

Estaba influenciado por las teorías de Empédocles (495-435 a.C.). que creía que el universo estaba basado en cuatro elementos: el aire, el fuego, el agua y la tierra. Empédocles los denominó "las cuatro raíces de todas las cosas". Hipócrates asumió esta idea y la aplicó a las descripciones médicas y sicológicas del hombre.

Hipócrates emitió la teoría de que había cuatro fluidos básicos dentro del cuerpo de cada persona. Estos cuatro fluidos eran los factores determinantes de cómo actuaban las personas. Los cuatro fluidos, o "humores", eran: la sangre (cálido), la bilis negra (húmedo), bilis amarilla (seco) y flema (frío o espeso). Una persona dominada por la sangre, por ejemplo, tenía un temperamento sanguíneo. El melancólico estaba dominado por la bilis negra, el colérico por la bilis amarilla, y la persona flemática era tranquila y de fácil trato debido a una abundancia de flema en su sistema. Esta teoría (recibió frecuentemente el nombre de "los cuatro humores") debido a que estaba basada en fluidos corporales. Esta teoría, naturalmente, resultó anticientífica, y es una razón de que la teoría fuera descartada hace más de cien años. Pero cuando uno se da cuenta de que Hipócrates escribió hace casi 2.400 años, podemos darle un margen de comprensión. Si viviera en la actualidad, estaría hablando en términos de genes y cromosomas en lugar de humores, sangre y bilis. Pero probablemente seguiría creyendo en la existencia de los cuatro temperamentos.

Aristóteles (385-322 a.C.): Desarrollando la teoría de los cuatro temperamentos hallamos a Aristóteles y a Teofrasto (372-287 a.C.). Estos hombres eran filósofos contemporáneos que escribieron extensamente acerca del universo, de política, y del carácter humano. Teofrasto vino a ser el sucesor de Aristóteles como jefe de la escuela peripatética. Aristóteles modificó la teoría de los temperamentos de Hipócrates para que cuadrara con un enfoque más científico, pero no refutó la teoría.

Teofrasto (372-287 a.C.): Teofrasto era un ávido estudioso del temperamento. Escribió la obra *Caracteres,* una obra clásica que contiene 30 bosquejos de tipos de personalidad.

Galeno (131-200 d.C.): Después de Hipócrates, sin embargo, quizá el más gran contribuidor a la teoría de los cuatro temperamentos fue Galeno. Fue médico personal de tres emperadores romanos, escribió más de 500 libros, e hizo una extensa investigación en la constitución anatómica y fisiológica del hombre.

Galeno había adoptado la teoría de los cuatro temperamentos de Hipócrates, pero la expandió, llegando a registrar nueve temperamentos. Señaló los cuatro temperamentos básicos, y después describió combinaciones de ellos. Combinó húmedo con seco, cálido y húmedo, frío y seco, y frío y húmedo. En su libro *Sobre las facultades naturales* observó: "Me parece, entonces, que la vena, así como las otras partes, funciona de tal forma según la manera en la que se mezclan las cuatro cualidades. Hay, sin embargo, una cantidad considerable de personas de no poca distinción, filósofos y médicos, que atribuyen la acción a Cálido y Frío, y que subordinan a estos, como pasivos, el Seco y el Húmedo". La teoría de los temperamentos de Galeno fue aceptada por el mundo científico hasta el siglo 17.

Doctor Vindiciano (siglo IV): En el siglo 4 d.C., el médico Vindiciano desarrolló otra teoría acerca de los cuatro temperamentos. Creía en los cuatro humores y fluidos, pero creía que cada fluido gobernaba una parte del cuerpo diferente. La sangre, por ejemplo, gobernaba el corazón y la parte derecha; la bilis amarilla gobernaba el hígado; la bilis negra gobernaba el lado izquierdo y el brazo; y la flema gobernaba la cabeza y la vejiga.

También atribuyó una "virtud" a cada uno de los humores. La sangre tenía la virtud de la dulzura, de la calidez y de la humedad; la bilis amarilla era amargura, sequedad y un fuego verduzco; la bilis negra era caracterizada como acidez, frialdad y sequedad; la flema era salada, fría y húmeda.

Creía que siempre que uno de los fluidos dominara el cuerpo, la conducta de la persona cambiaría. Aunque no podía demostrar científicamente sus teorías, la ciencia moderna reconoce en la actualidad que los cambios químicos y hormonales en el cuerpo afectan realmente la manera en que actuamos.

Maimónides (1135-1204): Maimónides era un rabí, médico, y filósofo. Intentó codificar la ley oral judía en la Misná Torá y escribió volúmenes acerca de religión y filosofía. Según D. B. Klein en *A History of Scientific Psychology* (Una historia de la psicología científica, Basic Books, 1970), "Maimónides menciona diferencias temperamentales en la forma de actitudes valientes contra cobardes, y de diferencias cognoscitivas en términos de velocidad de aprendizaje, de facilidad de comprensión, y de excelencia de memoria. Estas diferencias se atribuyen a diferencias inherentes en la preponderancia de uno de los cuatro humores cuyo significado sicofisiológico había venido a ser destacado desde la época de Galeno".

Nicolás Culpeper (1616-1654): Con unas modificaciones muy pequeñas, la teoría de los cuatro temperamentos permaneció virtualmente sin cambios desde la época de Hipócrates. El primer cambio principal en la situación vino en el siglo diecisiete debido a los escritos de Nicolás Culpeper. Culpeper fue uno de los primeros, si no el primero, en descartar el concepto de "humores" o "fluidos" afectando la conducta humana. Siguió aceptando los cuatro temperamentos para clasificar a las personas, pero teorizó también que cada individuo no pertenecía a un tipo específico.

Creía que había al menos dos temperamentos afectando nuestra conducta. Uno era dominante, el otro secundario. Describió el melancólico-sanguíneo, por ejemplo, con las siguientes palabras: "Son más liberales, y más felices, que las personas melancólicas, y también menos cobardes, no tan reflexivas y solitarias, ni tampoco se ven angustiadas por tantas invenciones del temor, sino que son

gentiles, sobrias, pacientes, fiables, afables, corteses, atentos en hacer el bien a los
demás ...".

Immanuel Kant (1724-1804): El siguiente contribuidor principal a la teoría de
los temperamentos fue el filósofo alemán Immanuel Kant. En su libro
Anthropologies popularizó los temperamentos, manteniendo que no podían ser
solapados. Sus escritos tuvieron una profunda influencia en otros filósofos
europeos.

Wilhelm Wundt (1832-1920):. Otro alemán, Wilhelm Wundt, al que se
considera el padre de la moderna sicología experimental, desarrolló una teoría del
temperamento basada en los cuatro tipos: sanguíneo, melancólico, flemático y
colérico. Pero dividió los temperamentos en varias categorías. También rechazó la
creencia de Kant de que un individuo sólo podía tener un tipo temperamental.

Wundt preparó una gráfica sobre la que situó los cuatro temperamentos en
cuatro secciones de una esfera, no muy diferente de la actualmente utilizada por
Eysenck. Separó los temperamentos "emocionales" (melancólico y colérico) de los
"no emocionales" (flemático y sanguíneo). También distinguió entre tipos de
personalidad "cambiantes" y "no cambiantes". Wundt teorizó que las personas
diferían en base a emociones fuertes o débiles. Observó: "La antigua
diferenciación en cuatro temperamentos . . . surgió de unas agudas observaciones
de la diferencia individual entre las personas . . . los coléricos y melancólicos
están inclinados a intensos afectos, en tanto que los sanguíneos y los flemáticos
están caracterizados por afectos débiles".

Alfred Adler (1879-1937): Otro hombre que ha contribuido de manera
significativa a la teoría de los temperamentos es el siquiatra y sicólogo austríaco
Alfred Adler. Adler desarrolló sus porpios cuatro tipos temperamentales que
describió como sigue: "El primer tipo consiste en individuos cuyo acercamiento a
la realidad muestra . . . una actitud más o menos dominante o 'dirigente' (el tipo
'dirigente').

"Un segundo tipo, seguramente el más frecuente, espera todo de los demás y
se apoya en los demás. A este le podría llamar el tipo 'receptor'. Un tercer tipo
está inclinado a sentir que tiene éxito evitando la solución de los problemas . . .
intenta 'esquivar' problemas en un esfuerzo de evitar la derrota con eso (el tipo
'evitador'). El cuarto tipo lucha, en un mayor o menor grado, en pos de la
solución de estos problemas de una manera que sea útil a otros". Esta
clasificación, naturalmente, es casi idéntica a la división tradicional en melancólico,
colérico, sanguíneo y flemático. Adler creía que pocas personas eran de un
temperamento u otro, sino que eran una mezcla de dos o más. También creía
que nuestros temperamentos no eran fijos, sino que eran cambiantes según
envejecemos.

Wiliam Sheldon (1899-   ): El sociólogo americano William Sheldon
contemplaba la teoría de los temperamentos desde una perspectiva diferente a la
que otros habían mantenido en el pasado. Sheldon se preguntaba acerca de la
conexión entre el tipo corporal y el temperamento o carácter. Postuló tres tipos
diferentes de cuerpo, cada uno con su propio temperamento. Los tres tipos
corporales eran grueso (endomorfo), muscular (mesomorfo), y flaco (ectomorfo).
Y los tres tipos de personalidad eran vicerotonia, somatotonia y cerebrotonia.

Uno de los estudiantes de somatología se hizo un enérgico defensor de la teoría de los cuatro temperamentos después de leer algunos de mis libros. Tenía dificultades en reconciliar los cuatro tipos con los tres tipos corporales de Sheldon. Finalmente descubrió que en el triángulo de Sheldon había un cuarto tipo, uno céntrico que tomaba de los otros tres. A este tipo medio lo denominó "Sensomorfo", significando medio o equilibrado. Cosa interesante, sí hay algunas relaciones entre la constitución corporal y el temperamento. Como lo señalaba Arnold Buss en *A Temperament Theory of Personality Development,''*
. . . evidentemente hay una relación entre la constitución corporal y la personalidad . . . Por ejemplo, las personas gruesas son más sociables que las musculares, y las delgadas son menos sociables. Actualmente, nadie puede explicar esta relación entre la sociabilidad y el tipo corporal, y sigue siendo un hecho intrigante".

Y Louis Kaplan, en *Foundation of Human Behaviour*, señala que " . . . unos estudios llevados a cabo en Suecia, en tanto que no confirman la relación específica entre el temperamento y la psique descritas por Sheldon, sí mostraron algunas relaciones decididas entre la constitución corporal y la susceptibilidad a ser persuadido". Los tipos atléticos eran los más crédulos; los tipos altos y delgados eran más difíciles de persuadir, pero las personas bajas y gruesas eran mucho más independientes y las más difíciles de convencer.

Hans J. Eysenck: Otro importante contribuidor a la teoría temperamental de la conducta es Hans Jurgen Eysenck, un alemán que recibió su instrucción en la Universidad de Londres. Eysenck, un sicólogo, ayudó a fundar el departamento de sicología en el Instituto de Siquiatría del Hospital Maudsley en el sur de Londres. Es en la actualidad uno de los sicólogos más respetados entre los sicólogos europeos actuales.

La mayor contribución de Eysenck al estudio de los temperamentos es su énfasis en el análisis científico de las diferencias individuales humanas. En su investigación intentó analizar las diferencias de personalidad utilizando un método "sicoestadístico". Para ayudarse en su investigación, diseñó el Cuestionario Médico de Maudsley y el Inventario de Personalidad de Maudsley.

Con la reunión de los datos de estos cuestionarios, midiendo la constitución corporal, y midiendo las diferencias fisiológicas, Eysenck ha desarrollado su propia teoría acerca de la personalidad y temperamento en base del concepto de que las personas sean "introvertidas" o "extrovertidas". Esencialmente, la investigación de Eysenck le ha llevado a aceptar que el temperamento tiene una base biológica. No es el resultado de unos condicionamientos externos, sino que es innato en el individuo.

Eysenck hace una profunda observación en *A Model for Personality*, diciendo: "La cuidadosa lectura de documentos que se extienden a lo largo de 2000 años de desarrollo histórico han dado origen a algunas impresiones generales que pueden ser útiles para los recién llegados a este campo. En primer lugar, hay una intensa corriente de continuidad histórica. Las observaciones de Galeno o de Kant no suenan al observador moderno como ridículas o pasadas de moda; nuestros propios trabajos puede que sean más extensos, mejor controlados y estadísticamente más defendibles, pero es desde luego un desarrollo de ideas debatidas durante todos estos siglos pasados".

Edificando sobre la obra de Eysenck y otros, encontramos a Arnold Buss, profesor de sicología en la Universidad de Texas en la época en que él y Robert Plomin escribieron *A Temperament Theory of Personality Development*.

Buss y Plomin creen también que hay cuatro tipos temperamentales, pero les dan nombre diferentes. Tal como escriben, "Nuestra teoría sugiere cuatro temperamentos: actividad, emocionalidad, sociabilidad e impulsividad". En su teoría, la actividad tiene que ver con la emisión total de energía; la emocionabilidad se relaciona con la intensidad de la reacción de una persona frente a acontecimientos; la sociabilidad tiene que ver con un intenso deseo del individuo de estar con otros; y la impulsividad tiene que ver con una tendencia a responder rápidamente en lugar de inhibir una respuesta. Estos sicólogos creen que la herencia es el factor más importante en la determinación del temperamento.

Dr O. Hallesby: Hemos cubierto brevemente más de 2400 años de historia, considerando las varias fuentes seculares que han emitido teorías acerca de los temperamentos. Sin embargo, la persona que ha tenido la más profunda influencia en mi estudio de los temperamentos es un cristiano, el doctor Ole Hallesby, que escribió *Temperament and the Christian Faith* en 1940. Hallesby no pretende presentar un análisis científico de los temperamentos; está más interesado en la descripción de los tipos temperamentales y en tratar con las fortalezas y debilidades de cada uno de ellos.

En su breve volumen escribió: "¿Por qué tenemos diferentes temperamentos? El temperamento es lo que nos marca como individuos y lo que nos distingue de los demás. Esta diferencia individual es una parte definida del plan de Dios. Sirve para diversificar la vida y para enriquecerla en todas sus relaciones, en la vida matrimonial, en la familiar, en la amistad, en la comunidad, y en el círculo cristiano. Al suplementarse y contrarrestarse entre sí, los diferentes temperamentos dan a la vida humana una mayor plenitud y belleza". El libro de Hallesby, traducido al inglés por Augsburg Press, introdujo la teoría de los cuatro temperamentos en la década de los sesenta. El problema que yo encontraba con este libro era la desesperanza en que dejaba al temperamento melancólico. De hecho, recibí la impresión de que no le gustaban mucho. En cambio, yo había visto a muchas personas melancólicas transformadas por la obra del Espíritu Santo, y empecé a incorporar este concepto en mi ministerio de orientación. Por ello, me dediqué a leer todo lo que podía hallar acerca del tema de los temperamentos.

En mis escritos acerca del temperamento, no ha sido mi propósito el ocuparme de las razones científicas de las diferencias temperamentales. Mi objetivo ha sido mostrar que las personas son hechas de una manera especial por nuestro Señor. Cada persona tiene una composición temperamental singular y está dotada por Dios para una variedad de funciones en el mundo. Mi deseo ha sido ayudar a las personas a comprender quiénes son y enseñarlas cómo optimizar los aspectos positivos de su temperamento y a vencer sus debilidades naturales por medio del Espíritu de Dios.

Mi contribución más significativa a la teoría de los cuatro temperamentos ha sido aplicar las fortalezas de la vida llena del Espíritu a las debilidades de la persona. Esto es beneficioso para el propio crecimiento o, tal como lo he usado con miles de personas, como ayuda para aconsejarles para vencer sus debilidades.

Una de las maneras en que he tratado de conseguir este fin ha sido la preparación del Análisis de Temperamento LaHaye. Por medio de esta prueba, la persona puede descubrir sus temperamentos primario y secundario. Después de evaluar los resultados de la prueba, se envía un informe detallado al consultante. En este informe, considero los puntos fuertes y débiles del consultante, y le doy algunas sugerencias constructivas acerca de qué vocación sería la más apropiada para su temperamento particular, o dónde en su iglesia puede servir al Señor con mayor eficacia.

En mi opinión, cualquier teoría del temperamento es útil solamente si es de ayuda para cambiar las vidas de las personas. Uno de los resultados más gratificantes de mis otros libros acerca del temperamento es la gran cantidad de personas que me han escrito para expresar su agradecimiento por presentar esta herramienta, tanto para mejorarse a sí mismos con la ayuda de Dios como para hacerles capaces de comprender a otras personas. Por medio del estudio de los temperamentos, han llegado a comprender por qué se comportan de la manera en que lo hacen y cómo Dios ha provisto unos adecuados recursos en su Espíritu Santo residente para llevarlos a ser las personas maduras y fructíferas que Dios quiere que sean.

Al echar esta rápida mirada al desarrollo de la teoría del temperamento, hemos visto su asombrosa continuidad a lo largo de 2400 años de historia. Diferentes sicólogos, médicos, teólogos y filósofos han dado frecuentemente nombres distintos a los cuatro tipos temperamentales, pero el concepto ha permanecido esencialmente sin cambios a través de los siglos. Es una teoría válida de la conducta que puede ser de gran beneficio a los que la estudien. Y cuando se use junto con la vida llena del Espíritu para vencer las debilidades temperamentales, puede ser de ayuda para alcanzar el potencial que Dios ha puesto en ti.

Es mi predicción que en el futuro veremos que la teoría de los cuatro temperamentos vendrá a ser la teoría más importante y respetada de la conducta humana que será usada por los que deseamos ayudar a otras personas, y tú ya la conocerás.

Como conseguir tu Análisis de Temperamento LaHaye Personalizado

El Análisis de Temperamento LaHaye es el resultado de más de 15 años de investigación y es el más singular examen de este tipo disponible hoy en día. Cada análisis es preparado y presentado en una carta del autor de unas trece a diecisiete páginas (dependiendo esto de tu combinación temperamental y tu informe personal. Incluye la siguiente información con encuadernación imitación cuero para su conservación por muchos años, debido a su interés permanente para ti.

1. Tus temperamentos primario y secundario: el nivel de precisión del 92 por ciento es extremadamente alto. El test de I.Q.* es considerado preciso sólo al 80 por ciento.
2. Tus aptitudes vocacionales, incluyendo al menos 50 diferentes vocaciones que podrías desarrollar con comodidad.
3. Un análisis de tus tres principales debilidades vocacionales, con sugerencias apropiadas.
4. Tus 13 dones espirituales en su orden de prioridad, con una explicación de cada uno de ellos.
5. Las 30 vocaciones en tu iglesia local para las que eres más apropiado.
6. Tus diez principales puntos débiles, con sugerencias apropiadas para llevarlos bajo control
7. Sugerencias positivas personales acerca de como vencer tus debilidades.
8. Si estás casado, algunas sugerencias acerca de cómo tratar a tu cónyuge.
9. Si eres soltero, como afrontar mejor la vida como soltero con tu combinación temperamental.
10. Si eres padre, algunas sugerencias acerca de la crianza de los hijos, apropiada para tu tipo temperamental.

Evidentemente, este análisis no es para aquellos sólo superficialmente interesados en ser al máximo la persona que Dios quiere que sean. Sin embargo, si estás verdaderamente interesado en tu mejora personal, descubrirás que este análisis es una de las cosas de más utilidad que jamás hayas llevado a cabo.

En la actualidad no está disponible en librerías, pero se puede obtener de Family Life Seminars, P.O. Box 16000, San Diego, California 92116.